"双一流"建设专业学位研究生教学案例

会计教学案例精选

刘俊勇　主编

中国财经出版传媒集团
中国财政经济出版社

图书在版编目（CIP）数据

会计教学案例精选／刘俊勇主编. --北京：中国财政经济出版社，2022.6

（“双一流”建设专业学位研究生教学案例）

ISBN 978-7-5223-1357-3

Ⅰ.①会… Ⅱ.①刘… Ⅲ.①会计学-研究生-教案（教育）-汇编 Ⅳ.①F230

中国版本图书馆 CIP 数据核字（2022）第 065811 号

责任编辑：马 真　　　　责任校对：张 凡

封面设计：陈宇琰　　　　责任印制：党 辉

会计教学案例精选

KUAIJI JIAOXUE ANLI JINGXUAN

中国财政经济出版社 出版

URL：http：//www. cfeph. cn

E-mail：cfeph@ cfeph. cn

社址：北京市海淀区阜成路甲 28 号　邮政编码：100142

营销中心电话：010-88191522

天猫网店：中国财政经济出版社旗舰店

网址：https：//zgczjjcbs. tmall. com

北京时捷印刷有限公司印刷　各地新华书店经销

成品尺寸：185mm×260mm　16 开　20.5 印张　378 000 字

2022 年 8 月第 1 版　2022 年 8 月北京第 1 次印刷

定价：88.00 元

ISBN 978-7-5223-1357-3

（图书出现印装问题，本社负责调换，电话：010-88190548）

本社质量投诉电话：010-88190744

打击盗版举报热线：010-88191661　QQ：2242791300

总　序

专业学位研究生教育是培养高层次应用型专门人才的主渠道。中央财经大学自2003年开始实行专业学位教育以来，逐步构建了具有财经特色的高层次应用型专门人才培养体系，为经济社会发展做出重要贡献。截至2021年9月30日，学校在校硕士研究生5652人，其中，学术型硕士1751人，专业学位硕士3901人，分别占在校硕士研究生比例为31%和69%，专业学位研究生已经成为学校研究生教育的主体。

中央财经大学专业学位研究生教育始终坚持“质量优先、特色发展”的原则，目前已经形成了较为完备的、有一定特色的专业学位研究生培养体系。学校基本形成了以优质课程引领的课程体系和以案例教学为突破口的实践教学体系，促进科教融合和产教融合，加强国际合作，着力增强研究生实践能力、创新能力，取得了一定的成效。

但是面对新时代的新要求，当前专业学位研究生教育还存在着“培养方案不够优、案例教学不够深、专业实践不够实、教学师资不够专、论文标准不够明”等问题。专业学位硕士与学术硕士培养方案在课程设置方面差异不明显，同质化现象仍普遍存在。专业学位硕士案例开发与教学虽取得一定成果，但仍有较大提升空间。专业实践教学流于形式，组织不力。实践基地挂牌的多，发挥实效的少，管理和规范力度不够，远未形成产教融合发展的格局。专业学位硕士“双师型”导师队伍建设不够完善，校内外导师未能建立有效的沟通协调与合作指导机制。专业学位硕士学位论文写作和评判标准不够明确，大多参考学术硕士论文的评审标准，难以发挥学位论文评审对培养过程和学位论文写作的导向性作用。

针对上述问题，尤其是专业学位研究生案例教学方面的短板，近年来，学校坚持“科学规划、突出特色、鼓励创新、择优资助”的原则，高度重视研究生教材和案例集建设工作。学校围绕立德树人根本任务，以一流学科建设为目标，设立专项资金资助研究生教材和专业学位研究生案例集建设。推动习近平新时代中国特色社会主义思想和社会主义核心价值观念融入教材建设、融入课堂教学，培育学生经世济民、诚信服务、德法兼修的职业素养，初步建立了具有中央财经大学“财经黄埔”品牌特色的研究生精品教材体系。鼓励校内外教师、行业专家合作建设高质量教学案例库，推动编写案例教材、开展案例教学方法研究、增加案例教学比重，着力组织建设一批国际化、高水平的专业学位研究生教学案例集。

呈现在读者面前的专业学位研究生教学案例集由经济学、管理学、法学等学科的教学案例集构成，均由教学经验丰富、学术研究能力突出的一线教师组织编写。编者中既有国家级教学名师等称号的获得者，也不乏在专业领域造诣颇深的中青年学者。本系列教学案例集的出版得到了“中央高校建设世界一流大学（学科）和特色发展引导专项资金”的支持。我们希望本系列教学案例集的出版能够为专业学位研究生培养提供一线的案例素材，打造以专业能力训练为导向的案例教学体系，提高专业学位研究生的培养质量。

在编写专业学位研究生教学案例集的过程中，我们虽力求完善，但也难免存在不足，恳请广大同行和读者批评指正。

专业学位研究生教学案例集编委会

2021 年 10 月于北京

前　言

《会计教学案例精选》一书是与会计专业硕士、审计专业硕士教学配套使用的案例。对于任何对案例学习和案例教学有兴趣的读者而言，本书都具有参考价值，我们非常高兴为读者奉上《会计教学案例精选》。

教学案例编写是会计专业硕士和审计专业硕士培养环节的重要工作之一，中央财经大学会计学院历来特别重视案例编写和案例教学工作，多篇案例荣获全国MPAcc教学指导委员会优秀案例。会计学院主要开展了以下几个方面的工作：

1. 加强制度建设。会计学院制定了案例教学制度，每年开展教学案例编写，学院组织评选并参加全国MPAcc教学指导委员会组织的教学案例大赛。在此基础上，将年度教学案例集结出版。本次拟出版的案例集包括10个会计学院立项并验收通过的案例。

2. 成立专门机构。会计学院较早设立了案例研究中心，由3位经验丰富的教师负责运行管理。目前，该项工作纳入了学院成立的专硕教育中心。

3. 明确案例建设标准。案例建设标准按照全国MPAcc教学指导委员会的要求，制定具体标准，并发放历年优秀案例供各位老师参考。

4. 开展案例研讨活动。为了撰写出高水平教学案例并开展案例教学，会计学院每年都会组织老师参加全国MPAcc教学指导委员会组织的培训，并邀请全国其他知名高校案例教学专家来校作专题讲座。

5. 组织专家评审。对于每年案例立项、中期检查以及项目结项验收，会计学院都会组织校内外专家进行专题评审，确保案例建设质量。

6. 开展案例教学检验案例编写质量。本次编写的教学案例绝大多数都在会计学院专业硕士教学中得到多次应用，并基于教学情况进行修改完善。

参加本书案例编写的作者依次为：曹强、江轩宇、李玲、李晓慧、林秀香、刘俊勇、武羿、徐斌、张亚男、赵雪媛，他们基于专业硕士实务导向的培养要求，通过企业调研访谈、收集公开资料等多种渠道获得案例素材并撰写出教学案例。这些案例中的绝大多数已在会计学院专业硕士的多个教学班中使用，并基于学员的反馈意见进行了修改。本教学案例初稿提交后，由刘俊勇教授进行整体编撰。

囿于学识、经验和团队磨合，本书难免存在诸多不足之处，敬请广大读者朋友批评指正。

联系方式：18610318789@ 126. com

刘俊勇
2022 年 8 月 8 日

目　录

案例 1

大智慧审计诉讼案：问题、争议与解决路径

本案例旨在指导学员了解在审计民事法律责任的理论与实践发展过程中存在的若干核心问题和重要争议。根据本案例的资料，学员可以从审计报告虚假陈述的认定、审计的第三人责任、审计报告与投资者交易的因果关系、审计报告与投资者损失的因果关系、审计报告虚假陈述日的确定、审计民事责任的范围这 6 个方面深入思考我国审计民事责任面临的问题与挑战。此外，学员还可依据本案例的思路分析和解决我国证券审计市场相关的民事法律责任事件。

案例正文

2016年7月，中国证券监督管理委员会（以下简称证监会）对上海大智慧股份有限公司作出行政处罚，认定其2013年财务报告存在虚假陈述。同一天，作为上海大智慧股份有限公司2013年年度报告的审计机构，立信会计师事务所也受到了证监会的处罚，因其未严格按照审计准则的要求实施审计。随后，投资者对立信会计师事务所提起诉讼，要求其承担相应的民事赔偿责任。在案件的审理过程中诉讼双方在很多重大问题上存在分歧，折射出我国审计民事责任的很多问题和争议。基于本案例的分析和讨论可以帮助学员更加深入的理解我国审计法律责任的理论和实践。

一、背景介绍

（一）注册会计师经济监督作用的日益凸显

伴随着改革开放和社会主义市场经济体制建设的历史进程，中国注册会计师行业恢复重建并不断发展壮大，是市场经济诚信链条的重要一环，已成为维系国家正常经济秩序和保障各方合法经济权益的一种社会监督力量。截至2019年6月30日，中国注册会计师协会有单位会员（会计师事务所）9118家，其中，有40家证券期货资格会计师事务所，获准从事H股企业审计业务的内地大型会计师事务所11家。目前，全国具有注册会计师资质的人员超过26万人，全行业从业人员近40万人。注册会计师行业服务于包括3000余家上市公司在内的420余万家企业、行政事业单位。而且，持续推进注册会计师行业健康发展是完善社会主义市场经济体制，维护经济秩序的有力保障，同时也是落实党中央、国务院重大战略部署的现实要求。党的十八大以来，国务院在加强资本市场建设、强化审计工作、发展服务贸易、增强外贸竞争新优势、推进大众创业万众创新、深化国有企业改革、加快自贸区建设等文件中对注册会计师基础服务作用的发挥提出了新的更高要求。

（二）注册会计师民事责任的不断增强

近年来，我国不断出现重大的财务造假丑闻，每个丑闻背后都有一个问题会计师事务所，这引发了注册会计师行业诚信危机，已被认为是证券市场的一大顽症。其根本原因在于注册会计师民事责任缺失，违规成本过低。为此，我国最高人民法院于

2003 年 1 月 9 日发布了司法解释《关于审理证券市场因虚假陈述引发的民事赔偿案件的若干规定》；2007 年 6 月 11 日又发布了《关于审理涉及会计师事务所在审计业务活动中民事侵权赔偿案件的若干规定》。这对正确界定会计师事务所的民事责任，保护社会公共利益和广大投资者的合法权益，以及促进注册会计师行业的健康发展具有重要意义。此外，2009 年 10 月，按照“国办发 56 号文”要求，财政部拉开了大中型会计师事务所特殊普通合伙转制的大幕。2011 年年底，8 家从事 H 股审计业务的本土大型会计师事务所完成转制；2013 年 3 月，“四大”中外合作会计师事务所本土化转制完成；2013 年 12 月 31 日，其余 30 多家证券资格会计师事务所也按要求完成转制。至此，所有证券资格会计师事务所实现了组织形式从“有限责任”到“特殊普通合伙”的平稳过渡。这意味着在 2014 年之后的年报审计中，所有证券资格会计师事务所将以特殊普通合伙制的组织形式来签发审计报告，他们所承担的法律责任和风险比之前的有限责任公司组织形式带来的影响和后果会更大。

二、案例概况

2016 年 7 月 25 日，张涛、王春和刘明三位投资者向人民法院提起民事诉讼，要求大智慧股份有限公司和立信会计师事务所赔偿其投资大智慧股份有限公司的损失。三位投资者称，被告大智慧股份有限公司和立信会计师事务所在证券市场实施虚假陈述行为，这使其在投资大智慧股份有限公司股票中遭受了损失，应当对给其造成的损失承担赔偿责任。三位投资者请求法院判令大智慧股份有限公司赔偿经济损失 50 万元，立信会计师事务所对此承担连带赔偿责任，同时要求其承担本案诉讼费和诉讼成本费。

（一）投资者的基本情况

2014 年 2 月 28 日，大智慧股份有限公司披露了 2013 年年度报告。张涛投资者在 2014 年 2 月 25 日以每股 3.5 元买入大智慧股份有限公司股票 20 万股，王春投资者在 2014 年 2 月 28 日以每股 4.5 元买入大智慧股份有限公司股票 30 万股，刘明投资者在 2014 年 3 月 21 日以每股 4.1 元买入大智慧股份有限公司股票 40 万股。在三位投资者买入之后，经证监会调查，大智慧股份有限公司通过承诺“可全额退款”的销售方式提前确认收入，以“打新股”等为名进行营销、延后确认年终奖少计当期成本费用等方式，共计虚增 2013 年度利润 120666086.37 元，占当年对外披露的合并利润总额的 281%。2015 年 1 月 23 日，大智慧股份有限公司每股股价 2.5 元。2015 年 11 月 5 日，大智慧股份有限公司每股股价 1.4 元。刘明投资者于 2015 年 1 月 21 日已将大智慧股份有限公司股票全部出售，张涛和王春投资者截至 2016 年 5 月 5 日仍持有大智慧股份有限公司股票。

（二）大智慧股份有限公司的基本情况

大智慧股份有限公司是一家面向国内和国际资本市场，从事资本市场投资咨询及相关服务业务的全国性投资管理咨询公司。大智慧股份有限公司于 2015 年 1 月 21 日收到上海证监局下发的《关于对大智慧股份有限公司采取责令改正措施的决定》。2015 年 1 月 23 日，大智慧股份有限公司发布了《关于上海证监局现场检查结果的整改报告》。该整改报告系针对上海证监局行政监管措施决定书作出，该监管措施的主要内容是大智慧股份有限公司在其 2013 年年报中未充分披露软件收入确认的会计政策、客户信息披露不准确、未披露公司募集资金存放和使用情况报告等。

2015 年 4 月 30 日，大智慧股份有限公司收到中国证监会《调查通知书》。2015 年 11 月 5 日大智慧股份有限公司披露了证监会下发的《行政处罚及市场禁入事先告知书》。该告知书指出，大智慧股份有限公司涉嫌违法，主要事实如下：（1）2013 年涉嫌提前确认有承诺政策的收入 87446901.48 元；（2）2013 年以“打新”等为名营销，涉嫌虚增销售收入 2872486.68 元；（3）涉嫌利用与广告公司的框架协议虚增 2013 年收入 93.34 万元；（4）延后确认 2013 年年终奖减少应计成本费用 24954316.65 元；（5）涉嫌虚构业务合同虚增 2013 年收入 1567.74 万元；（6）子公司涉嫌提前合并天津民泰，影响合并报表利润总额 8250098.88 元，影响商誉 4331301.91 元。依据《证券法》的相关规定，证监会拟对公司责令改正，给予警告，并处以 60 万元罚款，同时对公司时任董事、监事、高级管理人员、相关中层人员给予警告，并依据其责任大小分别给予 30 万元到 3 万元不等的罚款处罚，对直接负责的主管人员和其他直接责任人员采取 5 年证券市场禁入措施。2016 年 7 月 20 日，证监会对大智慧股份有限公司作出了最终的处罚决定。

（三）立信会计师事务所的基本情况

立信会计师事务所是我国建立较早且规模较大的会计师事务所。作为大智慧股份有限公司 2013 年财务报表审计机构，立信会计师事务所出具了标准无保留意见的审计报告。经证监会调查，立信会计师事务所在审计过程中存在 5 项违法事实。

1. 未对销售与收款业务中已关注到的异常事项执行必要的审计程序

2013 年 12 月，大智慧将不满足收入确认条件的软件产品销售确认为当期销售收入，导致2013年提前确认收入87446901.48元。会计师在审计工作底稿中记录，大智慧2013年12月确认收入占全年的比重达37.74%（审计调整前，以母公司口径计算），并对在2014年1月1日至2月26日财务报表批准报出日间发生销售退回的22422913.77元收入进行了审计调整，调减了2013年收入。针对临近资产负债表日的软件产品销售收入大增，期后退货显著增加的情况，立信会计师事务所在审计过程中未对退货原因进行详细了解。会计师仅执行了查验公司合同，抽样检查并获取软件开通权限单、销售收款单、退款协议、原始销售凭证等常规审计程序，没有根据公司销售相关的财务风险状况，采取更有针对性的审计程序，以获取充分的审计证据以支持审计结论。在面对客户数量较多，无法函证的情况下，也没有采取更有效的替代程序以获取充分适当的审计证据。

2. 未对临近资产负债表日非标准价格销售情况执行有效的审计程序

2013年12月，大智慧对部分客户以非标准价格销售软件产品。经查，该售价主要是以“打新股”“理财”为名进行营销，虚增2013年销售收入2872486.68元。对此，立信会计师事务所称关注到非标准价格销售的情况，并获取了销售部门的审批单。但是，相关过程没有在审计工作底稿中予以记录。同时，审计工作底稿程序表中“获取产品价格目录，抽查售价是否符合价格政策”的程序未见执行记录。

3. 未对抽样获取的异常电子银行回单实施进一步审计程序

2013年12月，大智慧电话营销人员对客户称可以参与打新股、理财、投资等以弥补前期亏损。部分客户应邀向大智慧汇款，其中有客户在汇款时注明“打新股”等。大智慧收到款项后计入2013年产品销售收入。经查，大智慧虚增12名客户2013年收入2872486.68元，后续已应客户的要求全部退款。立信会计师事务所审计工作底稿中复印留存了部分软件产品销售收款的电子银行回单，其中摘要栏中的“打新股资金”“理财投资资金”等备注存在明显异常。对此，会计师没有保持合理的职业怀疑态度，以发现的错报金额低于重要性水平为由，未进一步扩大审计样本量，以确认抽样总体不存在重大错报，审计底稿中也没有任何记录表明立信会计师事务所已对该异常事项执行了任何风险识别和应对的程序。经查，如果立信会计师事务所扩大银行回单的抽样范围，2013年12月存在异常摘要的银行进账单笔数将为48笔，合计金额873万元，明显高于底稿中抽样所涉及回单数量及对应金额。

4. 未根据重要性按照权责发生制的原则调整跨期计提的年终奖

大智慧将应归属于2013年的年终奖跨期计入2014年的成本费用，导致2013年少计成本费用24954316.65元。审计工作底稿未描述或记录针对审计报告报出日前已发放的2013年年终奖执行的审计程序，以及其未被计入2013年成本费用的合理性解释。

审计工作底稿“应付职工薪酬”程序表中第8项应执行的审计程序记录：检查应付职工薪酬的期后付款情况，并关注在资产负债表日至财务报表批准报出日之间，是否有确凿证据表明需要调整资产负债表日原确认的应付职工薪酬。但对应的审计工作底稿明细表中未记录此程序的执行情况。

5. 未对大智慧全资子公司股权收购购买日的确定执行充分适当的审计程序

上海大智慧信息科技有限公司为大智慧股份有限公司的全资子公司，其提前一个月将民泰（天津）贵金属经营有限公司（以下简称天津民泰）财务报表纳入大智慧信息科技的合并范围，导致大智慧2013年合并财务报表虚增利润8250098.88元，虚增商誉4331301.91元。审计工作底稿“长期股权投资——成本法××子公司审核表（初始计量）”明细表编制不完整，确认合并（购买）日的审计表格未填列，无法确定其具体执行了何种审计程序以确定购买日。审计工作底稿后附的审计证据中，未见会计师所称据以认定购买日的支持性文件。

依据《证券法》的相关规定，证监会责令立信会计师事务所改正违法行为，没收业务收入80万元，并处以240万元罚款，并对签字注册会计师给予警告和相应的罚款。

（四）诉讼中的争议

1. 立信会计师事务所审计报告虚假陈述的认定问题

立信会计师事务所认为，其在审计过程中已经严格按照审计准则和职业道德的要求实施审计，同时也保持了应有的职业谨慎和怀疑态度。在这种情况下即使未能发现大智慧股份有限公司财务报表中的重大错报，出具了标准无保留意见的审计意见，也不能认定其审计报告存在虚假陈述。如果投资者认为其存在虚假陈述，则需要投资者提供相关证据。而投资者则认为，只要审计报告未能揭示大智慧股份有限公司的重大错报就表明其存在虚假陈述。而且由于其不具有相关的专业知识和技能，无法提供相关证据。

2. 立信会计师事务所对合同方以外的第三人承担责任的问题

立信会计师事务所认为，其仅与大智慧股份有限公司签订了审计契约。如果违约，立信会计师事务所需要向大智慧股份有限公司承担赔偿责任。而立信会计师事务所未与三位投资者签订任何契约，因此不应对三位投资者承担赔偿责任。而投资者则认为，其在投资决策时依赖了立信会计师事务所出具的审计报告，进而遭受了损失，立信会计师事务所应当对其承担赔偿责任。

3. 审计报告虚假陈述与投资者交易的因果关系问题

立信会计师事务所认为，交易上的因果关系是其承担赔偿责任的前提。张涛投资者在2014年2月25日以每股3.5元买入大智慧股份有限公司股票20万股，而2013年年报的披露时间是2014年2月28日，即使2013年审计报告存在虚假陈述，张涛投资者的投资决策也没有依赖2013年审计报告，因此张涛投资者的决策与审计报告虚假陈述之间不存在交易上的因果关系。对于王春和刘明投资者而言，如果让其赔偿交易损失，首先需要王春和刘明投资者证明其确实是依赖了审计报告作出的投资决策。投资者则主张，其确实是依赖了审计报告作出投资决策，但无法提供相关的证明材料，比如拿着审计报告拍张照片。

4. 审计报告虚假陈述揭露日的确定问题

立信会计师事务所认为，“虚假陈述”的揭露日是大智慧股份有限公司披露《整改报告》之日，即2015年1月23日。而刘明投资者则认为，“虚假陈述”的揭露日应为大智慧股份有限公司披露《行政处罚及市场禁入事先告知书》之日，即2015年11月5日。2015年1月23日，大智慧股份有限公司每股股价2.5元。2015年11月5日，大智慧股份有限公司每股股价进一步下跌至1.4元。虚假陈述披露日的确定对于确定投资者损失至关重要。

5. 审计报告虚假陈述与投资者损失之间的因果关系问题

立信会计师事务所认为，沪深股市在2015年6月至8月间发生大幅波动，出现千股跌停、千股停牌，市场流动性严重缺失等异常情况；2016年1月初，因实施熔断机制，沪深股市再次出现千股跌停、提前休市等异常情况。这些异常情况对所有上市公司都产生了重大的影响，属于证券市场的系统性风险。大智慧股份有限公司与立信会计师事务所主张投资者的大部分损失不是由于虚假陈述行为导致的，而是由于系统风险因素所导致的。三位投资者则主张，揭露日至基准日期间证券市场并不存在系统性风险，其损失是由大智慧股份有限公司与立信会计师事务所的虚假陈述行为导致的。

6. 立信会计师事务所承担赔偿责任的范围问题

三位投资者主张，立信会计师事务所应当承担连带责任。而立信会计师事务所则认为，证监会认定大智慧股份有限公司存在6项违法事实，而仅认定立信会计师事务所在出具相关审计报告中有4项内容未履行必要的审计程序，故立信会计师事务所无须对大智慧股份有限公司的所有过错承担责任；立信会计师事务所的行为系过失行为，即使应当担责，亦应承担部分补充赔偿责任。

三、参考资料

本案例重点关注立信会计师事务所的民事赔偿责任，与此相关的参考资料除了上述案例正文中提供的资料外，还包括监管部门对大智慧股份有限公司的年度报告、立信会计师事务所的审计报告、监管部门对大智慧股份有限公司和立信会计师事务所的处罚公告、法院一审和二审判决书，以及公司法和民事侵权法等参考资料。具体可参考的资料如下：

1. 大智慧股份有限公司2013年年度报告。

2. 大智慧股份有限公司2013年度审计报告。

3. 中国证监会行政处罚决定书（上海大智慧股份有限公司、张长虹、王玫等15名责任人员）。

4. 中国证监会行政处罚决定书（立信会计师事务所、姜维杰、葛勤）。

5. 中国证券监督管理委员会行政复议决定书（立信会计师事务所）。

6. 上海大智慧股份有限公司、中国证券监督管理委员会金融行政管理（金融）再审审查与审判监督行政裁定书。

7. 上海大智慧股份有限公司、立信会计师事务所与程岩岩、王燕等证券虚假陈述责任纠纷二审民事判决书。

8.《中华人民共和国侵权责任法》。

9.《中华人民共和国公司法》。

10. 最高人民法院《关于审理证券市场因虚假陈述引发的民事赔偿案件的若干规定》。

11. 最高人民法院《关于审理涉及会计师事务所在审计业务活动中民事侵权赔偿案件的若干规定》。

四、讨论题目

在审计民事法律责任的理论与实践发展过程中，存在若干核心问题和若干重要争议，这些问题和争议可能是法律责任的某一个构成要件，同时又与审计职业特征和社会属性有关。我们通过对该案例的学习就是更好地理解审计民事法律责任的这些核心问题和重要争议。具体的讨论问题如下：

1. 立信会计师事务所出具的审计报告是否存在虚假陈述？

2. 立信会计师事务所是否需要对合同方以外的第三人承担责任？
3. 审计报告虚假陈述与投资者交易之间有无因果关系？
4. 审计报告虚假陈述揭露日如何确定？
5. 审计报告虚假陈述与投资者损失之间有无因果关系？
6. 立信会计师事务所是否应承担连带赔偿责任？

案例使用说明

一、本案例要解决的关键问题

本案例要实现的教学目标是让学员了解在审计民事法律责任的理论与实践发展过程中存在的若干核心问题和重要争议。具体地，根据本案例的资料，让学员从审计报告虚假陈述的认定、审计的第三人责任、审计报告与投资者交易的因果关系、审计报告与投资者损失的因果关系、审计报告虚假陈述日的确定、审计民事责任的范围6个方面深入思考我国审计民事责任面临的问题与挑战。在此基础上，帮助学员依据本案例的思路分析和解决我国证券审计市场相关的民事法律责任事件。

二、案例讨论的准备工作

为了有效实现本案例教学目标，学员应该具备下列相关知识背景：

（一）理论背景

有效市场假说理论；欺诈市场理论；侵权行为法理论；审计报告虚假陈述民事责任的概念界定、性质和归责原则；审计报告虚假陈述的构成要件；客观真实与法律真实的区别与联系。

（二）制度背景

2003年1月最高人民法院颁布的《关于审理证券市场因虚假陈述引发的民事赔偿案件的若干规定》；2007年6月颁布的《最高人民法院关于审理涉及会计师事务所在审计业务活动中民事侵权赔偿案件的若干规定》；2010年8月，财政部、国家工商行政管理总局联合发布了《关于推动大中型会计师事务所采用特殊普通合伙组织形式的暂行规定》；2011 年 4 月财政部颁布实施的《大中型会计师事务所转制为特殊普通合伙组织形式实施细则》。

（三）行业背景

立信会计师事务所由中国会计泰斗潘序伦先生于 1927 年在上海创建，是中国建立最早和最有影响的会计师事务所之一。1986 年复办，2000 年成立上海立信长江会计师事务所有限公司，2007 年更名为立信会计师事务所有限公司。立信会计师事务所依法独立承办注册会计师业务，具有证券期货相关业务从业资格。2010 年，立信会计师事务所获得首批 H 股审计执业资格。2010 年 12 月其改制成为国内第一家特殊普通合伙会计师事务所。2001 年起，立信会计师事务所在全国会计师事务所签发国内上市公司审计报告数量排行榜上一直保持第一。

三、案例分析要点

（一）需要学员识别的关键问题

本案例需要学员识别的关键问题包括：审计报告虚假陈述的认定、审计的第三人责任、审计报告与投资者交易的因果关系、审计报告与投资者损失的因果关系、审计报告虚假陈述日的确定以及审计民事责任的范围。

（二）解决问题的可供选择方案及其评价

1. 审计报告虚假陈述的判断

对于该问题的判断取决于认定真实性的标准。总体来说，认定真实性的标准有两个：客观真实和法律真实。“客观真实”是指审判工作人员运用案件相关证据证实案件的事实或者经过逻辑推理得出与案件发生过程相吻合的客观真实情况。在我国，法律界学者认为应该以“客观真实”作为判断审计报告虚假陈述的标准。他们认为，注册会计师因出具不真实的审计报告，引发诉讼纠纷属民事案件，应按照《民事诉讼法》规定：“人民法院审理民事案件必须以事实为根据，以法律为准绳”，将客观真实作为诉讼证明的目标，要求法官所确定的案件事实必须与客观实际完全相符。法律界是立足于广大投资者的角度，从其是否受到损害的后果来判定审计报告是否虚假，对审计报告不实的理由并不看重。

会计界学者认为应该以“法律真实”作为判断审计报告虚假陈述的标准。2000 年以后，我国接连曝光公司财务报表粉饰或者造假事件，社会公众和法律界对注册会计师审计高度关注，认为其没有尽到应尽的审计责任，注册会计师行业陷入“深口袋”诉讼案件的困扰。由此，会计界提出应以“法律真实”作为界定审计报告真实性的标准，以维护注册会计师的合法权益。会计对象具有模糊性、不确定性，审计技术也存在固有局限性，所以根据注册会计师审计准则的要求所形成的审计报告只能揭示对使用者的投资决策有重大影响的事项，而不能揭示所有的大、小影响的事项，即审计报告真实性也只能是相对的。因此，在发生注册会计师因虚假陈述的民事案件时，只能用“法律真实”作为认定注册会计师虚假陈述行为的标准。

在判断审计报告虚假陈述问题上存在着两种不同的观点，而且每种观点都有其合理的理由。那么，我们在审计民事责任诉讼上是选择“客观真实”为标准还是“法律真实”为标准呢？这需要学员仔细思考。

2. 第三方责任范围问题

第三方（Third Parties）是指那些与审计师无直接契约关系，但依赖审计报告进行决策的利益相关者，他们既非要约人亦非承诺人。在美国，联邦法院和大多数州法院的判例都要求审计师的重大过失、推定欺诈和欺诈行为需要对所有第三方承担责任。对于审计师的普通过失是否需要对第三方承担责任，联邦和各州法院的判决结果不尽相同。这一问题的不同观点主要体现在对第三方范围的不同界定上，各州法院大致形成了三种遵循标准：合约方、已预见的第三方、可合理预见的第三方。

第一个标准是合约方（Privities of Contract）。在判例法下，传统观念认为审计师对不存在合同关系的第三方不承担责任。第二个标准是已预见的第三方（Foreseen Third Parties）。该标准认为如果事实上已经预见到的有限的第三人信赖审计师因过失而作出的不实陈述，审计师应向第三人负责——这里的第三方就是已预见的第三方。第三个标准是可合理预见的第三方（Reasonably Foreseeable Third Parties）。该标准认为，审计师应当能够合理预见的、很可能是财务报表的任何使用者，都与具有合同关系的财务报表使用者享有同等的权利。这些使用者通常被称为无限制的使用者。

在我国审计民事诉讼案中应遵循哪种标准确定第三方的责任呢？第一个标准不需要对第三方负责，第二个标准仅对已知第三方负责，而第三个标准要对所有可以合理预见的第三方负责。这需要学员进行深入地分析、对比和讨论。

3. 审计报告虚假陈述与投资者交易上的因果关系

如果按照一般侵权责任或面对面交易中的举证规则，则要求投资者在提起诉讼时必须证明其确实信赖了行为人的虚假陈述才进行交易。然而，投资者在进行投资交易时是通过集中竞价、交易所主机撮合成交的方式进行，不可能将虚假陈述行为人（侵权人）、行为受益人以及受害人之间的联系特定化，使得遭受损失的投资人难以就其损失与侵权人行为之间的因果关系举证证明。

而且不同的投资者在收集信息、确认信息、分析信息以及对信息定价的情况各不相同。针对同一个行为人所作出的同一个虚假陈述行为，法院也要审查每一个投资者的个别信赖情况，判断其是否成立交易上因果关系，这会产生非常大的审判成本。面对这些困难，投资者是否依然需要举证证明其投资决策与审计报告虚假陈述之间存在交易上的因果关系呢？这需要学员进一步思考。

4. 虚假陈述揭露日的确定

《最高人民法院关于审理涉及会计师事务所在审计业务活动中民事侵权赔偿案件的若干规定》（以下简称《若干规定》）第二十条规定，虚假陈述揭露日是指，虚假陈述在全国范围发行或者播放的报刊、电台、电视台等媒体上，首次被公开披露之日。虚假陈述被揭示的意义在于其对证券市场发出警示信号，提醒投资者重新判断股票价值。因此，虚假陈述揭露的内容应与虚假陈述行为具有一致性，揭露的方式和范围应符合法律规定的要求，揭示力度应足以引起市场内理性投资者的注意和警惕。依据该标准，请学员判断大智慧股份有限公司虚假陈述的揭露日是哪一天？

5. 证券虚假陈述与投资者交易损失之间的因果关系

证券虚假陈述与投资者交易之间存在因果关系，但证券虚假陈述与投资者损失之间可能不存在因果关系。也就是说，投资者损失可能不是或者不全是大智慧股份有限公司和立信会计师事务所的虚假陈述行为造成的。根据《若干规定》第十九条的规定，证券虚假陈述行为人如能举证证明投资者损失或者部分损失是由证券市场系统风险等其他因素所导致，则应当认定该部分损失与证券虚假陈述之间不存在因果关系。请学员依据该标准具体分析案例中投资者损失与证券虚假陈述之间是否存在因果关系。

6. 责任范围问题

会计师事务所可能因虚假审计报告承担连带责任或比例责任。按照美国牛津法律大辞典的定义，它是指几个当事人对一项债务负有连带义务时，则每个当事人都应承担的责任，债权人为了获得责任的偿付，可以将一个当事人作为诉讼对象，也可以把全部当事人作为诉讼对象。如果是某个当事人被起诉时，则其能够再从其他当事人那里追索赔偿。受害人可以从负有责任的任何一个人那里获取全部的赔偿，而不必考虑该人所应承担的责任程度。比例责任是指根据侵害人的过错程度配比相同的损害赔偿责任，如果某个侵害人无能力支付，那么其他侵害人不必为其偿付。请学员讨论这两种责任范围的优势和劣势，并结合我国审计市场现状选择一种适用的责任范围。

（三）推荐解决问题的方案

1. 立信会计师事务所出具的审计报告是否存在虚假陈述？

《若干规定》第二条规定，会计师事务所违反法律法规、中国注册会计师协会依法拟定并经国务院财政部门批准后施行的执业准则和规则以及诚信公允的原则，出具的具有虚假记载、误导性陈述或者重大遗漏的审计业务报告，应认定为不实报告。从该规定可以看出，在我国审计民事责任实践中更倾向于以“法律真实”作为判断审计报告虚假陈述的标准。

从证监会披露的处罚公告中可以看出，立信会计师事务所并没有严格遵循审计准则的要求实施审计，例如，违反了《中国注册会计师审计准则第1301号——审计证据》第十条“注册会计师应当根据具体情况设计和实施恰当的审计程序，以获取充分、恰当的审计证据”、《中国注册会计师审计准则第1314号——审计抽样》第二十一条“注册会计师应当调查识别出所有偏差或错报的性质和原因，并评价其对审计的其他方面可能产生的影响”、《中国注册会计师审计准则第1131号——审计工作底稿》等准则的要求。

此外，《若干规定》第四条指出，投资者无须提供证据证明审计报告存在虚假陈述，会计师事务所如果认为其不存在虚假陈述，则需要提供相关证据予以证明。在虚假陈述的证明上采取的是举证倒置的原则。在2015年12月24日之前，投资者需要以监管部门的行政处罚或生效的刑事判决作为前置条件，其隐含的是以行政处罚和刑事判决认定会计师事务所的虚假陈述。而2015年12月24日，《最高人民法院关于当前商事审判工作中的若干具体问题》指出：根据立案登记司法解释规定，因虚假陈述、内幕交易和市场操纵行为引发的民事赔偿案件，立案受理时不再以监管部门的行政处罚和生效的刑事判决认定为前置条件。

2. 立信会计师事务所是否需要对投资者承担民事赔偿责任？

《若干规定》第二条指出，因合理信赖或者使用会计师事务所出具的不实报告，与被审计单位进行交易或者从事与被审计单位的股票、债券等有关的交易活动而遭受损失的自然人、法人或者其他组织，应认定为注册会计师法规定的利害关系人。从该规定可以看出，我国法规要求会计师事务所对第三人承担法律责任，而这里的第三人更多的是已知第三人的含义。已知第三人不仅指具体的个人或机构，还指某一类人或机构。因此，投资者作为审计已知的第三方可以要求会计师事务所承担相应的民事赔偿责任。

3. 立信会计师事务所审计报告虚假陈述与投资者交易是否存在因果关系？

《若干规定》第十八条第二项规定，投资人在虚假陈述实施日及以后，至揭露日或者更正日之前买入该证券，即被推定为信赖虚假陈述行为人的陈述，成立交易上因果关系。张涛投资者是在2013年审计报告虚假陈述日之前买入的大智慧股份有限公司股票，在作出购买决策时，其未依赖立信会计师事务所的审计报告。因此，张涛投资者的交易与审计报告虚假陈述之间无因果关系，立信会计师事务所不需要对其承担赔偿责任。而王春和刘明投资者均是在虚假陈述实施日及以后，至揭露日或者更正日之前买入的大智慧股份有限公司股票，这两位投资者的交易与审计报告虚假陈述之间存在因果关系。

另外，投资者也无须证明而是直接推定其依赖了审计报告作出投资决策。依据欺诈市场理论，虚假陈述行为欺诈的是整个证券市场，证券的价格受到虚假陈述行为影响而不公正；投资人因相信证券市场真实、证券价格公正合理而进行投资，因此其无须证明自己信赖了虚假陈述行为才作出投资决策。如果会计师事务所认为投资者决策与审计报告不存在交易上的因果关系，则需要提供相应的证明。信赖推定原则实质上是交易因果关系举证责任的倒置，即预先假定以正常方式交易的投资者因信赖市场定价而信赖被告披露的公开文件，除非信息披露义务人能证明虚假陈述并没有影响市场价格；其他可以获取的信息削弱了该陈述在市场中的影响力；投资者事实上并没有信赖市场价格，而是出于其他原因买卖证券。

4. 虚假陈述揭露日如何确定？

立信会计师事务所主张以大智慧股份有限公司公告《整改报告》之日作为虚假陈述的揭露日。该《整改报告》系针对上海证监局行政监管措施决定书作出，而该监管措施的主要内容是大智慧股份有限公司在其2013年年报中未充分披露软件收入确认的会计政策、客户信息披露不准确、未披露公司募集资金存放和使用情况报告等。而该案所涉中国证监会《行政处罚决定书》的主要处罚内容为大智慧股份有限公司2013年年报中通过提前确认软件销售收入、将客户购买理财产品等收款作为软件销售所得、利用框架协议改变年终奖的计算期间、倒签项目合作验收确认书、提前确认收购其他公司的购买日等多种方式，虚增公司当年的收入和利润。由此可见，上述大智慧股份有限公司公告的《整改报告》与中国证监会的《行政处罚决定书》，虽均系针对公司2013年年报作出，但两者涉及的具体内容及披露违法违规行为的严重程度完全不同。立信会计师事务所主张以大智慧股份有限公司公告《整改报告》之日作为虚假陈述揭露日，不符合揭露信息与虚假陈述行为内容一致性的要求，也不符合对市场警示力度的要求。中国证监会《行政处罚及市场禁入事先告知书》完全披露了行政处罚的具体内容，亦具有足够的权威性和影响力，能够起到对市场投资者的警示作用。故应将《行政处罚及市场禁入事先告知书》之日确定为虚假陈述披露日。

5. 证券虚假陈述与投资者交易损失之间的因果关系

在该案例中，沪深股市在2015年6月至8月间发生大幅波动，出现千股跌停、千股停牌，市场流动性严重缺失等异常情况，对整个市场产生全面性、整体性重大影响，并非影响个别股票或者一类股票走势，且这种风险极少发生，难以预期。对市场上几乎所有投资者而言，都难以抗拒，故属于证券市场系统风险因素，导致上证指数大幅下跌，同期，包括该股票在内的几乎所有股票均大幅下跌。2016年1月初，因实施熔断机制，沪深股市再次出现千股跌停、提前休市等异常情况，也属于证券市场系统风险因素，导致上证指数、软件服务板块指数又大幅下跌，包括该股票在内的几乎所有股票也都大幅下跌，据此，足以认定该股票在此期间价格下跌，部分系证券市场系统风险因素所导致，投资者的部分损失与大智慧股份有限公司和立信会计师事务所的虚假陈述行为缺乏必要的关联性，该部分损失不应属于大智慧股份有限公司和立信会计师事务所的赔偿范围。

该案例中，王春投资者在2014年2月28日买入该股票，同时经历了2015年股市异常波动和2016年初熔断导致的异常波动。在计算其损失时，对证券市场风险因素导致的部分损失应酌情予以扣除。考虑到证券价格是众多市场因素的综合体现，具体某一因素对证券价格产生何种程度的影响，目前尚难以通过科学可信的方法予以测定。对于如何在证券虚假陈述民事赔偿中计算市场系统风险因素，法律及司法解释亦未对此作出明确规定。就该案所涉股票而言，其在同一时期内与上证综指的走势虽存在一定的关联度，但两者之间并不完全匹配，无论是时间周期还是涨跌幅度均存在明显的差异，这也是证券市场之共性使然，故完全以大盘指数或者行业板块的涨跌幅度来计算市场风险缺乏充分的事实和法律依据，但大盘指数涨跌幅度可以作为酌情判断证券市场系统风险的参考因素。

6. 立信会计师事务所应承担的责任范围

立信会计师事务所应承担连带赔偿责任。立信会计师事务所主张该案应适用《若干规定》。根据该规定，因其主观系过失，故其承担的应是补充赔偿责任而非连带责任。然而，在证券市场中，会计师事务所出具的会计报告对于众多投资者的投资行为具有重大的、决定性的影响，会计师事务所在为上市公司出具会计报告时应当更为审慎、勤勉尽责，否则应承担相应的民事责任。我国《证券法》明确规定了证券服务机构应当勤勉尽责，对所依据的文件资料的真实性、准确性、完整性进行核查和验证。其制作、出具的文件有虚假记载、误导性陈述或者重大遗漏，给他人造成损失的，应当与发行人、上市公司承担连带赔偿责任，但是能够证明自己没有过错的除外。

《若干规定》也规定专业中介服务机构知道或者应当知道发行人或者上市公司虚假陈述，而不予纠正或者不出具保留意见的，构成共同侵权，对投资人的损失承担连带责任。立信会计师事务所作为专业证券服务机构，对于审计过程中发现的重大、异常情况，未按照其执业准则、规则，审慎、勤勉地执行充分适当的审计程序，对会计原则进行适当调整，导致大智慧股份有限公司的提前确认收入、虚增销售收入、虚增利润等严重违法行为未被及时揭示，对于大智慧股份有限公司虚假陈述事件的发生具有不可推卸的重大责任，立信会计师事务所未举证证明其对此没有过错，依法应与发行人、上市公司承担连带赔偿责任。即使依据《若干规定》，立信会计师事务所的行为也完全符合该《若干规定》第五条第二款规定的情形，足以认定其按照执业准则、规则对于大智慧股份有限公司的违法行为应当知道，应认定其明知。立信会计师事务所认为其主观系过失故不应承担连带赔偿责任的意见缺乏依据，其应当就投资者的损失与大智慧股份有限公司承担连带赔偿责任。

四、教学组织方式

（一）问题清单及提问顺序、资料发放顺序

本案例讨论题目依次为：

1. 立信会计师事务所出具的审计报告是否存在虚假陈述？
2. 立信会计师事务所是否需要对合同方以外的第三人承担责任？
3. 审计报告虚假陈述与投资者交易之间有无因果关系？
4. 审计报告虚假陈述揭露日如何确定？
5. 审计报告虚假陈述与投资者损失之间有无因果关系？
6. 立信会计师事务所是否应承担连带赔偿责任？

本案例的参考资料及其索引，在讲授有关知识点之后一次性布置给学员。

（二）课时分配

1. 课后自行阅读资料：约 3 小时。
2. 小组讨论并提交分析报告提纲：约 3 小时。
3. 课堂小组代表发言、进一步讨论：约 3 小时。
4. 课堂讨论总结：约 0.5 小时。

（三）讨论方式

本案例采用分组式进行讨论，分组时注意避免小组成员过于熟悉。

（四）课堂讨论总结

课堂讨论总结主要是归纳发言者的主要观点；重申其重点及亮点；提醒大家对焦点问题或有争议观点进行进一步思考；建议大家对案例素材进行扩展研究和深入分析。

案例 2

从中国中铁看特大型企业集团财务共享建设模式的选择

本案例旨在引导学员进一步关注和理解特大型企业集团如何因地制宜地进行财务共享建设模式的选择。根据本案例资料，一方面，学员需要充分认识到财务共享作为管理会计中重要的一环，是推动财务转型、管理会计落地，进而促进企业转型升级的重要途径；另一方面，学员们需要思考如何结合企业集团自身的特点，因地制宜地选择财务共享中心的建设模式，有效推动财务共享工作的开展。

案例正文

自 2011 年起，国资委、财政部陆续发布了《关于加强中央企业财务信息化工作的通知》《企业会计信息化工作规范》《关于全面推进管理会计体系建设指导意见》等文件。这为我国企业探索建立财务共享中心提供了强大的政策支持。财务共享几乎成为财务转型、财务变革的代名词。面对这场企业财务管理领域的深刻变革，中国中铁股份有限公司（以下简称中国中铁）高度重视，快速推动。于 2016 年 6 月统一安排部署，并启动财务共享服务中心的建设工作。时至今日，已形成具有中国中铁特色的“业财融合”财务共享服务模式。那么，中国中铁如何在短时间内迅速建立并推进财务共享？有什么经验可以提供给其他特大型企业集团进行借鉴？这是本案例关注的焦点。

一、背景简介

（一）央企财务变革刻不容缓

在经历了改革开放以来 30 多年的“增长奇迹”后，中国经济逐渐进入了以中高速经济增长为特征的新常态。要适应我国经济发展新常态，必须加快经济发展方式的升级转型。企业是推动经济发展的主体，作为中国经济骨干力量的大型央企集团更应当成为转变经营管理模式的排头兵。

从本质上来说，企业的经营活动和过程可以抽象为业务循环、管理循环和信息循环[①]。其中，业务循环是企业直接实现价值创造的从资源获取到销售实现的过程；管理循环是“计划—组织—领导—控制”等一系列活动，目的是保证业务循环高效地实现价值创造；而信息循环通过记录数据、维护数据、报告数据等活动，向管理循环提供决策有用的信息。企业要想改变发展模式，必须由内而外，从信息循环变革驱动管理循环变革，进而实现业务循环转型升级。这对财务部门的信息决策支持能力提出了新的挑战。

因此，面对中国经济发展的新常态和企业转型升级的迫切需求，央企的财务变革刻不容缓。

① 陈虎，等. 财务就是 IT——企业财务信息系统［M］. 北京：中国财政经济出版社，2017.

（二）财务共享的兴起

财务共享中心不仅能降低财务运营成本，增强集团管控能力，还能使各业务单元腾出更多精力用于核心业务，这已被许多大型集团企业，尤其是跨国企业采用。

2013 年 12 月 6 日，财政部印发《企业会计信息化工作规范》（财会〔2013〕20 号）。其中第三十四条规定："分公司、子公司数量多、分布广的大型企业、企业集团应当探索利用信息技术促进会计工作的集中，逐步建立财务共享服务中心。"2015 年，十八届五中全会首提共享经济概念，可以预计，以信息化为手段的共享服务理念是对未来共享经济在服务领域的一个重要支撑。2016 年 6 月，国资委要求中央企业通过建立财务共享服务中心，推动财务转型，实现降本增效。可以说，共享服务模式在中国已经度过了小心摸索、仿照比对的舶来品阶段，真正进入求同存异、大胆实践的个性化发展时期。

（三）建筑行业企业集团的特点

建筑行业的企业集团通常具有如下特点：

第一，组织结构非扁平化，体现出地域广、层级多、管理链条长的特点。建筑行业项目化运作决定了其具有地域分布广的特征，随着集团化、规模化经营，施工企业跨省市、跨国经营的情况越来越普遍。管理者难以及时、动态掌握各工程项目的运营信息，无法实时监控整个集团的运营状况、预测项目潜亏情况。中国中铁存在股份公司、二级集团、三级公司和项目部四级管理组织，各级管理组织具有不同的功能和职能，从企业自身的管理要求上既有集团公司与各分子公司和各工程项目部的垂直管理，又有企业内部各部门之间的横向沟通管理，信息交流量大，这就迫切需要借助信息化手段，实现信息的横向、纵向集成和共享。

第二，产品非标准化，主要体现为产品不标准、业务不规范。与制造业这类面向生产、流程相对标准化的行业不同，建筑施工企业是面向项目的企业，项目的单件独特性强、管理操作变化大，缺少标准化的业务流程，因此导致管理随意性较大，以往的管理很多时候靠人，遇到好的项目经理项目可能就营利，否则就可能产生亏损。

第三，管理基础差，主要体现为项目分散、人员分散、资金分散。施工总承包企业同时面向多项目管理，人员需求量大而且分散，资金也往往分散在各个项目上，给企业带来很大的管理难度，要求决策层对多个项目进行综合评定，制定多项目的总进度计划和资源调配计划，在资源有限的情况下确定项目的优先度。并且多项目进度计划管理是动态的、实时的，过程管理难度很大。在多项目管理过程中，根据集团公司的资源及资金实力来统筹安排项目至关重要。

二、案例概况

（一）中国中铁企业概况

中国中铁是集勘察设计、施工安装、工业制造、房地产开发、资源矿产、金融投资和其他业务于一体的特大型企业集团，总部设在北京。作为全球最大建筑工程承包商之一，中国中铁连续 13 年进入世界企业 500 强，2018 年在《财富》世界 500 强企业排名第 56 位，在中国企业 500 强排名第 13 位。中国中铁先后参与建设的铁路占中国铁路总里程的 2/3 以上；建成电气化铁路占中国电气化铁路的 90%；参与建设的高速公路约占中国高速公路总里程的 1/8；建设了中国 3/5 的城市轨道工程。

中国中铁的业务范围涵盖了几乎所有基本建设领域，包括铁路、公路、市政、房建、城市轨道交通、水利水电、机场、港口、码头，等等，能够提供建筑业“纵向一体化”的一揽子交钥匙服务。此外，公司实施有限相关多元化战略，在勘察设计与咨询、工业设备和零部件制造、房地产开发、矿产资源开发、高速公路运营、金融等业务方面也取得了较好的发展。

中国中铁在运营层面的组织结构形式是“母子架构”形式，区分于“总分架构”形式，母子架构层级较多，至少分为 4 级，分别是总公司、工程局、工程处/工程公司、指挥部。有些分局在 4 级架构的中间穿插了投资主体，在法人治理结构上甚至达到了七八级的层次。公司现拥有 46 家二级公司，其中特大型施工企业 16 家，大型特大型勘察设计咨询企业 6 家，大型工业制造和科研开发企业 3 家，以及多家国际业务、房地产开发、矿产资源开发、投资建设管理、信托投资公司。

可见，中国中铁是一家集多项业务发展于一体的特大型中央企业，业务具有“点多面广线长”的特点。

（二）中国中铁财务建设过程中的困惑

企业规模扩大的同时，中铁集团的管理层也开始发愁：股权结构复杂、人员结构性不足、层级多流程长、管理监管不严导致风险频发，高速发展带来的管理困境让分散的财务管理模式难以为继，需要运用新型的管理手段和方法全面地整合财务、人力等资源。具体来说，中铁集团面临的财务管理难题有以下几个方面。

一是业财融合程度低、业财两套标准。中国中铁的财务信息化一直走在集团信息化的前端，自2008年推广互联网版财务信息系统以来，实现了集团的全面集中核算。但是由于业务的标准化程度低，财务信息化与业务信息化的衔接始终是个难题。财务数据与业务数据一直是两套标准，管理层经常对数据准确性产生质疑；财务数据实时程度也很低，领导决策时难以获得实时数据，往往只能看上个季度的报表或者上个月的快报。

二是标准化程度低、基础核算不规范。中国中铁很早就在研究自动化制证，规范了核算机构、核算科目等，但是，为了满足不同二级集团和三级法人的管理差异需求，并没有作更多的标准化要求，有规范的核算政策和核算手册，却没有落地的管控工具。过去作凭证靠师父传帮带，师父错了徒弟也错，同一个业务作出来的凭证五花八门。此外，中国中铁作为A+H股上市公司，财务信息披露要求较高。由于原有的财务核算标准化程度低、凭证维度不足，自动账转表难度较大。为了编制报表，财务凭证增加了很多核算辅助信息，大幅增加了财务人员核算工作量。

三是财务管理难度大，资金风险反复发生。建筑企业的财务管理中，运营资金管理是非常重要的内容，具有规模大、风险多的特点，以往集团对项目资金支付的管控手段单一，相对有限。资金支付的前置审批流程与实际支付操作缺乏控制手段，资金舞弊风险很大。同时，项目管理能力不足也存在资金使用不当的问题，严重时甚至影响资金正常运转。

四是财务队伍需求庞大，人员匮乏。中国中铁规模庞大，人员管理水平参差不齐，部分单位对财务人员的培养缺乏规划，加之工地环境艰苦，现在的毕业生独生子女较多，一毕业就到工地锻炼，难以接受艰苦的环境，部分人员会选择离开企业。中国中铁近些年发展迅速，企业管理急需大量的财务人才，人才缺口始终是中铁面临的巨大难题。

五是预算管控能力弱。建筑企业业务复杂性大，不确定性高，预算管理的情况较之生产企业要差很多，导致全面预算管理难以有效落地。

面临以上情况，中国中铁的总裁办公室里，总裁Z先生倍感压力，叫来财务总监Y先生，与其商量解决之法。

Z望着办公室窗外高耸的大楼，背对着Y说："依照目前的情况看，咱们集团的财务共享建设是时候该提上日程了。"

Y听总裁提起了财务共享，马上变得兴奋起来，这可是在Y的头脑里筹划了很久的事情。"是啊，Z总，国家很早就开始对财务共享建设提供了政策支持，并且从技术层面来看，咱们中铁自身业务信息化也不断发展，已经全面推广了工程项目成本管理系统、电商平台、机械系统、物资系统等，对工程板块的前端业务规范起到了很好的铺垫作用，依我看，部署建立财务共享中心的时机已经成熟！”

A 转身，露出笑容，随即又微皱眉头：“可是，咱们这么庞大复杂的集团架构，选择哪种建设模式比较好？顶层设计可至关重要啊！”

B 说：“没错，财务共享中心的构建是个系统性的工程，不能一蹴而就，我回去就着手考虑这件事情，做一下可行性分析。”

模拟情境里提到的财务共享中心建设模式指的是财务共享集中程度的选择以及共享服务中心的实施范围。

一般情况下财务共享中心的建设模式有 4 种：集中模式、产业/行业模式、区域模式和项目模式。集中模式是在集团层面建设完全集中的财务共享中心，面向整个集团提供财务信息，一般业务集中度较高的企业会建设集团统一的共享服务中心；产业/行业模式是按照集团产业业态不同，建设为每个业态服务的不同财务共享中心，一般一些多元化的集团公司，涉及很多行业领域，会建设产业财务共享中心；区域模式就是按照区域集中的原则建设财务共享中心，为区域运营单元提供服务，建设区域模式财务共享中心的集团公司也比较常见；项目模式是以项目为服务对象建设财务共享中心，是参与特大型项目建设的多个法人单位为实现资金封闭运作、项目税务统筹规划而成立的财务共享中心。基于中国中铁多业态、跨地区的现实情况，我们无法直接判定整个集团应该选择哪一种建设模式，需要根据情况具体分析，甚至要根据共享中心推行的成熟程度、下属集团的不同条件考虑时间、地域、业务、规模等因素，综合运用以上几种建设模式。

在确定财务共享中心的实施范围时，一般包括 3 个具体维度，即：地域、经营单元及职能/流程。其中地域所关注的是共享中心实施的地理范围，是进行全球应用，还是局限于特定区域？还要确定共享服务中心涵盖哪些经营单元与不包括哪些经营单元。此外，还要决定哪些流程将纳入财务共享服务模型（应付账款、信贷等）。

那么，中国中铁财务共享中心建设的最佳方案是什么呢？

（三）中国中铁财务共享服务建设的推进

凡事预则立，不预则废。财务共享服务中心的构建是个系统性的工程，不能一蹴而就。中国中铁在财务共享建设伊始，就确立了目标导向的建设理念，确立了共享建设要实现的管理目标，分别是通过管理提升创造价值、生态良性循环创造价值、推动管理会计体系建设及支撑精准决策创造价值。其中，通过管理提升创造价值指的是提升全面预算管控能力、资金集中管控能力、制度执行力、工作质量和效率、风险管控能力；生态良性循环创造价值指的是融入制度、标准、流程等管理体系建设业财共享数字化生态圈，通过数据驱动，产生良性协同；推动管理会计体系建设指的是从日常核算业务中解脱出来，转向财务管理等核心业务岗位，做好管理层决策分析的辅助工作；支撑精准决策创造价值则包括数据治理与规划，数据分析与研究，以及经验型决策向科学型决策转型等。

1. 财务共享的建设原则

结合国内大多数企业集团的经验，建设财务共享中心时主要可依据以下 6 个原则①。

（1）事权不变原则。集团所属各法人主体对本单位资产的所有权和使用权不变，对资产、负债和权益的管理和使用仍由本单位负责，对收入、成本、费用的管理和审批仍由本单位负责。各法人单位会计主体不变，各法人单位对本单位会计信息的真实性、完整性、合法性负责。

（2）标准集中与数据集中原则保证财务共享中心成为全集团唯一的财务信息入口，实现固化业务内控点，是提高会计信息质量的基础。财务共享中心集中归集财务基础信息，实现全集团数据共享，以更及时、更准确地为管理部门决策提供数据支持。

（3）核算与管理分离原则。这一原则主要指财务管理与核算会计平行管理，集团所属各法人主体及下属各单位保留财务管理机构和财务管理职能，撤销会计核算及出纳岗位，改核算单位为核算支持单位，保留对务管理核算支持岗位。在业务上由财务共享中心统一管理，完成核算支撑工作。

（4）循序渐进原则。财务共享中心建设时应遵循先易后难、试点先行、稳步推进、全面实施推广等建设原则。

（5）收益性提高原则。财务共享中心建设的收益性主要体现在成本、效率、质量、服务、财务转型、企业扩张等方面。其中，降低成本是建设财务共享中心最原本的诉求，也是财务共享中心效益的直接体现；效率指的是借助流程再造和信息技术手段，使得财务共享中心满足提升财务运作效率和快速支持经营的需求；质量指的是通过完整的绩效控制手段和统一规范的内控，使得财务核算的及时性、准确性显著提高；服务指的是通过完整的绩效控制手段和统一规范的内控，财务共享中心的服务质量可得到明显提高；在财务转型方面，财务的职责角色将逐渐向业务伙伴方向转型，共享服务对基础工作的专业支撑使财务角色的拓展成为可能；由于共享服务显著的规模效应，共享服务可有效支撑企业的迅速扩张。

（6）安全性增强原则。通过全公司统一的作业标准和流程、统一的制度与信息系

① 王兴山．数字化转型中的财务共享［M］．北京：电子工业出版社，2018.

统、统一的资金管控与调度，降低风险，加强管控。

中国中铁总裁 Z 先生在共享中心项目建设启动会上，结合集团自身的实际情况，进一步提出了中国中铁共享建设必须把握和贯彻的六大基本原则。

一是顶层设计先行原则。信息化系统建设，顶层设计很重要，要树立预控管理理念，认真制定好顶层设计方案，防止在系统建设过程中“踩西瓜皮，滑到哪里算哪里”，顶层设计要体现战略性、全局性、系统性、基础性。

二是先进、适用、经济原则。系统建设要对照国际先进标准，体现一定的前瞻性，不能“穷对付”“瞎凑乎”，防止系统刚建成就落后，甚至还没建成就落后。所谓适用，就是要紧密结合中国中铁的实际，不能为先进而先进，系统建设要充分考虑中国中铁的业务特点、财务管理模式、企业管理模式和信息化建设现状，不能搞成“空中楼阁”，更不能搞成“屠龙之术”，“好使、管用”才是系统真正的生命力。所谓经济，就是要控制好系统建设的成本，信息化建设虽然是一项“很烧钱”的工程，但这并不意味着就可以不惜代价、不计成本，要反复权衡投入产出比，努力实现成本最低、效果最好。

三是整合既有资源原则。“十二五”以来，中国中铁遵循“总体规划、分步实施”原则，已经建成了全面预算管理系统、网上报账平台、财务决算系统、税务管理系统等多个财务信息化管理系统。要认真研究既有管理系统的改造、整合及其与财务共享中心的集成问题。整合这些既有的管理系统资源，防止造成既有资源不应有的废弃和浪费，同时要防止既有系统与新建系统平行使用，丧失信息化管理一体化运行的应有要义。

四是系统开放共享原则。财务共享中心主要是一个财务管理系统，但它同时是企业信息化管理系统的一个组成部分，因此必须强调其开放性和共享性。在财务共享中心平台的建设中，不仅要解决好与既有财务管理系统的整合问题，而且要解决好与企业各个信息化管理系统的融合（业财融合理念）。

五是循序快速推进原则。建设分为 3 个阶段，第一个阶段是“顶层设计、选点实验”，第二个阶段是“全面推广、强力推进”，第三个阶段是“高阶优化、逐步整合”阶段，各级单位根据总体安排，有序快速地把共享中心建设推向深入。

六是平台建设与企业管理良性互动原则。信息化不仅是提高管理效率的有效手段，而且是促进管理规范的有效途径。各单位要秉承平台建设与企业管理良性互动的原则，高度重视信息化管理，高度重视财务共享中心平台的建设。主要领导要高度重视，财会人员要全面动员、全员参与，要加强宣贯，切实更新理念，更新管理，更新模式，为财务共享中心平台的顺利搭建和顺利运行创造条件。

2. 建设模式的选择

中国中铁在财务共享建设顶层设计之初，对运营模式的选择上考虑历史和现状等因素，仍然是以各集团公司独立建设模式为主的。但是在建设过程中，出于经济性考虑，大胆地尝试了区域集中建设模式，通过搭建“平台、业务标准和管理标准”三统一体系，实现了既“统一标准，又分开运营”的区域共享。在区域共享成功的基础上，进而尝试跨区域的集中共享建设，北京中心将通过光纤将多套平台连接，将实现承载跨区域的20家集团业务的分散“统一”处理，节约了大量的成本投入。中国中铁整体的财务共享建设路径如图2-1所示。

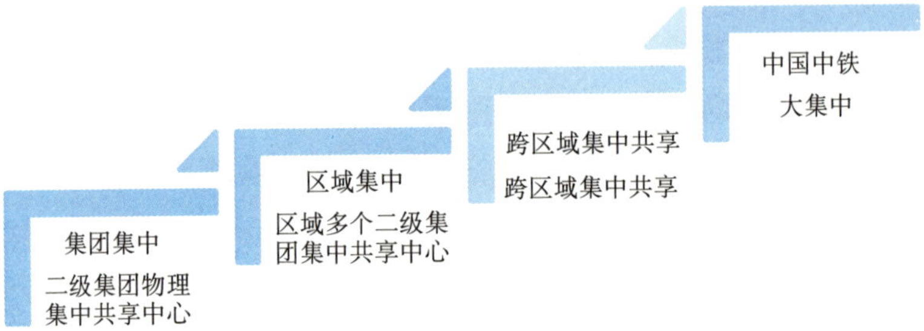

图2-1　中铁集团财务共享建设路径

中国中铁二级集团的财务共享中心建设模式主要有以下3种：

第一种，中铁六局：区域模式。中铁六局财务共享服务中心由集团公司财务会计部统一管理，采用1+3区域共享建设模式，即成立中铁六局财务共享服务中心，下设北京、太原、长沙，3个区域财务共享服务分中心。各分中心将所在区域法人会计核算业务纳入共享管理。各分中心下设收入成本组、资产费用组、综合核算组、资金结算组、稽核检查组和运营维护组合6个组。

中铁六局财务共享服务中心建设分两步实施：试运行阶段和总结推广阶段。根据共享建设实施方案，经过近3个月的业务梳理和共享环境搭建，在完成了41个表单和72个业务流程植入共享平台的基础上，首批25个工程项目上线。2017年11月3日，由北京地铁六号线项目物机部门业务人员发起第一张业务表单，经过规范的审核流程，共享平台自动生成第一笔会计凭证，标志着中铁六局财务共享服务中心建设正式进入试运行阶段，经过两个月的试运行，共享平台安全稳定。2018年1月1日，中铁六局财务共享服务中心建设工作进入总结推广阶段，第二批53个工程项目上线运行。2018年3月1日，第三批170个工程项目上线运行。截至目前，中铁六局上线工程项目248个，占在建工程项目的75%，累计生成会计凭证41787笔，财务共享建设稳步有序推进。在建设过程中，推进小组认真归纳总结共享业务经济事项，编写了《中铁六局业财功效业务操作手册》《中铁六局财务共享服务中心业务审核细则》《中铁六局业财共享原始单据管理规范》《中铁六局财务共享服务中心新手操作指南》《中铁六局业财共享系统操作手册》和《中铁六局业财共享百点小知识精选》等业务指导书籍，规范了中铁六局财务共享行为。

第二种，中铁二局地产：集中模式。中铁二局房地产集团公司是中国中铁二局的全资控股子公司，全面负责中铁二局一级土地整理和房地产开发业务。对于这种单一业态的集团企业，中铁二局地产选择建立集中型财务共享中心，采用扁平化的管理，方便沟通和协调，能够提高管理效率。中铁二局地产对于财务共享中心的机构定位是建立初期采用隶属集团财会部的组织形式，待中心运营畅通之际进行二次变革，使共享中心与财会部平级，实现平稳过渡。

第三种，中铁建工：1+2的双中心模式。中铁建工集团采用1+2模式，北京设立一个总中心，其下再设立两个分中心，分别在上海和深圳。实行双中心的原因是场地和人员的配置问题。上海和深圳是中铁建工的两个产值较大的区域，聚集了数量较多的员工，而员工的生活问题是国企不可忽视的，如果都将他们集中在北京总中心，面对北京高生活成本和高房价的现状，员工生活问题将会是一个难题。

总结来看，基于实际的组织架构和业务情况，中国中铁并未选择单一的财务共享中心建设模式，在集团的不同子公司、在同一集团的不同发展阶段，都有可能选择不同的建设模式。在顶层设计阶段，只有选择了适用的财务共享建设模式，才能有效地推动业财融合，为财务共享中心平台的顺利搭建和顺利运行创造条件。

三、讨论题目

中国中铁的案例，给特大型企业集团的财务共享服务建立模式的选择提供了大量启示，能够引发很多思考。本案例的侧重点仅在于：结合中国中铁财务共享服务中心的建立过程，重点思考如下问题：

1. 如何理解财务变革对企业转型升级的意义？

2. 什么是财务共享？为什么要进行财务共享？财务共享如何推动财务变革？

3. 建工行业推行财务共享有何障碍？

4. 中兴财务云副总裁、合伙人郭奕在《首席财务官》杂志联合国际注册专业会计师协会举办的“大智移云时代的智慧财务与智慧金融”的2017’中国CFO年会上提及，“有些企业的SSC建设情况属于‘试点进行、区域分离’，这是伪共享，并没有进行真正的共享”。对此，结合中国中铁的财务共享建设模式，你有哪些思考？

5. 结合中国中铁的经验，你认为在选择财务共享中心的建设模式时，需要考虑哪些因素？

案例使用说明

一、案例的适用性和教学目标

本案例适用的课程有：高级管理会计理论与实践。

本案例适用的授课对象为：会计专业研究生（MPAcc），拓展适用于所有管理类的专业硕士（如审计专业硕士 Maud、工商管理专业硕士 MBA 等）及会计学术型硕士。

本案例要实现的教学目标在于：引导学员进一步认识和理解特大型企业集团选择财务共享建设模式的思路和原因。一方面，学员需要充分认识到财务共享作为管理会计中重要的一环，是推动财务转型、管理会计落地，进而促进企业转型升级的重要途径。另一方面，学员们需要思考如何结合企业集团自身的特点，因地制宜地选择财务共享中心的建设模式，有效推动财务共享工作的开展。

二、案例讨论的知识储备

为了有效实现本案例目标，应该具有相关理论知识及背景知识。

（一）现实背景

随着外部环境的改变，一方面，企业产生了内在转型升级的压力；另一方面，国家经济发展方式的转变也使得国家推出诸多政策，对企业转型起到了催化剂的作用。此外，外部科技的发展，为企业转型提供了强大的助力，包括移动互联网技术、云技术、大数据技术、人工智能技术等。

财务管理，作为企业信息循环的重要组成部分，通过财务端的变革，才能更好地推动企业向管理精细化转型，进而才能全面转变企业原始的、粗放的经营理念和经营模式，实现企业经营层面的转型升级。

（二）政策背景

从 2011 年开始，国家就对财务共享建设陆续提供很多政策支持，国资委在 2011 年下发的《关于加强中央企业财务信息化工作的通知》（国资发评价〔2011〕99 号）

中提出："具备条件的企业应当在集团层面探索开展会计集中核算和共享会计服务。"2013 年 12 月 6 日，财政部印发《企业会计信息化工作规范》（财会〔2013〕20 号）。其中第三十四条规定："分公司、子公司数量多、分布广的大型企业、企业集团应当探索利用信息技术促进会计工作的集中，逐步建立财务共享服务中心。"2015 年，党的十八届五中全会首提共享经济概念，可以预计，以信息化为手段的共享服务理念是对未来共享经济在服务领域的一个重要支撑。2016 年 6 月，国资委要求中央企业通过建立财务共享服务中心，推动财务转型，实现降本增效。可以说，共享服务模式在中国，已经渡过了小心摸索、仿照比对的舶来品阶段，真正进入求同存异、大胆实践的个性化发展时期。财务共享正处于政策的风口之上。

（三）理论背景

财务共享的概念。财务共享服务模式在降低企业财务运营成本、提高集团管控力度、增强财务对企业战略与经营支持能力及促进企业数字化转型中发挥的作用；财务共享服务中心四种主要建设模式（集中模式、产业模式、区域模式和项目模式）的内涵及优缺点。

财务共享中心的建设模式分为四种：集中模式、产业模式、区域模式和项目模式。

集中模式。集中模式就是在集团层面建设完全集中的财务共享中心，面向整个集团提供服务（见图 2－2）。这种模式的优点在于集团统一规划、统一建设，统一运营

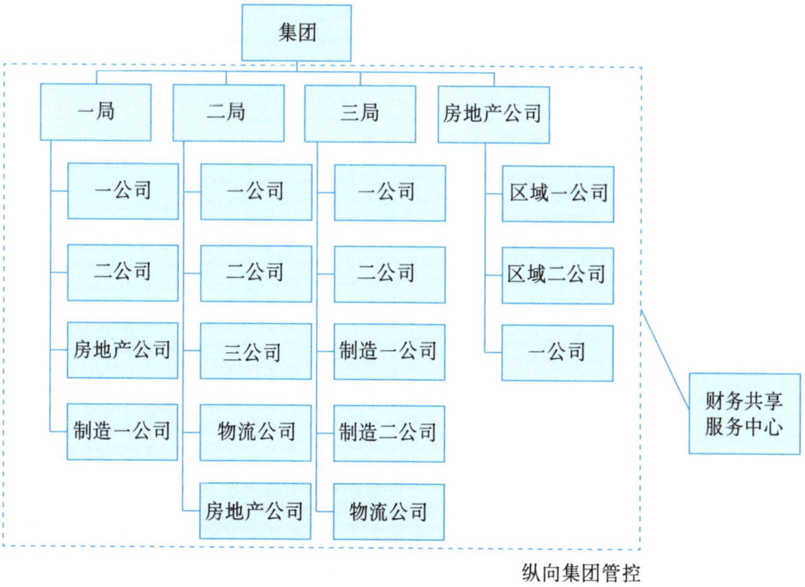

图 2－2　财务共享中心建设的集中模式示意图

管理体系和标准规范，可减少重复投入，也利于加强管控，降低财务运营风险。未来集团信息化统一，还可以有效减少与外围系统对接的成本。不过，这种模式需要考虑统一集团现有的财务核算系统，使得初期投入成本较大，而下属各公司需要对统一的核算系统有一个适应的过程。

一般业务集中度较高的企业会建设集团统一的共享服务中心。比如中国铁塔，是由中移动、中联通和中电信三家运营商合资成立的专门负责信号发射塔建设和维护的公司。铁塔公司成立的初衷就是采用共享模式，减少重复建设，实现资源利用最大化，因此公司成立初期便在集团总部建立了统一的财务共享中心，按照统一的核算标准、数据标准，实现了单塔核算的目标，确保每个铁塔都能够出具独立的资产负债表和利润表，以及各维度的管理分析报表。

产业模式。产业模式就是按照集团产业业态不同，建设为每个业态服务的不同财务共享中心（见图2-3）。这种模式体现了垂直行业的特色，可以根据行业特色进行精细化管理，但却无法保证集团统一标准的核算规则，不利于形成集团统一的管理体系和标准规范。财务核算系统不完全统一，使得未来财务共享平台一家其他信息系统（如基础数据管理系统、报表系统、HR 系统等）需要与多套核算系统对接，二次开发成本大幅提升。

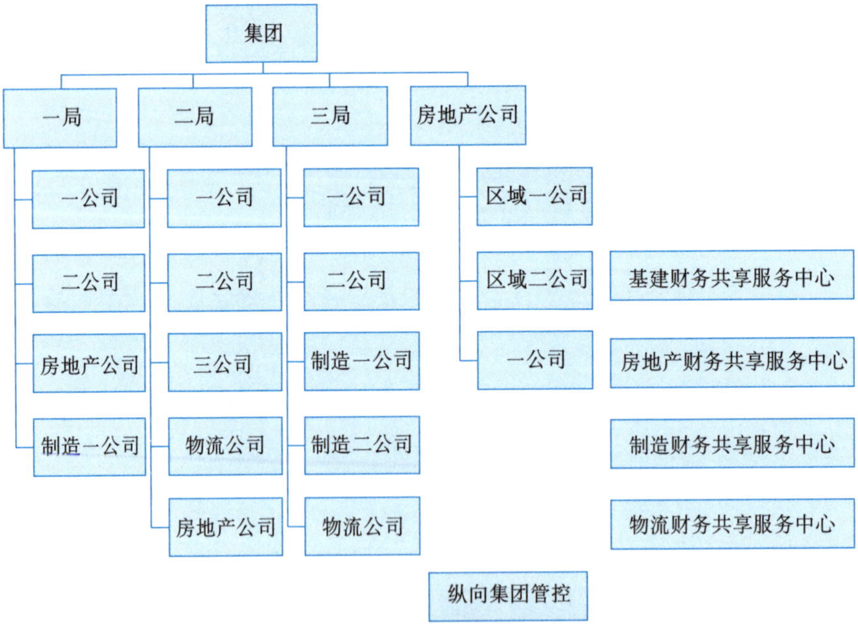

图2-3 财务共享中心建设的产业模式示意图

一般一些多元化的集团公司，涉足很多行业领域，会建设产业财务共享中心，如中海油气电、山东鲁商等公司。山东鲁商是一家涉足超市零售、酒店旅游、地产、金融等多行业的综合性多元化集团公司，每个行业在管理上都有各自的特色，如超市零售主要注重商品的进销存管理及资金的收支管理，而地产公司主要注重项目成本管理、合同管理、资金流管理等方面，关注点各不相同，因此鲁商就产业模式建设共享中心，先在超市零售板块试点运行，再逐步推广到其他产业模块。

区域模式。区域模式就是按照区域集中的原则建设财务共享中心，为区域运营单元提供服务（见图2－4）。这种模式的优点是距离服务对象距离较近，使得业务响应快，便于沟通和交流。

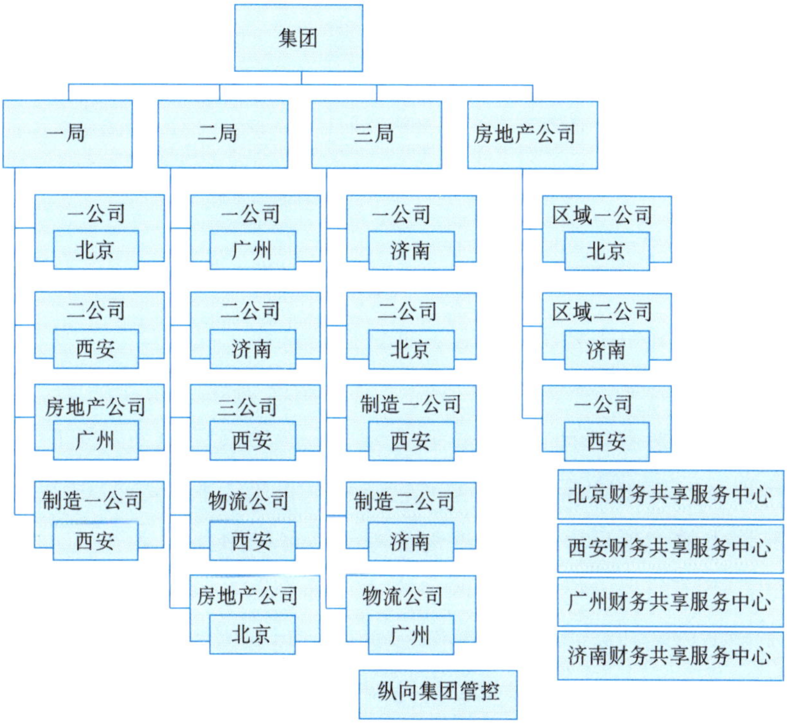

图2－4　财务共享中心建设的区域模式示意图

建设区域模式财务共享中心的集团公司也比较常见。如交二航局，目前在全国范围内建立了包括武汉、重庆、镇江、芜湖等6个财务共享中心，以一个中心区域为核心，辐射周边附近的分支机构，统一纳入共享中心集中管理。

项目模式。项目模式就是以项目为服务对象建设财务共享中心，是参与特大型项目建设的多个法人单位为实现资金封闭运作、项目税务统筹规划而成立的财务共享中心（见图2－5）。这种模式能使得项目内多家法人单位实现财务数据的标准统一，项目内资金运作和税务也能统一统筹。

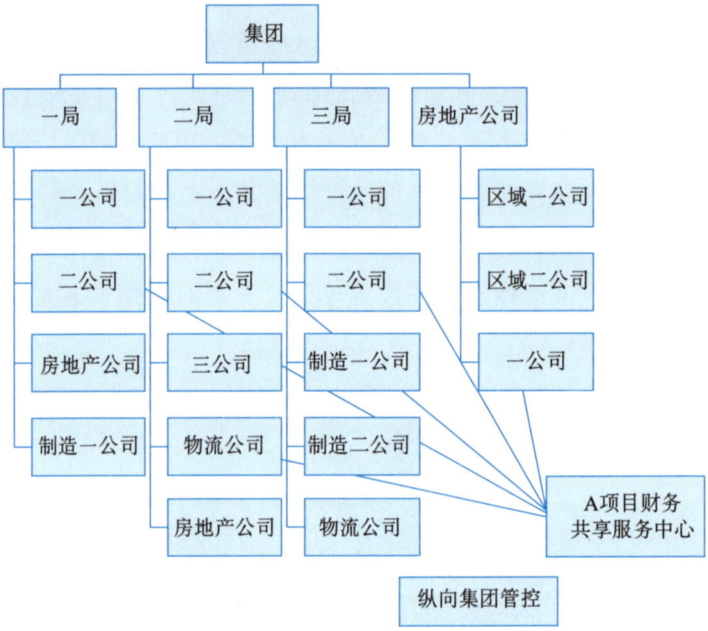

图 2-5　财务共享中心建设的项目模式示意图

集团企业为建设某一个特大型项目，通常会有众多二级单位、三级单位参与进来，这时围绕项目建立财务共享中心比较适合。以中国交通建设集团为例，很多大项目，如城市地铁项目，如果由多个二级单位独立承包，会有竞争力不足等问题。为此，中国交通建设集团常以集团总部的名义去承包项目，再把工程分段后由各个二级单位承建。但对于跨法人的大项目管理就需要建立基于项目的财务共享中心。

各企业实际采用的建设模式与这四种模式可能会有些区别，需要视各企业的具体情况而定。无论采用哪种模式，关键是要寻求各种利弊因素之间的平衡点。以上只是给出一般分类，对于企业来说，最重要的是制定与自身情况相符的顶层规划。

三、案例分析要点

1. 需要学员识别的关键问题

本案例需要学员识别的主要知识点包括：财务共享的内涵及意义；不同财务共享中心建设模式的优缺点；企业选择财务共享服务中心建设模式的决定因素等。

2. 案例分析的关键点及提示

（1）关于财务变革促进企业转型升级的理解。面对外部环境的剧烈变化，企业面临的转型升级的巨大生存危机。企业的经营活动和过程可以抽象为业务循环、管理循环和信息循环。财务的职能，从本质上来说，是数据识别、搜集和储存的过程，同时也是信息开发、测试和沟通的过程，属于信息循环的重要构成部分。企业要想改变发展模式，必须由内而外，从信息循环变革驱动管理循环变革，进而实现业务循环转型升级。即通过财务端的变革，提高财务部门在信息搜集、处理及分析端的能力，才能更好地为管理循环赋能、推动企业向管理精细化转型，进而才能全面转变企业原始的、粗放的经营理念和经营模式，实现企业的持续、健康发展。

（2）关于财务共享内涵、意义及促进财务变革的理解。财务共享服务是通过将集团企业分散在各个区域运营单元中易于标准化和规范化的财务业务进行流程再造与标准化，并集中到相对独立的财务共享中心进行处理。企业建造一个财务共享中心（Financial Shared Service Center，FFSC），是将企业原本分散在各业务单元的日常性、重复性、程式化、通用性的工作放在人力成本较低的地区进行集中处理。

财务共享具有诸多好处。第一，随着分子公司的数量随着企业发展不断增加，如果每个部门都设立财务机构，将导致财务机构臃肿，财务成本上升。通过财务共享，使得财务方面的重复建设成本大幅降低，有效降低了财务运营成本。第二，各分支机构的管理水平不同，业务处理标准口径各异，导致集团管控难度增加，风险敞口增大。财务共享通过流程、制度、规则等方面的标准化，有效增强了集团的管控力度。第三，财务工作长期陷入低附加值的账务处理工作，没有时间和精力辅助管理决策，提升企业价值创造能力。通过财务共享，极大地释放了财务人员的精力，能够为企业的战略与经营提供有效支持。第四，数字经济时代已经到来，现在已经是平台企业的天下。资源共享服务与企业平台化相辅相成，是实现数字化转型的重要支撑。企业通过财务共享，能够有效力提升企业的数据分析、运营能力，更好实现传统企业的数字化转型。

通过财务共享，使得各地业务处理标准和统一、方便集团的集中管控；提高了工作效率，促进业务处理流程标准化；有助于形成企业数据中心，为经营决策提供实时的基础数据，提高财务信息的决策有用性。更为重要的是，财务共享推动了财务人员从财务会计向管理会计转型，极大的释放了财务人员的精力，使得大量财务人员不为低附加值的传统的财务处理业务疲于奔命，拥有更多的精力参与到企业的价值创造中去。为财务管理的价值创造功能打下坚实的基础。

（3）关于建工行业推行财务共享的难点识别。财务共享的一个重要前提是流程、制度、规则的标准化。而建工行业的一大特征在于产品非标准化程度高，主要体现为产品不标准、业务不规范。与制造业这类面向生产、流程相对标准化的行业不同，建筑施工企业是面向项目的企业，项目的单件独特性强、管理操作变化大，缺少标准化的业务流程。这成为了建工行业财务共享的一个最大障碍。

(4) 关于“伪共享”“真共享”争论的关注重点。中兴提出的是典型的“集中模式”的财务共享建设模式。除了集中模式外，财务共享的建设模式还包括产业模式，区域模式与项目模式。

每一种模式均有各自的优缺点。各企业实际采用的建设模式与这四种模式可能会有些区别，需要视各企业的具体情况而定。即企业需要因地制宜地选择与自身契合的服务共享建设模式。无论采用哪种模式，关键是要寻求各种利弊因素之间的平衡点。

就集中模式而言：中国中铁是一个体量极为庞大、组织架构极为复杂的国有集团，而且业务范围涵盖了几乎所有基本建设领域，在这样一个完全没有共享服务经验的集团采用集中模式进行财务共享，一步到位地建立全国统一的共享中心，为旗下所有子公司提供共享服务，这在技术上是非常有难度的，而且是基本不可能实现的。中兴通讯于 2005 年建立中国企业第一家财务共享中心，选择的模式就是建立全球集中的财务共享中心，但这种模式是基于中兴完善的信息系统和相对集中的业务范围，对于中国中铁来说是不适用的。

就区域模式而言：中铁集团在建设共享中心时也有分区域建设的考虑，但由于中铁集团特殊的组织结构，一个区域内可能存在多个局，跨组织管理难度太大，并且中铁一直以来有着分局管理业务的传统习惯，因此在整个集团层面上中铁选择的建设模式是按照二级单位分局建设。但在物理硬件上，我们会发现有区域共享的影子。比如西南区域共享。西南区域共享中心设立在成都，在硬件设备上，整个区域实现了物理上的共享，由于中铁二局的地理位置、硬件条件等较为适合，西南区域的各个分局都使用位于二局的机房进行共享建设，由二局进行硬件设备后台的运营管理。因此，总的来说，中铁集团在硬件设备上可以看作按区域进行共享，但在实质业务层面上，实际上是以二级单位为基础进行财务共享建设的。

就行业模式而言：按照行业模式建设财务共享中心是指将集团内的业务按照行业进行分类，建设财务共享中心为同一类型的行业提供共享服务。这种模式适用于业务类型多但是各产业所占比重差距不大的企业。而中国中铁的业务范围很广，不仅几乎涵盖所有的基础设施领域，还涉及了勘察设计与咨询、工业设备和零部件制造、房地产开发、矿产资源开发、高速公路运营、金融等业务，但基础设施建设领域始终是其主战场。单看中铁的子公司，也同样业务类型多样，如其中的中铁二局就是集工程施工、基础设施建设管理、房地产开发、国际业务、勘察设计咨询、商贸物流、商业物业等业务于一体的大型现代产业集团。中铁历来是分局管理业务的，如果采用项目模式，不可避免地会将各二级单位的业务打散进行重新组合，与中铁的组织架构和责任中心的划分有所冲突，因此行业模式不适合中铁。

就项目模式而言：集团企业为建设某一个特大型项目，通常会有众多二级单位、三级单位参与进来，这时围绕项目监理财务共享中心比较适合。中国中铁的很多大项目，是由多个二级单位联合承包的，例如今年4月份，中国中铁股份有限公司及中铁广州建设公司、中铁一局、中铁二局、中铁三局、中铁四局、中铁五局、中铁六局、中铁建工、中铁广州局等16家子公司组成的联合体中标广州市轨道交通十三号线二期及同步实施工程总承包项目。对于这种跨法人的大项目管理就可以建立基于项目的财务共享中心，因此从理论上来说，中铁可以建立项目财务共享中心。

（5）最重要的是成本和收益相权衡的原则。例如，中铁建工集团采用1+2模式，北京设立一个总中心，其下再设立两个分中心，分别在上海和深圳。实行双中心的原因是场地和人员的配置问题。上海跟深圳是中铁建工的两个产值较大的区域，聚集了数量较多的员工，而员工的生活问题是国企不可忽视的，如果都将他们集中在北京总中心，面对北京高生活成本和高房价的现状，员工生活问题将会是一个难题。

四、教学组织方式

1. 问题清单及提问顺序、资料发放顺序

本案例讨论题目依次为：

（1）在当前，企业为何亟需变革？

（2）如何理解财务变革与企业变革之间的关系？

（3）什么是共享？什么是财务共享？你认为财务共享有何优势？

（4）财务共享如何推动财务变更？

（5）建工行业推行财务共享有何障碍？

（6）中兴财务云副总裁、合伙人郭奕在《首席财务官》杂志联合国际注册专业会计师协会举办的“大智移云时代的智慧财务与智慧金融”的2017中国CFO年会上提及“有些企业的SSC建设情况属于‘试点进行、区域分离’，这是伪共享，并没有进行真正的共享”。对此，结合中国中铁的财务共享建设模式，你有哪些思考？

（7）结合中国中铁的经验，你认为在选择财务共享中心的建设模式时，需要考虑哪些因素？

本案例的参考资料及其索引，在讲授有关知识点之后一次性布置给学员。

2. 课时分配

（1）课前补充查阅资料，了财务变革、建工行业背景及财务共享相关概念：时间不限。

（2）就各个问题开展小组讨论并提交分析提纲：约 2 小时。

（3）课堂小组代表发言、进一步讨论：约 1.5 小时。

（4）课堂讨论总结：约 0.5 小时。

3. 讨论方式及教学手段

本案例可以采用头脑风暴法，行动学习法，六项思考帽等方法分小组讨论，并灵活应用 mock，蓝墨云班课等新型教学工具与辅助手段组织案例讨论。

4. 案例讨论与总结

课堂讨论的关键是：归纳发言者的主要观点；重申其重点及亮点；提醒大家对焦点问题或有争议观点进行进一步思考；建议大家对案例素材进行拓展研究和深入分析。

案例 3

驾校界的“海底捞”

——DF 驾校的差异化战略之路

本案例旨在引导学员在学习案例企业灵活应用差异化战略而实现企业盈利最大化的成功经验基础上，能够综合运用先进的战略管理理念及本量利分析、绩效管理等管理会计方法，深度思考和剖析案例企业实践中的可取之处与现存问题，并有针对性地提出切实可行的持续性解决方案，从而使学员更好地理解相关理论知识，并能够将其灵活应用于企业的管理实践。

案例正文

随着经济的发展和人民生活的改善以及居民消费结构的升级，我国对汽车的消费需求持续增长，为驾培行业的发展带来了更多的机遇。同时，随着相关法律法规的逐步完善，驾培行业逐渐步入规范化、市场化、规模化运作。DF驾驶培训学校股份有限公司（以下简称DF驾校）在这一背景下应运而生，在差异化战略定位下，采取一系列产品差异化、服务差异化、渠道差异化等具体举措，迅速成长并快速扩张，成为中国驾培行业第一股和全球最大的驾驶培训机构。在业绩增长的同时，DF驾校也遇到了各种挑战和困境，通过应用多种先进的战略管理理念和管理会计方法，公司不断完善管理制度，提升管理水平，力求实现更加持续、快速、长久地发展。DF驾校差异化战略下的发展实践为更多企业提供了有价值的参考与借鉴。

一、亲历学车苦　梦想创业路

1972年大年初一凌晨，小徐出生在北京西城区德胜门外的一个大杂院内，父母微薄的薪水既要赡养老人，还要抚养小徐和他体弱多病的哥哥。因为急切地想减轻妈妈肩上的经济重担，小徐小小年纪几乎成了一个职业生意人，他卖过杏，卖过卤煮火烧，在宾馆工作过，也开办过自己的酒楼。

随着生意的不断发展，学会开车已经成为小徐迫切的需求。可是，学车的经历却充满了艰辛和不如意——办理学车手续十分繁杂；而学车的日子里，更是充满艰辛，经常是在瑟瑟寒风中站了一、两个小时，还没有轮到自己摸一下车；师傅脾气还特大，一脸不耐烦……“有朝一日，我要自己开一所与众不同的驾校！”小徐心里嘀咕着。而后来，小徐的一位朋友所遭遇的一次车祸更加坚定了他的梦想——创办一家自己心目中的驾校。

1995年，小徐梦想成真，正式创立了一所自己的驾校。他打破行业“潜规则”，塑造标准化的培训流程。摸爬滚打十年后，2005年8月12日，DF驾校股份有限公司成立——这便是小徐心目中那所的“与众不同”的驾校，从此，小徐跃身一变成为驾校界众人皆知的徐总。

2007年，DF驾校已经成功占据北京市场10%的市场份额，稳坐地区龙头宝座。

2011年，公司在各地先后设立多家子公司，目前北京、云南、石家庄的子公司已经相继运营，湖北、南昌、重庆、荆州等项目正在筹建中。

2016年2月5日，新年伊始，DF驾校股份有限公司在上海证券交易所成功挂牌上市。

DF驾校的发展目标为：通过努力提升培训的品质，最大限度地让所有交通参与者掌握良好的技术，树立正确的交通意识，同时减少交通事故和缓解拥堵。未来每个城市都有一个DF驾校，或者至少有一个DF驾校这样的规范的现代化的驾驶学校。

目前，DF驾校的主营业务是驾驶员培训。公司拥有花园般的环境、酒店式的服务以及世界一流的训练场、考试场和配套设施，现有宝来、桑塔纳、伊兰特和金龙大型客车、中型客车、大型货车、牵引车、摩托车等各种训练用车3000余部，员工5000余人。

二、时势造机缘　差异求发展

（一）案例背景

1. 行业日趋规范，法规日渐严格

近年来，随着国家一系列机动车驾驶员培训相关法律法规的颁布，驾培行业的发展日趋规范化，加上电子科技等现代信息手段的运用，驾驶考试的难度也越来越大，考试更加注重理论与实际情况相结合，强调安全驾驶、文明驾驶。

2. 汽车消费升级，驾培供不应求

随着经济的发展和人民生活的改善以及居民消费结构的升级，我国对汽车的消费需求持续增长，截至2017年底，我国居民家用汽车每百户拥有量为29.7辆；全国机动车保有量为3.19亿辆，同比增长4.93%；全国私人汽车拥有量为1.87亿辆，同比增长14.48%，已经连续5年保持两位数增长。同时，私人汽车占机动车比例逐年增大，由42.01%（2013年）提升至60.31%（2017年），驾驶技术将由过去的职业技能变为生活技能。这些将直接推动驾培市场的快速发展，驾驶培训市场的发展前景向好。

此外，国家对新能源车的补助政策，也激发了消费者购车的积极性，带动了汽车消费的快速增长。2017年，新能源汽车的销量达到77.7万辆，同比增速53.25%。至2018年前8个月，新能源汽车的累计销量已经达到60.1万辆，同比增速提升至87.81%。这些均助推了市场对驾培行业需求的增长。

3. 驾培差距巨大，驾校质量堪忧

2017年，我国机动车驾驶人数为3.96亿，相对于13.9亿的人口总数，机动车驾驶员渗透率为27.7%，较2013年提升了7.89个百分点，并将继续保持递增态势。然而，与同期其他发达国家相比，我国的机动车驾驶员渗透率仍处于较低水平。2015年美国机动车驾驶员渗透率约为68%（持驾驶证人数2.18亿/2015年美国人口3.21亿）。因此，我国的机动车驾驶员渗透率仍有较大提升空间。

2013年以来，全国各地兴起学车热潮，驾校一时供不应求，准入门槛大大降低，促进了驾培行业整体上的快速发展。截至2017年3月底，全国驾培机构接近1.7万家，教练员近90万人，教练车超过70万辆，年培训能力接近5000万人，但实际培训人数约3000万人次。驾校虽然在数量上有了飞速的发展，但是在质量上却良莠有别。整体的特点是“小、弱、散”，管理水平高低不齐，大多数驾校还处于传统的发展模式中，以注重学员数量增长为目标，以培训驾驶技能为核心，在战略定位和运营管理中存在着诸多问题，影响着企业做强做大与品质提升。驾驶技能的培训不同于其他一般技能，除了驾驶技术之外，交通规则、安全意识、社会责任理念等的培训也是重点和难点问题。这些均对驾培行业的高质量发展提出了更高的要求。

4. 技术尚待成熟，市场仍有空间

中国自主研制的无人车——由国防科技大学自主研制的红旗HQ3无人车，2011年7月14日首次完成了从长沙到武汉286公里的高速全程无人驾驶实验，标志着中国无人车在环境识别、智能行为决策和控制等方面实现了新的技术突破。然而目前来看，无人驾驶技术尚未成熟，要达到完全不需要驾驶员掌握驾驶技能，尚需很长一段时间，因此，驾培企业依然有很大的市场成长空间。

综上所述，我国驾培业务虽然已经步入市场化运作阶段，然而驾培行业的发展尚未完全成熟，过低的产业集中度也带来了激烈的竞争。徐总正是看到了这样的商业发展机遇，对DF驾校所面临的战略环境及其竞争优势进行了综合分析与权衡，试图突破传统驾校模式的“桎梏”，决定采取差异化战略。虽然这样将不可避免地面临高成本的问题，但是如果战略成功实施，将带来更大的收益并形成规模效应，进而可以长远地降低成本。此外，大规模建设还可以在促进荒地绿化、带动区域经济发展的同时贡献税收，进而获得政府的支持和认可。于是，DF驾校敢于打破行业潜规则，探索并形成了差异化需求的服务产品体系，不断提升服务执行的标准化水平，建立成熟的差异化服务模式，把DF驾校打造成为驾校界的“海底捞”。

（二）全方位的差异化战略

1. 服务差异化

DF驾校把“学员是否满意”作为工作的唯一标准，独树一帜地创立了“朋友式的教学关系”“我们的服务与您的需求同步”等全新理念，形成了“服务、遵章、团结、自律、创新”促进公司建设与发展的十字方针，特别是围绕“让每位学员都满意”的工作追求，率先在行业内提出了“五项承诺”“八个率先”“九项服务”，在员工素质、服务效率、环境设施等方面均得到体现。

（1）员工素质。DF驾校对员工素质有着极高要求：要求学员培训费用均按价目表收取，学习过程中不以任何名义增加收费，杜绝员工出现吃、拿、卡、要现象；训练开始前，要求员工统一着装，并在车前站立迎候学员；要求员工进行朋友式的教学，和蔼不敷衍，严格不粗暴；设置学员考评教练员系统，对员工进行监督考评。公司全体上下均具备对学员的强烈的服务意识，将服务意识贯穿到日常各项工作中去。

（2）服务效率。DF驾校设有现场预约大厅、电话预约及网上预约三种方式，建立了多时段弹性约车系统，方便学员考勤和约车。学员可根据自身时间安排，选择预约合适的时间段，提升效率。

为方便学员交通，减少路上时间损耗，DF驾校配备110余辆班车，提供覆盖整个北京城区的班车运营路线，在班车运行过程中，学员可于线上学习交通法规相关知识，提升效率。公司承诺，若因公司原因班车延误，报销学员乘坐出租车费用。

公司设置多个配有现代化多媒体设备的法规培训教室，可同时容纳几千名学员上课，便于学员快速完成理论知识学习，快速进入到实训环节。

（3）环境设施。DF驾校的教练车及班车中全部配有空调，教练车全部带有助力，并设置亚洲一流的训练场及考试场，减少因外部因素导致服务体验感下降。

此外，公司采用园区式服务模式，训练、餐饮、班车、休闲等链条化服务，公司保证餐饮绝对卫生，若因公司原因致病者，赔偿全部医疗费用。园区还设有便利店、餐厅、免费浴室、美发室等生活服务设施，台球厅、网吧等娱乐服务设施，电子保险箱、擦鞋机、爱心伞等贴心服务设施。与其他驾培企业的增值服务不同的是，DF驾校的园区服务并未把营利作为主要目标，而是提升学员满意度，增强体验感。

2. 产品差异化

（1）课程体系。公司充分考虑不同学员对培训时段、培训车型、培训车辆档次和接送等配套服务的不同要求，设置了不同班型，有假日班、速成班、预约计时班、贵宾班、外宾班和外籍换证班，还有针对残疾人的专门班型及增驾大客、增驾中客和大型货车班型，学员可根据自身情况选择对应的班型。

与同业驾校课程安排对比，DF驾校服务更加具体且划分清晰，速成班包括晚间班并可提前预留车辆，最大限度满足顾客需求；预约计时班可自主约车并单人单车，服务到位；贵宾班配有免费午餐、班车接送等服务，极大化地利用衍生服务，优化培训体系。

（2）创新业务。公司积极探索培训业务新模式，提升公司业内口碑和培训专业性。据国际航空运输协会预测，我国现已经跃升为仅次于美国的第二大航空市场，预计未来20年内，我国至少还需要民航类人才24万人，飞行员、乘务人员、机务维修人员等民航专业人才需求量巨大。

2018年4月，公司通过“校企合作”的新模式，计划与民航在人才培养、学历教育等方面开展深度合作。双方拟共建飞行技术专业，共建民航校企实训基地、人才培养基地和技能实训基地；组织专业领域专家研究、制定科学合理的培养方案、教学计划和教学大纲，申办飞行技术专业，共同培养培养飞行技术人才，实现从“机动车驾校培训”到“航空驾驶培训”的领域跨越。

此外，DF驾校将借助资本市场的力量，不断创新服务模式，总结驾培服务行业成功的经验和积累的优势，积极向汽车消费综合服务行业的其他子行业拓展业务，如汽车维修、汽车金融、汽车美容等，从而提升业务的综合度，充分体现其产品的差异化。

3. 渠道差异化

（1）土地渠道。驾培企业因其主营业务必然带来较大的土地需求，DF驾校在获取土地时往往能够取得政府支持，具体原因如下：DF驾校的园区式建设帮助政府进行环境建设；园区服务有利于拉动当地就业；DF驾校积极缴纳税款。通过驾校作为渠道入口，打造餐饮、娱乐等园区式集成一体化的服务，并结合互联网精准定位客户需求，使公司成为以驾培为核心的生态公司。

（2）营销渠道。公司当前的招生模式是自营为主，代办为辅，定向服务集团客户。为了方便学员报名，公司设立了招生分部、签约客户服务中心、代办招生机构（前三种为直营模式）和网络招生（代销模式）四种渠道。

自有招生体系之外，公司近几年凭借领先的考试通过率及良好的培训体验，通过学员现身说法和示范在潜在用户中宣传，取得了不错的效果。2012年报名人数中40%来自口碑式营销，2015年已经达到了48.3%的比例。销售费用从2013年起逐年下降，2015年度3620.27万元，较上年同期降低了44.48%，口碑效应加强，节约了营销费用。

三、拓业坎坷路　逐梦在征途

（一）业绩增长中的新困境

凭借独特的差异化战略，DF驾校2008—2010年实现了营业收入近7倍的增长。

另据证监会公开披露的数据，DF 驾校 2012—2015 年营业收入、营业利润分别由 7 亿元、2.6 亿元逐年增长至 13 亿元、4.4 亿元。

差异化战略的成功实施，也表现在公司市场占有率的逐年提升上，以北京市场为例，DF 驾校的市场占有率从 2012 年的 19.96% 提升至 2016 年的 30%，这也给公司带来了规模效应和品牌效应。

除财务业绩之外，DF 驾校还获得了学员和社会的广泛认可。根据大众点评的评价，我们发现 DF 驾校的评论数量和好评度远超其他竞争对手，从客户层面反映出其差异化战略的效果。同时，DF 驾校 2013—2017 年连续 5 年荣获中国保护消费者基金会颁发的“维护消费者权益诚信服务满意单位”和“保护消费者权益 3·15 放心消费单位”称号。

然而，随着 DF 驾校业务规模的日益扩张，公司的发展也遇到了不少困难和“瓶颈”，例如，面对公司业务的多地扩张布局、服务的多样化和精细化等新情况，公司营利模式及主要的利润增长点是否需要随业务的改变而进行动态的调整和改进？公司的战略规划是否要根据业务、区域、部门等多个维度而更加量化和细化？如何更有效地推进战略落地？如何大力提升公司的组织管理和财务管控的效果和效率？为此，DF 驾校做了深入的学习和思考，经常通过各种途径向优秀企业学习先进管理经验，向高校专家教授请教科学的方法与理念，其中就包括管理会计常用的本量利分析法和平衡记分卡。

（二）基于本量利分析模型的盈利模式创新

DF 驾校通过研究本量利分析模型，对其差异化战略下的具体举措及其相互影响进行了深度剖析，初步构划了一个整体性良性循环营利模式。

本量利分析的基本模型为：

$P = px - (a + bx)$

其中，P 表示税前利润，p 表示销售单价，x 表示销售量，a 表示固定成本，b 表示单位变动成本。

由公式可看出，税前利润由两部分组成，一是由销售收入带来的利润增加项，二是由固定成本和变动成本带来的利润抵减项。DF 驾校分析了其差异化战略下的不同举措如何影响税前利润的不同要素，探究了各个差异化措施之间如何此消彼长、协同作用于企业的整体盈利水平，从而形成完整、有机、动态的良性循环营利模式。

1. 由于 DF 驾校的服务差异化、产品差异化及渠道差异化，其差异化战略必然带来一定的单位溢价，但 DF 驾校的溢价并不高，这极大提高了性价比，从而促使学员数量的增加和市场占有率的提升。

2. DF驾校对员工的管理制度比较完善，对员工素质有着极高的要求。对员工的培训和激励制度虽引起员工成本的增加，但严格的员工管理又从四方面弥补了员工成本，并创造出源源不断的利润：一是通过高素质的员工培养，使员工拥有组织归属感，自发爱护公司的设施设备，降低设备损耗，进而减少了设备维修费用；二是通过员工的有序管理，避免因教练和车辆不对应出现车辆闲置的情况，因此可通过减少设备空闲时间，提升设备的利用率，进而降低单位变动成本；三是通过对员工的培训和严格管理，提升员工工作态度、技巧与熟练度，并将培训过程标准化，提高劳动生产效率，进而降低单位变动成本；四是高质量的员工服务带来了高于行业平均的学员通过率，缩短拿证时间，在学员之间建立了良好的口碑，进而通过口碑营销带来更多新学员。由此可见，员工管理做得越好，学员数量增加越明显，单位变动成本也逐渐缩小，由此促进了良性循环的形成。

3. DF驾校通过建设园区，提供多元化的增值服务，也对利润带来了多方面此消彼长的作用，具体表现为以下三点：一是在园区建设过程中，必不可少地引起固定成本增加；二是园区化建设带来多元化服务，增加学员满意度和体验感，吸引更多学员加入DF驾校；三是园区化建设可以使政府增加税收、增加绿化程度、充分带动当地就业，因此会与政府建立友好的合作关系，在获取土地方面获得极大优势，降低获取土地发生的费用，为DF驾校的异地扩张带来极大的便利，而异地扩张同时也增强了DF驾校的品牌效应和口碑宣传，继续源源不断地为公司带来更多学员。

4. DF驾校拥有全课程体系，覆盖了不同的车型，公司提供9种准驾车型的培训服务，全面涵盖机动车驾驶培训行业的培训。近期的业务范围还扩展到了航空培训，并根据不同人群的需求，设立速成班、假日班、预约班、贵宾/外宾班和残疾人班等多种班型，满足不同人群的个性化需求，使每位学员均能找到最适合自身时间安排的班型，增加了各类学员的数量，扩展的了市场开发的深度和广度。

5. DF驾校建立多时段弹性约车系统，DF驾校每天运营时间为14个小时，并详细划分为5个不同时段，在预约时间内保证单人单车，满足上班人士在工作日的服务需求，由此方便和吸引了更多的学员。

（三）基于平衡记分卡的战略绩效管理体系

为了使公司的战略目标更好地落地，DF驾校拟采取更多先进有效的管理方法。根据财政部发布的《管理会计应用指引第100号——战略管理》中的战略地图工具，DF驾校管理层对公司的各维度战略目标进行了可视化的逐层分解与剖析，揭示其通过差异化战略实现战略目标的路径。

DF驾校的愿景是成为全国驾培龙头企业。在财务层面，公司致力于提高资产回报率，经杜邦分析法分解，可进一步分为提高盈利水平和资产利用率。

财务战略的实现取决于客户层面的客户满意度和品牌形象建设，DF驾校围绕“让每位学员都满意”的工作追求，提出了“五项承诺”“八个率先”“九项服务”等服务理念，摒弃行业原有陋习，成为行业新标准的制定者、尝试者。此外，DF驾校还向社会广泛宣传交通安全知识，致力于创造安全、和谐的交通环境，并积极投身于公益事业，参与救灾与灾后重建工作，树立了良好的品牌形象，逐渐成为学员心中的首选驾校。

四、尾声：困惑伴挑战　蓝海展华篇

DF驾校的差异化战略使其在驾培行业中独树一帜，并且成效显著，成为驾培行业中的“海底捞”。未来，公司成长空间依然很大，随着公司成功上市融资、与战略投资者共同设立航空培训并购基金，DF驾校将以自建或收购的方式继续拓宽驾培市场，并布局航空培训新领域，逐步实现其成为全国驾培龙头的战略愿景与目标。

然而，与此同时，DF驾校也面临着更多的困惑与挑战：

（1）实施差异化战略，一般需要进行深入的市场调查、需求分析、产品或服务设计、品牌宣传等，因此投入的成本一般比较高。而这些投入一旦不能达到预期目标，就会面临很大的风险。随着DF驾校战略布局的不断扩大，这种风险将会加剧。因此，如何能够以最佳的投入更好地了解和定位布局地的市场状况，从而取得稳定收益，避免或减少这种风险，是DF驾校所面临的挑战之一。

（2）在激烈的市场竞争中，差异化战略有可能被竞争对手模仿，从而使其优势逐渐丧失。当竞争对手具备了同样的差异化竞争优势而又能够控制成本、降低定价时，企业不仅会失去竞争优势，而且会面临失去市场的风险。因此，如何不断地推陈出新，创造性地保持住自己的经营服务和管理特色，使得差异化举措不会被轻易模仿或者模仿成本高昂，做到“一直被模仿，从未被超越”，将是DF驾校面临的困惑与挑战。

（3）在实施差异化战略的过程中，如何能够兼顾低成本战略，使得巨大的固定成本投资发挥更大的效益，也将是DF驾校需要进一步探讨的难题，例如，如何加强园区的统筹规划和经营管理，使得其增值服务的附加价值也能实现最大化？在信息化条件下，如何平衡高技术投入与传统服务投入的对比关系？等等。

案例使用说明

一、案例的适用性与教学目标

本案例适用的课程有：公司战略管理、高级管理会计理论与实践、管理会计学等课程。

本案例适用的授课对象为：会计专业硕士研究生（MPAcc），拓展适用于所有管理类的专业硕士（如审计专业硕士MAud、工商管理专业硕士MBA等）及会计学术型硕士研究生和会计专业本科生。

本案例的教学目标是：结合DF驾驶学校股份有限公司差异化发展的实践案例，引导学员思考企业战略选择与定位对业绩的影响、差异化战略的适用性以及如何灵活应用先进的战略管理理念和管理会计方法来提升差异化战略定位的企业业绩等问题。

二、案例讨论的知识准备

为了有效实现本案例目标，学员应该具备下列相关理论知识及背景知识：

1. 企业战略及其类型

企业战略是企业根据外部环境和内部资源及能力状况，为求得企业生存和长期稳定的发展，为不断地获得新的竞争优势，对企业发展目标、达成目标的途径和手段的总体谋划。一般来说，主要包括以下三个层次的战略：

（1）总体战略，又称公司层战略，是企业最高层次的战略。它需要根据企业的目标，选择企业可以竞争的经营领域，合理配置企业经营所必需的资源，使各项经营业务相互支持、相互协调。

（2）业务单位战略，也称竞争战略，涉及各业务单位的主管以及辅助人员。业务单位战略主要包括成本领先战略、差异化战略和聚焦战略。从经济学角度看，这三种竞争战略实际上是对市场份额和利润率之间的关系定位。在竞争市场上，市场份额和利润率互为代价的。成本领先战略的主攻方向是市场份额，而差异化战略的主攻方向是利润率，集中化战略则是主攻一个特定领域并在这个领域取得市场份额或利润率的优势。

（3）职能战略，也称职能层战略，主要涉及企业内各职能部门，如营销、财务、生产、研发、人力资源、信息技术等，重点关注如何更好地配置企业内部资源，使总体战略和业务单位战略实施和落地，为各级战略服务，提高组织效率。

2. 差异化战略

差异化战略是指为使企业产品、服务、形象等与竞争对手有明显的区别，以获得竞争优势而采取的战略。其适用情形有：

（1）产品能够充分地实现差异化，且为顾客所认可。

（2）顾客的需求是多样化的。

（3）企业所在产业技术变革较快，创新成为竞争的焦点。

3. 本量利分析法

本量利分析是“成本—业务量—利润分析”的简称（也称 CVP 分析），它是以成本性态分类为基础，研究企业在一定期间内的成本、业务量、利润等变量之间相互关系的一种专门技术方法。

本量利分析的基本模型为：

$P = px - (a + bx)$

其中，P 表示税前利润，p 表示销售单价，x 表示销售量，a 表示固定成本，b 表示单位变动成本。

本量利分析法具有简便易行的特点，因而易于被广大的企业管理人员所掌握。本量利分析原理可用于保本点预测、目标销售量或目标销售额的预测、利润预测及利润的敏感性分析、生产决策和定价决策、不确定性分析、经营风险分析、全面预算编制、责任会计与业绩评价等。

4. 平衡计分卡

平衡计分卡（简称 BSC）是由哈佛商学院罗伯特·卡普兰和戴维·诺顿于 1992 年发明的一种绩效管理和绩效考核的工具，它是从财务、客户、内部业务流程、学习与成长四个维度，将组织的战略落实为可操作的衡量指标和目标值的一种新型绩效管理体系。设计平衡计分卡的目的就是要建立“实现战略制导”的绩效管理系统，从而保证企业战略得到有效的执行。因此，平衡计分卡一般被视为加强企业战略执行力的最有效的战略管理工具。一般可以通过绘制平衡计分卡战略地图将企业战略以及四个维度的指标体系形象而清晰地表达出来（见图 3－1）。

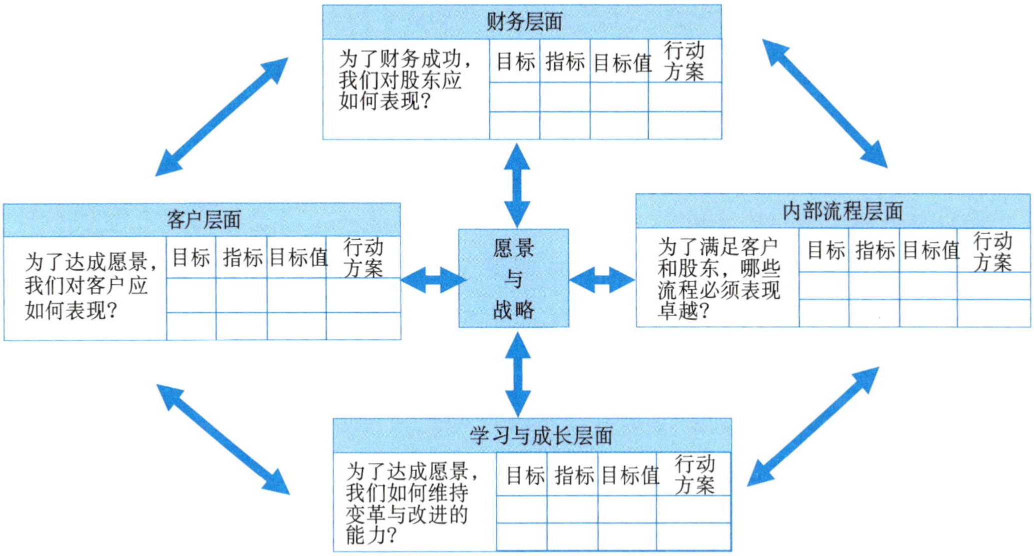

图3－1　平衡计分卡四维度结构图

三、案例分析要点

1. 需要学员识别的关键问题

（1）根据当前的宏观环境、产业环境、竞争环境、市场环境和内部条件，思考和分析我国驾培行业在进行战略选择时需要考虑哪些具体因素？如何进行战略的选择与定位？

（2）根据企业战略管理及差异化战略等基本理论以及驾培行业的特点，思考和分析DF驾驶培训学校股份有限公司采取差异化战略的优势与弊端？如何根据环境的动态变化适时地进行战略调整或战略变革？

（3）DF驾校构划的基于本量利分析原理的整体性良性循环营利模式有何借鉴价值和不足之处？如何进行进一步的改进与完善？

（4）根据目前现状和未来预期，你认为DF驾校下一步的改进目标与创新需求是什么？请为DF驾校绘制全方位、持续性发展战略目标下的战略地图。

（5）DF驾校如何根据未来业务发展需求，基于现有的平衡计分卡业绩指标体系进一步改进和设计多维分部、具有创新价值的新型战略绩效管理体系？

2. 案例分析的关键点及提示

（1）根据当前的宏观环境、产业环境、竞争环境、市场环境和内部条件，可以引导学员借鉴哈佛战略分析框架进行企业内、外部环境的综合分析；在具体分析时，可以选择性地运用PEST分析框架（政治与法律、经济、社会与文化、技术等因素）、波特五力模型（行业内现有竞争、潜在进入者威胁、替代品威胁、供应商谈判能力、客户谈判能力）、竞争对手分析、消费者分析、波士顿矩阵等分析方法，分析DF驾校是如何进行战略选择与定位的。

最后可以运用SWOT矩阵综合分析出该公司在外部环境因素与内部资源条件与能力两方面的优势、劣势、机会和威胁，从而可以判定出企业在进行战略选择和定位时所需要重点考虑的因素以及应采取的具体战略举措。

（2）根据金字塔型三级战略体系（总体战略、竞争战略和职能战略）及差异化战略的基本原理，并结合我国当前驾培行业的特点，分析DF驾校采取差异化战略的优势与弊端。

对于DF驾校在战略方面未来的改进方向可以充分考虑公司面临的内外部环境的动态变化趋势以及公司未来的业务发展方向，重新进行战略的局部调整，必要时可尝试温和式、渐进式的战略变革。

（3）DF驾校充分考虑了各种要素在影响企业营利能力时的独立作用及其相互作用，形成了基于本量利分析的整体性良性循环营利模式。然而，内外部环境是瞬息万变的，该模式是基于现状基础上的静态模型，因此还存在着不足与挑战。可以根据权变思维引导学员进一步深入探究随着环境的动态变化而变化的影响公司盈利的各种因素，探究差异化战略下的各项举措如何此消彼长、协同作用来影响企业最终盈利的，从而帮助企业构建更加完整、有机、动态的良性循环盈利模式。

（4）DF驾校管理层对公司的财务、客户、运营和成长等各维度战略目标和指标进行了可视化的逐层分解与剖析，揭示其通过差异化战略实现战略目标的路径。然而，该指标体系还是略显粗糙，无法适配公司快速扩张的业务管理需求。为此，需要根据不同的业务、区域、部门等多个维度，进行精细化和深度化的探讨，重新构画战略地图和搭建多维度、精细化的平衡计分卡绩效指标体系。

四、教学组织方式

1. 建议的课堂计划

建议的课堂计划有两种方案：

方案1：老师把案例的案情介绍穿插到讲授公司战略管理、高级管理会计理论与实务等课程的课堂上，然后引导学生分组讨论由案例引发的思考题，并推荐代表陈述其讨论内容，老师点评引导案例分析的深化。

方案2：课前把案例本身以及案例讨论话题矩阵表发给学生，让学生分组讨论，课堂上根据讲授的基础理论穿插提问，要求学生把案例讨论的结论陈述出来，以此引导学生把所学的理论和案例讨论的内容融合起来。

2. 讨论方式及教学手段

本案例可以采用头脑风暴法、行动学习法、团队共创法、六顶思考帽、角色模拟等方法分小组讨论，并灵活应用MOOC、网络教学平台等新型教学工具与辅助手段组织案例教学。

3. 案例讨论总结

课堂讨论总结的关键是：归纳发言者的主要观点；重申其重点和难点；建议教师和学员可以对素材进行扩展和深入分析，并总结启示与推广价值。

案例 4

如何让内部审计由“惹人烦”转为“让人爱”?

通过此案例学习，一方面让学员身临其境地理解为什么审计部门与业务部门、管理者和监管者会产生矛盾，进一步思考如何能够减缓此矛盾以提升审计作用，另一方面让学员了解商业银行内部审计如何跟进业务条线和监管要求规划业务？如何适应银行风险管理新形势下创新内部审计来提高审计工作的绩效，让审计工作真正为银行提升风险管理水平以及健康有效发展保驾护航。

案例正文

为了适应金融严监管的新态势，行长对从支行行长轮岗到审计部当部长的李进寄予厚望，但李进想起自己无论从财务部或是支行与审计部门打交道的不愉快经历，有些不甘也有些无奈。随着对以往审计部门审计计划和审计工作总结的研究分析，并经过与审计部门同事一起召开闭门讨论会的热烈讨论，李进明白了审计部门通过大量的审计工作能够从细微之处为银行及时揭示、发现和防范风险，于是经过大家头脑风暴法提出的建议，从构建沟通机制、完善审计结果分析和运用机制把审计内嵌在业务、管理的信息系统中等方面形成了内部审计创新方案。李进又踌躇满志，准备利用内部审计的创新推动银行的风险管理更上一层楼。

一、引言

敲开行长办公室门之前，李进有些忐忑，入行工作11年来，这是第二次因轮岗行长亲自找他谈话，记得上次从财务部轮到西安支行当行长，自己是多么意气风发，而这次……

“小李，坐吧”行长从办公桌前站起来，来到会客的沙发前，直接问道：“你对这次从支行调到审计部当部长有什么想法？”

李进坐下后才有些清醒，不好意思地说：“行里安排，我绝对服从，但想起去年与审计部王部长争论，有些不适应……”

“你在财务部门、支行都做得很好，在经济下行、金融严监管下，银行业面临更多挑战，此时我们要提高风险管理水平，审计工作必须适应性地创新提升，你不仅要尽快转变，还要尽快拿出方案。”行长知道李进在压力面前总有爆发力，把担子和希望好不犹豫地扔给了李进。

二、寻找尽快转变的路径

已经下班了，大家都陆续回家了，李进仍然坐在办公桌前回味行长的话，不时地问自己“如何尽快转变？”，尽管《审计署关于内部审计工作的规定》已经明确了“内部审计是国家重要监督力量”，但人们都不知道如何落实内部审计变革。李进想着想着，轻轻摇摇头，似乎清晰地记起自己刚毕业入职在财务部门工作时，常会因审计人员抓住一个小事情要求财务部门提供多年会计账簿而不胜其烦，认为审计就是“惹人烦”；自己晋升为财务部副部长，每当事先知道内部审计要到财务部门查账，都会悄悄地告诉下面的会计人员“把账做漂亮些，不要让审计人员查出问题按制度揪着我们不放……”上年，总行审计部对西安支行审计时，发现支行部分同业存放业务，如计息频率为周或月的同业存放存款、提前支取的同业定期存款、利率上浮的同业活期存款等，未实现利息系统化自动计算，是由分行通过手工计算，完成计提及支付利息，审计人员建议由总行同业票据管理部提出同业存放业务系统化计息的需求，运营管理部配合业务测试的相关工作，信息科技部完成系统设置，尽快实现同业存放业务系统化计息。当审计部门与时任西安支行行长的李进沟通后，李进就在“审计问题和整改建议”上很痛快地签了字，认为这个问题也是支行亟须总行出面协调同业票据管理部和信息科技部从源头整改，这样也会让支行的业务更加有效。但在年底审计部对审计问题整改跟踪评价时，由于总行相关系统正在开发阶段，根据行内绩效评价的规章制度，审计人员认为该问题属于未整改完成事项，相应扣减西安支行及其管理者的绩效。李进认为该问题属于系统缺陷，整改没有完成也是由于系统建设需要时间，不能因此扣减支行的绩效分，李进与审计部王部长沟通时拍桌子争吵的事情甚至惊动了总行行长。在李进参与银监会针对银行的监管通报会上，也听到外部董事直接发问：“每次听审计部门汇报时，发现审计部门做那么多工作，查出那么多细枝末节的问题，为什么这些问题（编者注：监管者通报 2017 年监管中查出很多严重问题）内部审计没有及时发现呢?”

亲身经历的业务部门、综合部门、管理者、董事对审计部门这些不满像放电影一样在李进脑海闪过，李进不好意思地认为，目前首当其冲的是要转变自己的观念，才能在审计部长的位置上真正为银行提升绩效筹划出内部审计创新机制。李进有些醒悟，不禁自言自语问道：“审计部门的工作已经涵盖了银行的主要风险领域以及监管关注点，为什么人们仍不满意呢?”他想从根本上寻找出扭转内部审计局面的改革方案。

李进忙把近 5 年审计部门工作计划以及每年审计工作总结找出来，认真地比照研究。李进注意到审计部门每年的审计工作任务都很饱满（详见图 4－1 所示），且每年的审计项目覆盖面非常广泛（详见表 4－1 所示）。

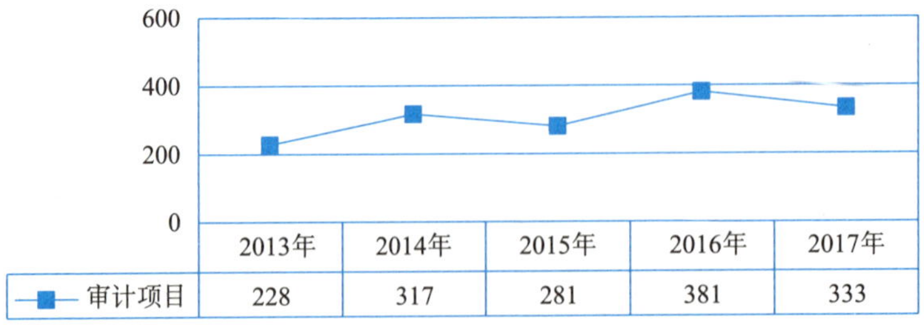

图 4－1　2013—2017 年审计项目数量统计

表 4-1　　**2013—2017 年具体审计项目统计**

序号	大类	具体审计项目	开展时间
1	日常例行审计	内控评价	2013 年、2014 年、2015 年、2016 年、2017 年每年一季度评价一次
2		对风险点落实情况的跟踪审计	2013 年、2014 年、2015 年、2016 年、2017 年
3		外部监管整改情况跟踪审计	2013 年、2014 年、2015 年、2016 年、2017 年
4		现金、重空突击检查	2013 年、2014 年、2015 年、2016 年、2017 年
5	经济责任审计	经济责任审计	2013 年全行 183 名管理人员开展离任、任中、强制休假等经济责任审计 2014 年全行 272 名管理人员开展离任、任中、强制休假等经济责任审计 2015 年全行 228 名管理人员开展离任、任中、强制休假等经济责任审计 2016 年全行 331 名管理人员开展离任、任中、强制休假等经济责任审计 2017 年全行 272 名管理人员开展离任、任中、强制休假等经济责任审计
6	专项审计	反洗钱业务专项审计	2016 年、2017 年
7		信贷资产授权和风险分类管理专项审计	2013 年、2014 年、2016 年、2017 年
8		关联交易专项审计	2013 年、2015 年、2016 年、2017 年
9		市场风险管理专项审计	2014 年、2015 年、2016 年
10		投行业务管理专项审计	2014 年、2017 年
11		薪酬绩效考核专项审计	2014 年、2015 年、2016 年、2017 年
12		监管统计数据质量管理专项审计	2013 年、2014 年、2016 年
13		同业业务专项审计	2014 年、2016 年
14		投资业务风险管理专项审计	2017 年
15		资本规划执行情况专项审计	2017 年
16		理财业务专项审计	2013 年、2014 年、2015 年、2016 年、2017 年
17		电子银行业务专项审计	2014 年、2016 年
18		保函业务专项审计	2013 年
19		资金业务专项审计	2014 年
20		大额存款专项审计	2016 年
21		自贸试验区业务管理情况专项审计	2015 年、2016 年、2017 年
22		银行业消费者权益保护专项审计	2016 年、2017 年
23		年终决算跟踪审计	2014 年、2016 年、2017 年
24		银行卡信息安全管理专项审计	2014 年、2017 年

续表

序号	大类	具体审计项目	开展时间
25	专项审计	个贷及信用卡风险与授权专项审计	2016 年
26		信用卡现金分期业务专项审计	2014 年、2017 年
27		信用证专项审计	2013 年、2014 年
28		营业室操作风险管理专项审计	2015 年、2017 年
29		个贷授权及风险管理专项审计	2017 年
30		代销业务管理审计	2016 年、2017 年
31		托管业务管理专项审计	2016 年
32		国际业务管理专项审计	2015 年
23		信息系统功能专项审计	2016 年、2017 年 2014 年信息系统灾难应急管理专项审计
24		外包风险的专项审计	2013 年、2015 年、2017 年
25		业务连续性管理专项审计	2015 年、2016 年、2017 年
26		信息科技风险审计	2013 年、2014 年
27		流动性风险管理专项审计	2013 年、2014 年、2016 年、2017 年
28		呆账核销内部控制审计	2014 年、2017 年 2016 年呆账资产核销管理专项审计
29		交易银行业务管理专项审计	2014 年、2015 年
30		新资本协议实施情况跟踪审计	2014 年、2015 年 2016 年、2017 年新资本协议合规达标审计
31		存款风险滚动式检查	2014 年、2015 年、2016 年
32		资金运营中心管理情况专项审计	2017 年
33		非金融企业债务融资工具承销专项审计	2013 年、2016 年
34		对外投资机构专项审计	2014 年、2017 年
35	监管指定项目	监管指定内审项目审计	2014 年外埠分行属地银监局指定内审项目 2016 年表内投资、表外投融资业务专项审计 2017 年信用卡风险管理专项审计 2017 年监管意见及“两个加强、两个遏制”回头看现场检查意见整改跟踪情况审计

李进潜心研究 5 年来审计部门的每一份审计报告，发现每年查出的问题很多，很琐碎和具体（统计情况详见图 4－2 所示），有些问题甚至是年年出现在不同的报告中，如“预留印鉴审核不合规”“业务数据核对工作不到位”“员工违规保管客户资料”“个人消费贷款存在用途不合规，贷后提供发票不真实”“人员岗位变更未及时进

行系统调整”“部分交易客户风险承受能力与代销产品风险不匹配”“账户管理协议及银企对账服务协议签章不全”“拟转让的公司不良贷款部分业务资料存在尽职调查报告内容有误的问题”“未按合同约定频率收取手续费、手续费入账科目不准确、手续费记账未进行价税分离”等，且问题多集中在零售条线、公司风险条线和运营条线上，以2016年和2017年查出问题为例，对比审计问题发现情况如图4－3所示。

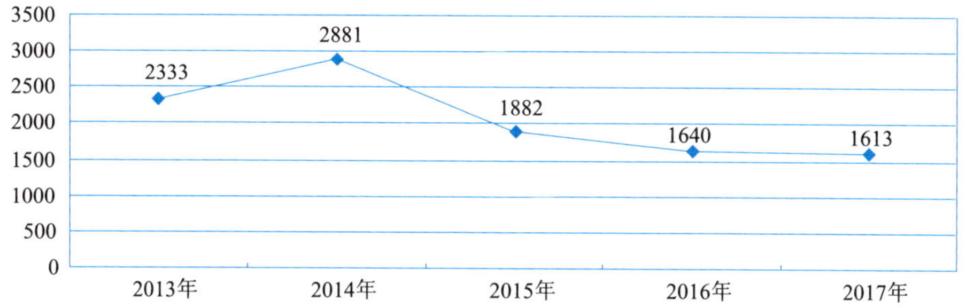

图4－2　2013—2017年审计问题发现数量统计

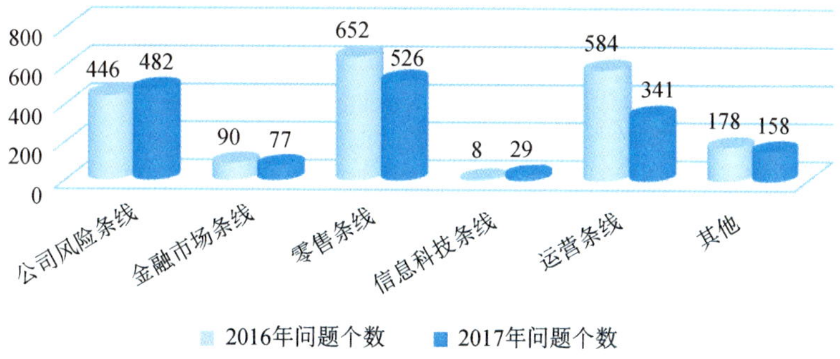

图4－3　2016、2017年度业务条线审计发现问题数量统计

面对一份一份审计报告，李进真心为自己在财务部门以及分行工作时因站位不同不理解审计工作而懊恼，同时由衷地、也是第一次理解审计工作的艰辛，并逐步勾画了审计部门进一步完善和创新审计工作的思路。

三、面对新问题、新态势创新审计工作

第二天，李进一到办公室，就让人通知审计部门9：30要召开一个“闭门会”。

9：30，会议开始，没有出外勤的审计人员都来到1208会议室。李进首先用PPT展示他勾画出的“内部审计在三道防线中发挥作用图”（如图4－4所示），他说：“过去几年我们审计工作做得很好，但为适应经济下行、金融严监管的新形势、新问题、新态势，我们要创新，要扭转内部审计“惹人烦”的局面。作为审计部门的一位新

兵，我冒昧提几个问题，大家畅所欲言地提出自己的看法和建议。一是如何让行内业务部门、职能部门、管理层以及行外的监管者、股东认可我们的审计工作？二是针对每年审计工作量大，但查出问题却都是细枝末节的问题，如何增大审计的增值价值？三是针对审计报告中显示的屡查屡犯的问题，如何发挥审计在银行中的作用？四是在IT背景下我们审计工作应当如何转变？”李进又补充道：“我们今天开的是闭门会，希望大家不要说空话，结合实际情况谈具体的措施和方案。”

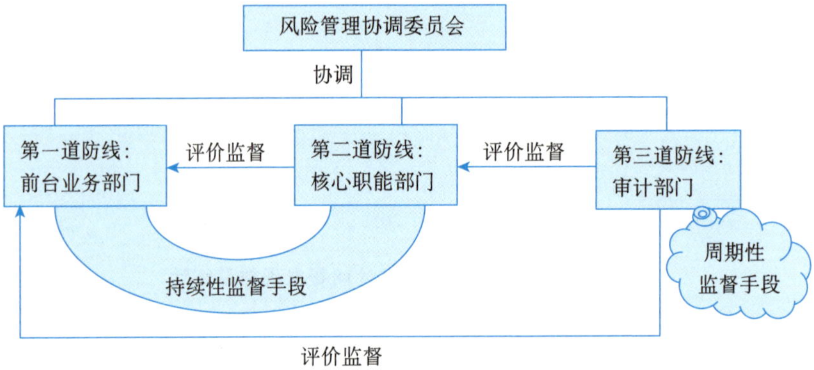

图4－4　内部审计在三道防线中发挥作用图

沉默一会儿，副部长张静率先说：“实质上，近几年来行内外各方面人士对我们审计工作的认可度已经越来越大，我们已经不那么‘惹人烦’了。由于立场和利益不同，公司其他业务部门、职能部门甚至部分领导不太理解审计工作，尤其是出问题时希望审计冲在前面，没问题时不希望审计来打扰，这是常情，我们也能理解，他们不可能‘爱审计’，但我们可以通过完善审计与各个业务部门、职能部门、各级管理者、内外监管者的沟通机制，通过事前沟通，了解他们所需，作为我们的审计重点关注；通过事中沟通，与他们一起识别风险和应对风险；通过事后沟通，真正让审计为我行发展保驾护航，帮助每个环节的当事人把工作做得更好。这样，让人们感到防范风险、提高绩效离不开我们审计。”

“离不开我们，不，严格说是离不开审计报告。现实中人们更看重审计报告，而不是我们的审计工作，因为审计报告是办成一些事情时制度要求的必要文件，但审计却使人们从内心来讲能避开就避开的事情。”王金梅接话说：“我说的这是现实！从这个意义上，我们可以从提升审计报告运用效率上做文章。过去我们出具的每份审计报告显示查出的问题很多是细枝末节的问题，很多是屡查屡犯的问题，这是由审计工作的性质和工作流程所决定的，审计就是在防微杜渐中发挥作用，但如果审计报告给人印象就是揭示细枝末节的问题，查出的问题也屡查屡犯，这说明审计工作需要提升，我们可以建立审计结果多维度运用机制，每季度、每年都要对已做过的审计工作进行分析，归类查出的问题，分析其原因，是屡查屡犯的问题，究其屡查屡犯的原因；是执行层面的问题，给深化管理提出建议；是制度政策层面的问题，给建章立制提出建议；是新出现的问题，研究形势、政策变化后原来的内部控制政策和程序否有效，给业务流程再造和动态完善内部控制提建议。”

入职刚一年多的张芳也怯声怯气地说：“大家提出的审计创新的具体做法都是我在书本上看不到的，收益很大。在互联网时代，业务、管理、财务一体化要求我们审计创新也要紧跟信息科技化的步伐，我们雷达审计系统需要跟进业务创新以及风险的变化而二次开发，我们可以利用行内业务和管理上形成的数据仓库，通过大数据挖掘技术，对海量数据进行持续和深层次分析，揭示风险特征及关联关系，把审计监控内置在每个业务和管理的节点，通过信息系统在整个银行内部业务和管理条线中内置雷达审计系统来查雷、排雷，优化风险预警，以此来解决审计的时滞性、不完整性等带来的低效率或不作为。”

大家畅所欲言，提出了许多建设性的建议，时间不知不觉已经溜到了12：30。李进望着大家热烈讨论的场景，再次意气风发起来，他有些爱上审计了，深感在审计部门工作也可以实现自己的抱负了。

四、主要参考资料

1.《商业银行内部审计指引》（银监发〔2016〕12号）.

2.《审计署关于内部审计工作的规定》（审计署令第11号）.

3. 许国吉. 迎接新时代内部审计工作新征程——内部审计工作新规发布对基层人民银行的启示［J］. 吉林金融研究，2018（02）：75－76.

4. 赵汝林，贝文嫣，等. 外部监管—内部审计联动与商业银行监管有效性研究［J］. 金融监管研究，2018（04）：101－111.

5. 黄朝国. 新形势下商业银行内部审计增值功能提升研究［J］. 山东农业工程学院学报，2018（06）：39－40.

6. 黄志凌. 大数据思维与数据挖掘能力正成为大型商业银行的核心竞争力［J］. 征信，2016，34（06）：1－7.

7. 麻文奇. 数据挖掘技术及其在商业银行中的应用探析［J］. 金融科技时代，2016（06）：17－21.

8.《银行业内部审计职能》（巴塞尔委员会2012）.

9.《银行公司治理原则》(巴塞尔委员会 2015).

五、讨论题目

李进从财务部副部长到支行行长，再到审计部部长的职务变迁中，历经了不理解审计、了解审计的艰辛和职责、引领审计工作创新的过程，这给人们太多的启示，引发人们太多的思考。重点思考如下问题：

1. 为什么审计部门与业务部门、管理者和监管者会产生矛盾，这说明什么？

2. 如何理解内部审计在商业银行“三道防线”中的功能定位？

3. 结合本案例，讨论商业银行内部审计每年跟进业务条线、跟进监管要求应规划哪些常规业务，为什么？

4. 支行行长李进与财务部王经理的分歧说明什么？假如你是处在审计部长位置上的李进，你如何看待过去自己与审计部长意见分歧的争论？

5. 当外部董事在监管通报会上听到监管中查出很多严重问题，直接发问：“每次听审计部门汇报时，发现审计部门做那么多工作，查出那么多细枝末节的问题，为什么这些问题内部审计没有及时发现呢?”这意味着什么？假如你是审计部长，如何回答？

6. 针对审计报告中显示的屡查屡犯的问题，如何发挥审计在银行中的作用？

7. 针对银行内部审计总是查证或报告的都是细枝末节的问题，如何增大审计增值价值？

8. 在 IT 背景下我们审计工作应当如何转变？

9. 如何适应银行风险管理新形势下创新内部审计，以此来促进内部审计“让人爱”？

案例使用说明

一、案例的适用性与教学目标

（一）案例适用课程

本案例可用于高级审计理论与实务课程中“内部审计理论和实务”、商业银行内部控制及其审计应对课程中“内部审计在商业银行三道防范中的作用”学习讨论环节。

（二）案例适用对象

本案例主要使用对象为：MPAcc、MBA、EMBA、审计专业硕士和所有企业、行政事业单位的审计人员。

（三）教学目标

通过对案例的分析和讨论，希望达到提下教学目标：

1. 通过讨论利益相关人甚至是同一公司的不同业务部门、管理者及其监管者对内部审计产生的期望差距，让学员理解内部审计在企业运用中的作用并思考如何提升审计作用。

2. 通过讨论内部审计业务如何跟进商业银行业务条线及其监管要求而开展不同的审计业务，让学员理解如何适应政治经济形势的发展拓展商业银行内部审计业务。

3. 通过对李进亲身经历的业务部门、综合部门、管理者、董事对审计部门种种不满的讨论，让学生身临其境地理解站在不同位置上应当如何认知和运用内部审计，寻找出内部审计“让人爱”的方案。

4. 通过对李进与审计部门同事一起召开闭门讨论会的分析，理解如何让内部审计由“惹人烦”转为“让人爱”，设计适用商业银行的创新内部审计沟通机制；创新内部审计结果多维度运用机制；创新业务、财务和审计一体化机制等。

围绕以上关键问题分析和讨论中，一方面，学生通过此案例学习身临其境地理解为什么审计部门与业务部门、管理者和监管者会产生意见分歧，进一步思考如何改进才能够满足不同利益人对审计的需求，以提升审计作用；另一方面，学生通过此案例了解到如何跟进商业银行业务条线与监管要求形成不同的内部审计业务，进一步深度思考商业银行内部审计应当如何创新才能提高审计工作的绩效，真正为银行提升风险管理水平以及健康有效发展保驾护航。

二、案例讨论的准备工作

为了有效实现本案例教学目标，学生应该熟悉下列相关理论、知识与政策制度背景：

（一）相关法规对商业银行内部审计的规定

《商业银行法》第六十条规定："商业银行应当建立、健全本行对存款、贷款、结算、呆账等各项情况的稽核、检查制度。商业银行对分支机构应当进行经常性的稽核和检查监督。"

《商业银行内部审计指引》（银监发〔2016〕12号）第三条规定："内部审计是商业银行内部独立、客观地监督、评价和咨询活动，通过运用系统化和规范化的方法，审查评价并督促改善商业银行业务经营、风险管理、内控合规和公司治理效果，促进商业银行稳健运行和价值提升。"我们汇总相关法规对商业银行内部审计的相关规定如表4－2所示。

表4－2　相关法规对商业银行内部审计的规定

序号	文件名称	检查频率	条款原文
1	《商业银行内部控制指引》银监发〔2014〕40号	未规定	第十二条　商业银行内部审计部门履行内部控制的监督职能，负责对商业银行内部控制的充分性和有效性进行审计，及时报告审计发现的问题，并监督整改。 第四十三条　商业银行内部审计部门、内控管理职能部门和业务部门均承担内部控制监督检查的职责，应根据分工协调配合，构建覆盖各级机构、各个产品、各个业务流程的监督检查体系。
2	《商业银行并购贷款风险管理指引》银监发〔2015〕5号	每年一次	第三十九条　商业银行应明确并购贷款业务内部报告的内容、路线和频率，并应至少每年对并购贷款业务的合规性和资产价值变化进行内部检查和独立的内部审计，对其风险状况进行全面评估。当出现并购贷款集中度趋高、贷款风险分类趋降等情形时，商业银行应提高内部报告、检查和评估的频率。
3	《商业银行信息科技风险管理指引》银监发〔2009〕19	每三年一次	第十一条　商业银行应在内部审计部门设立专门的信息科技风险审计岗位，负责信息科技审计制度和流程的实施，制定和执行信息科技审计计划，对信息科技整个生命周期和重大事件等进行审计。 第六十三条　商业银行内部审计部门应根据业务的性质、规模和复杂程度，对相关系统及其控制的适当性和有效性进行监测。内部审计部门应配备足够的资源和具有专业能力的信息科技审计人员，独立于本银行的日常活动，具有适当的授权访问本银行的记录。 第六十五条　商业银行应根据业务性质、规模和复杂程度，信息科技应用情况，以及信息科技风险评估结果，决定信息科技内部审计范围和频率。但至少应每三年进行一次全面审计。

续表

序号	文件名称	检查频率	条款原文
4	《商业银行流动性风险管理办法》（2015）	定期	第十四条　商业银行应当将流动性风险管理纳入内部审计范畴，定期审查和评价流动性风险管理的充分性和有效性。 内部审计应当涵盖流动性风险管理的所有环节，包括但不限于： （一）流动性风险管理治理结构、策略、政策和程序能否确保有效识别、计量、监测和控制流动性风险。 （二）流动性风险管理政策和程序是否得到有效执行。 （三）现金流分析和压力测试的各项假设条件是否合理。 （四）流动性风险限额管理是否有效。 （五）流动性风险管理信息系统是否完备。 （六）流动性风险报告是否准确、及时、全面。 第十五条　流动性风险管理的内部审计报告应当提交董事会和监事会。董事会应当针对内部审计发现的问题，督促高级管理层及时采取整改措施。内部审计部门应当跟踪检查整改措施的实施情况，并及时向董事会提交有关报告。 商业银行境外分支机构或附属机构采用相对独立的本地流动性风险管理模式的，应当对其流动性风险管理单独进行审计。
5	《商业银行稳健薪酬监管指引》（银监发〔2010〕14号）	每年一次	第十七条　商业银行应建立健全科学合理的薪酬管理组织架构。商业银行审计部门每年应对薪酬制度的设计和执行情况进行专项审计，并报告董事会和银行业监督管理部门。
6	《商业银行市场风险管理指引》（银监会〔2004〕10号）	每年一次	第三十条　商业银行的内部审计部门应当定期（至少每年一次）对市场风险管理体系各个组成部分和环节的准确、可靠、充分和有效性进行独立的审查和评价。内部审计应当既对业务经营部门，也对负责市场风险管理的部门进行。内部审计报告应当直接提交给董事会。董事会应当督促高级管理层对内部审计所发现的问题提出改进方案并采取改进措施。内部审计部门应当跟踪检查改进措施的实施情况，并向董事会提交有关报告。
7	《商业银行操作风险管理指引》（银监发〔2007〕42号）	定期	第十一条　商业银行的内审部门不直接负责或参与其他部门的操作风险管理，但应定期检查评估本行的操作风险管理体系运作情况，监督操作风险管理政策的执行情况，对新出台的操作风险管理政策、程序和具体的操作规程进行独立评估，并向董事会报告操作风险管理体系运行效果的评估情况。

续表

序号	文件名称	检查频率	条款原文
8	《商业银行合规风险管理指引》（银监发〔2006〕76 号）	定期	第二十二条　商业银行合规管理职能应与内部审计职能分离，合规管理职能的履行情况应受到内部审计部门定期的独立评价。
9	《商业银行个人理财业务风险管理指引》（银监发〔2005〕63 号）	定期	第十二条　商业银行高级管理层应充分认识建立银行内部监督审核机制对于降低个人理财顾问服务法律风险、操作风险和声誉风险等的重要性，应至少建立个人理财业务管理部门内部调查和审计部门独立审计两个层面的内部监督机制，并要求内部审计部门提供独立的风险评估报告，定期召集相关人员对个人理财顾问服务的风险状况进行分析评估。 第三十三条　商业银行应定期对内部风险监控和审计程序的独立性、充分性、有效性进行审核和测试，商业银行内部监督部门应向董事会和高级管理层提供独立的综合理财业务风险管理评估报告。
10	《银行业金融机构外包风险管理指引》（银监发〔2010〕44 号）	定期	第九条　董事会的职责主要包括以下方面： …… （五）定期安排内部审计，确保审计范围涵盖所有的外包安排。
11	《商业银行内部审计指引》（银监发〔2016〕12 号）		第二十五条　内部审计人员在实施必要的审计程序后，应征求审计对象意见并及时完成审计报告。审计报告应包括审计目标和范围、审计依据、审计发现、审计结论、审计建议等内容。 内部审计人员应将审计报告发送至审计对象，并上报审计委员会及董事会，同时根据内部审计章程的规定与高级管理层及时沟通审计发现。 第四十五条　农村中小金融机构审计委员会的多数成员原则上应为独立董事。村镇银行已设立监事会的可不设立审计委员会，由监事会履行审计委员会职责。村镇银行已设立审计委员会的，可由董事会聘请主发起行审计部门负责人兼任审计委员会委员。 村镇银行未设立内部审计部门的，应设置专门的内部审计岗位，并委托主发起行承担村镇银行的审计职能，确定对村镇银行的审计监督机制，有效实施审计活动。
12	《绿色信贷指引》（银监发〔2012〕4 号）	定期	第二十二条　银行业金融机构应当将绿色信贷执行情况纳入内控合规检查范围，定期组织实施绿色信贷内部审计。检查发现重大问题的，应当依据规定进行问责。

续表

序号	文件名称	检查频率	条款原文
13	《商业银行资本管理办法（试行）》（银监会〔2012〕第 1 号）	每年一次	第一百一十九条　商业银行应当明确内部审计部门在资本管理中的职责。内部审计部门应当履行以下职责： （一）评估资本管理的治理结构和相关部门履职情况，以及相关人员的专业技能和资源充分性。 （二）至少每年一次检查内部资本充足评估程序相关政策和执行情况。 （三）至少每年一次评估资本规划的执行情况。 （四）至少每年一次评估资本充足率管理计划的执行情况。 （五）检查资本管理的信息系统和数据管理的合规性和有效性。 （六）向董事会提交资本充足率管理审计报告、内部资本充足评估程序执行情况审计报告、资本计量高级方法管理审计报告。 第一百二十条　商业银行采用资本计量高级方法的，内部审计部门还应评估资本计量高级方法的适用性和有效性，检查计量结果的可靠性和准确性，检查资本计量高级方法的验证政策和程序，评估验证工作的独立性和有效性。
14	《银行业金融机构国别风险管理指引》（银监发〔2010〕45 号）	定期	第二十四条　银行业金融机构内部审计部门应当定期对国别风险管理体系的有效性进行独立审查，评估国别风险管理政策和限额执行情况，确保董事会和高级管理层获取完整、准确的国别风险管理信息。
15	《个人贷款管理暂行办法》(2010)	未明确	第三十六条　贷款人应区分个人贷款的品种、对象、金额等，确定贷款检查的相应方式、内容和频度。贷款人内部审计等部门应对贷款检查职能部门的工作质量进行抽查和评价。
16	商业银行银行账户利率风险管理指引》(2018)	未明确	第十六条　商业银行应将银行账簿利率风险纳入内部审计，向董事会提交审计报告，并及时报送银行业监督管理机构。 第四十一条　商业银行应按照监管要求向银行业监督管理机构按季度报送银行账簿利率风险监管报表，并及时报送银行账簿利率风险管理政策等文件及其调整情况、内部风险管理报告、内控和审计报告等材料。
17	《商业银行并表管理与监管指引》（银监发〔2014〕54 号）	定期	第三十条　商业银行应当建立覆盖银行集团的独立内部审计体系，并指导各附属机构分别建立与其规模、性质和业务范围相适应的内部审计机制。 商业银行的内部审计部门应当定期对银行集团并表管理的有效性进行审计，评估附属机构对银行集团重大政策制度的执行情况，并向董事会和监事会报告，重大审计结果应当同时报送银行业监督管理机构。对银行集团并表情况内部审计的频率和程度应当与银行集团复杂程度、风险状况和管理水平相一致。 商业银行原则上应当要求各附属机构聘请同一外部审计事务所进行外部审计。确需聘请多家外部审计事务所进行审计的，应当确定其中一家为主审计事务所，并保证外部审计标准的一致性和审计结论的可比性。

续表

序号	文件名称	检查频率	条款原文
18	商业银行金融创新指引（2006）	未明确	第三十八条　商业银行应建立与各类金融创新业务性质及规模相适应的完善的内部控制制度，通过独立的内部和外部审计检查内控制度的建立与执行情况。
19	股份制商业银行董事会尽职指引（试行）	定期	第二十三条　董事会应当定期开展对商业银行财务状况的审计，持续关注商业银行会计及财务管理体系的健全性和有效性，及时发现可能导致财务报告不准确的因素，并向高级管理层提出纠正意见。
20	商业银行与内部人和股东关联交易管理办法（2004）	每年一次	第三十五条　商业银行内部审计部门应当每年至少对商业银行的关联交易进行一次专项审计，并将审计结果报商业银行董事会和监事会；未设立董事会的，报商业银行经营决策机构和监事会。
21	商业银行房地产贷款风险管理指引（2004）	每年一次	第六条　商业银行应对内部职能部门和分支机构房地产贷款进行年度专项稽核，并形成稽核报告。
22	银行业金融机构数据治理指引（2018）	未明确	第五十一条　银行业监督管理机构可根据需要，要求银行业金融机构通过内部审计机构或委托外部审计机构对其数据治理情况进行审计，并及时报送审计报告。
23	银行业金融机构销售专区录音录像管理暂行规定（2017）	未明确	第二十一条　银行业金融机构内部审计、内控合规管理职能部门和业务、信息科技部门应根据职责分工，建立并有效实施能够涵盖销售专区录音录像工作的内部监督检查制度，加大对高风险产品、投诉多发营业场所的检查力度和频次。 第二十二条　银行业金融机构应将内外部审计检查结果及消费者有效投诉举报等情况纳入销售人员的绩效考核体系，并适当提高考核权重。
24	商业银行押品管理指引（2017）	未明确	第十条　商业银行应明确前、中、后台各业务部门的押品管理职责，内审部门应将押品管理纳入内部审计范畴定期进行审计。 第四十一条　商业银行应对押品管理情况进行定期或不定期检查，重点检查押品保管情况以及权属变更情况，排查风险隐患，评估相关影响，并以书面形式在相关报告中反映。原则上不低于每年一次。
25	银行业金融机构全面风险管理指引（2016）	未明确	第四十六条　银行业金融机构应当将全面风险管理纳入内部审计范畴，定期审查和评价全面风险管理的充分性和有效性。 银行业金融机构内部审计活动应独立于业务经营、风险管理和合规管理，遵循独立性、客观性原则，不断提升内部审计人员的专业能力和职业操守。 全面风险管理的内部审计报告应当直接提交董事会和监事会。董事会应当针对内部审计发现的问题，督促高级管理层及时采取整改措施。内部审计部门应当跟踪检查整改措施的实施情况，并及时向董事会提交有关报告。

续表

序号	文件名称	检查频率	条款原文
26	外资银行管理条例实施细则（2015）		第五十条　外商独资银行、中外合资银行应当设置独立的风险管理部门、合规管理部门和内部审计部门。 外国银行分行应当指定专门部门或者人员负责合规工作。 第五十一条　外资银行营业性机构结束内部审计后，应当及时将内审报告报送所在地中国银监会派出机构，所在地中国银监会派出机构可以采取适当方式与外资银行营业性机构的内审人员沟通。

以上都是规范银行发展的规范性文件，对内部审计都提出了明确的要求，成为开展商业银行内部审计的主要依据。

（二）商业银行内部审计的职能定位

内部审计是商业银行法人治理的重要组成部分，是金融监管体系在商业银行内部的延伸，对评价并改善商业银行经营活动、风险管理、内控合规和公司治理效果具有重要作用。随着经济发展和公司治理架构的完善，商业银行内部审计的目标定位逐渐从监督为主向监督与服务并重转变。内部审计在揭示风险的基础上，提出更多管理和咨询建议，促进提升管理水平，推动实现企业战略目标，最终为组织增加价值，这是转变人们对内部审计转变看法的根本之处。

1. 通过风险导向审计，揭示重大问题和风险隐患，发挥内部审计的显性价值和创造能力

近年来，银行内部审计坚持以风险为导向，开展了大量审计工作，如集中审计、风险审计、各类专项审计等，在揭示重大风险事项和重大违规问题、防范系统性和区域性风险方面发挥了重要作用。一是深入揭示经营中存在的案件隐患、重大违法违规问题和损害银行利益的行为，切实维护银行权益。二是揭示系统性、行业性、区域性风险隐患，揭示重要领域、重要部门、重要岗位、重要流程环节和重要客户（单一客户集中度）等方面存在的风险隐患，争取早发现、早揭示、早防范。三是揭示经营管理中存在的普遍性、典型性和苗头性问题，查找问题根源，提出管理建议，及时化解风险。

2. 开展管理审计，促进提升业务管理水平和风险管理水平

银行管理审计可以从业务管理有效性、重大管理活动的合理性、履职尽责评价、风险管控整体有效性等维度查找管理薄弱环节，提出完善建议，提升管理水平。一是在业务审计中开展专题性的管理审计。开展业务审计时，不局限于发现的问题本身，

而是跳出问题看问题，按照“点、线、面”相结合的思路，从管理审计角度去思考、延伸，通过专题研究的方式实施管理审计，揭示普遍性和典型性问题。近年来，在业务审计中，从管理审计角度进行了探索，形成多份专题材料，取得良好效果。二是对经营管理中的重大专项活动开展管理审计。在银行各类经营管理活动中，选择对全行有重大影响的管理活动或者管理行为进行审计或评价，比如绩效考核的科学性、经营结果的效益性、资源配置的科学性等。强调发现问题的深度，突出决策行为和管理行为，对经营管理能产生较大的影响力和促进作用。三是对第一、二道防线管控效果和履职情况进行审计。内部审计作为第三道防线，要开展第一、二道防线履职情况再监督，重点关注第一道防线是否落实直接管理风险的责任，健全岗位制约，强化自律检查，有效实施业务经营发展中的风险自评、自控、自查和自纠；关注第二道防线是否将风险管理关口前移，实现前瞻设计、全流程参与、扁平化作业和尽职监督，充分发挥全面风险管理的统筹力、穿透式风险管控力和协同力。四是开展内部控制再评价，促进内控制度的持续完善。内部审计是实现商业银行内部控制目标的重要手段。通过对内控评价的组织体系、制度建设、评价过程、评价结果和监督指导等进行审计，评价内控评价工作的有效性，最终验证和评价内部控制的全面性、科学性和有效性，促进银行内部控制措施的持续完善。五是开展以风险控制整体有效性再评估为主的风险管理审计。内部审计应该根据银行组织目标和战略规划，结合风险审计和专项审计情况、第一和第二道防线管控效果和履职情况、内部控制再评价情况、其他内外部监督检查情况，开展风险管理审计，对各类内外部风险进行独立的再评估，从风险识别、风险评估和风险应对等方面综合判断风险控制的整体有效性，提升整体防控效果。

3. 开展战略管理审计，促进银行实现战略目标

内部审计部门根据董事会的要求开展战略管理审计，是协助董事会履行职责的有力手段。一是战略内容的适当性和合理性。对业务条线战略、专项战略和机构战略作出如下判断：是否配合全行发展战略，构成完整的战略体系；是否与银行的行业地位相匹配；是否正确认识经营目标、市场环境、客户群体、内外部资源等因素。二是战略实施过程和实施效果。银行应该建立健全战略规划、分解实施、组织保证、风险控制和报告系统，确保战略制定者可以及时掌握战略实施的进展和效果；内部审计根据不同战略类型，对照业务战略目标，评价战略实施的效果。通过战略审计，促进银行完善战略内容、优化战略实施过程，实现战略预期效果。

4. 加强审计成果的利用，有效提升审计价值

一是督促被审计单位运用成果进行整改，有效化解和防范风险。内部审计最直接的成果是发现问题和揭示风险。被审计单位根据审计指出的问题，通过收回违规资金、

完善抵押担保、减少资产损失、弥补业务流程和系统控制的漏洞等形式，有效控制和降低经营风险，体现了审计成果的利用价值。二是提出有效的管理建议，改善银行经营管理，丰富审计成果利用渠道。内部审计不仅要发现问题、揭示风险，更要从机制、体制、制度和流程等角度，提出切实有效的管理建议，促进商业银行完善公司治理，改进业务流程，完善风控手段，提升经营管理水平。三是建立常态化整改持续跟踪机制，对整改活动进行再监督。通过开展整改工作的非现场持续监督，及时了解并督促落实整改，化解经营风险；开展后续审计，现场验证风险化解的有效性，防止问题屡查屡犯，确保整改工作落实到位。通过整改持续跟踪机制，强化了审计成果的运用，提升了风险控制水平，进一步为商业银行增加了价值。

（三）商业银行内部审计全过程沟通

《内部审计具体准则 11——结果沟通》规范了对内部审计的结果沟通工作，为规范审计工作质量提供保障，保证审计结果的客观、公正，并取得被审计单位、组织适当管理层的理解。《内部审计基本准则》第二条规定：“结果沟通，是指内部审计机构与被审计单位、组织适当管理层就审计概况、依据、结论、决定或建议进行讨论和交流的过程。”第九条规定：“内部审计人员应具有较强的人际交往技能，能恰当地与他人进行有效的沟通。”

一是审计进点时，做好说明解释工作，宣传审计的目的和意义。召开被审计单位相关领导、业务部门负责人和职工代表参加的进点会，说明审计的目的、范围、内容与重点以及工作要求，宣布审计工作纪律，公布审计部门工作的办公地址和举报电话，与被审计单位签定双向承诺书，在被审计单位公示栏或网站上张贴书面公示，便于被审计单位群众反映情况，了解并支持审计工作。

二是在审计过程中，做好具体事务的衔接工作。要求被审计单位指定一名职务较高的人员作为联络人员。审计组需要了解情况，直接请联络员帮助联系。对审计中发现的问题及看法，定期沟通，减少误会。同时，严格遵守纪律，不提审计工作之外的其他要求。沟通时，要求言行恰当，不讲粗话、大话、过头话，不讲伤害他人感情的话；举止文明，耐心听取解释，做到法治和德治并重，克服简单粗暴的工作方法，盛气凌人的工作态度。

三是在与被审计单位交换审计报告初稿意见时，耐心听取被审计单位的不同意见，改变机械照搬照套法规的做法。坚持实事求是原则，辩证、客观地分析审计情况和问题，采取灵活方式处理，对合理不合法或合法不合理等问题，不死抠条款。对缺点的说明不应言过其实，吹毛求疵的审计发现不应出现在正式的报告中。对被审计单位所取得的显著成就应在报告中留一席之地加以肯定。

四是审计结束后，在被审计单位一定范围内公开审计结果。内部审计部门在现场审计结束后均组织召开审计通报会，要求被审计单位领导层、涉及的部门负责人等参加会议。通报的审计结果要求被审计单位在10日内反馈意见。通过召开通报会，化解了工作中的一些矛盾，强化了被审计单位的财经法纪意识，促进了问题的整改。

五是审计回访和后续审计。在下达审计意见书或管理建议书后，到被审计单位开展审计回访和后续审计，落实审计意见、建议的整改和采纳情况，以达到预定的审计效果。

（四）健全银行业内部审计需要协调的关系

现代内部审计具有特定的理念、原则、特点和方法，其融入银行内部管理体系将牵涉许多复杂的内外部关系。正确认识和处理好这些关系有助于增强银行内部审计制度规范性和有效性。

1. 内部审计与公司治理

内部审计本质上属于控制和监督的范畴，但由于其目标定位于银行价值最大化，其职责更是属于内部组织机构之间的权力制衡机制的有机组成部分，因此，内部审计就与公司治理存在着密切的关系。独立有效的内部审计是公司治理良好的重要保证，完善的公司治理也为内部审计的有效开展提供了制度环境。巴塞尔委员会《银行内部审计及监管当局与内外审的关系》明确指出，“强有力的内部控制（包括内部审计和独立的外部审计）是良好公司治理的一部分，它能促进银行管理层与银行监管当局之间形成高效协作的工作关系”，该文件中关于银行业董事会和高级管理层应有效履行内部审计职责、建立清晰有效的内部审计报告机制、建立垂直独立的审计体系以及加强对经营管理层监督等规定，本身也属于公司治理的内容。

2. 内部审计的独立性与权威性

独立性和权威性是巴塞尔委员会关于内部审计的两项重要原则。内部审计的独立性主要包括目标独立、机构独立、业务独立、个人客观性以及独立考评等内容，主要目的是确保内审部门能够不受任何干涉地履行职责。同时，我们也要认识到，内部审计的独立不是孤立，更不是置身事外，而是要与树立审计权威有机结合起来，唯此才能提高内部审计的有效性。树立审计权威要求银行明确内部审计的地位，赋予内审部门相应的职权。一般来说，内部审计的目标是银行价值最大化，内审部门可以通过首席审计官直接向董事会审计委员会报告工作。目前，美国花旗银行、大通曼哈顿银行等国际先进银行以及国内上市商业银行均在董事会下设立专门的审计委员会，直接负责领导和组织全行的审计工作，以此实现内部审计独立性和权威性的有机结合。

3. 风险审计与合规审计

如前所述，现代内部审计特别强调风险审计的理念，要求内部审计关注组织风险控制状况，帮助发现并评价重要的风险因素，促进改进风险管理体系，进而满足内部控制、风险管理、信息交流、监督制约等多方面的要求。但应当指出的是，引入风险审计理念并不等于放弃合规审计，关注合规控制仍然是内部审计的重要内容，这一点对于银行业显得更为重要。实践中，合规控制问题的确常常是银行业风险的根源，实践中许多银行风险和损失都是直接由违规操作造成的。如在巴林银行事件中，表面上巴林银行是因期货市场走势的非预期变化（市场风险）而发生了巨额亏损，但事实上，期货交易主管里森非法累积巨额日经指数期货敞口、擅自开设结算账户以及伪造客户交易掩盖期货交易的巨额亏损则是英国这家老牌银行最终破产的根本原因。由此可见，合规控制也应当是银行业内部审计的重要对象。

4. 内部审计与外部监管

内部审计和外部监管本质上都是银行内部控制质量的评价方法，有效协调二者之间的关系对于合理使用控制资源十分重要。巴塞尔委员会《银行内部审计及监管当局与内外审的关系》指出，有效的内部审计是银行监管当局有价值的内控质量信息来源；监管当局应当对银行内部审计工作的开展情况进行评价，应定期同银行内审部门共同讨论识别风险的领域、已采用的措施等问题；内部审计人员离开审计岗位时，银行管理层应及时将有关情况通报监管当局，监管当局要与审计部门负责人座谈。除巴塞尔委员会外，许多国家也对内部审计和外部监管之间的关系作出了规定。如美国监管当局规定，监管人员有权对银行内审部门进行全面检查，检查人员应评价内审部门的工作质量和工作范围；德国联邦银行监管局规定，银行应至少每年一次向监管部门报告内部审计中发现的问题及其相应的整改措施，内部审计发现的重大缺陷更要立即向监管部门报告。2006 年中国银监会发布的《银行业金融机构内部审计指引》引入了监管联动，以专门章节要求银行内部审计与监管部门建立正式的沟通机制，定期讨论银行面临的主要风险、已经采取的风险缓释措施以及整改情况。监管联动机制的确立不仅有助于内部审计部门在制定审计计划时充分考虑监管关注，还有助于提高内部审计的有效性，促进监管部门与内部审计部门形成商业银行风险管控合力。《商业银行内部审计指引》（银监发〔2016〕12 号）第三十九条规定：“商业银行内部审计部门应建立与银行业监督管理机构的正式沟通机制，定期讨论银行面临的主要风险、已经采取的风险化解措施以及整改情况。双方沟通的频率应与银行的规模、风险偏好和业务复杂性相匹配。”

5. 内部审计的自查与外包

尽管内部审计在银行公司治理和风险控制方面非常重要，但并非所有的内部审计工作都一定要银行自查。巴塞尔委员会和各国监管当局都规定，对于规模和风险程度较小的银行，如果内部审计工作委托给全职内审部门不经济，则可以外包给外部审计师；对于大型银行和从事复杂业务的银行，内部审计工作则应由常设的内审部门来完成。内部审计外包一方面可以使银行获得缺乏的特殊专业技术和知识，使银行完成其不能胜任的审计工作；另一方面，外包也可能给银行带来失去对审计活动的控制、信息泄露、成本增加等负面作用，同时也可能会减弱监管当局对审计工作的监管。因此，在处理内部审计自查与外包关系时需要掌握好“度”的原则。需要指出的是，无论内部审计工作是否外包，董事会和高级管理层都应对确保内部控制体系和内部审计适当、高效运行负有最终责任。另外，即使在内部审计全部外包的情况下，监管当局所有关于内部审计的规定仍然是适用的。

6. 审计效果与审计资源

审计效果在很大程度上取决于审计资源，包括高素质的审计人员、规范的审计制度等。现代银行业内部审计工作需要具备良好职业素质和沟通能力的专业人才去完成，特别是具备 IT、资金运营、金融衍生产品等知识的专业化审计人才，以及综合素质较高、银行业务能力全面的复合型审计人才。另外，提高内部审计有效性还需要建立规范的审计质量保证、评价与改进制度，这一保证制度体系应覆盖银行全部的审计活动。

三、案例涉及的主要知识点、关键问题及其分析思路

（一）从本案例识别出的关键问题及其相关知识点

学员从本案例识别出的关键问题及其相关知识点如表 4－3 所示。

表 4－3　　案例涉及的主要知识点及其关键问题

序号	涉及的主要知识点	案例中识别出的关键问题
1	商业银行内部审计业务种类	内部审计业务如何跟进商业银行业务条线及其监管要求呈现出不同的审计业务？
2	内部审计的职能定位	为什么利益相关人甚至是同一公司的不同业务部门、管理者和监管者与内部审计会产生意见分歧？这说明什么？
3	内部审计的沟通机制	如何创新内部审计沟通机制以减少利益各方对内部审计的期望差距？

续表

序号	涉及的主要知识点	案例中识别出的关键问题
4	内部审计结果多维度运用机制	如何创新内部审计结果多维度运用机制以应对屡查屡犯的低效问题？
5	业务、财务与审计一体化机制	如何创新业务、财务和审计一体化机制以解决信息化背景下审计效率问题？

（二）案例分析思路

教师可以根据自己的教学目标（目的）来灵活使用本案例。这里提出本案例的分析思路，仅供参考。

根据本案例透露的信息，分析思路如下：

1. 商业银行中内部审计“惹人烦”的根源分析的思路如表4－4所示。

表4－4　　分析商业银行中内部审计“惹人烦”的根源的思路

项目	案例情景矛盾点	案例问题	教学目标
1	通过李进分析近5年审计部门工作计划以及每年审计工作总结呈现的情景，与业务部门、综合部门的不理解和外部董事感到“查出那么多细节末枝的问题”	1. 商业银行内部审计内容与银行业务条线、监管条线的关系是什么？如何跟进业务条线及其监管要求安排审计工作？ 2. 商业银行内部审计在防微杜渐中发挥作用真的意味着内部审计要渗透到银行的所有细枝末节的地方吗？内部审计项目就一定是烦琐和具体的吗？	利用商业银行内部审计业务种类分析商业银行内部审计如何全覆盖，以及银行所有管理和业务环境在防微杜渐中如何发挥作用
2	李进历经财务部副部长、分行行长、审计部长，对内部审计因站位而不同的看法和行为	1. 为什么利益相关人甚至是同一公司的不同业务部门、管理者和监管者与内部审计会产生意见分歧？这说明什么？ 2. 李进分析研究最近5年内部审计计划和审计报告后，为什么会转变了对内部审计的看法？	

2. 如何促使内部审计由“惹人烦”转为“让人爱”？如图4－5所示。

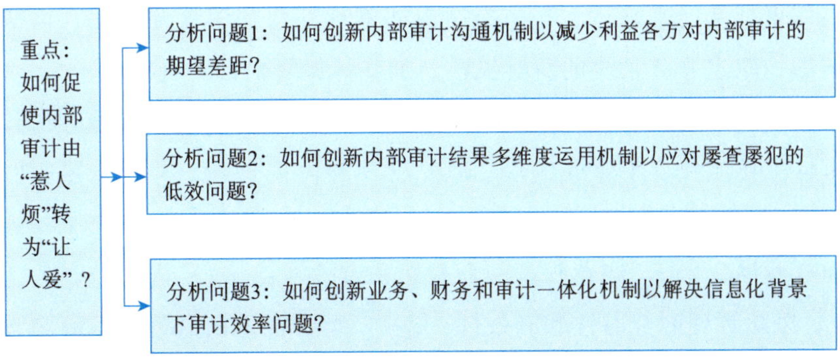

图4－5　如何促使内部审计由“惹人烦”转为“让人爱”分析思路

以上两个分析路径既能引导学生透过案例故事掌握为什么商业银行内部审计“惹人烦”？即为什么利益相关人甚至是同一公司的不同业务部门、管理者和监管者对内部审计产生意见分歧？也能够引导学生根据具体情况提出创新内部审计沟通机制、创新内部审计结果多维度运用机制以及创新业务、财务和审计一体化机制，以解决信息化背景下审计效率等问题，同时思考如何促使内部审计由“惹人烦”转为“让人爱”。

四、案例分析要点

（一）商业银行跟进业务条线及其监管要求规划审计工作

根据巴塞尔委员会内审报告，内部审计的范围一般包括：检查和评价内部控制系统的充分性和有效性；审查风险管理程序和风险评价方法的应用和有效性；审查和管理财务信息系统，包括电子信息系统和电子银行服务；审查会计记录和财务报告的准确性和可靠性；审查保护资产的方法；审查银行与风险估计相关的资本评估系统；审查已经建立的系统是否遵循法律和监管要求、行为准则和政策、程序的执行情况；评价经营活动的效益和效率；测试交易和特定内部控制程序的功能；测试监管报告的可靠性和时效性；执行特别调查等。

国际银行内部审计考察出现了一些新趋势：一是评价财务信息的可靠性和完整性以及开展财务审计的工作逐渐被注册会计师承担。虽然多数被调查的国家报告，对会计记录进行审计属于内部审计工作范围，但银行财务报告审计并没有被一些国家的银行包括在内部审计的范围之内。在这种情况下，审计财务报告被看作是银行外部审计师的职责，在这方面，内部审计的作用只限制在为外部审计师提供支持。二是遵循法律和监管要求的发展趋势日益增强，即由一个独立的法律和合规职能部门进行评价，而不是由内部审计部门来进行。三是提高内部审计部门的质量和效率，内部审计专业分工更加精细，跟进业务条线的所有风险，加强风险导向的审计。

在中国，《商业银行内部审计指引》（银监发〔2016〕12 号）第五条规定：“商业银行内部审计工作应独立于业务经营、风险管理和内控合规，并对上述职能履行的有效性实施评价。”第十六条规定：“商业银行的内部审计事项应包括：（一）公司治理的健全性和有效性；（二）经营管理的合规性和有效性；（三）内部控制的适当性和有效性；（四）风险管理的全面性和有效性；（五）会计记录及财务报告的完整性和准确性；（六）信息系统的持续性、可靠性和安全性；（七）机构运营、绩效考评、薪酬管理和高级管理人员履职情况；（八）监管部门监督检查发现问题的整改情况以及监管部门指定项目的审计工作；（九）其他需要进行审计的事项。”据此，商业银行的内部审计要以促进企业经营目标和组织战略的实现为出发点，强化以风险为导向的内部审计和检查，对重点风险领域开展检查，揭示重大违法违规问题和重大风险，对全行风险状况进行再评估；对第一、二道防线的管理措施和效果进行再评估、再监督；对风险控制的整体有效性进行再评估；向董事会和行领导提出独立的建议和报告，并建立常态化整改持续跟踪机制，为此：

1. 商业银行的内部审计的重心不在于评价财务报表的合法性和公允性，而在于跟进各个业务条线，穿透各个业务条线以及各个职能部门的每个环节，关注所有被隐藏的问题、细枝末节的问题以及重大问题，帮助业务部门或职能部门防范风险、寻找业绩提升的机会，这时，审计部门相对于各个业务部门或职能部门来讲，尽管其站位和本职工作利益不同，但在为实现商业银行战略这个共同目标下，内部审计是风险管理的再管理者，是业务创新提升的洞察者和协助业务部门或职能部门落实改革方案的推动者。

2. 内部审计是商业银行法人治理的重要组成部分，是金融监管体系在商业银行内部的延伸。同时，也是监管者强化对商业银行的监管的着力点。为此，当监管者在对银行进行监督检查时发现了审计部门没有发现的问题，一方面说明审计工作存在漏洞，应当被严厉地追责，并以此为戒完善审计工作；另一方面审计部门要跟进监管发现问题，进行整改跟踪审计，督促商业银行更好地整改和改进。同时，也应当看到，有时因形势、政策等变化，导致内部审计没有发现问题但监督者却发现问题，这说明内部审计需要动态跟进变化而规划审计工作，及时防范新情况中因措施、制度不完善而出现的风险，帮助和推动新情况的规范有序运行。有时就是因为站位而导致内部审计无法发现问题，这时需要采取各种措施强化内部审计的独立性，提高审计质量。

在实务操作上，Gun Ho Lee（2008）指出商业银行的内部审计重点应当兼“法规条例”审计（rule - based，是指依据商业银行管理法规和条例的说明来决定是否实施审计）和“案例”审计（指的是根据商业银行过去发生相同或相似情况的相关程度来决定是否进行审计）。同时，内部审计的工作重点应当与时俱进。Karagiogoset 等（2009）就提出，商业银行内部审计的工作重点应随着经济全球化、信息技术的发展和商业银行业务复杂性给商业银行带来风险的增加而进行相应调整。

（二）如何理解内部审计在“三道防线”中的作用的发挥

商业银行的“三道防线”是商业银行全面加强风险管理，完善内部控制架构的重要措施。经过多年的不断实践，越来越多的商业银行开始逐渐理解并接受“三道防线”是风险管控体系的最佳实践，也认识到内部审计如何才能在三道防线中发挥应有的作用。

尽管人们对“三道防线”的理解不尽相同，根据不同防线定位，明确各道防线的职责以及明确各道防线履职的途径要与银行的经营发展战略、业务流程、产品创新和日常管理相结合。

1. 第一道防线：银行各级业务经营机构、业务管理部门和每个员工处于业务流程的最前端，直接面对市场和客户，在承担业务发展任务的同时也承担着内部控制和操作风险管理的责任，既是业务的直接经办者、规章制度的执行者，又是操作风险的所有者，是内部控制和操作风险管理的第一道防线。

第一道防线是内部控制与操作风险管理的第一责任人，通过自我评估、自我检查、自我整改、自我培训来履行业务经营过程中的自我风险控制职能。第一道防线按照法律、法规和有关制度、流程的规定从事业务经营活动，对经营和业务流程中的风险主动进行识别、评估和控制，收集、报告所发现的风险点，针对薄弱环节及时进行整改，实现“自己管自己”。

2. 第二道防线：银行内部控制和操作风险管理的第二道防线由各级法律合规部门及业务条线部门履行内部控制和操作风险管理职能的团队或职位组成。第二道防线通过制定内部控制和操作风险管理的政策、标准和要求，为第一道防线提供内部控制和操作风险管理的方法、工具、流程，促进内部控制和操作风险管理的一致性和有效性，制定业务检查计划，就第一道防线执行各项规章制度和内控要求的情况开展检查，并监督整改，建立内部控制和操作风险管理信息收集、分析和报告制度，评估和监控第一道防线内部控制和操作风险状况，对其工作提供指导。

第二道防线不是替代第一道防线，而是对第一道防线实施检查、监督和指导，确保第一道防线内部控制的有效性，同时为第三道防线开展再检查、再监督和内部控制评价提供基础。

3. 第三道防线：以审计、监察等部门为主体形成第三道防线。充分发挥第三道防线的监督作用，一是内部审计要以促进企业经营目标和组织战略的实现为出发点。强化以风险为导向的内部审计和检查，对重点风险领域开展检查，揭示重大违法违规问题和重大风险，对全行风险状况进行再评估；对第一、二道防线的管理措施和效果进行再评估、再监督；对风险控制的整体有效性进行再评估；向董事会和行领导提出独立的建议和报告，并建立常态化整改持续跟踪机制，强化审计成果利用。二是内部审计与监察等第三道防线的部门要加强协作，形成合力，做到深入揭示、严肃追责和有效控制，促进政策制度贯彻执行，改善运营，控制风险，实现企业战略，增加企业价值。三是商业银行内部审计的目标定位逐渐从监督为主向监督与服务并重转变。内部审计在揭示风险的基础上，提出更多管理和咨询建议，促进提升管理水平，推动实现企业战略目标，最终为组织增加价值。

根据案例中李进描述的“内部审计在三道防线中作用发挥图”，我们可以看到，首先，“三道防线”是一个相互制约、互为补充的立体式完整系统，不是孤立的，更不能相互替代。“三道防线”融合了商业银行前、中、后台的部门和人员，只有各负其责，加强“三道防线”的沟通联系，形成合力，实现信息共享、联动互动、合理覆盖，才能建成有效的全面风险管控体系，切实提升经营管理水平。其次，内部审计作为周期性监督手段，在监督评价第一道防线、第二道防线，以及第二道防线对第一道防线的监督评价中，如果仅仅站在高高在上的“监督者”位置上，是会“惹人烦”的，但如果能够创新机制，转变方式、方法，也就是突显“咨询服务”的功能，在此态度和实践中，评价监督的职能才能真正得以发挥。

（三）如何促使内部审计由“惹人烦”转为“让人爱”？

进行内部审计对银行的健康发展有着不可忽视的作用。主要表现在：一是对外部风险的规避上，Savcuk（2007）认为，它能够帮助组织通过系统、合理的内部控制结构来规避管理风险、加强公司控制，最终提升企业管理的效率和效果。Gun Ho Lee（2008）认为内部审计是商业银行降低各类风险的关键手段，银行越来越倾向于通过内部审计来降低风险，在可以防止银行破产的同时作到在财务困境中迅速作出反应，二是对商业银行内部流程的优化上，内部审计能够提升商业银行经营效率。Mahdi Salehi、ArashArianpoor、FatemehSalehi（2013）强调了内部审计在提高效率、减少资产损失风险、为财务报告的可信程度提供合理保证中的作用。从商业银行内部审计这两大作用看，商业银行的各级业务部门、职能部门甚至各层级的管理者应当“喜欢”内部审计，但为什么现实中内部审计却总是“惹人烦”呢？

长期以来，内部审计是以“警察”的形象出现，其身份是监督者，对被审部门的业务和管理进行评价，发表意见，因此是组织中不受欢迎的人。Atallah Ahmad Swielem Al－Hosban（2014）提出以下观点：商业银行内部审计部门应当帮助企业明确内部控制情况，帮助企业明确外部的机遇与挑战，了解内部的优势与弱势。从李进在财务处、支行，或是刚到审计部，在没有研读最近5年内部审计计划和审计报告前，不理解或误解审计的事实看，人们并没有从与审计人员或审计部门打交道中感知内部审计对他们的帮助，这说明内部审计与他人打交道的方式有问题，致使人们不可能认知审计的功能及其绩效。为此，促使内部审计由“惹人烦”转为“让人爱”的关键是要求每个审计人员在执业行动中不断用专业和服务的意识向社会公众或被审计单位传递审计工作干什么？如何干？这是基础，其次，针对“惹人烦”的根源积极作出应对，如图4－6所示。

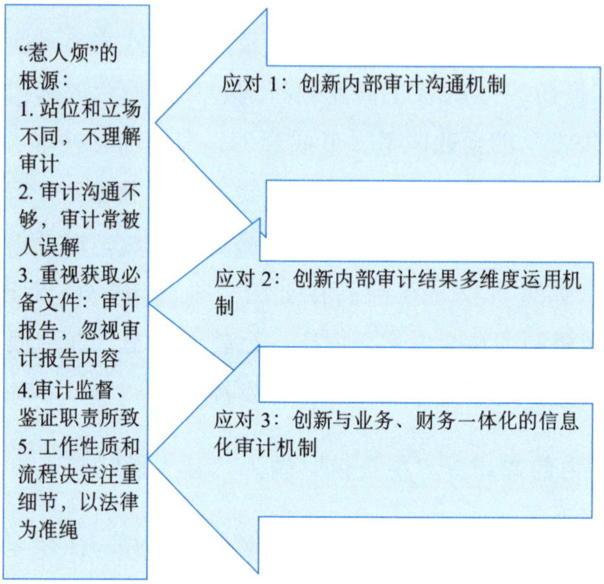

图4－6　针对根源积极的应对措施

（四）如何创新内部审计沟通机制

为了减少业务部门、职能部门甚至是监管者对内部审计的不理解甚至是误解，创新的内部审计沟通机制主要包括：

1. 事前沟通机制，这主要是指规划内部审计时，不仅要根据惯例或政策要求来安排审计，而且在政策颁布实施前、业务正在筹划时，内部审计真正站在客观独立的角度了解被审计单位所需，一方面指导被审计单位更好地贯彻执行新政策，更加规范地运行新业务，另一方面，重点关注被审计单位运行中最关注的问题，真正站在帮助被审计单位更好地开展工作和规避风险而提出审计规划。

2. 事中沟通机制，也就是利用计算机信息技术，做到跟进业务发生和管理进行时的时时审计，并及时发出预警信号，帮助被审计单位把工作方案和实施措施有效地落地，做到审计部门与业务部门或职能部门一起识别和应对风险。

3. 事后沟通机制，这主要是通过每月汇总“审计要情摘要”发给商业银行董监高，不仅让银行的治理层、管理层了解审计中发现的问题，也时刻提请、惊醒商业银行董监高防范风险、精细化管理；通过每季度召开的审计监督联席会议，讨论审计发现，并根据审计结论形成相关建议或提案，直接影响银行下一步发展的管理决策；通过“审计问题清单”与被审计单位书面沟通，不仅补充获取证据，也与被审计者讨论风险及其风险管理，真正帮助每个环节的当事人在研讨工作进行中把工作做得更好，提高工作绩效。

(五) 如何创新内部审计结果多维度运用机制?

为了扭转人们仅仅把审计报告当作必备文件，使内部审计报告真正发挥作用，创新内部审计结果多维度运用机制主要包括：

1. 针对分类梳理的审计问题的根源，提出有层次有梯度的治理方案。定期把审计报告中所揭示的问题进行分类梳理，分析其原因，分类治理：对于屡查屡犯的问题，究其屡查屡犯的原因，是执行层面的问题，提出深化管理提出建议；是制度政策层面的问题，提出建章立制的建议；是新出现的问题，研究形势、政策变化后原来的内部控制政策和程序否有效，给业务流程再造和动态完善内部控制提建议。

2. 建立“审计问题清单”和“审计整改落实清单”的落实和检查制度。根据每一份审计报告形成“审计问题清单”和“审计整改落实清单”（其基本格式如表4－5、表4－6所示），定期召开协调会，把“审计问题清单”中涉及的部门和人员召集起来，讨论如何根据查证的问题精细化完善相关部门的工作流程，并协调不同部门的配合整改，形成综合的整改方案。定期对“审计整改落实清单”的每一整改落实情况进行跟踪审计，促进提升整改落实的短期和长期效应。

表4－5　审计问题清单范式

序号	问题	根源	影响		责任部门/人
			短期影响（财务/非财务）	长期影响（财务/非财务）	

表4－6　审计整改落实清单

序号	问题	责任人	短期措施	长期措施	协调方案	落实情况	成效或原因

3. 建立审计风险案例库，定期分析寻找预警点，警醒他人。把每次审计中发现的风险案件整理入库（入库案例范式如表4－7所示），定期召专家分析这些审计风险案

例，从中寻找风险因子及其临界值，据此建立各个业务的风险预警指标体系，内置在计算机信息系统，时时预警帮助管理者提高风险管理水平。同时，从审计风险库中选择相关案例，对应在新员工入职，员工晋升、董监管新任的培训中，让大家讨论并警醒人们。

表 4－7　　入库案例范式

风险	名称	
	编号	
具体表现		
涉及规定		
案例发生	时间	
	哪个环节/流程	
	责任人/部门	
原因	外部	
	内部	
影响	财务上	
	非财务	
整改情况		
追责情况		

4. 建立综合追责的机制。根据审计中发现或审计报告中揭示题属性及其影响，需要移交检察院、法院等，及时移交处理；需要披露公示的，及时公告，接受媒体和社会公众的监督；需要按银行内部制度规定酌情扣减风险基金、扣减绩效工资等，严格按章处理，体现激励约束机制。

（六）如何创新与业务、财务一体化的银行信息化审计平台？

运用大数据分析以及云计算和云平台，把业务、财务和审计融合为一体。具体说就是依托一个信息化银行数据仓库，建设集信息采集、数据处理、审计运作和审计管理为一体的审计服务平台。

1. 搭建具备大数据处理能力的“云审计”平台

这个平台包括审计数据模块，主要实现对银行各类信息资源的及时获取、有效管理、充分共享和灵活检索；审计应用模块，主要实现对各类信息资源的自动化持续监测、智能化数据分析；审计管理模块，主要实现审计流程的智能化管理、专家支持和成果共享。通过这个平台对行内外信息获取、分析、应用、退出等环节进行“智能化”管理，为各类审计作业与管理提供有效支持。

其中最基础的是穿透业务和管理的数据仓库形成审计数据模块，首先利用信息化手段，实现各个业务模块的纵横对接、互通互联、资源共享，提升管理效益和柔性。其次把各个业务端、客户端、市场段、管理端离散的数据，通过区块链分布式账本，形成个性化、灵活性、组合化的管理会计，为管理决策提供数据支持，提升决策的科学性。最后利用雷达审计系统跟进业务创新以及风险的变化，让审计评价和监督内置信息系统中进行系统的查雷、排雷，并时时预警，解决审计的时滞性、不完整性等带来的低效率或不作为。

2. 形成“数据驱动”的审计技术方法体系

这套方法体系主要以信息化银行业务管理思路为出发点，重新构建、优化大数据的处理分析和应用审计模型，更新审计的理念、方法、工具等，摒弃关系型的、固化的数据分析工具，引入灵活和适应大数据要求的数据分析工具，利用聚类、关联分析等新方法，对海量数据进行持续和深层次分析，揭示风险特征及关联关系。

3. 构造“信息引导”的内部审计运作机制

这套运作机制主要是在全集团各区域、各部门、各业务及各类风险的全面持续性审计的基础上，形成全景式的风险视图；在对全量数据的全面掌握、快速处理与深入挖掘的前提下，实现对风险的精确定位；通过信息系统对审计计划的制定与调控，审计资源的配置与管理，审计流程控制与监督，审计成果统计与跟踪等一系列审计运作进行智能化的统筹协调与动态调配。

五、教学组织方式

（一）问题清单及提问顺序、资料发放顺序

本案例讨论题目依次为：

1. 为什么审计部门与业务部门、管理者和监管者会产生矛盾，这说明什么？

2. 如何理解内部审计在商业银行“三道防线”中的功能定位？

3. 结合本案例，讨论商业银行内部审计每年跟进业务条线、跟进监管要求应规划哪些常规业务，为什么？

4. 支行行长李进与财务部王经理的分歧说明什么？假如你是处在审计部长位置上的李进，你如何对待过去自己与审计部长意见分歧的争论？

5. 当外部董事在监管通报会上听到监管中查出很多严重问题，直接发问：“每次

听审计部门汇报时，发现审计部门做那么多工作，查出那么多细枝末节的问题，为什么这些问题内部审计没有及时发现呢?”，这意味着什么？假如你作为审计部长，如何回答？

6. 针对审计报告中显示的屡查屡犯的问题，如何发挥审计在银行中的作用？

7. 针对银行内部审计总是查证或报告的都是细枝末节的问题，如何增大审计增值价值？

8. 在 IT 背景下我们审计工作应当如何转变？

9. 如何适应银行风险管理新形势下内部审计创新，以此来促进内部审计“让人爱”？

（二）建议的教学组织方案

本案例可以作为专门的案例讨论课来进行。以下是按照实际进度提供的课堂计划建议，仅供参考。

1. 建议的教学组织方案 1

建议课前自行案例讨论 + 课堂汇报提升的教学组织方案 1 如表 4 – 8 所示，课堂时间控制在 90 分钟内。

表 4 – 8　　教学组织方案 1

内容	主角	组织与要求	时间
提前一周发案例资料，请学员在课前完成案例阅读并查阅与案例相关的知识和行业背景。让学生阅读并自行进行小组讨论	学生	个人阅读；每个讨论小组在课外利用头脑风暴方法对案例进行讨论	不限
讲授相关知识和理论，列示案例讨论话题矩阵表	老师	讲授李进从不满审计工作、与审计人员争论到引领审计工作创新的过程，尤其是李进研读近 5 年的审计计划和报告，并组织审计部门讨论中涉及的内部审计知识和理论，并列示案例讨论话题矩阵表	15 分钟
引导学生讨论，完善案例讨论话题矩阵表	学生	针对案例讨论话题矩阵表，让每个讨论小组根据课前讨论情况完善案例讨论话题矩阵表的相关内容	30 分钟
针对分歧进行进一步的讨论，并推荐代表陈述观点	学生	引导每个讨论小组结合所学的理论知识再进一步的讨论，并推荐代表陈述观点	30 分钟
总结、点评与启发	老师	归纳发言者的主要观点；重申讨论的重点和亮点；提请大家对焦点问题或争论问题进行进一步的思考；建议大家对案例素材进行拓展研究和深度分析	15 分钟

2. 建议的教学组织方案2

建议的课前收集资料和自学理论+课堂上学生分角色扮演的教学组织方案2如表4－9所示，课堂时间控制在90分钟内。

表4－9　　教学组织方案2

内容	主角	组织与要求	时间
提前一周向学生提出要查阅的与案例相关的相关政策、法规及其理论	学生	建议每个小组自己分工，落实到每个人查阅与案例相关的相关政策、法规及其理论，然后小组归纳总结相关文献和相关理论	不限
老师简单介绍案例本身	老师	讲授李进历经财务部副部长、分行行长以及审计部部长对审计的不同体验；讲授审计部门为什么开“闭门会”及会议讨论情况	10分钟
列示案例讨论话题矩阵表，并根据课堂学生人数进行分组，组织学生讨论	老师	由老师板书案例讨论话题矩阵表，明确每个案例讨论小组围绕案例讨论话题矩阵表讨论分析案例问题	10分钟
案例讨论	学生	要求每个案例小组结合自己收集和总结的理论知识针对分配的讨论思考题进行讨论，并完善案例讨论话题矩阵表的相关内容	30分钟
扮演角色表演	学生	要求每个讨论小组推荐一名学生扮演案例争论的不同角色，让他们表演，呈现头脑风暴式讨论过程	30分钟
总结、点评与启发	老师	归纳学生陈述或表演出的观点；重申讨论的重点和亮点；提请大家对焦点问题或争论问题进行进一步的思考；建议大家对案例素材进行拓展研究和深度分析	10分钟

3. 列示和板书案例讨论话题矩阵

老师在课堂上列示和板书的案例讨论话题矩阵如表4－10所示。

表4－10　　案例讨论话题矩阵表

序号	讨论话题	案例中的相关线索	涉及的相关理论和知识	结论/启示/感受
1	业务部门、职能部门和监管者不喜欢审计的原因			
2	商业银行内部审计跟进业务条线和监管要求所做的工作			
3	创新审计机制来扭转人们对内部审计的看法			

案例 5

大股东债务违约及其对上市公司的连带影响分析

——以新光集团为例

2018 年对很多企业或集团公司而言，是个不平凡的年份。降杠杆、债务违约、股权质押等系列风险事件，引发监管机构、债权人、投资者以及社会公众对企业债务违约问题的高度关注。尤其是接二连三爆发的债务违约事件，更绷紧了人们的神经。本案例作者通过对系列债务违约案例的分析，认为新光控股集团有限公司（简称新光集团）流动性危机导致的债务违约事件及其后续影响很有典型性。

案例正文

为什么一家国内500强、债券主体信用评级曾为AA+级的集团公司会出现债务违约？债务违约将对集团及其控股上市公司的发展产生哪些负面影响？面对实质性债务违约，新光集团该如何破解债务困局？该案例对其他发债企业将产生哪些启示性信息？这引发了笔者对本案例的研究。

一、新光集团及其债务违约情况

（一）新光集团及其业务板块

创建于1995年的新光集团，以生产饰品起家，至今旗下有A股上市公司新光圆成（002147.SZ）及逾百家全资及控股公司。集团官网信息显示，该集团先后经历了5个不同的业务战略转型发展阶段，形成了包括实业、地产、金融、互联网、旅游、能源以及投资等板块在内的七大业务板块。

新光集团之前市场口碑一向良好，发行的各只债券及银行借贷均能如期兑付；作为创立20多年的大型多元化集团企业，公司在多个业务板块均具备完整的产业链，具有较高的品牌知名度；作为当地民营企业的标杆，公司在营商环境、产业转型方面持续得到当地政府的大力支持；公司持有的股权类资产变现能力较强，旗下优良资产众多，核心业务板块有较强增长潜力，整体偿债能力可观。公司始终坚持立足实业，积极培育和发展高端制造业，连续多年名列义乌市民企综合纳税前两位，是浙商群体中颇具代表性的老牌知名企业。

（二）新光集团债务违约：一石激起千层浪

2018年9月25日，上海清算所发布了新光集团两份总额30亿元的债券违约公告。同日业界知名新媒体《浙股》对外发布了一篇标题为《新光集团债务违约，新光圆成当年是如何上市的?》的调研文章，引起了各大财经媒体、社会公众的高度关注。

9月25日，新光集团公告称，受宏观降杠杆、银行信贷收缩、民营企业融资困难等多重因素影响，新光集团流动性出现问题。

11月23日，上海清算所又发布公告，新光集团“11新光债”无法按期足额兑付。

12 月 1 日，新光集团控股上市公司公告了截至 11 月 30 日的新光集团债券、短期融资券等违约情况（见表 5 – 1）。

表 5 – 1　　控股股东新光集团的债券、短期融资券等违约情况　　单位：万元

债券简称	到期日期	到期应兑付未兑付的本金	到期应兑付未兑付的利息	总计
11 新光债	2018 年 11 月 23 日	159969. 70	12957. 55	172927. 25
15 新光 01	2018 年 9 月 25 日	173963. 30	13000. 00	186963. 30
15 新光 02	2018 年 10 月 22 日	200000. 00	13000. 00	213000. 00
16 新光债	2018 年 10 月 19 日	50000. 00	4575. 00	54575. 00
短融（17CP001）	2018 年 9 月 22 日	36084. 00	0. 00	36084. 00
短融（17CP002）	2018 年 10 月 27 日	100000. 00	6800. 00	106800. 00
短融（18CP001）	2018 年 11 月 21 日	71000. 00	1196. 30	72196. 30
合计		791017. 00	51528. 85	842545. 85

注：截至 2018 年 11 月 30 日。

受债券实质违约影响，新光集团的信用评级也被下调。受大股东债务违约事件的影响，新光集团控股上市公司新光圆成也不断发布各种公告，回答深交所的问询。

针对市场及投资者的疑虑和担忧，新光集团特地发布公告予以回应，并详细披露了公司的经营及财务数据。

2017 年集团全年实现营业收入 138. 57 亿元，营业利润 52. 04 亿元。

2018 年上半年实现合并营业收入 80. 68 亿元，营业利润 9. 90 亿元，上年同期营业利润为 11. 23 亿元。2018 年上半年，集团经营现金流量净额 1. 47 亿元，上年同期金额为 –9. 12 亿元；投资活动现金净流量 –8. 08 亿元，上年同期为 –12. 71 亿元；筹资活动现金净流量 –9. 05 亿元，上年同期为 16. 12 亿元。

截至 2018 年 6 月 30 日，新光集团合并总资产 812 亿元，总负债 469 亿元，资产负债率 57. 76%，总体的资产负债率水平在 50%—70% 的理论水平区间。从资产负债率的角度看，公司的负债风险尚在可控的范围内。

二、偶然发生还是我国资本市场的普遍现象？——新光集团债务违约的成因分析

归因理论大师 H · H. 凯利在 1973 年提出，可以使用 3 种不同的解释说明行为的原因：一是归因于从事该行为的行动者；二是归因于行动者的对手；三是归因于行为产生的环境。分析新光控股出现流动性危机的原因，首先应该了解当前我国企业债券

违约的总体趋势及成因，然后再来解释新光集团债务违约的成因。

（一）我国资本市场债券违约的现状及成因分析

1. 债券违约的现状

利用Wind、国泰安数据库等网站、上海清算所信息，可以了解到我国企业发债规模及其违约的情况。

数据统计显示，从2014年我国第一只“11超日债”违约至2018年11月5日，我国债券市场共有91个主体发行的206只债券违约，违约债券本金规模达到1670.68亿元。债券违约与市场环境相关。在前些年政策宽松的条件下，部分企业高额负债过度扩张。而2018年的金融严监管叠加政府债务的严监管，在一定程度上影响了企业的投融资增速和营运资产管理效果，导致2018年企业债券集中违约的现象较为严重，已有33个新增违约主体（见表5－2）。受市场风险偏好下降、规避情绪加重的影响，民企特别是中小民企抵御风险能力较差，2018年33家违约主体中有28家为民企。

表5－2　债券市场历年新增违约主体数量

	2014年	2015年	2016年	2017年	截至2018年11月5日
违约主体数量（家）	5	21	23	9	33
其中：民企违约主体数量（家）	5	17	16	9	28
国企违约主体数量（家）	—	4	7	—	5

注：新增违约主体数量按照主体首次发生违约的时间计，且主体数量是累计值。

资料来源：Wind，光大证券交易所。

数据显示，2018年的违约主体并没有体现明显的行业特征，债券违约分布于各个行业。观察历年债券违约情况，可以发现2015年、2016年和2018年债券违约现象较为突出，新增违约主体数量以及新增违约债券规模相对较大。除民企外，上市公司股票质押和受限比例较高、通过负债驱动资产规模高速增长、导致流动性缺乏的现象值得高度关注。

2. 债券违约的成因

此处以截至2018年11月5日的33个新增违约主体为例加以说明。虽然各主体公告的违约原因不尽相同，但总体上可以归纳为以下类别：（1）宏观降杠杆；（2）行业因素；（3）经营不佳，再融资受阻；（4）资金周转困难；（5）流动资产质量恶化；（6）高管不能正常履职，生产经营受影响等。这些看似简单的原因，并不足以消除债权人和投资者的疑惑。

（二）新光集团债务违约的成因分析

针对新光集团的债务违约问题，公司自身、媒体都给出了不同的解释。

2018 年 9 月 25 日债务违约发生后，新光集团新闻发言人徐军表示，发生此次违约，除企业自身在流动性管控方面存在欠缺外，主因首先是受金融形势、环境和政策变化的影响，民营企业融资遭遇普遍困难；其次今年以来全国范围债券违约事件频发，极大恶化了浙商群体的金融生态；最后，前不久突然发生的一些负面事件等意外因素，一定程度影响了公司多项重大融资计划的进展。

但外部人对新光集团的债务违约的解释不尽如此。

1. 千亿级目标下的激进扩张

多年来，新光集团一直在进行规模扩张和实施多元化战略，新战略的实施必然带来投资的增长，投资增长必然带来对现金流的强烈需求，虽然短期内通过债务融资可以解决投资需求，但新投资项目存在现金流入滞后的问题，一旦不能有新的现金流入作补充，可能引发流动性危机问题。

表 5－3 充分显示了新光集团不同发展阶段的负债驱动对资产规模的影响。从中可见，2011 年，集团 91.46% 的负债增长带来资产规模 47.45% 的增速，2013 年集团 42.7% 的负债增长带来资产规模 35.66% 的增速，2016 年集团 85.52% 的负债增长带来资产规模 87.7% 的增长。新光集团资产和负债在 2016 年度快速增长，而在 2017 年后增速放缓，尤其是 2018 年半年报的增速降幅明显。

表 5－3　　新光集团总资产与负债增长匹配情况

时间	总资产（亿元）	总负债（亿元）	资产负债率（%）	资产增幅（%）	负债增幅（%）
2010.12.31	123.7	53.85	43.53		
2011.12.31	182.4	103.1	56.52	47.45	91.46
2012.12.31	194.6	126	64.75	6.69	22.21
2013.12.31	264	179.8	68.11	35.66	42.7
2014.12.31	353.6	213.6	60.41	33.94	18.8
2015.12.31	366	215.37	58.84	3.51	0.83
2016.12.31	687	399.55	58.16	87.70	85.52
2017.12.31	776	448.67	57.82	12.95	12.29
2018.6.30	812	469	57.76	4.64	4.53

资料来源：上清所——信息披露——新光集团财务报告数据，作者进行了相应的分析。

2014 年，新光集团提出了自企业创建以来最为大胆的发展规划：再用 10 年努力，迈上千亿级企业台阶，正是在“千亿战略”的指导下，新光集团开始了对速度的追求，并在主业饰品和房地产外，加快多元化的步伐，其总资产由2014年的353.6亿元增长到2018年上半年的812亿元，4年内资产复合增长率达22.02%。这其中，2016年新光集团资产增幅为历年之最，也正是在该年，公司发行了6只债券共计募资90亿元，并先后通过重组和增资的方式控制了上市公司新光圆成，成为南粤银行的第一大股东。

新光集团每3年进行一轮资产、负债扩张，经过短暂修整便再次快速扩张，资产负债规模越滚越大，直至债务危机暴露。

2. 融资结构不合理，债务到期过于集中，经营现金流短缺

（1）融资结构不合理，债务到期过于集中。新光集团债务压力巨大，特别是短期流动性堪忧。截至2018年3月，公司有息债务337.64亿元，短期借款60.85亿元、一年内到期的非流动负债49.01亿元。债券余额133.11亿元（包含此次15新光01回售部分和17新光控股CP001），债券大部分在2018年和2019年到期或到回收期，2018年到期或进入回售期98.09亿元，2019年到期45.52亿元。

新光集团有息债务规模为2017年息税折旧摊销前利润的33倍左右，内生偿债能力较弱。而新光集团2018年半年报显示货币资金仅有14.19亿元，银行授信109.54亿元，已使用83.99亿元，未使用授信25.55亿元。两者相加远不足以覆盖短期债务规模。

（2）经营现金流不足以满足大额度投资以及偿债的需要。资产、负债规模不断扩大，并没有为新光集团带来稳定的现金流。2015年至2018年6月30日，集团经营现金流量净额分别为15.48亿元、11.01亿元、-13.4亿元、1.47亿元，合计约为-0.2亿元。投资净现金流也是如此。2010年至2018年6月，其近9年累计投资净现金流已经接近-97亿元。

在经营现金流不能满足对外投资需要的前提下，新光集团只能依靠大规模借款和举债满足需要。公开数据显示，2015年至2018年6月30日，新光集团筹资活动净现金流分别为-9.5亿元、179.5亿元、1.05亿元和-9.05亿元。

（3）账面营利但经营现金流并不充分。经营现金流不充分的原因在于公司营利严重依赖于房地产评估增值和转让股权。

表5-4反映了新光集团的营业收入和净利润情况。数据显示，2015—2017年新光集团的利润增长还是依靠房地产的增值收益，集团公司对投资性房地产采用公允价值模式进行后续计量后，引起的公允价值变动收益分别为5.9亿元、0.81亿元、26.72亿元，占当期营业利润的比例分别为36.21%、3.82%、51.33%。

表 5-4　新光集团营业收入和净利润情况　（单位：亿元）

	2015 年	2016 年	2017 年	2018 年 1—6 月
营业收入	90.04	136.15	138.57	80.69
营业利润	16.29	21.23	52.04	9.90
净利润	13.57	15.57	39.14	6.07
投资性房地产公允价值变动收益	5.9	0.81	26.72	未说明
投资性房地产公允价值变动收益占营业利润比例（%）	36.21	3.82	51.35	未说明

资料来源：新光集团各年度财务报告。

3. 抵押过高，偿债资产受限

公司出现流动性危机，首先要看是否有可以变现的资产。

截至 2018 年 3 月末，新光集团持有的所有权或使用权受限的资产价值为 240.10 亿元，占净资产的 71.61%，主要包括对外抵押的土地、房屋等。其中，抵押的投资性房地产账面价值为 134.75 亿元，固定资产 67.08 亿元，存货 18 亿元，无形资产 4068.39 万元，在建工程 1.25 亿元。

截至 2018 年 3 月末，新光集团旗下的子公司股权质押情况也比较普遍。在新光集团的参股公司中，百年人寿 4 亿股股权被质押，中百集团（000759）4240 万股股票也已质押。

同时，新光圆成最新公告显示，新光集团持有的上市公司股份中的 98.2951% 已被质押。由此来看，新光集团的优质资产抵质押情况较为严峻，受限资产规模大，可供新光集团操作的资产较为有限（见表 5-5）。

表 5-5　新光集团股权质押情况（截至 2018 年 3 月末）

质押股权概况	股权质押比例（%）
新光饰品	92.72
新光金控投资有限公司	100
新光贸易	100
富越控股	35
森太农林果	100
持有的上市公司股份（新光圆成）	98.30

4. 评级机构对集团的评级过高，导致公司看低自身风险

评级机构对新光集团的评级过高，导致公司忽视了潜在的高风险。评级机构是如何看待新光集团的信用的？AA+公司怎么会出现债券违约呢？

（1）新光集团债务违约前的信用评级。从2011年开始，联合信用、大公国际、鹏元资信三大国内评级机构一直给予新光控股AA评级，直到2018年3月21日大公国际突然将新光控股主体评级上调至AA+评级，随后联合信用亦跟随上调至AA+评级，而鹏元资信至今仍保持新光控股AA评级不变。

新光集团表示，这意味着公司的资信等级又跨上一个新台阶，同时也意味着新光集团凭借其在经营、融资、可变现能力、债务偿还能力等方面良好的表现，获得了外界对其未来发展的极大认可。但大公国际在2018年8月被监管机构处罚时，即曝出曾违规收取新光集团等企业的高额咨询费，为新光集团提高主体评级。

鹏元评级在出具的新光控股公司2018年跟踪信用评级报告中将新光集团主体长期信用评级为AA。鹏元评级在报告中指出，新光集团公司有息负债规模较大，并存在较大的即期偿债压力。2018年3月，新光控股有息债务余额为337.64亿元，占公司负债总额的74.4%，其中一年内到期的有息债务规模为130.41亿元，占有息债务的39.12%。鹏元评级认为，新光集团存在一定的对外担保和诉讼事项，面临较大的或有负债风险。截至2017年年末，公司对外担保余额为31.89亿元，占期末所有者权益的比重为9.73%。被担保单位均为民营企业，其中浙江百炼工贸集团有限公司已经破产，公司面临较大的代偿风险，公司存在较大的或有负债风险。

（2）债务违约发生后的信用评级。正如前面所述，受债券实质违约影响，新光集团的信用评级一再被下调，多米诺骨牌效应显现。

2018年9月25日，大公国际资信评估有限公司决定将新光集团主体信用等级调整为C。同日联合评级发布公告称，鉴于新光控股目前资金非常紧张，到期兑付存在极大的不确定性，联合评级决定下调公司主体和15新光01和15新光02公司债券信用等级由“AA+”至“CC”级，并将评级展望由“稳定”调整至“负面”。

9月27日，鹏元资信将新光集团主体长期信用等级由AA级下调至C级。

10月30日，大公下调“17新光控股CP002”信用等级为D级。

11月22日，大公下调“18新光控股CP001”信用等级为D级。

受大股东债务违约事件的影响，新光集团控股上市公司新光圆成也不断发布各种公告，回答深交所的问询。

三、控股股东违约，关联方新光圆成受到了怎样的牵连？

（一）新光集团控股上市公司——新光圆成的前世今生

1. 借壳上市并签订业绩承诺书

新光圆成的前身为于2007年上市的方圆支承，方圆支承原主营业务为回转支承的生产与经营。2015年6月1日，方圆支承筹划重大事项开始停牌，当年12月27日方圆支承披露重组预案，拟以每股11.54元的价格向新光集团、自然人虞云新发行9.69亿股，作价111.87亿元购买其合计持有的万厦房产100%股权和新光建材城100%股权。2016年4月，方圆支承更名为新光圆成，正式在深圳证券交易所挂牌上市。

2016年至2018年9月末，新光圆成实现营业收入分别为37.36亿元、20.08亿元和14.94亿元，净利润分别为15.20亿元、15.69亿元和1.22亿元（见图5-1）。

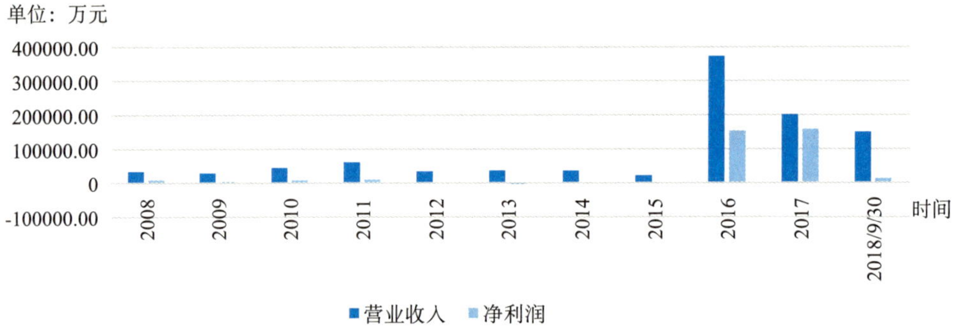

图5-1 新光圆成借壳上市前后的营收和净利润情况

新光圆成借壳上市时作出了如下业绩承诺：2016年度净利润不低于14亿元，2016年度及2017年度累计实现净利润不低于27亿元，2016—2018年度累计实现净利润不低于40亿元。利润补偿期为2016年、2017年、2018年：若利润补偿期内实际净利润数低于承诺利润数，则新光集团、虞云新将以股份的方式对新光圆成进行补偿。

2. 上市后拟进行重大资产重组——意向并购港股上市公司中国高速传动

2018年1月18日，新光圆成发布重大事项停牌公告，表示拟现金收购装备制造业资产。7月2日，新光圆成发布“重大资产购买预案”公告，拟以现金方式收购Five Seasons所持有的中国高速传动（00658.HK）8.3亿股至12亿股股份，占中国高速传动全部已发行股本的51.00%—73.91%。为此新光圆成至少需要准备83.31亿元的收购资金。协议转让完成后，新光圆成须就中国高速传动全部已发行股份作出无条件强制现金要约。

对于并购动因，新光集团解释如下：上市公司新光圆成现有机械制造业务发展空间有限，而中国传动为全球风力发电传动设备龙头企业，技术实力雄厚、资产质量高、营利能力强。在国家政策大力支持下，装备制造业迎来了新的历史发展机遇。新光圆成的并购在进一步拓展市场的同时，还能大幅度提升公司装备制造板块的业务份额，为未来公司的可持续发展增添动力。

对于并购资金来源，新光圆成表示，收购所需资金为公司自有和自筹资金。而截至2018年6月30日，新光圆成账面上的货币资金为2.14亿元。为解决收购资金问题，新光集团同意向公司提供50亿元的人民币借款，借款期限不超过60个月，年利率为4.75%。

（二）大股东债务违约对新光圆成的影响

1. 借壳上市业绩增长承压，引起对公司业绩造假的质疑

根据2017年新光圆成的财报表现，媒体提出了其可能存在业绩造假的质疑。理由如下：

年度分析，2017年新光圆成的营业收入、净利润、经营活动产生的现金流量净额，依次为20.08亿元、13.57亿元和-19.46亿元，与上年同期相比分别下降46.26%、11.24%和417.99%，这显示公司的经营现金流量与净利润之间不匹配，净利润的质量不高。

季度分析，2017年第四季度新光圆成实现归属于上市公司股东的净利润13.08亿元，是同期营业收入的3.4倍（见表5-6）。公司解释这部分突出的收益来自年内对两家子公司的股权处置，分别为建德新越置业和南通1912文化产业发展的100%股权。新光圆成年报显示，这两笔收益对利润总额影响约为23亿元。根据公司披露，两项股权出售获取的净利润占净利润总额的比例分别为69.36%和38.51%，合计达到107.87%。这意味着，若除掉这两笔收益，实际上新光圆成的净利润为负值。

表5-6　　2017年新光圆成分季度报表　　（单位：万元）

	第一季度	第二季度	第三季度	第四季度
营业收入	41752.32	54070.84	66570.23	38419.90
归属于上市公司股东的净利润	2225.83	1478.27	1218.61	130847.66
归属于上市公司股东的扣除非经常性损益的净利润	2278.19	1273.01	1152.52	130194.07
经营活动产生的现金流量净额	-55137.74	-112035.46	-224574.80	197183.90

资料来源：新光圆成2017年年度报告摘要。

从2017年半年报和2018年半年报的对比中，同样可以观察到经营活动现金流量与净利润之间严重不符（见表5－7）。新光圆成经营活动现金流量净额为负，并与净利润严重背离的情况，也遭深交所问询。

表5－7　新光圆成经营活动活动现金流量净额与净利润的比较　（单位：亿元）

	2018.6.30	2018.3.31	2017.12.31	2017.9.30	2017.6.30
经营活动产生的现金流量净额	1.675	－0.5182	－19.46	－39.17	－16.72
净利润	1.5	－0.70	15.69	0.41	0.31
经营活动产生的现金流量净额占净利润	110.93%	74.03%	－124.03%	－9553.66%	－5393.55%

资料来源：作者依据新光圆成各年度或季度报告进行的分析。

2. 大股东违约直接导致新光圆成重组中国高速传动的方案被取消

由于上述债务违约事项的发生，导致新光圆成融资业务受到较大影响，公司无法按原计划时间完成重组事项。期间新光圆成曾期待通过《诚意金补充协议》和《意向书延期协议》将付款延期至10月31日。但11月1日，新光圆成发布了《关于终止重大资产重组事项暨公司股票复牌的公告》，复牌首日即告跌停。

3. 大股东违约风险是否具有传递性？新光圆成频繁遭到深交所的问询

30亿债券违约引发了蝴蝶效应。目前新光集团已经发生多笔债务违约，融资与偿债压力大，虽经多方努力通过处置资产解决违约及违规事项，但由于涉及金额较大，且因新光集团债务违约导致部分债权人查封冻结资产，资产处置进展未能达到预期效率。控股股东深陷债务危机的背景下，新光圆成也陷入困境。

9月27日，新光圆成收到深交所的关注函，要求新光圆成就新光集团债务违约风险、股权质押情况、重组事项进展等情况作出回复。

10月31日，新光圆成收到深交所《关于对新光圆成股份有限公司的关注函——中小板关注函〔2018〕第376号》。

11月27日，新光圆成发布了《关于对新光圆成股份有限公司的关注函中小板关注函〔2018〕第404号》的公告。

12月3日，新光圆成发布《关于公司股票实施其他风险警示的公告》。主要原因是：公司控股股东及其关联人在未履行正常审批决策程序的情况下，在担保函、保证合同等法律文件上加盖了公章；公司控股股东未履行相应内部审批决策程序，以公司名义对外借款并被其占用。

4. 新光圆成的股价大起大落，公司被带上了ST的帽子

Wind数据显示，从涉及违约的上市公司来看，股价均大幅下跌。凯迪生态、ST中安、印记传媒、乐视网、富贵鸟、神雾环保、*ST华信、亿阳信通、利源精制、永泰能源、金鸿控股等上市公司或大股东均是如此。

受大股东债务违约及其连带的违规担保以及资金占用影响，新光圆成11月5—16日间，5次发布《关于股票交易异常波动的公告》，公司经历复牌后的连续8个跌停。跌跌撞撞之间投资者和公司利益受到极大损害（见图5-2）。

图5-2　新光圆成股价走势月K线图

12月4日，新光圆成（002147.SZ）被戴上了ST的帽子，股票简称变更为“ST新光”。

四、新光集团如何破解僵局，走出流动性危机？

债务违约后，如何自救，是摆在新光集团面前的一个难题。

通常解决债务违约的短期措施包括：（1）召开债权持有人会议，最先获得债权人和股东的谅解和支持，延缓近期的压力；（2）通过寻求银团输血获得流动性支持；（3）引进外部战略投资者；（4）获得政府的资金支持；（5）通过甩卖资产或股权转让纾困。其中，第（5）点如果不是公司资产最佳售卖点，将造成资产变现损失，降低公司盈利。解决债务违约的长期措施包括：正确进行公司战略定位，合理安排投融资计划，适度负债、管控财务风险，做好现金流动性和营运资金管理，毕竟创造现金流才是王道。

1. 已经和正在寻求政府帮助

债务违约发生后，新光集团已紧急向浙江省、市各级政府部门作了情况汇报，希

望获得政府的帮助。对于外界的传闻，新光集团新闻发言人徐军对记者的回答是，“确实与政府有过沟通，不过目前政府尚未回应。但是，沟通还在继续，正在争取政府的支持”。

2. 期待引进战略投资者

9月27日晚间，有媒体公开报道，新光集团正引进外部战略投资者，对新光集团增资约40亿元；新光集团方面还称，公司正与四大资产管理公司之一的公司商洽，计划引入战略投资者增资。

3. 转让股权或通过子公司上市IPO解困

新光集团还打算转让所持有的新天集团77.78%股权，预计现金流入约65亿元。实际上，自2017年下半年开始，新光集团就被市场质疑存在流动性压力。为了偿债，新光集团从2017年开始陆续处置和转让了包括酒店、物业、股权在内的各项资产，回笼资金，保证了上半年到期债券的兑付。

新光集团控股子公司新光饰品的IPO申报亦被提上自救纾困的议程。公开资料显示，新光饰品2017年底合并总资产21.19亿元，负债总额13.35亿元，所有者权益7.84亿元；2017年全年主营业务收入12.43亿元，净利润1.04亿元。

4. 获得银行融资

“新光集团债务解决方案较为复杂，需要整体安排，而且需要强有力的资金注入来恢复信用，而这只有靠商业银行”。

新光集团何去何从，政府、银行、债权人、投资者、其他利益相关者都拭目以待，在自身偿债无望的情况下，能否借由外部的力量帮助企业解困？

五、新光集团债务违约案例的启示

新光集团表示，“公司目前生产经营正常，基本面依然良好。在今后的发展中，我们将深刻汲取教训，着力加强流动性专业化管理，坚决实施资产瘦身计划，积极化解金融风险，继续专注于主业和实体经济，为投资者创造更大价值，为地方经济社会发展持续贡献力量”。

1. 应进行正确的企业战略定位，切记过度追求规模增长

多元化经营，对行业发展趋势的判断很重要。新光控股是多元化经营企业，企业可以多元化经营，但在多元化的路上，要准确判断行业发展趋势，全盘考虑各行业版块的相关性以及现金流入流出量的特征，适度管控多元化经营下的经营与财务风险。

2. 应关注集团及其主要公司的资产结构

资产组合决定收入组合、营利结构、资产的流动性以及偿债能力。如果集团内部的投资性房地产占比较大，虽然可以通过会计政策的应用，调整账面资产和评估收益，但这并不会从实质上增加企业的现金流入量。依据账面财富构建的资产和营利基础不具有稳健性，更为盲目扩展发债规模带来隐患。因此，在集团层面实施债券融资前，需要对合并报表范围的母子公司进行资产组合分析，应分别从母、子公司报表角度，深入分析资产结构、可抵押资产及其变现能力，否则一旦债务违约，资产的变现能力差，必然影响现金的流动性，从而产生流动性危机。

3. 应优化资金结构，适配各种债务

短期债务虽可以降低融资成本，但会加大流动性压力。一旦流动性资产不能满足偿债要求，就注定了短期债务的偿还主要依靠借新债。但借薪资的结果是，一旦市场变化，无论企业的直接还是间接融资都会受阻，并陷入恶性循环。

4. 应在集团公司与控股上市公司之间建立天然的屏障

集团内部的上市公司和控股公司之间，天然地存在着投资与被投资关系，甚或购销关系、借贷关系、担保关系等，这是控制权使然。上市公司的独立性和严监管，注定了即使上市公司再好，在集团控股股东流动性危机面前也不能随意作为。在集团内部涉及资金运作时，需要明确的是上市公司的透明度明显高于非上市集团公司，如果集团对控股上市公司了施加过多干预，一旦触碰了信息披露违规的底线，将给上市公司的发展带来致命一击。

5. 完善内部控制程序

违规事项反映出新光圆成的内控流程形同虚设，尤其是控股股东违规占用资金这一项。“债权的转移要经过债权人的同意。从债权人现在上诉看，未经过债权人同意的可能性很大。如果债权人不同意的情况下向控股股东转移债权和资金，这在会计记账程序上是有缺陷的。转移债权却不确认债务，这在财务层面有做低负债的考虑”。集团公司与上市公司之间本应有一道隔离墙，新光集团债务违约以及上市公司的冲击，反映了在新光集团与上市公司内部没有建立起隔离墙，内部控制不规范，大股东对上市公司的控制行为太过明显，这些都是需要进一步反思的行为。

新光集团如何走出债务违约的困境，需要社会各界的关注，毕竟集团公司未来的生存发展关系着上万员工及其家人的利益，关系着债权人以及股东的利益，更关系着社会的稳定与进步。

案例再思考

针对2018年频发的债务违约现象，学术界和实务界不仅从宏观和微观视角进行债务违约成因的研究，而且分别从个案以及债务违约企业共性财务特征的视角研究其财务表现，这一切为人们深刻理解和认识债务违约现象提供了分析路径和经验借鉴。债务违约现象具有传导效应，在上述违约企业中，一种不可忽视的现象是大股东债务违约的后续影响及其管控。如果任由这种现象呈现多米诺骨牌效应，债务违约风险将不再是违约主体的个体事件，而会转化为群体事件，甚至影响社会的信用以及安定，因此必须加以重视。本部分将从大股东债务违约后果、大股东社会责任以及如何适应和应对金融环境转变的角度提出自己的观点与看法。

一、学术界对债务违约成因的分析

近年来，随着企业债务违约事件的频繁发生，国内外越来越多的学者针对债务违约事件的原因、影响因素等方面进行相关研究。

（一）国外研究现状

从微观视角，Albert S（1999）提出了公司“违约风险”的概念，表现为企业按期还本付息，出现财务风险。Grossman（1999）认为债券本身在发债环节表现为债券投资者与债务主体间的一一对应关系，但是如果债务主体依赖于合并报表进行债券评级，债券投资者与债务主体间则是一对多的关系，合并报表的结果将导致信息不透明，会影响到公司债的评级分类。Diamond（2010）列出了企业陷入财务危机并且可能导致债券违约、其严重程度逐次递减的12条标志。Stellner等（2015）研究发现，较好的社会责任表现能够降低企业债券的信用风险，并且这种影响受到发债企业所属国家的环境、社会和治理等因素的影响。

从宏观视角，国外学者分别研究了降杠杆以及宏观经济周期变化对债券违约风险的影响。Gold，Jacqueline S（1993）对于美国国内的医疗行业去杠杆作用进行了研究，认为去杠杆虽然有副作用，但是带来了医疗行业更长足的发展。John Hull、Monika Piazzesi（2005）认为，宏观经济的变化周期对债券违约的风险有影响。Bruno Albuquerque（2018）认可去杠杆带来的有效作用和正面意义。Bruno Albuquerque（2018）对美国房屋贷款行业的去杠杆作用和影响进行了研究，从而解释美国房屋贷款行业的萧条表现。

（二）国内研究现状

从内因角度，贺向明（2004）认为企业发生债券违约最大的可能是由于企业无法获得预期的盈利，从而影响到偿还能力。沈艳等（2009）基于中国企业的调查资料分析发现社会责任意识越强的企业从正规金融机构融资的能力越强。牛雨（2016）提出“新常态”下企业债为违约的原因在于大规模债券到期、短期债券比例升高和经济下行导致融资渠道不畅，并以东北特钢债券违约为例，提出了建立完善的债券市场信用机制的一些建议。

从外因角度，臧波等（2016）认为下行预期、结构调整是债务违约外因，高杠杆率是债务违约内因，并提出有效规制违约的方法是重塑契约结构，如增加经济政策的弹性空间、建立信用评级制度等。韩复龄（2018）认为，目前高信用违约风险的源头来自高杠杆率。债务违约的现象就是去杠杆过程中带来的“阵痛”，即使有人提出对于去杠杆是否在经济放缓的状况下使得经济更加雪上加霜，韩复龄（2018）认为这种债务违约是暂时的状况，是经济获得新生的必经之路。罗慧（2018）认为，去杠杆的政策落实需要金融部门和企业部门一同进行。

二、我国企业债券违约以及大股东违约的总体情况

从违约现象上看，近几年债券违约的主体、违约债券的数量和违约金额不断上升（见表5-8）。

表5-8　债券违约的数量和金额情况

年份	债券违约主体（家数）	违约数量（只）	违约金额（亿元）
2014	1	6	13.40
2015	2	25	115.19
2016	—	56	393.77
2017	2	35	337.49
2018	52	119	1166.51

资料来源：Wind。

Wind资讯数据显示，截至2018年12月31日，共计308只债券（包括金融债、企业债、公司债、中期票据、短期融资券、资产支持证券、定向工具及其他）发生违约事件。其中，2018年全年新增违约主体43家（见表5-9），违约债券119只，债券违约规模达到1166.51亿元，无论是数量还是规模，都超过了2014—2017年的总和。

表 5－9　　2018 年新增的 43 家违约主体名单

序号	违约日期	债券名称	发行人名称	上市公司发行人股票简称与代码	债券评级	违约原因
1	2018.03.14	18 环保债	神雾环保技术股份有限公司	神雾环保（300156.SZ）		行业低迷
2	2018.04.23	14 富贵鸟	富贵鸟股份有限公司	富贵鸟（01819.HK）	AA	资产质量下降，大额违规担保
3	2018.04.29	16 神勇 E1	神勇科技集团股份有限公司		AA－	子强母弱，叠加股票质押比例较高引发控制权丧失风险
4	2018.05.07	12 凯迪 MTN1	凯迪生态环境科技股份有限公司	*ST 凯迪（000939.SZ）	AA	行业低迷，经营不佳，再融资受阻
5	2018.05.07	11 中安消	中安科股份有限公司	ST 中安（600654.SH）	AA	资金周转困难
6	2018.05.21	17 沪华信 SCP002	上海华信国际集团有限公司		AAA	受董事局主席不能正常履职、媒体新闻时间等不利因素冲击，公司正常经营受重大影响
7	2018.06.01	16 凯迪债	阳关凯迪新能源集团有限公司		AA	公司经营低迷
8	2018.06.07	17 省房债	云南省房地产开发经营（集团）有限公司			资金多次用于收购和转让、支出压力大
9	2018.06.13	16 长城 01	中融双创（北京）科技集团有限公司		AA	京鹏公司对重庆信托债务到期末偿付事宜触发了投资者保护契约条款
10	2018.07.05	17 永泰能源 MTN002	永泰能源股份有限公司	永泰能源（01819.HK）	AA＋	资金周转困难
11	2018.07.05	18 永泰集团 SCP001	永泰集团有限公司		AA＋	资金周转困难
12	2018.08.03	15 乐视 01	乐视网信息技术（北京）股份有限公司	乐视网（000939.SZ）	AA	资金周转困难
13	2018.08.13	17 兵团六师 SCP001	新疆生产建设兵团第六师国有资产经营有限责任公司		AA	技术性违约
14	2018.08.13	15 城六局	中城投集团第六工程局有限公司		AA	主要资产被查封冻结，流动性紧张
15	2018.09.23	15 金鸿债	金鸿控股集团股份有限公司	金鸿控股（000669.SZ）	AA	卷入国储能源离岸美元债违约风波，流动性紧张

续表

序号	违约日期	债券名称	发行人名称	上市公司发行人股票简称与代码	债券评级	违约原因
16	2018.08.24	17美兰机场SCP002	海口美兰国际机场有限责任公司		AA+	短期偿债压力大，流动资产与流动负债不匹配导致的资金链紧张
17	2018.08.24	16锡州01	无锡五洲国际装饰城有限公司		AA	应收与股票质押的双重风险暴露
18	2018.09.10	17印记娱乐CP001	印纪传媒股份有限公司	印纪传媒（002143.SZ）	AA	流动资产质量恶化，需加强流动资产的审核
19	2018.09.25	14利源债	吉林利源精制股份有限公司	利源精制（002501.SZ）	AA	受宏观降杠杆、银行信贷紧缩、民企融资困难等多重因素影，公司流动性出现问题
20	2018.09.25	17新光控股CP001	新光控股集团有限公司		AA	资金周转困难
21	2018.09.25	17众品SCP002	河南众品食品有限公司		AA	较高的股票质押和受限比例，流动性紧张，财富创造能力弱
22	2018.09.26	17刚泰02	刚泰集团有限公司		AA	流动资产质量恶化，需加强流动资产的审核
23	2018.09.29	16飞投01	飞马投资控股有限公司			资金周转困难
24	2018.09.30	15华阳经贸MTN001	中国华阳经贸集团有限公司		AA	公司企业性质存在疑虑，贸促会对发行人的支持力度可能受限
25	2018.10.09	18盛运环保SCP001	安徽盛运环保（集团）股份有限公司	盛运环保（300090.SZ）	AA	经营低迷，债务逾期面临多起诉讼，实控人持股及银行账户遭受冻结
26	2018.10.12	17金玛03	大连金玛商城企业集团有限公司		AA	资金周转困难，再融资能力弱
27	2018.10.15	17华业资本CP001	北京华业资本控股股份有限公司	华业资本（600240.SH）	AA	应收账款逾期对公司正常生产经营产生了不良影响
28	2018.10.15	12宁上陵	宁夏上陵实业（集团）有限公司		AA-	对外筹资依赖度高，流动性持续紧张；内部管理不规范，或存在其他未披露表外债务及较大的垫款风险
29	2018.10.18	16弘债02	中弘控股股份有限公司	中弘退（000979.SZ）	AA	流动性紧张

续表

序号	违约日期	债券名称	发行人名称	上市公司发行人股票简称与代码	债券评级	违约原因
30	2018.10.22	16同益02	同益实业集团有限公司		AA	短债长投，信披存疑，担保人未能履行担保责任
31	2018.10.24	17三鼎03	三鼎控股集团有限公司		AA	公司原因
32	2018.10.29	16金立债	深圳市金立通信设备有限公司		AA	现金流短缺、资产重组进度不如预期，筹融资渠道受限
33	2018.11.05	18雏鹰农牧SCP001	雏鹰农牧集团股份有限公司	雏鹰农牧（002477.SZ）	AA	受“非洲猪瘟”疫区封锁、禁运等因素影响，公司生猪销售价格及数量均低于预期，对公司营利能力有较大的影响；受金融政策等因素影响，流动性紧张
34	2018.11.19	16中科建设PPN002	中科建设开发总公司		AA	公司表示否认，称不存在违约情况，只是资金流紧张
35	2018.11.23	16东辰03	东辰控股集团有限公司		AA	技术性违约
36	2018.11.26	17大海01	山东大海集团有限公司		AA	业绩下滑、担保代偿、涉及重大诉讼等因素，导致公司信用状况受到较大冲击
37	2018.11.26	15金茂债	山东金茂纺织化工集团有限公司		AA	经营业绩出现大幅恶化，流动性高度紧张，同时公司多笔债务面临集中到期偿付，偿债能力急剧下降
38	2018.11.28	16中基E1	佛山市中基投资有限公司			频繁进行股权质押融资，股份被司法冻结，导致中基投资信用状况进一步恶化
39	2018.11.29	16体E901	深圳市一体投资控股集团有限公司		AA-	被法院列为失信被执行人，目前已被从失信被执行人名单中移出

续表

序号	违约日期	债券名称	发行人名称	上市公司发行人股票简称与代码	债券评级	违约原因
40	2018.12.06	17 龙跃 E2	龙跃实业集团实业有限公司		AA	持有子公司北讯集团股份质押比例高且部分已触及平仓线，存在失去控制权风险；北讯集团股价下跌；龙跃集团资金压力大；子公司北讯集团已出现债务逾期等多方面的诸多不利因素（联合评级）
41	2018.12.06	17 洛娃科技 CP001	江苏洛娃科技实业集团有限公司		AA	17 洛娃科技 CP001 触发了公司其他债券交叉违约条款，对于公司而言还款压力加大
42	2018.12.07	18 宏图高科 SCP002	江苏宏图高科技股份有限公司	宏图高科（600122.SH）	AA	母公司三胞集团债务危机、公司流动性紧张
43	2018.12.24	15 银亿 01	银亿股份有限公司	银亿股份（000981.SZ）	AA	短期内资金周转困难

资料来源：根据上海清算所以及公司公告、Wind 的整理。

在 43 家新增违约主体中包含 15 家上市公司。其中神雾环保是 2018 年首例上市公司债券违约主体，此后包括富贵鸟、*ST 凯迪、ST 中安、永泰能源、乐视网、金鸿控股、印纪传媒、利源精制、盛运环保、华业资本、中弘退、雏鹰农牧、宏图高科、银亿股份等也相继发生违约。15 家上市公司的债券违约首先会导致股价的剧烈波动，接着围绕偿债问题进行债务重组，进而影响到上市公司的控制权变动、正常经营、客户关系、公司声誉、再融资的成本、市场表现以及股票的总市值和流通市值。

非上市公司的债券违约如果不涉及所属上市公司的，除了不会影响上市公司股价以及市场表现、股票市值外，其他将面临着与非上市企业一样的问题，此外原本想通过 IPO 上市的子公司将上市路途艰难。

如 2018 年 7 月 5 日，永泰集团旗下上市公司永泰能源（600157.SH）发行的 15 亿元 2017 年度第四期短期融资券“17 永泰能源 CP004”未能完成兑付，已经构成违约。由于该公司存续债券规模高达 240 亿元，总负债高达 721 亿元，违约消息一出便引起了市场极大关注。永泰集团董事长、永泰能源实际控制人认为“永泰能源和永泰集团，在生产经营上没有任何问题。债务违约产生的原因首先是反思自己，在企业的发展中，没有管控好负债规模和负债率”。

其实大股东以及发债企业盲目扩张，忽视偿债风险才是重要原因。此外，忽视自身对上市公司的影响也是一个重要原因。如盾安集团，大股东财务状况一定程度上会与上市公司隔离——但往往无法彻底割裂，2018 年浙江盾安集团债券违约的时候，上市公司也一直声明与母公司无关，但是依然导致了旗下上市公司停牌，并且以变卖资产等方式为母公司化解危机。

三、应关注大股东债券违约问题

（一）大股东债务违约具有传导效应

大股东是指与其他股东比较，其股票占比相对较高的股东。大股东通常因拥有更高的表决权资本在公司中处于控制权的支配地位，但大股东不一定是控股股东。我国《上市公司章程指引》第四十一条对控股股东作出了界定。大股东是公司存在的核心基础和关键要素，大股东的核心地位决定了大股东可以通过公司控制权、资金借贷、贸易服务、关联交易、战略调整以及企业文化，从多角度影响和决定着所属子公司或上市公司的投融资、营运以及分配活动。在公司治理中，大股东拥有控制权优势，从而为其侵害中小股东利益提供了便利条件。同时，大股东也有可能通过加强监督等行为为提高公司价值作出贡献。

（二）大股东债务违约情况的成因分析

1. 融资渠道分析

实务中陆续发生的债务违约现象让我们思考这样的问题：债务违约规模的增大是否与企业的融资结构有关？企业为什么要选择具有偿债压力的债券融资？这一切有赖于对我国企业融资结构的分析。

利用人民银行官网公布的截至 2018 年 11 月末的社会融资规模存量统计表数据，本案例分析了社会融资规模的存量结构（见表 5 - 10）。社会融资规模存量是指一定时期末实体经济从金融体系获得的资金余额，从中可见 1 月社会融资规模存量为 185. 77 万亿元，到 11 月末升至 199. 3 万亿元，从各种渠道资金占社会融资规模存量比可见，金融机构的贷款类资金（包括人民币贷款、外币贷款、信托贷款、未贴现银行承兑汇票）占比基本稳定在 80%—81% 区间，成为企业融资的主流渠道，企业债券占比 10% 左右，非金融企业境内股票融资占比在 3. 5%—3. 6% 区间。这说明贷款类资金依然是企业融资的主渠道，一旦银行进行收紧银根、管控风险，绝大多数企业的融资渠道受限。在国内股票融资渠道艰难的情况下，企业发债成为唯一的选择。企业债券规模由

2018 年 1 月的 18. 51 万亿元增加到 11 月末的 19. 79 万亿元，增幅 6. 91%。当多数企业在羊群效应的带动下做出这一选择时，一旦经济环境不好，集中的债务违约爆发就不可避免。

表 5-10　　社会融资规模存量统计分析表　　单位：万亿元

项　目	2018. 1	2018. 3	2018. 6	2018. 9	2018. 11
	存量	存量	存量	存量	存量
社会融资规模存量	185. 77	188. 37	192. 37	197. 27	199. 3
其中：人民币贷款	121. 7	123. 86	127. 78	131. 81	133. 76
外币贷款（折合人民币）	2. 46	2. 46	2. 53	2. 45	2. 31
委托贷款	13. 89	13. 63	13. 17	12. 81	12. 58
信托贷款	8. 59	8. 62	8. 35	8. 08	7. 9
未贴现银行承兑汇票	4. 58	4. 56	4. 17	3. 76	3. 7
企业债券	18. 51	18. 87	19. 19	19. 45	19. 79
地方政府专项债券	5. 48	5. 56	5. 84	7. 18	7. 23
非金融企业境内股票	6. 7	6. 78	6. 9	6. 96	7
占社会融资规模存量的比例分析（%）					
其中：人民币贷款	65. 51	65. 75	66. 42	66. 82	67. 11
外币贷款（折合人民币）	1. 32	1. 31	1. 32	1. 24	1. 16
委托贷款	7. 48	7. 24	6. 85	6. 49	6. 31
信托贷款	4. 62	4. 58	4. 34	4. 10	3. 96
未贴现银行承兑汇票	2. 47	2. 42	2. 17	1. 91	1. 86
小计	81. 40	81. 29	81. 09	80. 55	80. 41
企业债券	9. 96	10. 02	9. 98	9. 86	9. 93
地方政府专项债券	2. 95	2. 95	3. 04	3. 64	3. 63
非金融企业境内股票	3. 61	3. 60	3. 59	3. 53	3. 51

资料来源：根据人民银行官网统计数据分析。

2. 资信评级分析

在企业作出债券融资选择的前提下，按照债券上市规则，首先要聘请专业机构进行债券评级。评级机构要对发债主体债务偿还的安全度作出评价。如大公国际就是通过对发债主体的偿债环境、财富创造能力、偿债来源与偿债能力 4 个方面对主体信用风险状况的判断。《大公信用评级原理》认为：偿债环境是影响发债主体财富创造能力和偿债来源的宏观制度环境；发债主体财富创造能力是其偿债来源的根本和基石；偿债来源是确定发债主体可用流动性偿债来源与清偿性偿债来源，以及偿债来源与财富创造能力的偏离度，一般来说，偏离度越大，可用偿债来源稳定性和安全性越差；

相反，偏离度越小，可用偿债来源稳定性和安全性越强；通过衡量发债主体流动性还本付息能力、清偿性还本付息能力和盈利对利息覆盖能力确定债务人的偿债能力。

从43家债券违约主体看，其发债评级的级别都在AA级，这说明在发债时公司的偿债能力是没有问题的。以新光集团为例，大公国际依据新光集团合并报表以及母公司报表分别如表5-11和表5-12所示。

表5-11　　新光控股集团有限公司（合并）主要财务指标　　金额单位：万元

项目	2017年1—9月	2016年	2015年	2014年
EBIT	210351	319514	209983	538659
EBITDA	—	356296	249715	572240
总有息债务	3484474	3097175	1597166	1535250
毛利率（%）	13.06	26.35	19.17	23.08
营业利润率（%）	10.95	15.59	18.09	51.73
总资产报酬率（%）	2.92	4.65	5.74	15.23
净资产收益率（%）	2.95	5.41	9.02	28.70
资产负债率（%）	59.21	58.12	58.87	60.42
债务资本比率（%）	54.22	51.82	51.49	52.31
长期资产适合率（%）	141.68	133.05	119.40	117.78
流动比率（倍）	2.92	2.42	1.47	1.36
速动比率（倍）	1.68	1.61	0.90	0.82
保守速动比率（倍）	0.43	0.43	0.19	0.11
存货周转天数（天）	316.80	244.53	271.22	406.55
应收账款周转天数（天）	44.33	39.56	33.46	21.97
经营性净现金流/流动负债（%）	-31.41	11.20	15.69	28.10
经营性净现金流/总负债（%）	-7.53	3.58	7.22	14.23
经营性净现金流利息保障倍数（倍）	-2.59	0.74	1.22	2.24
EBIT利息保障倍数（倍）	1.75	2.15	1.71	4.30
EBITDA利息保障倍数（倍）	—	2.40	2.03	4.57
现金比率（%）	42.33	42.18	19.08	11.27
现金回笼率（%）	108.94	114.58	94.76	89.36
担保比率（%）	9.10	9.69	20.30	25.99

资料来源：新光控股集团有限公司主体与相关债项2018年评级跟踪报告——大公报SD〔2018〕027号。

表5-12 新光控股集团有限公司（本部）主要财务指标 单位：万元

项目	2017年1—9月	2016年	2015年	2014年
经营活动产生的现金流量净额	8570	-36464	37601	121616
投资活动产生的现金流量净额	-111261	-1449026	50054	-228727
筹资活动产生的现金流量净额	226454	1534679	-86061	97747
财务指标				
资产负债率（%）	78.56	77.43	79.21	79.63
长期资产适合率（%）	189.26	178.87	192.33	158.02
流动比率（倍）	4.20	3.71	2.57	1.42
速动比率（倍）	4.20	3.71	2.57	1.42
保守速动比率（倍）	0.43	0.14	0.27	0.09
经营性净现金流/流动负债（%）	4.01	-10.68	9.56	27.51
经营性净现金流/总负债（%）	0.66	-2.26	4.24	15.60
现金比率（%）	42.72	13.92	26.94	9.26

资料来源：新光控股集团有限公司主体与相关债项2018年评级跟踪报告——大公报SD〔2018〕027号。

从合并报表中EBTT和EBITDA数据体现的息税前利润以及息税折旧摊销前利润看出，公司赖于支付债务的能力在提升。当然公司总有息债务2014年后也在增加，从153.53亿元上升至截止日的348.45亿元。（1）营利能力方面，无论是毛利率还是营业利润率、总资产以及净资产收益率都不够稳定，因此以后的关注点应在提升公司的营利能力层面。（2）偿债能力方面，总体的资产负债率在59%—60%区间，并未超越理论上的70%警戒线，反映短期偿债能力的流动比率和速动比率都反映新光集团在偿债能力上是没有问题的。（3）营运能力方面，新光集团的存货周转周转不稳定，没有总体向好趋势，应收账款的周转天数在拉长，说明对新光集团而言，加强运营活动的管理是主流的话题。（4）从经营现金流创造能力方面，从还债的保障程度看，经营性净现金流与流动负债和总负债之间的关系也不稳定，尤其是报告截止日的经营现金流为负数，说明如何提高经营现金流的能力，确保还债来源是新光集团的主题。

集团合并报表方反映的总体偿债能力，还要以利于集团自身以及集团合并报表范围内的公司业绩状况、现金流状况以及偿债能力状况。从表5-12反映的新光集团母公司角度，其发债前的资产负债率已经达到78%，经营现金流的表现不够稳定，且投资现金流为负数，两者相差较大，说明经营活动产生的现金净流量不足以支付投资的需要，只能依靠筹资活动满足投资的需求。这一点在2016年表现得更加明显。2016年投资活动现金净流出1444.90亿元，筹资活动净流入153.47亿元。此外，集团的担保比例也达到10%左右。

对于债券评级，监管机构也应予以必要的审核监管，把好入门关。

3. 金融监管环境分析

当企业完成了债市融资，后面能否保证偿债能力，与金融环境具有密切关系。

2014 年的金融加杠杆一方面带来了金融体系的快速膨胀，急剧扩张的理财和影子银行体系创造了大量的信用供给，相当数量的金融机构在急于拓展资产端业务的压力下放弃了合规和风险控制标准；另一方面因资金渠道猛增，使得部分企业陷入极度的投资战略之中，盲目投资和进行对于多元化建设。2015—2017 年债务违约的企业，所在行业以产能过剩行业居多。但 2018 年发生的系列债务违约事件，与以往单纯的经济或行业景气低迷、企业营利恶化，引发的个别或局部信用风险事件又有不同。这一轮债务违约，有共同的背景——严监管、去杠杆环境下的再融资渠道全面收紧。2018 年违约企业的行业分布较为分散，范围更广，已不仅仅是夕阳行业和效益差的企业。这在一定程度上表明监管因素导致的融资收紧是大范围的，很多行业企业的资金链都不同程度的出了问题。

从企业募资用途看，2018 年部分发债企业已不是用于扩大再生产或技术更新，而是用于偿债。2017 年发行的 6952 只债券（剔除政府债和金融债）中，资金用于偿还借款的债券有 2803 只，占比为 40%，而 2018 年发行的 2689 只债券里，用于偿债的债券有 1385 只，占比超过 50%。借债本身不是用于经营活动，这必然导致不能获得经营现金流的支持。

4. 企业自身对违规原因的分析

表 5 -9 反映了 43 家违约公司的募资用途及其违约成因。从中可见，关于违约成因，可总结为降杠杆、金融环境、行业低迷、资金周转困难、现金流不好、涉及担保诉讼、股权质押融资触发风险等，是违约公司自身债务违约成因的分析。

如 2018 年 7 月 5 日，永泰集团旗下上市公司永泰能源（600157. SH）发行的 15 亿元 2017 年度第四期短期融资券“17 永泰能源 CP004”未能完成兑付，已经构成违约。由于该公司存续债券规模高达 240 亿元，总负债高达 721 亿元，违约消息一出便引起了市场极大关注。永泰集团董事长、永泰能源实际控制人认为“永泰能源和永泰集团，在生产经营上没有任何问题。债务违约产生的原因首先是反思自已，在企业的发展中，没有管控好负债规模和负债率”。

其实大股东以及发债企业盲目扩张，忽视偿债风险才是重要原因。此外，忽视自身对上市公司的影响也是一个重要原因。如盾安集团，大股东财务状况一定程度上会与上市公司隔离——但往往无法彻底割裂，2018 年浙江盾安集团债券违约的时候，上市公司也一直声明与母公司无关，但是依然导致了旗下上市公司停牌，并且以变卖资产等方式为母公司化解危机。

总结2018年新增违约债务主体的违约成因，总体可归纳为以下方面：一是对金融环境的理解差，不能适应环境的变化，企业缺少对金融环境的适应能力和预见性。二是公司治理结构不完善，内部制度有待加强，应对突发事件的能力差。三是过度用杠杆，导致负债规模扩张下的投资冲动，商业模式不稳定，多元化程度高，淡化主业。同时由于资金使用效率低下加之管理问题，营运资金管理差，导致流动性差，导致资金链断裂还债压力增大。四是为融资和还债粉饰财务报表，信息虚假，再融资受挫。

四、大股东债务违约案例给与的启示

1. 适应和正确预判环境的转变对企业债务违约的影响

环境是对企业融资产生影响的一切系统总和。国家政治经济形势的变化、财税政策、货币政策的调整、监管环境的趋紧趋松、市场竞争环境、利益相关者的变化，都会导致企业融资的变化。企业在环境面前只能预判和明晰政策走向，应紧随国家战略调整自身战略，尽量将企业战略融于国家战略，一方面要赢得发展机遇，另一方面企业要制定与自身发展相适应的战略，不能过度投资，盲从他人。

退一步海阔天空，适当放缓投资步伐，优化投资结构也许是上策。目前有些大企业开始检讨自己多元化扩张步伐，有些大企业开始收缩战线、以化解债务风险，顺利度过风险期。企业应主动降杠杆、压负债，而不是借助于外力的强行推动。只有主动降杠杆、压负债，才能把风险控制在最小范围。当然加杠杆和去杠杆都不是问题本身，问题本身是杠杆加在什么样的资产上，而这样的项目如果形成非常好的流动性利润，根本不存在去杠杆这个伪命题。不能解决资产端的问题，还是在融资端发力，可能带来未来更大的风险，坏账会以新的形态出。

2. 财务报告反映的是过去式，增强营利是根本

纵观2018年的43家违约主体，其债券发行时的主体评级都在AA或AA-级，甚至有几家是AA+级企业，但这些代表的是评级时点对企业过往财务状况、偿债能力、营利能力、可持续性的评价以及对未来假设条件下的评级。债券评级中一对多的合并报表容易掩盖债务主体的实际经营状况和内部信息，因此企业自身需要对母公司以及合并公司的营利状况、偿债能力以及偿债风险有必要的了解和环境变化的预判。账面的利润、实际的现金流以及未来良好的投资和盈利组合才是关键。虚假的财务报告可以昙花一时却不能保证企业的长久，因此，企业必须具有良好的商业模式和盈利基础，在集团内部搭配好现金流。

3. 增强社会责任感，控制债务风险的传导

在公司治理中，大股东拥有控制权优势，一方面要用自身的优势为公司的价值创造作贡献，另一方面也要防范通过特殊地位侵害中小股东的利益。大股东如果不能管控自身的债务风险一旦蔓延到所属子公司或上市公司，必将引起公司控制权的变动、股价的变动、经营状况的变动、盈利变动和现金流状况的变动，最终影响的是自身利益以及其他相关者的利益，因此，大股东应增强社会责任感，管控风险、赢得价值提升。

4. 搭建一套全面的信用风险评价体系

企业违约风险成因复杂且多变，对企业信用风险预判不足或过度解读，都会引起投资交易决策的失误，因此如何及时有效识别信用风险对债券投资意义重大。信用评级是对评级对象违约可能性的排序，对于评级质量的评价不应基于违约数量的多少，而是基于以违约率检验机制为主的准确性评价以及评级稳定性评价的综合考量。评级公司通过对企业经营、财务和公司治理的持续监督，以及升级和降级触发条件的设定，能够让企业清醒的认识自身和有效的限制企业承担过多的风险。若想准确评价企业信用风险，合理进行风险定价，需要搭建一套符合中国国情的，逻辑严谨、风险要素考虑全面的信用风险评价体系。并借鉴第三方专业评估机构的评级结果辅助投资者的投资决策。

案例使用说明

一、适用课程

本案例主要用于财务报告分析课程，也适用于企业财务管理以及公司战略管理课程。

二、案例特点

本案例具有以下特点：（1）本案例的集团公司是一家多元化企业但在高增长之后陷入债务危机；（2）集团控股上市公司 2016 年刚完成借壳上市，承载着履行业绩承诺的责任；（3）集团控股上市公司正在实施并购战略，而且股票停盘已经半年之久，并购资金要由集团公司主供，一旦集团出现流动性危机，并购方案将无法实施；（4）集

团控股上市公司为母公司提供了大额的债务担保，一旦集团出现债务违约，上市公司必然承担连带责任；（5）集团公司债务违约的实质发生，引发了交易所对所控上市公司的多次问询，投资者对债务违约后续结果的担忧带来上市公司股票价格的大幅波动。

三、案例要解决的关键问题

1. 通过案例分析使学生理解企业流动性危机及其经济后果。

2. 通过案例分析使学生理解企业或集团公司债券违约风险的成因。

3. 通过案例分析使学生理解大股东负债推动下的资产规模增长及其危害，理解企业投融资中必须关注流动性这个主题。

4. 通过案例分析使学生掌握财务分析的方法在实践中的具体应用，并用之于深度挖掘。

5. 通过案例分析使学生深刻理解大股东的行为对上市公司的投资、经营、股价表现、证监会监管的影响。

6. 通过案例分析使学生理解临时报告的内容，明晰信息披露的底线和监管要求。

四、案例讨论的准备工作

与本案例相关的准备工作至少涉及以下几个方面需要关注：

（一）理论准备

1. 什么是流动性危机？
2. 债券融资具有什么特点？
3. 债务违约的成因是什么？
4. 债务违约可能导致哪些经济后果？
5. 在债券发行中通常用哪些指标来衡量公司债券是否可能违约？
6. 大股东债务违约可能对上市公司产生哪些负面影响？
7. 多元化经营及其风险有哪些？

（二）实践准备

1. 利用 Wind 和国泰安数据库等网站、上海清算所信息，了解我国企业发债规模及其违约的情况。

2. 了解 2018 年资本市场发生的债务违约事件及其关于债务违约成因的解释观点。

3. 查阅新光集团的官网，了解集团公司的背景、主要业务、行业分布状况，以及截至 2018 年 9 月 30 日的主要资产、负债及其规模增长情况、营业收入及其盈利情况、现金流及其结构情况。

4. 查阅新光集团的官网，了解其自 1995 年成立以来经历了哪六个不同的发展阶段。

5. 了解新光集团及其各年份的债券融资（含短期融资券）情况以及本次债务违约之前的偿债情况，信用评级机构对新光集团的每次发债的评级情况。

6. 了解新光集团截至 2018 年 12 月 13 日的债务违约及其信息披露情况（包括上海清算所公告、新光集团公告、新光集团控股上市公司新光圆成的公告、评级机构对新光集团的信用评级及其变化等情况）。

7. 了解我国民营企业解决债务违约的观点以及现实做法。

（三）分析工具及数据来源准备

1. 熟悉集团公司或行业资产负债表、利润表、现金流量表的结构以及趋势分析方法。

2. 掌握判断公司是否具有流动性危机的指标以及衡量债券偿债能力的指标。

3. 了解如何从债券融资募集说明书中获取非上市类集团公司财务状况的信息。

4. 熟悉了解证监会关于上市公司定期报告以及临时报告必须披露的内容及要求。

5. 了解信用评级机构的主体评级依据、评级中关注的财务指标以及评级理由。

五、案例分析要点

本案例希望基于财务视角，借助对新光集团及其控股上市公司新光圆成的财务报告、发债报告、临时公告、媒体信息、监管信息的综合分析，深入探究新光集团债务违约的成因及其经济后果。

（一）集团公司及控股上市公司的财务状况分析

1. 请结合新光集团截至 2018 年 9 月 30 日多年份合并资产负债表和控股上市公司新光圆成的资产负债表，分别分析集团公司和上市公司的资产结构以及负债结构，说明其资产及其内部结构特征，以及融资结构及其内部特征。

2. 请结合新光集团截至 2018 年 9 月 30 日的合并资产负债表，分析新光集团的资产规模与负债规模的增长趋势，说明该集团是否是负债规模驱动下的高增长？并分析其主要的偿债能力比率，分析集团视角是否具有通常意义上的偿债风险。

3. 请依据新光集团的合并利润表和控股上市公司新光圆成的利润表，分别分析集团公司和上市公司的营利结构、营利增长点以及其是否具有可持续性。

4. 请依据新光集团的合并现金流量表和控股上市公司新光圆成的现金流量表，分别分析集团公司和上市公司的现金流量结构、变动趋势，分析其是否具有自由现金流量，以及自由现金流量与债务之间的关系。

5. 请分析新光集团不能如期出资，对新光圆成并购中国高速传动（港股上市公司）战略的影响。

（二）流动性危机对新光集团及上市公司的影响分析

1. 对新光集团是否会产生多米诺骨牌效应？是否具有蝴蝶效应？

2. 对控股上市公司新光圆成的影响。

（1）对新光圆成业绩承诺的影响。

（2）对新光圆成并购战略的影响。

（3）对新光圆成股价市场表现的影响。

（4）对新光圆成监管机构连续问询的影响。

（三）新光集团及其债务违约的成因分析

1. 新光集团对债务违约成因的解释。

2. 媒体对新光集团债务违约成因的分析。

3. 请结合对新光集团财务状况以及媒体资讯的分析，论述你所认为的债务违约原因。

（四）对新光集团解决流动性危机的对策分析

1. 解决流动性危机的一般性措施有哪些？

2. 新光集团对自身解决流动性危机有哪些说明？

3. 请分析说明新光集团债务违约应该由其自负后果还是应借由外部力量推动其走出困境？如果是后者，你有什么更好的建议和观点？

六、教学组织方式

1. 问题清单及提问顺序、资料发放顺序

本案例的案例简介、基本财务报表数据、主要参考资料及其索引，在讲授有关知识点之后会一次性布置给学员。

2. 课时分配

(1) 课后自行阅读和理解案例资料：约 2 小时。

(2) 课后理论准备和提交资料：2 小时。

(3) 课后实践准备和提交分析报告：2 小时。

(4) 课后案例分析并提交分析报告：2 小时。

(5) 课堂小组代表发言、进一步讨论：约 1.5 小时。

(4) 课堂讨论总结：约 0.5 小时。

3. 讨论方式

可采用小组讨论或选拔优秀者演讲的方式完成对案例讨论的深化。

4. 课堂讨论总结

课堂讨论总结的关键是：说明案例研究的目标和核心思想；归纳发言者的主要观点；重申其重点及亮点；提醒大家对焦点问题或有争议观点的进一步思考；建议大家对案例素材进行扩展研究和深度分析。

七、案例分析依据

（一）请到上海清算所官网获取新光控股集团有限公司以下信息

1. 财务报告（见表 5 - 13）

表 5 - 13　　新光控股集团有关财务报告信息

序号	文章标题	披露类型	发布时间
1	新光控股集团有限公司 2018 年半年度合并及母公司财务报表	半年报	2018 - 08 - 31
2	新光控股集团有限公司 2018 年一季度合并及母公司财务报表	一季报	2018 - 04 - 27
3	新光控股集团有限公司 2017 年度报告	年报	2018 - 04 - 27
4	新光控股集团有限公司关于 2017 年度第三季度财务报表的更正公告	三季报	2017 - 11 - 06
5	新光控股集团有限公司 2017 年第三季度合并及母公司财务报表	三季报	2017 - 10 - 31

续表

序号	文章标题	披露类型	发布时间
6	新光控股集团有限公司 2017 年半年度合并及母公司财务报表	半年报	2017-08-29
7	新光控股集团有限公司 2016 年度报告	年报	2017-04-28
8	新光控股集团有限公司 2017 年一季度合并及母公司财务报表	一季报	2017-04-28
9	新光控股集团有限公司 2016 年第三季度合并及母公司财务报表	三季报	2016-10-31
10	新光控股集团有限公司 2016 年上半年度合并及母公司财务报表	半年报	2016-08-30

2. 重大事项及其他信息（见表 5-14）

表 5-14　　新光控股集团重大事项及其他信息

序号	文章标题	发布时间
1	新光控股集团有限公司关于涉及重大诉讼的公告	2018-12-07
2	新光控股集团有限公司、下属子公司新光圆成股份有限公司及其相关人员收到行政监管措施决定书的公告	2018-12-06
3	新光控股集团有限公司关于 2018 年度第一期短期融资券 2018 年第二次持有人会议决议答复的公告	2018-11-30
4	新光控股集团有限公司关于 2017 年度第一期短期融资券 2018 年第二次持有人会议决议答复的公告	2018-11-30
5	新光控股集团有限公司关于 2017 年度第二期短期融资券 2018 年第二次持有人会议决议答复的公告	2018-11-30
6	新光控股集团有限公司关于涉及重大诉讼及所持新光圆成股份有限公司股份新增轮候冻结的公告	2018-11-30
7	新光控股集团有限公司 2018 年度第一期短期融资券违约后续工作进展情况的公告	2018-11-27
8	新光控股集团有限公司 2017 年度第一期短期融资券违约后续工作进展情况的公告	2018-11-27
9	主承销商关于新光控股集团有限公司 2018 年度第一期短期融资券违约后续工作进展情况的公告	2018-11-27
10	主承销商关于新光控股集团有限公司 2017 年度第一期短期融资券违约后续工作进展情况的公告	2018-11-27
11	新光控股集团有限公司 2017 年度第二期短期融资券违约后续工作进展情况的公告	2018-11-27
12	主承销商关于新光控股集团有限公司 2017 年度第二期短期融资券违约后续工作进展情况的公告	2018-11-27
13	北京市华城律师事务所关于新光控股集团有限公司 2017 年度第一期短期融资券 2018 年第二次持有人会议之法律意见书	2018-11-26
14	新光控股集团有限公司 2018 年度第一期短期融资券 2018 年第二次持有人会议决议的公告	2018-11-26
15	新光控股集团有限公司 2017 年度第二期短期融资券 2018 年第二次持有人会议决议的公告	2018-11-26

续表

序号	文章标题	发布时间
16	北京市华城律师事务所关于新光控股集团有限公司 2017 年度第二期短期融资券 2018 年第二次持有人会议之法律意见书	2018 - 11 - 26
17	北京市华城律师事务所关于新光控股集团有限公司 2018 年度第一期短期融资券 2018 年第二次持有人会议之法律意见书	2018 - 11 - 26
18	新光控股集团有限公司 2017 年度第一期短期融资券 2018 年第二次持有人会议决议的公告	2018 - 11 - 26
19	新光控股集团有限公司关于累计涉及重大诉讼的公告	2018 - 11 - 23
20	新光控股集团有限公司关于未能清偿到期债务的公告	2018 - 11 - 23
21	大公下调新光控股集团有限公司“18 新光控股 CP001”信用等级至 D	2018 - 11 - 22
22	关于 15 新光 01、15 新光 02、16 新光债违约导致 18 新光控股 CP001 交叉违约相关事项的公告	2018 - 11 - 21
23	主承销商关于新光控股集团有限公司 2018 年度第一期短期融资券触发交叉违约提前到期的公告	2018 - 11 - 21
24	新光控股集团有限公司 2018 年度第一期短期融资券触发交叉违约提前到期的公告	2018 - 11 - 21
25	关于召开新光控股集团有限公司 2018 年度第一期短期融资券 2018 年第二次持有人会议的公告更正版	2018 - 11 - 16
26	新光控股集团有限公司关于涉及重大诉讼的公告	2018 - 11 - 16
27	关于召开新光控股集团有限公司 2017 年度第一期短期融资券 2018 年第二次持有人会议的公告更正版	2018 - 11 - 16
28	关于召开新光控股集团有限公司 2017 年度第二期短期融资券 2018 年第二次持有人会议的公告更正版	2018 - 11 - 16
29	新光控股集团有限公司关于 2017 年度第一期短期融资券 2018 年第一次持有人会议相关事项的进展公告	2018 - 11 - 14
30	新光控股集团有限公司关于 2018 年度第一期短期融资券 2018 年第一次持有人会议相关事项的进展公告 - 副本	2018 - 11 - 14
31	新光控股集团有限公司未能清偿到期债务的公告	2018 - 11 - 14
32	新光控股集团有限公司关于所持新光圆成股份有限公司股份新增轮候冻结公告	2018 - 11 - 09
33	关于召开新光控股集团有限公司 2017 年度第一期短期融资券 2018 年第二次持有人会议的公告	2018 - 11 - 06
34	关于召开新光控股集团有限公司 2017 年度第二期短期融资券 2018 年第二次持有人会议的公告	2018 - 11 - 06
35	关于召开新光控股集团有限公司 2018 年度第一期短期融资券 2018 年第二次持有人会议的公告	2018 - 11 - 06
36	大公关于关注新光控股集团有限公司涉及重大诉讼及子公司复牌的公告	2018 - 11 - 02
37	新光控股集团有限公司关于涉及重大诉讼的公告	2018 - 10 - 30
38	大公下调新光控股集团有限公司 17 新光控股 CP002 信用等级至 D	2018 - 10 - 30

续表

序号	文章标题	发布时间
39	主承销商关于新光控股集团有限公司 2017 年度第二期短期融资券未按期兑付本息的公告	2018 - 10 - 29
40	新光控股集团有限公司 2017 年度第二期短期融资券未按期兑付的公告	2018 - 10 - 29
41	主承销商关于新光控股集团有限公司 2017 年度第一期短期融资券违约后续工作进展情况的公告（2018 年 10 月）	2018 - 10 - 26
42	新光控股集团有限公司 2017 年度第一期短期融资券违约后续工作进展情况的公告	2018 - 10 - 26
43	新光控股集团有限公司关于延迟披露 2018 年第三季度财务信息的公告	2018 - 10 - 25
44	新光控股集团有限公司关于所持新光圆成股份有限公司股份被司法冻结及轮候冻结、所持中百控股集团股份有限公司部分股份被动减持及被司法冻结的公告	2018 - 10 - 24
45	大公关于关注新光控股集团有限公司涉及重大诉讼的公告	2018 - 10 - 16
46	新光控股集团有限公司关于涉及重大诉讼的公告	2018 - 10 - 15
47	新光控股集团有限公司关于 2017 年度第一期短期融资券 2018 年第一次持有人会议决议答复的公告	2018 - 10 - 15
48	新光控股集团有限公司关于 2018 年度第一期短期融资券 2018 年第一次持有人会议决议答复的公告	2018 - 10 - 15
49	关于新光控股集团有限公司 2018 年度第一期短期融资券 2018 年第一次持有人会议之法律意见书	2018 - 10 - 10
50	关于新光控股集团有限公司 2017 年度第二期短期融资券 2018 年第一次持有人会议之法律意见书	2018 - 10 - 10
51	新光控股集团有限公司 2017 年度第二期短期融资券 2018 年第一次持有人会议决议的公告	2018 - 10 - 10
52	关于新光控股集团有限公司 2017 年度第一期短期融资券 2018 年第一次持有人会议之法律意见书	2018 - 10 - 10
53	新光控股集团有限公司 2018 年度第一期短期融资券 2018 年第一次持有人会议决议的公告	2018 - 10 - 09
54	新光控股集团有限公司 2017 年度第一期短期融资券 2018 年第一次持有人会议决议的公告	2018 - 10 - 09
55	关于召开新光控股集团有限公司 2017 年度第一期短期融资券 2018 年第一次持有人会议的公告	2018 - 09 - 26
56	关于召开新光控股集团有限公司 2017 年度第二期短期融资券 2018 年第一次持有人会议的公告	2018 - 09 - 26
57	关于召开新光控股集团有限公司 2018 年度第一期短期融资券 2018 年第一次持有人会议的公告	2018 - 09 - 26
58	新光控股集团有限公司 2017 年度第一期短期融资券未按期兑付的公告	2018 - 09 - 25
59	主承销商关于新光控股集团有限公司 2017 年度第一期短期融资券未按期兑付本息的公告	2018 - 09 - 25
60	大公下调新光控股集团有限公司主体信用等级至 C	2018 - 09 - 25
61	新光控股集团有限公司 2018 年度主体跟踪评级报告	2018 - 07 - 12
62	新光控股集团有限公司关于监事变动的公告	2018 - 05 - 04
63	新光控股集团有限公司关于重大诉讼结案及执行进展的公告	2017 - 11 - 08

续表

序号	文章标题	发布时间
64	新光控股集团有限公司关于中介机构发生变更公告	2017-08-29
65	新光控股集团有限公司关于重大诉讼结案及进一步执行进展的公告	2017-07-25
66	新光控股集团有限公司 2017 年度第一期超短期融资券取消发行公告	2017-07-05
67	新光控股集团有限公司关于重大诉讼结案及执行进展的公告	2017-05-10
68	新光控股集团有限公司关于 2016 年累计新增借款的公告	2017-01-03
69	新光控股集团有限公司关于 2016 年累计新增借款的公告	2016-10-26
70	关于新光控股集团有限公司 2016 年度第一期短期融资券取消发行的公告	2016-07-07

3. 债券信息

新光控股集团有限公司 2018 年度第一期短期融资券

新光控股集团有限公司 2017 年度第二期短期融资券

新光控股集团有限公司 2017 年度第一期短期融资券

新光控股集团有限公司 2016 年度第二期短期融资券

新光控股集团有限公司 2016 年度第一期短期融资券

（二）请查看新光圆成截至 2018 年 12 月 13 日的临时公告

2018-12-13 ST 新光：关于股票交易异常波动的公告

2018-12-08 ST 新光：关于新增公司控股子公司股权被冻结的公告

2018-12-07 ST 新光：关于股票交易异常波动的公告

2018-12-07 ST 新光：关于公司重大诉讼的公告

2018-12-07 ST 新光：关于公司银行账户被冻结的公告

2018-12-04 新光圆成：关于公司控股股东未履行内部审批决策程序资金占用的进展公告

2018-12-04 新光圆成：关于公司控股股东、公司及相关人员收到行政监管措施决定书的公告

2018-12-04 新光圆成：关于公司股东股份新增轮候冻结的公告

2018-12-03 新光圆成：关于公司股票实施其他风险警示的公告

2018-12-01 新光圆成：关于深圳证券交易所关注函的说明公告

2018-11-28 新光圆成：关于公司股东股份新增轮候冻结的公告

2018-11-27 关于对新光圆成股份有限公司的关注函

2018-11-26 新光圆成：关于控股股东债券未按期兑付的公告

2018 - 11 - 22 新光圆成：关于公司董事辞职的公告

2018 - 11 - 16 新光圆成：关于深圳证券交易所中小板关注函〔2018〕第 376 号《关于对新光圆成股份有限公司关注函》的回复

2018 - 11 - 16 新光圆成：关于深交所关注函的说明公告

2018 - 11 - 14 新光圆成：关于股票交易异常波动的公告

2018 - 11 - 13 新光圆成：关于股票交易异常波动的公告

2018 - 11 - 08 新光圆成：关于股票交易异常波动的公告

2018 - 11 - 06 新光圆成：关于延期回复深圳证券交易所关注函的公告

2018 - 11 - 05 新光圆成：关于股票交易异常波动的公告

2018 - 11 - 03 新光圆成：关于公司控股子公司股权被冻结及部分房产被查封的公告

2018 - 11 - 03 新光圆成：关于公司股东股份新增轮候冻结的公告

2018 - 11 - 01 新光圆成：关于中止重大资产重组事项暨公司股票复牌的公告

2018 - 10 - 31 关于对新光圆成股份有限公司的关注函

2018 - 10 - 31 新光圆成：关于公司未履行内部审批决策程序对外担保、资金占用等事项的提示性公告

2018 - 10 - 30 新光圆成：关于筹划重大资产重组暨回复深圳证券交易所问询函的进展并继续停牌的公告

2018 - 10 - 24 新光圆成：关于公司股东股份被司法冻结及轮候冻结的公告

2018 - 10 - 16 新光圆成：关于全资子公司合作开发项目转让的公告

2018 - 10 - 16 新光圆成：独立董事关于公司全资子公司合作开发项目转让的独立意见

2018 - 10 - 24 新光圆成：关于公司股东股份被司法冻结及轮候冻结的公告

2018 - 10 - 23 新光圆成：关于筹划重大资产重组暨回复深圳证券交易所问询函的进展并继续停牌的公告

2018 - 10 - 16 新光圆成：关于全资子公司合作开发项目转让的公告

2018 - 10 - 16 新光圆成：独立董事关于公司全资子公司合作开发项目转让的独立意见

2018 - 10 - 16 新光圆成：第四届董事会第二十五次会议决议公告

2018 - 10 - 16 新光圆成：关于筹划重大资产重组暨回复深圳证券交易所问询函的进展并继续停牌的公告

2018 - 10 - 09 新光圆成：关于对深交所关注函的说明公告

2018－10－09 新光圆成：关于筹划重大资产重组暨回复深圳证券交易所问询函的进展并继续停牌的公告

2018－09－29 新光圆成：关于筹划重大资产重组签署诚意金补充协议及意向书延期协议的公告

2018－09－27 关于对新光圆成股份有限公司的关注函

2018－09－26 新光圆成：关于控股股东债券未按期兑付的公告

阅读材料1

理论准备与分析工具

一、理论准备

（一）流动性危机

流动性危机指的是流动性的枯竭，具体可以表现为资产价格下降到其内在价值之下，或者金融机构外部融资条件恶化，或者金融市场参与者数量的下降，或者金融资产交易发生困难，等等。流动性危机是由流动性不足引起的。

（二）债券融资的特点

1. 债券融资是一种负债筹资。资本结构理论中无论是早期的资本结构理论、现代资本结构理论还是最新的资本结构理论都很关注负债筹资对企业资本结构、资本成本降低、财务风险管控以及企业价值的提升作用。

2. 债券融资是一种直接融资。债券融资与股票融资一样，同属于直接融资。在国际成熟的资本市场上，债券融资往往更受企业的青睐，企业的债券融资额通常是股权融资的3—10倍。之所以会出现这种现象，是因为企业债券融资同股票融资相比，在财务上具有许多优势。

（1）债券融资具有税盾作用。债券属于计息负债，世界各国税法基本上都准予利息支出在税前列支，而股息则在税后支付。因而负债经营能为企业带来节约税效应，提升股东回报率。

（2）债券融资具有财务杠杆作用。所谓财务杠杆是指企业负债对经营成果具有放大作用。股票融资可以增加企业的资本金和抗风险能力，但股票融资同时也使企业的所有者权益增加，其结果是通过股票发行筹集资金所产生的收益或亏损会被全体股东所均摊。

债券融资则不然，企业发行债券除了按事先确定的票面利率支付利息（衍生品种除外），如果纳税付息前利润率高于利率，负债经营就可以增加税后利润，从而形成财富从债权人到股东之间的转移，使股东收益增加。

（3）债券融资具有资本结构优化作用。罗斯的信号传递理论认为，企业的价值与负债率正相关，越是高质量的企业，负债率越高。

（三）债券违约的表面原因与深层逻辑

1. 表面原因

（1）外部原因。首先是宏观经济与政策的影响。最近几年经济增速下降，企业整体的经营状况也受到影响，这直接影响到企业的债务偿还能力。同时，在国内债务风险严峻，宏观政策强调"去杠杆"背景下，监管部门加强了对影子银行业务的监管，外部融资条件恶化。尤其在信用收缩的背景下，企业表外融资受影响，这也直接让企业的资金面紧张，难以后续融资，从而导致了部分债券的违约。信用收缩下，资质较差的企业，尤其是民营企业和部分城投平台，再融资压力进一步加大，或加快相关信用风险暴露。

（2）内部原因。具体到不同企业，每个企业违约的原因都不同。其中最重要的是企业治理与经营状况恶化，这些企业往往具有高负债、规模快速增长，但经营效率、现金流高度紧张的共同特点：利用负债做大资产规模，又依靠规模提升估值，再做大负债；这些企业规模扩大并不是依靠内在经营增长支撑负债，而是在资产估值增长的前提下，不断撑大负债规模，一旦外部环境变化，市场景气结束，借新还旧的负债驱动模式无法继续，企业经营又不能改善，债务问题必然爆发。

除此之外，还可能的原因有：①有些公司业务模式决定了其对资金需求量较大，对外部融资依赖性较强。②应收账款对资金挤占较大，回款速度慢。③货币资金受限比例过高：如银行承兑汇票保证金及质押存款金额过大，导致流动性不足。④债务结构不合理，短期债务规模过高，流动性不足。⑤个别企业因行业属性，受政策影响较大，业务稳定性弱。⑥投资规模庞大，投资激进，资金压力大。⑦债务集中到期。

2. 深层逻辑

如果说最近几年债券市场违约增加，原因仅仅在于宏观、行业和企业层面，那以前这三个层面或多或少都曾存在问题，却都没有发生债券违约事件。而最近几年这些问题却纷纷开始显现出来，因为背后有更深层的逻辑。

第一是来自地方政府的逻辑，地方政府的救助能力与意愿的下降。国内债券市场之所以能够长时间维持“刚性兑付”，非常重要的一个原因在于地方政府的救助。以前同样有过发债企业受到宏观政策、经营不善或融资困难等因素影响，但最后都没有发生事实上的违约，就在于当地地方政府的协调，最后避免了违约的发生。

前段时间央行与财政部之争中，财政部回应的文章里面也提到，地方政府不仅不愿意看到当地任何的地方融资平台债务违约，也不希望看到当地的国有企业违约，甚至也不希望看到当地的民营企业违约。如果地方政府不愿意看到当地企业违约，就肯定会进行救助，但地方政府最终是否救助取决于救助意愿和救助能力两个因素。虽然现在地方政府救助意愿仍然存在，但受到严峻地方债务问题的影响，救助能力已经严重下降。这也是为什么最近两年，地方国有企业和地方融资平台的债券违约也都开始出现，民营企业则更早。

第二是来自监管部门的逻辑，监管部门对“违约事件”态度的转变。在债券市场发展的初期，之所以债券违约被严格限制，还有一个重要的原因是监管部门的内部协调：当债券可能出现违约的时候，监管部门会和地方政府进行内部协调，避免违约的发生，甚至通过行政手段来限制违约。但现在为了提高投资者的风险意识，监管部门甚至有意识地让一些违约事件爆发，从而让市场意识到这不再是一个“刚性兑付”的市场，最终彻底打破“刚性兑付”。

第三是企业的逻辑，企业对于“违约事件”接受程度的提高。债券违约还有一个关键的因素是债券发行人偿债意愿的变化。当地方政府和监管部门逻辑发生变化的时候，这同样也会影响到企业的偿债意愿。比如，以前企业债券面临违约时，企业可能会通过各种方法来完成偿付。而现在，对某些子公司的债券可能违约，母公司在本可以救助的情况下，也放弃救助，这也导致了部分债券的违约，由于市场上违约事件出现频率越来越高，部分企业对于“违约”的接受程度也得到提高，不一定要抱着必须偿债的态度。

（四）债务违约的经济后果

总体而言，中短期来看，资本市场的风险偏好将受到打击，长期来看可能是利好现象。违约事件增多是金融防风险、去杠杆过程中的正常现象，也是需要承担的合理代价。

1. 短期经济后果

债券市场违约事件的增多，短期来看对债券市场的整体影响还会表现在两个方面：一方面是造成部分债券发行人在后续发债的时候难度更大，同时增加发行人的融资成本，部分发行人可能还会推迟甚至取消债券发行；另一方面是会加剧短期债券市场波动，让市场上债券的信用利差产生分化。对于企业而言，如果"融资渠道缺口"过大导致紧信用，一些民营企业无法进一步取得外部融资，可能会冲击实体经济，并从基本面上恶化企业盈利和现金流，使得企业陷入恶性循环：违约—融资难—进一步违约。

2. 长期经济后果

长期来讲，债券违约对债券市场并不是坏事情，只不过是让真实的信用风险公开化，这也是债券市场走向健康发展的必然结果。在打破"刚性兑付"后，债券违约常态化，这对建立市场化的债券定价估值体系、完善市场风险分散分担机制以及充实评级违约率数据库都有积极意义。需要注意的是，随着债券违约的常态化，这对债券市场配套的制度建设提出了更高要求，在完善的制度框架下才能更好地保护发行人和投资者利益以及进一步推进债券市场的发展。因此，这有利于推动金融市场的完善（虽然是被动的，但是有益的）：深刻改变市场主体的风险意识，使得未来的风险定价模型趋于理性。违约潮的出现，将更快让金融条件实现出清，让资源更多地倾斜于新模式新技术和高端制造业，发展出新的现金流模型，这样才能从中长期解决经济增长动能不足的问题。

（五）债务违约的应对措施

解决债务违约应是一项系统工程，依赖多方面的措施及努力。

1. 加强债券市场上的信息披露及监管

债券违约常态化的时候，必然要求发行人和债券的相关信息披露更加及时、准确，而这涉及发行人和中介机构等多个主体。除了要求发行人及时发布真实信息之外，更重要的是通过承销商和评级机构等中介机构来加强对发行人财务状况、募集资金用途等方面的外部监督，而监管机构进一步对发行人和中介机构进行监管。

对于信息披露，最为重要的是债券评级机构。在债券市场都是"刚性兑付"的时候，评级机构评级的重要性并不高，加上评级行业自身付费模式导致的评级机构和发行人之间的利益冲突，这让评级行业乱象重生。随着"刚性兑付"的打破，投资者必然会越来越重视外部评级结果的准确性和一致性，这就需要评级机构能够及时、准确地发布债券发行人的信用风险变化，预警投资者潜在的风险。

需要注意的是，对评级机构的监管，除了加大对违规评级机构的行政处罚之外，更关键的是依靠甚至推动评级机构之间竞争，最终在国内评级市场上形成“声誉”良好、得到投资者广泛认可的评级机构。相对于国际评级市场已经形成权威的“三大”评级机构，目前国内评级市场仍然缺乏具有公信力、权威的评级机构。

2. 建立完善的债券违约后续处置方案，保障投资者合法利益

债券违约并不意味着这笔债务投资者将完全无法回收。如何在债券违约之后，保障投资者利益，需要进一步完善债券违约的后续处置方案。从目前已有债券违约的数据来看，民企违约之后，其平均债务偿付的时间比国企要短，并且民企的回收率也要高于国有企业。这说明虽然民企目前违约的占比较高，但其事后的处置要好于国企。

在理论上，对有增信措施的债券，投资者可以通过担保人代偿或者处置抵质押物的方式来处理。对没有增信措施的债券，则需要通过法律途径来保障投资者权益。由于发行人和投资者之间的信息不对称，投资者处于相对弱势的地位，在债券违约之后这种弱势地位更明显。这就需要建立一个完善的债券违约后续处置方案，在出现纠纷时保障投资者合法利益。甚至还可以考虑“过错追责”的债券违约处置措施，就是如果其他处置措施都不能满足投资者合法利益的情况下，债券投资者可以寻找中介机构在债券发行上市、销售等环节中的过错，通过主张过错赔偿的方式来减少损失。

3. 推进债券市场的统一监管和债券发行的注册制改革

虽然最近十余年债券市场发展迅速，但对债券市场的监管，还是按照分债券品种和分市场的多部门监管。各个部门监管的标准不一致，人为增加了债券市场的复杂程度，不利于债券市场的互联互通，也产生了很多监管套利的问题。业界对债券市场监管的统一呼吁多年，国家金融稳定委员会的会议也强调“建立统一管理和协调发展的债券市场”，央行和证监会也在发文推进债券评级行业的统一监管，未来还需要推进在债券品种和托管等方面的统一监管。

与此同时，还应该继续推进债券发行的注册制改革。债券发行的审核制会带来债券发行的腐败行为，并且也带来企业融资成本的增加。在未来债券市场“刚性兑付”彻底打破之后，债券发行审核的必要性实际上已经没有，监管部门可以更侧重债券市场制度和基础设施的建设，让市场和中介机构来约束发行人，也更有利于企业，尤其是中小企业的债券融资。

4. 防范风险出现

要提防融资渠道收缩过快，“融资渠道缺口”过大导致紧信用，冲击实体经济，并从基本面上恶化企业盈利和现金流，从而加大信用风险暴露可能。一旦信用事件大

面积出现，可能导致债基和委外赎回等风险，加剧债市甚至股市的抛售，引发股权质押担保品等负反馈。在当前复杂的国际、国内环境下，一旦出现流动性风险容易引发房地产及金融市场共振、内部和外部的共振，增大处置的难度。

因此，政策支持是必须的，要避免银行集中抽贷行为，适度放开信贷额度，允许一定程度的续借行为、放宽资金用途。适度放宽 MPA 考核（Macro Prudential Assessment）宏观审慎评估体系，可能在一定程度上有助于银行加大信贷投放。债市毕竟是相对规范、市场化的融资渠道，应给予鼓励。结构性存款等可能出台的政策需要有对冲性方案，避免由于存款来源受困，银行信贷投放能力下降，甚至被动缩表，加剧问题的严重性。同时，拓宽银行补充资本金渠道，化解信贷投放能力的瓶颈。总之，违约事件增多是金融防风险、去杠杆过程中的正常现象，但需要有序进行，加强政策协调，做好打破刚兑后的风险防范机制。

（六）多元化及其风险

多元经营从某种意义上讲，是企业面对竞争日益激烈的市场寻找各种新业务机会的方法，是企业开拓进取的手段。现有的市场竞争加剧，促使企业将目光转向新的市场细分片，以获取新的竞争优势，这样就产生了多元经营。

多元化经营既可以分散经营风险，也可能增加经营风险。如果能有限度地进行多元化经营，不仅会减少资金筹措与配置的压力，而且可以增加连带作用，提高成功率，使企业集团稳定持续发展。否则不仅无法搞好多元化经营，而且还会浪费资源，降低经济效益，影响现金流。

二、分析工具

这里的分析工具包括衡量企业偿债能力的指标、进行信用评级的工具及指标。

（一）证监会规定的衡量企业偿债能力的指标[①]

证监会规定的衡量企业偿债能力的指标包括但不限于以下指标：

1. 息税折旧摊销前利润
2. 流动比率
3. 速动比率

① 资料来源：公开发行证券的公司信息披露内容与格式准则第2号——年度报告的内容与格式（2016年修订）。

4. 资产负债率

5. EBITDA 全部债务比 = 息税折旧摊销前利润/全部债务

6. 利息保障倍数 = 息税前利润/(计入财务费用的利息支出 + 资本化的利息支出)

7. 现金利息保障倍数 =(经营活动产生的现金流量净额 + 现金利息支出 + 所得税付现)/ 现金利息支出

8. EBITDA 利息保障倍数 = 息税折旧摊销前利润/(计入财务费用的利息支出 + 资本化的利息支出)

9. 贷款偿还率 = 实际贷款偿还额/应偿还贷款额

10. 利息偿付率 = 实际支付利息/应付利息

(二) 信用评级机构对公司的信用评级——以大公评级为例

1. 大公主体信用评级及其具体要素

大公主体信用评级是对发债主体债务偿还安全度的评价。评级报告是依据《大公信用评级原理》，通过偿债环境、财富创造能力、偿债来源与偿债能力四个方面对主体信用风险状况的判断。

《大公信用评级原理》认为：偿债环境是影响发债主体财富创造能力和偿债来源的宏观制度环境；发债主体财富创造能力是其偿债来源的根本和基石；偿债来源是确定发债主体可用流动性偿债来源与清偿性偿债来源，以及偿债来源与财富创造能力的偏离度，一般来说，偏离度越大，可用偿债来源稳定性和安全性越差；相反，偏离度越小，可用偿债来源稳定性和安全性越强；通过衡量发债主体流动性还本付息能力、清偿性还本付息能力和盈利对利息覆盖能力确定债务人的偿债能力。

具体要素分析如下：

（1）偿债环境主要从政治生态和信用生态两方面分析宏观制度环境及其运行态势对发债主体财富创造能力和偿债来源及偿债能力的影响；

（2）财富创造能力分析的是发债主体营利能力及其对偿债来源的贡献；

（3）偿债来源主要通过分析发债主体盈利、可用偿债货币资金、债务收入、外部支持等流动性偿债来源以及可变现资产等清偿性偿债来源的数量和结构对发债主体可用偿债来源的安全度进行度量；

（4）偿债能力分析是通过衡量发债主体流动性还本付息能力、清偿性还本付息能力和盈利对利息覆盖能力得到存量、新增和总债务偿还能力。

以上概念解释详见表 5 - 15。

表 5－15　　主要概念解释

指数	意义
偿债环境	偿债环境是指影响发债主体偿还债务能力的宏观环境
信用供给	信用供给是指一国中央政府为满足本国发展需要对宏观信用资源的供给能力
信用关系	信用关系是由债权人与债务人构成的借贷关系
财富创造能力	财富创造能力是指债务人的营利能力，它是偿还债务的源泉和基石
政策支持	政策支持是指中央及地方政府对地区重点税源行业发展提供的各项政策支持。政策支持具体考察政治法律环境、行业规划、行业管制
偿债来源	偿债来源是指债务主体在偿还债务时点上保障各项事务正常进行所需流动性后剩余可支配资金
初级偿债来源	初级偿债来源是指在偿债时点上的理论偿债来源，包括经常性收入、投资性收入、资产抵押债务收入、信用债务收入、资产变现收入、转移收入、外部支持和外汇收入等收入
可用偿债来源	可用偿债来源是指在偿债时点上可用于直接偿还债务的资金来源
偿债来源偏离度	偿债来源偏离度是指债务主体的可用偿债来源与以财富创造能力为基础形成的偿债来源之间的距离，偏离度越小，说明债务主体的偿债来源与财富创造能力的距离越小，偿债来源可靠性越强。其中，风险系数的取值范围为1—5，风险系数与可用偿债来源的可靠性呈现负向关系，即可用偿债来源的可靠性越强，对应的风险系数越小
偿债能力	偿债能力是指债务主体在评级有效期内的最大安全负债数量区间，分为总债务偿付能力、存量债务偿付能力、新增债务偿付能力
清偿性还本付息能力	清偿性还本付息能力是指债务人丧失可持续经营能力时的债务偿还能力，是时期偿债来源与负债的平衡
流动性还本付息能力	流动性还本付息能力是指债务人维持可持续经营能力的债务偿还能力，是时点偿债来源与负债的平衡
盈利对利息的覆盖能力	盈利对利息的覆盖能力是指债务人新创造价值对全部债务利息的偿还能力
总债务偿付能力	总债务偿付能力是指债务人在未来一定时期内全部债务安全度
存量债务偿付能力	存量债务偿付能力是指债务人在一定时间内的存量债务安全度
新增债务偿付能力	新增债务偿还能力是指债务人在一定时间内的新增债务安全度
最大债务安全上限	最大安全负债数量边界是指债务人在一定时间内的安全负债上限，它决定了债务人的最大安全负债空间，并且直接影响债务人的新增债务空间。大公认为当债务人当期盈利仅能覆盖当期应付利息时，其进入安全债务融资的临界状态，一旦债务人债务规模突破临界点时，其债务将进入不可持续且不稳定的状态

2. 大公评级机构所使用的企业信用评级财务指标（见表 5－16）

表 5－16　　大公评级机构所使用的企业信用评级财务指标

序号	指标	计算公式
1	毛利率（%）	(1－营业成本/营业收入)×100%
2	EBITDA 利润率（%）	EBITDA/营业收入×100%
3	总资产报酬率（%）	EBIT/年末资产总额×100%
4	净资产收益率（%）	净利润/年末净资产×100%
5	EBIT	利润总额＋计入财务费用的利息支出
6	EBITDA	EBIT＋折旧＋摊销（无形资产摊销＋长期待摊费用摊销）
7	资产负债率（%）	负债总额/资产总额×100%
8	债务资本比率（%）	总有息债务/资本化总额×100%
9	总有息债务	短期有息债务＋长期有息债务
10	短期有息债务	短期借款＋应付票据＋其他流动负债（应付短期债券）＋一年内到期的非流动负债＋其他应付款（付息项）
11	长期有息债务	长期借款＋应付债券＋长期应付款（付息项）
12	资本化总额	总有息债务＋所有者权益
13	流动比率	流动资产/流动负债
14	速动比率	(流动资产－存货)/流动负债
15	保守速动比率	(货币资金＋应收票据＋交易性金融资产)/流动负债
16	现金比率（%）	(货币资金＋交易性金融资产)/流动负债×100%
17	存货周转天数	360/(营业成本/年初末平均存货)
18	应收账款周转天数	360/(营业收入/年初末平均应收账款)
19	现金回笼率（%）	销售商品及提供劳务收到的现金/营业收入×100%
20	EBIT 利息保障倍数（倍）	EBIT/利息支出＝EBIT/(计入财务费用的利息支出＋资本化利息)
21	EBITDA 利息保障倍数（倍）	EBITDA/利息支出＝EBITDA/(计入财务费用的利息支出＋资本化利息)
22	经营性净现金流利息保障倍数（倍）	经营性现金流量净额/利息支出＝经营性现金流量净额/(计入财务费用的利息支出＋资本化利息)
23	担保比率（%）	担保余额/所有者权益×100%
24	经营性净现金流/流动负债（%）	经营性现金流量净额/[(期初流动负债＋期末流动负债)/2]×100%
25	经营性净现金流/总负债（%）	经营性现金流量净额/[(期初负债总额＋期末负债总额)/2]×100%
26	净债务率（%）	(总有息债务－货币资金)/净资产×100%
27	存量债务比率	存量债务/调整后的债务上限
28	可变现资产负债率	可变现资产/负债
29	流动性来源	期初现金及现金等价物余额＋未使用授信额度＋外部支持产生的现金流净额＋经营活动产生的现金流量净额
30	流动性损耗	购买固定资产、无形资产和其他长期资产的支出＋到期债务本金和利息＋股利＋或有负债（确定的支出项）＋其他确定的收购支出

续表

序号	指标	计算公式
31	偿债来源偏离度	（经营活动产生的现金流量净额+期初现金及现金等价物余额+取得借款收到的现金+发行债券收到的现金）/（经营活动产生的现金流量净额+期初现金及现金等价物余额）

3. 信用等级符号和定义（见表5-17、表5-18）

表5-17　信用等级符号和定义

信用等级	定义	
AAA	偿还债务的能力极强，基本不受不利经济环境的影响，违约风险极低	
AA	偿还债务的能力很强，受不利经济环境的影响不大，违约风险很低	
A	偿还债务能力较强，较易受不利经济环境的影响，违约风险较低	
BBB	偿还债务能力一般，受不利经济环境影响较大，违约风险一般	
BB	偿还债务能力较弱，受不利经济环境影响很大，有较高违约风险	
B	偿还债务的能力较大地依赖于良好的经济环境，违约风险很高	
CCC	偿还债务的能力极度依赖于良好的经济环境，违约风险极高	
CC	在破产或重组时可获得保护较小，基本不能保证偿还债务	
C	不能偿还债务	
展望	正面	存在有利因素，一般情况下，未来信用等级上调的可能性较大
	稳定	信用状况稳定，一般情况下，未来信用等级调整的可能性不大
	负面	存在不利因素，一般情况下，未来信用等级下调的可能性较大

注：除AAA级、CCC级、CC级、C级外，每一个信用等级可用“+”“-”符号进行微调，表示略高或略低于本等级。

表5-18　短期债券信用等级符号和定义

信用等级	定义
A-1级	为最高级短期债券，其还本付息能力最强，安全性最高
A-2级	还本付息能力较强，安全性较高
A-3级	还本付息能力一般，安全性易受不良环境变化的影响
B级	还本付息能力较低，有一定的违约风险
C级	还本付息能力很低，违约风险较高
D级	不能按期还本付息

资料来源：大公国际自信评估有限公司对新光控股集团有限公司主体与相关债项2018年度跟踪评级报告。

如2018年3月21日，大公国际自信评估有限公司对新光控股集团有限公司主体与相关债项2018年度跟踪评级报告主要内容如下：

大公主体信用评级是对发债主体债务偿还安全度的评价。评级报告是依据《大公信用评级原理》，通过偿债环境、财富创造能力、偿债来源与偿债能力 4 个方面对主体信用风险状况的判断。

《大公信用评级原理》认为：偿债环境是影响发债主体财富创造能力和偿债来源的宏观制度环境；发债主体财富创造能力是其偿债来源的根本和基石；偿债来源是确定发债主体可用流动性偿债来源与清偿性偿债来源，以及偿债来源与财富创造能力的偏离度，一般来说，偏离度越大，可用偿债来源稳定性和安全性越差；相反，偏离度越小，可用偿债来源稳定性和安全性越强；通过衡量发债主体流动性还本付息能力、清偿性还本付息能力和盈利对利息覆盖能力确定债务人的偿债能力。

具体要素分析如下：

1. 偿债环境主要从政治生态和信用生态两方面分析宏观制度环境及其运行态势对发债主体财富创造能力和偿债来源及偿债能力的影响。

2. 财富创造能力分析的是发债主体营利能力及其对偿债来源的贡献。

3. 偿债来源主要通过分析发债主体盈利、可用偿债货币资金、债务收入、外部支持等流动性偿债来源以及可变现资产等清偿性偿债来源的数量和结构对发债主体可用偿债来源的安全度进行度量。

4. 偿债能力分析是通过衡量发债主体流动性还本付息能力、清偿性还本付息能力和盈利对利息覆盖能力得到存量、新增和总债务偿还能力。

表 5－19　　截至 2017 年末新光控股集团有限公司到期债券分布情况　　单位：亿元、年

债券名称	债券余额	发行日期	发行期限	第一次回售期/到期日	第二次回售期/到期日
16 新光 01	7.10	2016/01/14	3 (1+1+1)	2018/01/14	2019/01/14
16 新光 02	13.70	2016/03/17	3 (1+1+1)	2018/03/17	2019/03/17
16 新控 01	2.60	2016/03/18	3 (1+1+1)	2018/03/18	2019/03/18
16 新控 02	20.00	2016/04/14	3 (1+1+1)	2018/04/14	2019/04/14
16 新控 03	16.00	2016/04/27	3 (1+1+1)	2018/04/27	2019/04/27
17 新光控股 CP001	10.00	2017/09/21	1	2018/09/21	—
15 新光 01	20.00	2015/09/24	5 (3+2)	2018/09/24	2020/09/24
16 新光债	6.10	2016/10/19	3 (1+1+1)	2018/10/19	2019/10/19
15 新光 02	20.00	2015/10/21	5 (3+2)	2018/10/21	2020/10/21
17 新光控股 CP002	10.00	2017/10/26	1	2018/10/26	—
11 新光债	16.00	2011/11/23	7 (4+3)	2018/11/23	—
合计	141.5				

资料来源：新光控股集团有限公司主体与相关债项 2018 年评级跟踪报告——大公报 SD〔2018〕027 号。

表 5－20　　新光控股集团有限公司（合并）主要财务指标　　金额单位：万元

项目	2017 年 1—9 月	2016 年	2015 年	2014 年
资产类				
货币资金	404894	432848	179185	116591
应收账款	161285	163138	136118	31249
其他应收款	671518	553198	491850	686761
预付款项	237920	270533	32862	10236
存货	1186083	829700	532635	564018
流动资产合计	2796872	2478908	1380802	1412470
可供出售金融资产	465266	454464	175882	133263
长期股权投资	441130	395764	17635	13374
投资性房地产	2132691	2116015	988777	874474
固定资产	855206	874798	718215	753459
在建工程	59474	145827	166010	162574
无形资产	232923	236711	43382	44704
商誉	92791	56147	52845	52665
非流动资产合计	4415679	4395669	2277400	2123796
总资产	7212552	6874577	3658202	3536266
占资产总额比（%）				
货币资金	5.61	6.30	4.90	3.30
应收账款	2.24	2.37	3.72	0.88
其他应收款	9.31	8.05	13.45	19.42
预付款项	3.30	3.94	0.90	0.29
存货	16.44	12.07	14.56	15.95
流动资产合计	38.78	36.06	37.75	39.94
可供出售金融资产	6.45	6.61	4.81	3.77
长期股权投资	6.12	5.76	0.48	0.38
投资性房地产	29.57	30.78	27.03	24.73
固定资产	11.86	12.73	19.63	21.31
在建工程	0.82	2.12	4.54	4.60
无形资产	3.23	3.44	1.19	1.26
非流动资产合计	61.22	63.94	62.25	60.06
负债类				
短期借款	458678	400170	338327	493525
应付票据	33508	2900	17170	32255
应付账款	53027	84689	66794	82533
预收款项	84803	44062	28299	81611

续表

项目	2017 年 1—9 月	2016 年	2015 年	2014 年
其他应付款	46522	47338	55757	41413
应交税费	40684	93093	52106	53717
一年内到期的非流动负债	18000	63250	349107	221140
流动负债合计	956432	1026287	939009	1034867
长期借款	1411315	949140	335659	628330
应付债券	1346805	1452805	556903	160000
长期应付款	7751	5908	6676	8158
递延所得税负债	547475	560314	315091	304226
非流动负债合计	3313774	2969220	1214665	1101695
占负债总额比（%）				
短期借款	10.74	10.02	15.71	23.10
应付票据	0.78	0.07	0.80	1.51
应付账款	1.24	2.12	3.10	3.86
预收款项	1.99	1.10	1.31	3.82
其他应付款	1.09	1.18	2.59	1.94
一年内到期的非流动负债	0.42	1.58	16.21	10.35
流动负债合计	22.40	25.69	43.60	48.44
长期借款	33.05	23.76	15.59	29.41
应付债券	31.54	36.36	25.86	7.49
长期应付款	0.18	0.15	0.31	0.38
递延所得税负债	12.82	14.02	14.63	14.24
非流动负债合计	77.60	74.31	56.40	51.56
权益类现金流量表				
实收资本（股本）	366680	366680	66680	66680
资本公积	103875	103875	86981	92082
其他综合收益	512812	508715	109171	109147
未分配利润	895631	826234	770762	662936
归属于母公司所有者权益	1894116	1820622	1033753	930845
少数股东权益	1048229	1058448	470774	468859
所有者权益合计	2942346	2879070	1504527	1399703
损益类				
营业收入	988032	1361533	900391	707305
营业成本	858987	1002827	727821	544071
营业税金及附加	10829	30099	24296	29262

续表

项目	2017 年 1—9 月	2016 年	2015 年	2014 年
销售费用	19461	21827	21917	20265
管理费用	37096	35213	33721	29758
财务费用	101212	105622	33206	35340
公允价值变动收益	0	8096	58979	292678
投资收益	149111	44867	48093	32035
营业利润	108207	212274	162872	365863
营业外收支净额	933	2155	7955	137130
利润总额	109140	214428	170827	502993
所得税	22475	58778	35111	101211
净利润	86665	155651	135715	401782
归属于母公司所有者的净利润	70197	89084	107985	324295
少数股东损益	16468	66566	27730	77488
现金回笼率（%）	101.88	106.94	106.81	98.70
担保比率（%）	—	3.19	4.34	8.69
占营业收入比（%）				
营业成本	86.94	73.65	80.83	76.92
营业税金及附加	1.10	2.21	2.70	4.14
销售费用	1.97	1.60	2.43	2.87
管理费用	3.75	2.59	3.75	4.21
财务费用	10.24	7.76	3.69	5.00
公允价值变动收益	—	0.59	6.55	41.38
投资收益	15.09	3.30	5.34	4.53
营业利润	10.95	15.59	18.09	51.73
利润总额	11.05	15.75	18.97	71.11
所得税	2.27	4.32	3.90	14.31
净利润	8.77	11.43	15.07	56.80
归属于母公司所有者的净利润	7.10	6.54	11.99	45.85
现金流类				
经营活动产生的现金流量净额	-311395	110090	154811	280069
投资活动产生的现金流量净额	57616	-1536630	-65982	-312764
筹资活动产生的现金流量净额	230015	1795423	-95383	31016

资料来源：新光控股集团有限公司主体与相关债项 2018 年评级跟踪报告——大公报 SD〔2018〕027 号。

表 5-21　新光控股集团有限公司（合并）主要财务指标（续表 3）　金额单位：万元

项目	2017 年 1—9 月	2016 年	2015 年	2014 年
EBIT	210351	319514	209983	538659
EBITDA	—	356296	249715	572240
总有息债务	3484474	3097175	1597166	1535250
毛利率（%）	13.06	26.35	19.17	23.08
营业利润率（%）	10.95	15.59	18.09	51.73
总资产报酬率（%）	2.92	4.65	5.74	15.23
净资产收益率（%）	2.95	5.41	9.02	28.70
资产负债率（%）	59.21	58.12	58.87	60.42
债务资本比率（%）	54.22	51.82	51.49	52.31
长期资产适合率（%）	141.68	133.05	119.40	117.78
流动比率（倍）	2.92	2.42	1.47	1.36
速动比率（倍）	1.68	1.61	0.90	0.82
保守速动比率（倍）	0.43	0.43	0.19	0.11
存货周转天数（天）	316.80	244.53	271.22	406.55
应收账款周转天数（天）	44.33	39.56	33.46	21.97
经营性净现金流/流动负债（%）	-31.41	11.20	15.69	28.10
经营性净现金流/总负债（%）	-7.53	3.58	7.22	14.23
经营性净现金流利息保障倍数（倍）	-2.59	0.74	1.22	2.24
EBIT 利息保障倍数（倍）	1.75	2.15	1.71	4.30
EBITDA 利息保障倍数（倍）	—	2.40	2.03	4.57
现金比率（%）	42.33	42.18	19.08	11.27
现金回笼率（%）	108.94	114.58	94.76	89.36
担保比率（%）	9.10	9.69	20.30	25.99

资料来源：新光控股集团有限公司主体与相关债项 2018 年评级跟踪报告——大公报 SD〔2018〕027 号。

表 5-22　新光控股集团有限公司（本部）主要财务指标（续表 1）　单位：万元

项目	2017 年 1—9 月	2016 年	2015 年	2014 年
经营活动产生的现金流量净额	8570	-36464	37601	121616
投资活动产生的现金流量净额	-111261	-1449026	50054	-228727
筹资活动产生的现金流量净额	226454	1534679	-86061	97747
财务指标				
资产负债率（%）	78.56	77.43	79.21	79.63
长期资产适合率（%）	189.26	178.87	192.33	158.02
流动比率（倍）	4.20	3.71	2.57	1.42
速动比率（倍）	4.20	3.71	2.57	1.42

续表

项目	2017年1—9月	2016年	2015年	2014年
保守速动比率（倍）	0.43	0.14	0.27	0.09
经营性净现金流/流动负债（%）	4.01	-10.68	9.56	27.51
经营性净现金流/总负债（%）	0.66	-2.26	4.24	15.60
现金比率（%）	42.72	13.92	26.94	9.26

资料来源：新光控股集团有限公司主体与相关债项2018年评级跟踪报告——大公报SD〔2018〕027号。

评级观点：

大公确定新馆控股集团有限公司信用等级调整为AA+，评级展望为稳定，“17新光控股CP001”“17新光控股CP002”信用等级维持A-1。本次评级结果是大公对新光控股所处偿债环境、财富创造能力、偿债来源和偿债能力等评级要素跟踪期变化及未来趋势综合判断的结果。主要理由阐述如下：

1. 中央政府加快供给侧改革并坚持稳文件中性的货币政策以适用消费和产业升级需求，同时浙江省对饰品行业的政策支持和棚户区改造计划，为公司持续增强行业竞争力和营利能力提供良好偿债环境。

2. 在市场需求持续扩张、公司市场竞争力优势愈加显著等因素支持下，跟踪期内公司营利能力持续增强，并将延续改善趋势。

3. 生产经营扩发和投资性支出虽对公司经营性现金流形成一定占用，但货币资金充裕、融资渠道多元，融资能力和可变现资产变现能力强，为公司债务偿付提供可靠来源保障。

4. 公司总体债务负担大且短期有息债务占比高，但偿债来源对存量债务的保障能力较强，公司未来存在一定债务增长空间，总债务偿还能力较好。

优势与风险关注

有利因素：

1. 公司饰品板块产业链完整，原材料供应商稳定，品牌知名度较高，国内外拥有成熟的销售渠道，饰品行业竞争优势明显；

2. 公司土地储备位于义乌核心地区，区位优势较明显，较为充足的土地储备可为未来现金流入提供支撑，营利能力稳定；

3. 公司可变现资产以投资性房地产和存货为主，且存货主要为房地产在建项目和土地储备，区位优势明显使公司土地和房地产项目变现能力强，清偿性偿债来源充足。

4. 公司直接及间接融资通畅，房地产板块完成借壳上市，融资渠道得到进一步拓宽。

不利因素：

1. 公司总有息负债规模较大，大部分在2018年和2019年到期，公司存在一定债券集中兑付压力；

2. 公司通过优质资产抵押进行债务融资，受限资产规模较大，持有子公司股权质押比例高，对资产流动性形成一定影响。

3. 因部分担保债务人未按时履行还款义务被债权人起诉，公司3.26亿元担保债务存在代偿风险。

展望

短期内，凭借品牌影响力和技术优势，公司在饰品行业的优势地位将进一步巩固和强化，区位优势显著和城市住房需求旺盛为公司房地产业务收入提供支持，公司营利能力强，为其增强抗风险能力、改善偿债能力提供有力保障，综合老驴，打工为未来1—2年新光控股的信用评级展望为稳定。

阅读材料2

一、债务违约：新光集团一石激起千层浪

2018年9月25日，上海清算所发布了新光控股集团有限公司（以下简称新光集团）两份债券违约的公告，新光集团的流动性危机正式暴露。同日业界知名新媒体《浙股》对外发布了一篇标题为《新光集团债务违约，新光圆成当年是如何上市的?》的调研文章，引起了各大财经媒体、社会公众的关注。

9月25日，新光集团公告，受宏观降杠杆，银行信贷收缩、民营企业融资困难等多重因素影响，新光集团流动性出现问题。

9月26日，新光集团控股的上市公司新光圆成（002147.SZ）发布公告称，控股股东新光集团旗下1笔发行总额20亿元的公司债券“15新光01”未能按时偿付债券到期应付的回售本金及利息；1笔10亿元的短期融资券未能按约足额偿付，已构成实质性违约。

9月27日下午，新光集团在其公司总部义乌紧急召开了15新光01、15新光02债券持有人沟通会议，包括申万宏源（港股00218）、爱建证券、广发银行等近30家机构参与了此次沟通会。

公开信息显示，除违约债务外，新光集团还有约百亿的债务等待偿付（见大公国

际的资信评级信息）。

11月23日，上清所又发布公告，新光集团“11新光债”无法按期足额兑付。受债券实质违约影响，新光集团的信用评级被下调。

9月25日，大公国际资信评估有限公司决定将新光集团主体信用等级调整为C。

9月25日，联合评级发布公告称，鉴于新光控股目前资金非常紧张，到期兑付存在极大的不确定性。联合评级决定下调公司主体和15新光01和15新光02公司债券信用等级由“AA+”至“CC”级，并将评级展望由“稳定”调整至“负面”。

9月27日，鹏元资信将新光集团主体长期信用等级由AA级下调至C级。

10月30日，大公下调“17新光控股CP002”信用等级为D级。

11月22日，大公下调“18新光控股CP001”信用等级调整为为D级。

此后，新光集团不断发布各种公告。

12月4日受事件的牵连，新光集团唯一的一家控股上市公司，也因与控股股东之间的违规担保和资金占用被带上ST的帽子。

二、新光集团何许人也

（一）新光集团及其业务板块

新光集团创建于1995年，以生产饰品起家，目前已发展成集实业、商贸、产业互联、金融投资等业务于一体的多板块控股集团，旗下有A股上市公司新光圆成(002147.SZ)，及逾百家全资及控股公司，2018年上半年集团合并总资产812亿元，员工近万名。

新光集团此前发行的各只债券及银行借贷均能如期兑付，市场口碑一向良好；作为创立二十多年的大型多元化集团企业，公司在多个业务板块均具备完整的产业链，具有较高的品牌知名度；作为当地民营企业的标杆，公司在营商环境、产业转型方面持续得到当地政府的大力支持；公司持有的股权类资产变现能力较强，旗下优良资产众多，核心业务板块有较强增长潜力，整体偿债能力可观。公司始终坚持立足实业，积极培育和发展高端制造业，连续多年名列义乌市民企综合纳税前两位，是浙商群体中颇具代表性的老牌知名企业。

（二）业务转型战略及其创新发展情况

依据新光集团官网的信息，可将集团业务转型战略划分为以下几个阶段：

第一阶段：1995—1997 年（新光诞生　快速发展）

1995 年 7 月义乌新光饰品有限公司成立，注册资本 288 万元。

1997 年 10 月公司更名为浙江新光饰品有限公司，注册资本增至 1168 万元。

第二阶段：2002—2005 年（王者初现　名声鹤起）

2002 年 1 月，新光同全球最大的水晶制造商施华洛世奇（SWAROVSKI&COMPANY）签订协议，成为施华洛世奇水晶珠、水钻产品及配件中国大陆地区代理商。

2004 年 3 月 3 日，新光房地产开发有限公司成立，新光开始了多元业务拓展。

2004 年 3 月“新光控股集团有限公司”正式成立。

2005 年 5 月以新光为核心的“义乌资本联盟”以 3 亿元成功收购并重组上海美丽华集团。

第三阶段：2006—2010 年（十年扎根　多元拓展）

2006 年 1 月 11 日中共新光控股集团有限公司委员会成立。2009 年创道投资作为新光控股集团下属的新型投资机构正式成立。2009 年 6 月新光集团正式参股百年人寿保险股份有限公司，跨出对外投资业务重要步伐。

第四阶段：2011—2016 年（开拓疆图　从容沧海）

2011 年新光饰品战略发展中心成立。

2011 年 6 月浙江网仓科技有限公司正式成立。

2013 年网仓在全国建立大型仓储中心，实现各地分仓之间进行货物快递对流。投资设立义乌善辰饰品有限公司。

2013 年 5 月新光集团成功重组新疆新天集团，开始进入旅游、农业综合开发、能源等全新业务领域。

2014 年 11 月浙江聚势网络科技有限公司成立。

2015 年 3 月义乌市新光民间资本管理有限公司正式投入运营。

2015 年 10 月新光集团成立 20 周年。

2016 年 3 月 29 日全球第一房产经纪公司 Keller Williams 中国华东区分部 KWGS 正式启动。

2016 年 4 月 26 日“新光圆成”正式重组更名挂牌上市。

2016 年 7 月 6 日新光集团入股南粤银行成为第一大股东。

第五阶段：2017—2018 年（创新求变　转型谋局）

2017 年 1 月 6 日新光·聚饰云全球饰品产业创新综合体正式开园。

2017 年 6 月 3 日“浙中第一高楼”义乌世贸中心开业盛典正式拉开帷幕，世贸中心是汇聚摩天科技豪宅、香格里拉酒店、新光汇购物中心、公寓式酒店、写字楼五大高端物业为一体的“城市综合体”。

2017 年 9 月 6 日未来域和百度云 ISV 合作伙伴度房共同成立合资公司。

2017 年 9 月 15 日新辰 e 谷数字贸易孵化器落地南京空港经济区。

2017 年 11 月 11 日喀什中西亚国际贸易中心项目盛大奠基。

2017 年 12 月 15 日网仓 & 宁兴携手中标亚马逊宁波保税区物流服务商将建设亚马逊在中国的第一个跨境进口仓库。

2017 年 12 月 20 日聚饰云平台年交易额破 10 亿元大关，年增速超过 1200%。

2017 年 12 月 28 日宁夏新光小额贷款公司成立。

2018 年 1 月 15 日新辰控股入驻“未来硅谷”——云栖小镇。

2018 年 2 月 7 日四季严选第一家无人便利店开业。

在业务转型战略及创新发展上，新光集团近年来致力于全面梳理及整合布局：除原有时尚饰品、房地产开发等基础业务板块外，在高端制造、互联网、金融、投资等领域着力开拓，已取得较大成效。目前新光集团具有七大业务板块，包括实业、地产、金融、互联网、旅游、能源以及投资等板块。

债务违约事件发生前，新光集团控股的新光圆成 7 月发布“重大资产购买预案”公告，将以百亿规模现金方式收购在港股上市的全球风电传动龙头企业——中国高速传动，此项收购，标志着自 2016 年 4 月在深圳证券交易所挂牌上市以来，形成以房地产开发和商业经营为主、回转支承等精密机械制造为辅双主业运行的“新光圆成”，正着力以高端装备制造为核心主业，实现重大业务转型。

（三）基本财务状况

针对市场及投资者的疑虑和担忧，新光集团特地发布公告予以回应，并详细披露了公司的经营及财务数据。

根据新光集团已经披露的 2017 年年度报告，2017 年，集团全年实现营业收入 138.57 亿元，营业利润 52.04 亿元。间接融资方面，公司获各类授信额度总计 109.54 亿元，其中已使用 83.99 亿元，剩余额度 25.55 亿元。直接融资方面，公司已取得国家发改委 8 亿美元境外债的批复；公司可快速变现金类资产（货币资金、交易性金融资产、应收票据等）达 57.44 亿元，能够充分保障近期到期债券的本息兑付。此外，公司旗下有饰品及贸易、房地产开发、农业、旅游业及其他、金融小贷等多个产业板块，公司对各产业板块拥有绝对的控股权，能够独立运营。

新光集团总体的资产负债表、利润表、现金流量表的结构及趋势性信息，请分别见后附的附表 1 至附表 6 的内容。

三、偶然发生还是我国资本市场普遍的现象？——新光集团债务违约的成因分析

归因理论的大师 H·H. 凯利在 1973 年提出，可以使用 3 种不同的解释说明行为的原因：一是归因于从事该行为的行动者；二是归因于行动者的对手；三是归因于行为产生的环境。分析新光控股出现流动性危机的原因，首先应该了解当前我国企业债券违约的总体趋势及成因，然后再来解释新光集团债务违约的成因。

（一）我国资本市场债券违约的现状及成因分析

1. 债券违约的现状

利用 Wind、国泰安数据库等网站、上海清算所信息，可以了解到我国企业发债规模及其违约的情况。

追溯我国债券违约的历史，2014 年 3 月，上海超日太阳能科技股份公司发行的“11 超日债”利息无法按时全额支付，成为国内债券市场上首只实质性违约的公募债券，中国债券市场的“刚性兑付”由此被打破。此后，债券市场的违约现象日渐增多，特别是在 2018 年，违约事件由风险较高的中小企业、民营企业逐步向大型企业、国有企业蔓延，违约趋势是否常态化尚不能准确判断，债券市场进入后“刚性兑付”时代。

从我国第一只债券违约至 2018 年 11 月 5 日，我国债券市场共有 91 个主体发行的 206 只债券发生了违约，违约债券本金规模达 1670.68 亿元。之前，在政策宽松的条件下，部分企业大量融资，负债扩张较为激进，然而该模式在监管趋严的背景下无法复制。2018 年的金融严监管叠加政府债务严监管，这在一定能够程度上对企业的投融资和营运活动产生了影响，导致 2018 年债券集中违约的现象较为严重，已有 33 个新增违约主体（见表 5－23）。受市场风险偏好下降、规避情绪加重的影响，民企特别是中小民企抵御风险能力较差，因此在集中违约周期中最为“受伤”。

表 5－23　债券市场历年新增违约主体数量

截至 2018 年 11 月 5 日

	2014 年	2015 年	2016 年	2017 年	2018 年
违约主体数量（家）	5	21	23	9	33
其中：民企违约主体数量（家）	5	17	16	9	28
国企违约主体数量（家）	—	4	7	—	5

注：2018 年统计窗口截至 11 月 5 日；新增违约主体数量按照主体首次发生违约的时间计，且主体数量是累计值。

资料来源：Wind，光大证券交易所。

2018年债券违约主体呈现怎样的特征呢?

(1) 有趣的是违约主体无明显的行业特征。债券违约分布于各个行业,并无明显的行业特征。2018年上市公司违约占比较大,全样本中上市公司占比18%。按照申万行业分类,在行业分布方面,医药生物、休闲服务、建筑材料、计算机行业违约各1家;农林牧渔、轻工制造、国防军工、钢铁、电子、电气设备、传媒行业各2家;有色金属、房地产行业各3家;食品饮料、交通运输、公用事业、纺织服装行业各5家;建筑装饰、采掘业各6家;商业贸易行业7家;机械设备、化工行业各8家;综合行业12家。

(2) 民企和上市公司是2018年违约的两个关键词。观察历年债券违约情况,可以发现债券违约在2015年、2016年和2018年较为突出,新增违约主体数量以及新增违约债券规模相对较大,其中又以民企居多,国企违约相对较少。

除民企外,上市公司也是2018年违约的两个关键词之一。上市公司股票质押和受限比例较高、通过负债驱动资产规模高速增长、导致流动性缺乏的现象值得高度关注。

2. 债券违约的成因

此处以截至2018年11月5日的新增违约主体为例,看其公告中对债券违约成因的解释。

公告信息显示,虽然各主体违约的原因不尽相同,但总体上可以归纳为以下成因:①宏观降杠杆;②行业因素;③经营不佳,再融资受阻;④资金周转困难;⑤流动资产质量恶化;⑥高管不能正常履职,生产经营受影响等。这些看似简单的原因,并不足以消除债权人和投资者的疑惑。

(二) 新光集团债务违约的成因分析

"杠杆发展—业绩不佳—融资环境恶化—资金链紧张—债务违约—变卖资产,这正是一部分企业当下的生存状况"。

针对新光集团的债务违约问题,公司自身、媒体都给出了不同的解释。

9月25日债务违约发生后,新光集团新闻发言人徐军表示,发生此次违约,除企业自身在流动性管控方面存在欠缺外:主因首先是受金融形势、环境和政策变化的影响,民营企业融资遭遇普遍困难;其次今年以来全国范围债券违约事件频发,极大恶化了浙商群体的金融生态;最后,前不久突然发生的一些负面事件等意外因素,一定程度影响了公司多项重大融资计划的进展。

但外部人对新光集团的债务违约的解释更加具体。

1. 千亿级目标下的激进扩张

近年来，新光集团一直在进行规模扩张和实施多元化战略，新战略的实施必然带来投资的增长，投资增长必然带来对现金流的强烈需求，虽然短期内通过债务融资可以解决投资需求，但新投资项目存在现金流入滞后的问题，一旦不能有新的现金流入作补充，可能引发流动性危机问题。

新光集团总体财务状况分析：2010 年以来，新光集团经历了 3 轮资产、负债扩张。到 2018 年 6 月底，新光集团总资产比 2010 年大幅增长近 6 倍，这背后长期依靠的是负债驱动模式。

表 5－24 充分显示了新光集团不同发展阶段的负债驱动对资产规模的影响。2011 年，集团 91.46% 的负债增长带来资产规模 47.45% 的增速，2013 年集团 42.7% 的负债增长带来资产规模 35.66% 的增速，2016 年集团 85.52% 的负债增长带来资产规模 87.7% 的增长。

图 5－3 中也可明显看出资产和负债在 2016 年度快速增长，而在 2017 年后增速放缓，尤其是 2018 年半年报的增速降幅明显。

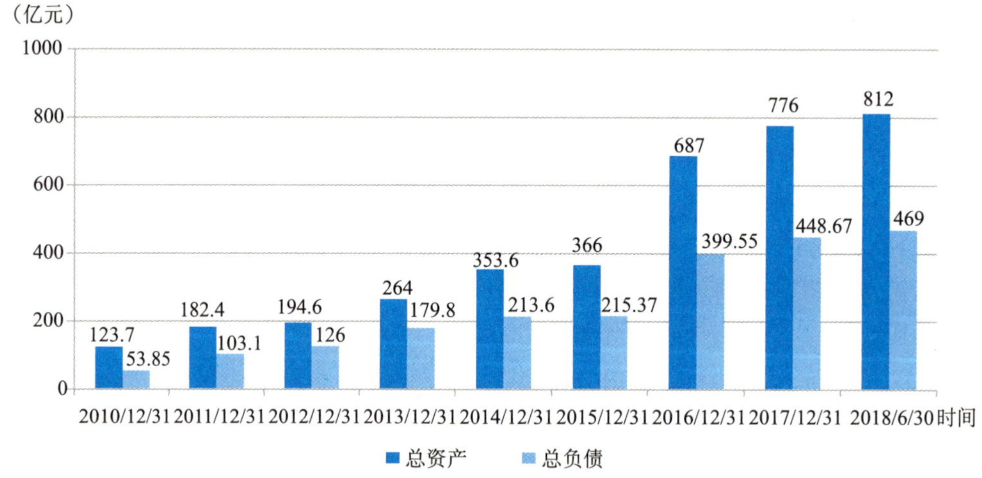

图 5－3　新光集团总资产和总负债情况

表 5－24　新光集团总资产与负债增长匹配情况

时间	总资产（亿元）	总负债（亿元）	资产负债率（%）	资产增幅（%）	负债增幅（%）
2010.12.31	123.7	53.85	43.53		
2011.12.31	182.4	103.1	56.52	47.45	91.46
2012.12.31	194.6	126	64.75	6.69	22.21
2013.12.31	264	179.8	68.11	35.66	42.7
2014.12.31	353.6	213.6	60.41	33.94	18.8

续表

时间	总资产（亿元）	总负债（亿元）	资产负债率（%）	资产增幅（%）	负债增幅（%）
2015. 12. 31	366	215. 37	58. 84	3. 51	0. 83
2016. 12. 31	687	399. 55	58. 16	87. 70	85. 52
2017. 12. 31	776	448. 67	57. 82	12. 95	12. 29
2018. 6. 30	812	469	57. 76	4. 64	4. 53

资料来源：上清所——信息披露——新光集团财务报告数据，作者进行了相应分析。

上述负债和资产规模的高速增长，起源于新光集团的多元化战略。从前面的新光集团分阶段业务转型战略所看到的那样，新光集团近年来加大了多元化投资的步伐。

2014 年，新光集团提出了自企业创建以来最为大胆的发展规划：再用 10 年努力，迈上千亿级企业台阶。新光集团董事长周晓光曾明确表示：“千亿级，是中国民营企业第一群落的门槛，是中小企业与中大企业在资产量上的分水岭，更是一家卓越企业做大做强的重要标志。新光过去的成绩，证明我们是成功的佼佼者。我们要有这个信心，去做更强大的佼佼者。”正是在“千亿战略”的指导下，新光集团开始了对速度的追求，并在主业饰品和房地产外，加快多元化的步伐，其总资产由 2014 年的 353. 6 亿元增长到 2018 年上半年的 812 亿元，4 年内资产复合增长率达 22. 02%。这其中，2016 年新光集团资产增幅为历年最大，也正是在该年，公司发行了 6 只债券共计募资 90 亿元，并先后通过重组和增资的方式控制了上市公司新光圆成，成为南粤银行的第一大股东。

千亿目标很理想，但现实的债务危机很骨感。每 3 年进行一轮资产、负债扩张，经过短暂修整便再次快速扩张，资产负债规模越滚越大，直至债务危机暴露。当前流动性不足成为新光集团面临的最大困境。新光集团再发债已变得十分困难，接下来会面临更大的再融资压力。新光集团，这家大型浙江民营企业就是在这样的轮回里走到了 30 亿元债券违约、百亿待偿压顶的境地。

2. 融资结构不合理，债务到期过于集中，经营现金流短缺

（1）融资结构不合理，债务到期过于集中。新光集团债务压力巨大，特别是短期流动性堪忧。截至 2018 年 3 月，公司有息债务 337. 64 亿元，短期借款 60. 85 亿元、一年内到期的非流动负债 49. 01 亿元。债券余额 133. 11 亿元（包含此次 15 新光 01 回售部分和 17 新光控股 CP001），债券大部分在 2018 年和 2019 年到期或到回收期，2018 年到期或进入回售 98. 09 亿元，2019 年到期 45. 52 亿元。

新光集团有息债务规模为 17 年 EBITDA 的 33 倍左右，内生偿债能力较弱。而新光集团 2018 年半年报显示货币资金仅有 14. 19 亿元，银行授信 109. 54 亿元，已使用

83.99 亿元，未使用授信 25.55 亿元。两者相加远不足以覆盖短期债务规模。

（2）经营现金流不足以满足大额度投资以及偿债的需要。资产、负债规模不断扩大，是否为新光集团带来稳定的现金流？答案是否定的。2010—2014 年，其经营性现金净流量分别为 -13.14 亿元、-21.66 亿元、3.15 亿元、-11.1 亿元、28 亿元，2015 年至 2018 年 6 月分别为 15.48 亿元、11.01 亿元、-13.4 亿元、1.47 亿元，合计约为 -0.2 亿元。

投资净现金流也是如此。2010 年到 2018 年 6 月，其近 9 年累计投资净现金流已经接近 -97 亿元。

在此情况下，依靠大规模借款和举债为新光集团带来了良好的现金流。公开数据显示，2015—2017 年，新光集团融资净现金流 -9.5 亿元、179.5 亿元、1.05 亿元。

2018 年，大规模融资戛然而止。2018 年一季度，新光集团借款取得现金 32.2 亿元，但筹资现金净流量已经只有 5832 万元。二季度借款只有 22 亿元，仅有一季度的六成左右。整个上半年，借款取得现金 54.2 亿元，比上年同期的 74.97 亿元大幅下降。

（3）经营现金流不充分的原因在于公司盈利严重依赖于房地产评估增值和转让股权。

表 5-25 反映了新光集团的营业收入和净利润情况。

2017 年主营业务亏损 14 亿元，但年终净利润为 39.14 亿元。

2015—2018 年一季度公司确认公允价值变动收益 5.9 亿元、0.8 亿元、26.7 亿元和 14.3 亿元，主要是投资性房地产评估增值。

2015—2018 年一季度投资收益分别为 4.8 亿元、4.5 亿元、38.4 亿元和 1.1 亿元，2017 年投资收益较大主要是转让部分房地产项目公司股权所致。

2015—2017 年的利润增长还是依靠房产增值。披露数据显示，2015—2017 年，该公司对投资性房地产采用公允价值模式进行后续计量，引起的公允价值变动收益分别为 5.9 亿元、0.81 亿元、26.72 亿元，占当期营业利润的比例分别为 36.21%、3.82%、51.33%。

表 5-25　　新光集团营业收入和净利润情况

截至 2018 年 6 月　　单位：亿元

年份	2010	2011	2012	2013	2014	2015	2016	2017	2018 年 1—6 月
营业收入	57.4	34.2	20.5		71	90.04	136.15	138.57	80.69
营业利润						16.29	21.23	52.04	9.90
净利润	15.98	8.44	6.64		40.17	13.57	15.57	39.14	6.07

续表

年份	2010	2011	2012	2013	2014	2015	2016	2017	2018年1—6月
投资性房地产公允价值变动收益						5.9	0.81	26.72	
投资性房地产公允价值变动收益占营业利润比例（%）						36.21	3.82	51.35	

资料来源：新光集团各年度财务报告，第一财经2018-09-27。

3. 抵押过高，偿债资产受限

公司出现流动性危机，首先要看是否有可以变现的资产。

截至2018年3月末，新光集团持有的所有权或使用权受限的资产价值为240.10亿元，占净资产的71.61%，主要包括对外抵押的土地、房屋等。其中，抵押的投资性房地产账面价值为134.75亿元，固定资产67.08亿元，存货18亿元，无形资产4068.39万元，在建工程1.25亿元。

截至2018年3月末，新光集团旗下的子公司股权质押情况也比较普遍。在新光集团的参股公司中，百年人寿4亿股股权被质押，中百集团（000759）4240万股股票也已质押。

同时，新光圆成最新公告显示，新光集团持有的上市公司股份中的98.2951%已被质押。由此来看，新光集团的优质资产抵质押情况较为严峻，受限资产规模大，可供新光集团操作的资产较为有限（见表5-26）。

表5-26　　新光集团股权质押情况

截至2018年3月末

质押股权概况	股权质押比例（%）
新光饰品	92.72
新光金控投资有限公司	100
新光贸易	100
富越控股	35
森太农林果	100
持有的上市公司股份（新光圆成）	98.30

4. 评级机构对集团的评级过高，导致公司看低自身风险

评级机构对新光集团的评级过高，易导致公司忽视了潜在的高风险。评级机构是如何看待新光集团的信用的？——AA+公司怎么会出现债券违约呢？

（1）新光集团债务违约前的信用评级。从2011年开始联合信用、大公国际、鹏

元资信三大国内评级机构一直给予新光控股AA评级，直到2018年3月21日大公国际突然将新光控股主体评级上调至AA+评级，随后联合信用亦跟随上调至AA+评级，而鹏元资信至今仍保持新光控股AA评级不变。

2018年3月21日，大公国际资信评估有限公司对新光控股集团有限公司主体与相关债项2018年度跟踪评级报告。评定新光控股集团有限公司主体及相关债项的信用评级由原来的AA级上调至AA+级，评级展望为稳定。

新光集团表示，这意味着公司的资信等级又跨上一个新台阶，同时也意味着新光集团凭借其在经营、融资、可变现能力、债务偿还能力等方面良好的表现，获得了外界对其未来发展的极大认可。

同时，新光集团相关负责人表示，2018年公司在饰品及贸易、房地产、农业等行业盈利方面都将取得良好表现，由于公司采取多样化经营模式、业务板块较多，且关联性较小，一定程度上有利于抵御单一市场风险。凭借品牌影响力和技术优势，公司在饰品行业的优势地位将进一步巩固和强化，区位优势显著和城市住房需求旺盛为公司房地产业务收入提供支持，公司营利能力强。

另外，在偿债能力方面，新光集团收入稳中有升，整体经营性现金流十分稳定，盈利预期向好，在债务偿付方面有可靠的保障，在集团的努力下资本结构逐步优化，集团财务状况十分健康。

新光集团表示，主体信用评级不仅是企业综合经济实力的反映，也是企业在经济活动中的身份证。此次，公司主体信用“AA+”评级的取得，是资本市场对新光集团的高度认可。联合评级上调新光控股主体评级的原因在于，考虑到公司持有优质股权拓宽公司利润来源、资产及收入规模稳定增长、公司业务转型逐步实施并获得政府部门大力支持，以及公司提供的偿债计划较为可行。彼时，联合评级也将将15新光01、15新光02的债券的债项信用等级由AA上调至AA+。尽管大公国际与联合评级均上调新光控股的主体评级，但在2018年6月26日鹏元资信仍维持其主体评级AA不变。

但大公国际在2018年8月份被监管机构处罚时，即曝出曾违规收取新光集团等企业的高额咨询费，为新光集团提高主体评级。据悉，这笔咨询费高达970万元，大公国际在3月收费后迅速将新光集团主体评级从AA上调至AA+。

鹏元评级对新光集团的评级：

鹏元评级在出具的新光控股公司债2018年跟踪信用评级报告中将新光集团主体长期信用评级为AA。鹏元评级在报告中指出，新光集团公司有息负债规模较大，并存在较大的即期偿债压力。2018年3月，新光控股有息债务余额为337.64亿元，占公司负债总额的74.4%，其中一年内到期的有息债务规模为130.41亿元，占有息债务的39.12%。

鹏元评级认为，新光集团存在一定的对外担保和诉讼事项，面临较大的或有负债风险。截至2017年末，公司对外担保余额为31.89亿元，占期末所有者权益的比重为9.73%。被担保单位均为民营企业，其中浙江百炼工贸集团有限公司已经破产，公司面临较大的代偿风险，公司存在较大的或有负债风险。

（2）债务违约发生后的信用评级。正如前面所述，受债券实质违约影响，新光集团的信用评级一再被下调，多米诺骨牌效应显现。

四、控股股东违约，关联方新光圆成受到了怎样的牵连？

（一）新光集团控股上市公司——新光圆成的前世今生

1. 借壳上市并签订业绩承诺书

新光圆成（002147.SZ）的前身为于2007年上市的方圆支承，方圆支承原主营业务为回转支承的生产与经营，产品应用领域涉及建筑机械、工程机械、港口机械、冶金机械、轻工机械和军事装备、风力发电、太阳能发电等行业。新光圆成借壳上市前后的营收和净利润如表5－27、图5－4所示。

表5－27　新光圆成借壳上市前后的营业收入和净利润情况

年份	2008	2009	2010	2011	2012	2013
营业收入	33691.34	28525.76	44751.18	60822.37	34477.85	36679.23
净利润	9090.95	3715.39	8229.69	9524.26	234.88	－3877.74
年份	2014	2015	2016	2017	2018.9.30	
营业收入	35828.68	21687.85	373646.63	200813.29	149395.85	
净利润	168.05	－320.99	151983.92	156936.44	12220.79	

资料来源：新浪股票——新光圆成利润表。

2008年金融危机后，国家于2009年实施经济刺激计划，因此2010年和2011年我国经济高速增长。但在2012年后高铁、公路、房地产等基础设施建设步伐放缓，方圆支承的下游客户市场持续低迷，工程机械行业产能过剩问题严峻，企业之间营销手段不断升级，经营成本及固定费用不断上升。方圆支承董监高们开始清一色地减持。2013年4月23日，方圆支承控股股东签署共同控制关系解除的声明，不再一致行驶股东表决权。

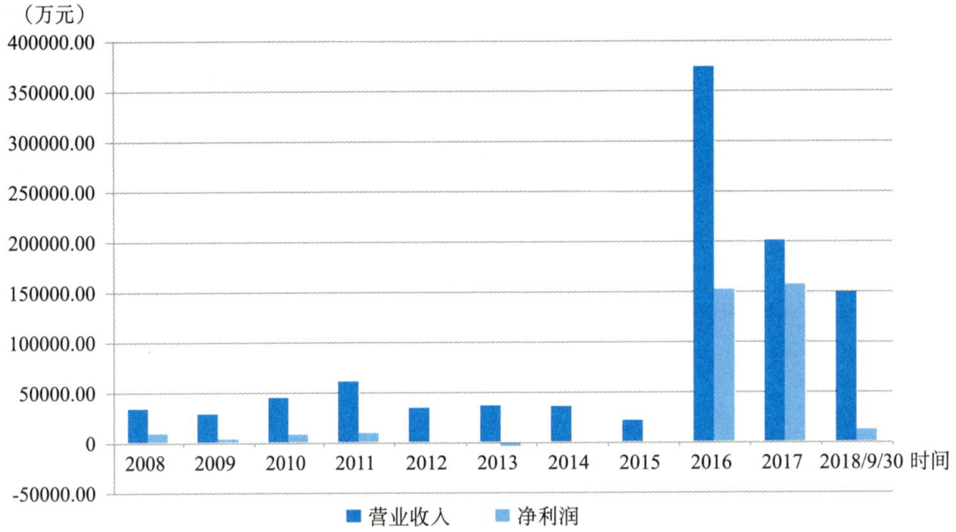

图 5-4　新光圆成借壳上市前后的营收和净利润情况

2015 年 6 月 1 日方圆支承筹划重大事项开始停牌。2015 年 12 月 27 日，方圆支承披露重组预案，拟以每股 11.54 元的价格向新光集团、自然人虞云新发行 9.69 亿股，作价 111.87 亿元购买其合计持有的万厦房产 100% 股权和新光建材城 100% 股权。2016 年 4 月，方圆支承更名为新光圆成，正式在深圳证券交易所挂牌上市。

新光圆成借壳上市时进行了如下业绩承诺：

2016 年度净利润不低于 14 亿元，2016 年度及 2017 年度累计实现净利润不低于 27 亿元，2016 年度、2017 年度与 2018 年度累计实现净利润不低于 40 亿元。利润补偿期为 2016 年、2017 年、2018 年：若利润补偿期内实际净利润数低于承诺利润数，则新光集团、虞云新将以股份的方式对新光圆成进行补偿。其中，根据中勤万信会计师事务所（特殊普通合伙）专项审核报告（勤信专字〔2017〕第 1656 号）显示，2016 年度新光圆成实现扣非归母净利润业绩 15.29 亿元，业绩承诺实现比例为 111.36%；2017 年度新光圆成实现扣非归母净利润业绩 13.57 亿元，两年合计业绩承诺实现比例为 106.88%。

2. 上市后拟进行重大资产重组——意向并购港股上市公司中国高速传动

2018 年 1 月 18 日，新光圆成发布重大事项停牌公告，表示拟现金收购装备制造业资产。

7 月 2 日，新光圆成发布“重大资产购买预案”公告，拟以现金方式收购 Five Seasons 所持有的中国高速传动（00658.HK）8.3 亿股至 12 亿股股份，占中国高速传动全部已发行股本的 51.00%—73.91%。新光圆成至少需要 83.31 亿元。协议转让完成后，新光圆成须就中国高速传动全部已发行股份作出无条件强制现金要约。

被收购方中国高速传动，其主要产品是风电齿轮传动设备和工业齿轮传动设备，是全球领先的风电传动设备供应商。截至2017年末，中国传动总资产274.4亿元，净资产109.8亿元。2016年营业收入89.7亿元，净利润11.1亿元。无论是在资产规模还是营利能力上，均超过新光圆成。特别是以中国高速传动在风电传动设备的市场地位，这宗并购被业界称其为“蛇吞象”。

对于并购动因，新光集团解释如下：上市公司新光圆成现有机械制造业务发展空间有限，而中国传动为全球风力发电传动设备龙头企业，技术实力雄厚、资产质量高、营利能力强。在国家政策大力支持下，装备制造业迎来了新的历史发展机遇。新光圆成的并购在进一步拓展市场的同时，还能大幅度提升公司装备制造板块的业务份额，为未来公司的可持续发展增添动力。

对于并购资金来源，新光圆成表示，收购所需资金为公司自有和自筹资金。为解决收购资金问题，新光集团同意向公司提供50亿元的人民币借款，借款期限为不超过60个月，年利率为4.75%。

而截至2018年6月30日，新光圆成账面上的货币资金为2.14亿元。实质上新光圆成的财务问题在2017年就有所显现。2017年，新光圆成总负债81.27亿元，其中流动负债61.80亿元，占总负债的比例高达76%。流动性债务的优点在于其低成本，缺点是债期限过段易对现金流造成过大的压力。

2017年，新光圆成对外融资总额为48.61亿元。其中，银行贷款10.33亿元，融资成本区间为4.71%至6.41%；信托融资33.7亿元，融资成本区间为6.4%至12%。信托融资占比近70%。对于之所以采取成本高的信托融资方式，新光圆成解释是受房地产行业调控影响，银行直接融资偏紧，为满足正常经营需要，公司采用了部分信托融资模式（见表5-28）。

表5-28　　新光圆成的财务问题（2017年）

年份	总负债	流动负债	流动负债占总负债的比例
2017	81.27亿元	61.80亿元	76%
2017	总额	融资成本	融资占比
对外融资总额	48.61亿元		
其中：银行贷款	10.33亿元	4.71%—6.41%	21%
信托融资	33.7亿元	6.4%—12%	70%

（二）大股东债务违约对新光圆成的影响

1. 借壳上市业绩增长承压，引起对公司业绩造假的质疑

《周晓光：在新光圆成上市挂牌仪式上的讲话》中说，为了借壳上市，我们承诺万厦房产和新光建材城2016—2018年度累计净利润不低于40亿元。这是一个几乎不可能完成的任务。房地产形势如此，只有拜托大家多买新光的房子。如果房子卖不动，新光圆成就要现出原形了——不过也不要紧，100多亿市值的股票一抵押，什么窟窿都填上了。“朋友们，是A股拯救了新光地产，也拯救了相关银行、及与新光有资金业务往来的朋友们”。

2016年4月，新光集团以112亿元作价，将房地产业务打包借壳方圆支承上市，新光控股集团由此持股62.05%。

从业绩表现看，新光圆成2017年年报显示，公司营业收入20.08亿元，同比下滑46.26%；归属上市公司股东的净利润为13.57亿元。其中，2017年四季度实现13.08亿元净利润，但若仔细分析可见，利润主要源于对两家子公司的股权处置收益。如果扣除这两项股权出售获取的收益，实际上新光圆成去年的净利润为负值。

2018年5月，新光圆成再次宣布万厦房产拟将其与滨江集团合作开发的义乌市新光壹品46%的项目权益转予后者，转让对价为18.24亿元。

新光圆成2018年三季报数据显示，报告期内，上市公司营收14.94亿元，净利润仅为1.22亿元；而2018年的业绩承诺总额高达11.4亿元，完成的可能性大概率降低。

对于新光集团2017至2018年的财报表现，媒体提出了对新光圆成业绩造假的质疑。

媒体的观点认为：新光圆成的营业收入与现金流的匹配不符，公司通过出售子公司股权计入经常性损益，调整会计科目。

媒体和各方质疑的信息来自以下方面：

年度分析，2017年新光圆成的营业收入、净利润、经营活动产生的现金流量净额，分别为20.08亿元、13.57亿元和-19.46亿元，分别下降46.26%、11.24%和417.99%。

季度分析，2017年第四季度新光圆成实现净利润13.08亿元，是同期营业收入的3.4倍（见表5-29）。这部分突出的收益来自年内对两家子公司的股权处置，分别为建德新越置业和南通1912文化产业发展的100%股权。新光圆成年报显示，这两笔收益对利润总额影响约为23亿元。根据公司披露，两项股权出售获取的净利润占净利润总额的比例分别为69.36%和38.51%，合计达到107.87%。这意味着，若除掉这两笔收益，实际上新光圆成的净利润为负值。

表 5－29　　2017 年新光圆成分季度报表　　单位：万元

	第一季度	第二季度	第三季度	第四季度
营业收入	41752.32	54070.84	66570.23	38419.90
归属于上市公司股东的净利润	2225.83	1478.27	1218.61	130847.66
归属于上市公司股东的扣除非经常性损益的净利润	2278.19	1273.01	1152.52	130194.07
经营活动产生的现金流量净额	－55137.74	－112035.46	－224574.80	197183.90

资料来源：新光圆成 2017 年度报告摘要。

经营活动现金流量净额为负，并与净利润严重背离的情况，也遭深交所问询。

从 2017 年半年报和 2018 年半年报的对比中，同样可以察看到经营活动现金流量与净利润严重不符（见表 5－30）。

表 5－30　　新光圆成经营活动活动现金流量净额与净利润的比较　　单位：亿元

	2018.6.30	2018.3.31	2017.12.31	2017.9.30	2017.6.30
销售商品、提供劳务收到的现金	13.33	4.471	27.12	19.76	11.70
收到的税费返还	0.01672	0.01672	0.0229	0.02565	0.01775
收到其他与经营活动有关的现金	0.9848	0.6430	2.395	2.245	1.188
经营活动现金流入小计	14.34	5.131	29.54	22.03	12.91
购买商品、接受劳务支付的现金	7.711	2.937	32.60	46.47	16.80
支付给职工以及为职工支付的现金	0.9994	0.5984	1.790	1.356	0.9286
支付的各项税费	2.620	1.410	11.08	10.65	10.17
支付其他与经营活动有关的现金	1.330	0.7037	3.520	2.730	1.735
经营活动现金流出小计	12.66	5.649	48.99	61.20	29.63
经营活动产生的现金流量净额	1.675	－0.5182	－19.46	－39.17	－16.72
净利润	1.5	－0.70	15.69	0.41	0.31
经营活动产生的现金流量净额占净利润	110.93%	74.03%	－124.03%	－9553.66%	－5393.55%

资料来源：作者依据新光圆成各年度或季度报告进行的分析。

2. 大股东违约直接导致新光圆成重组中国高速传动的方案被取消

新光圆成收购计划的原部分融资额度拟定于 2018 年 9 月底通过新光集团增资扩股实现融资后再借给新光圆成。由于上述债务违约事项的发生，导致该部分融资业务受到较大影响，公司无法按原计划时间完成重组事项。期间新光圆成曾期待通过《诚意金补充协议》和《意向书延期协议》将付款延期至 10 月 31 日。但 11 月 1 日，新光圆成发布《关于终止重大资产重组事项暨公司股票复牌的公告》，终止本次重大资产重组事项的原因在于，自筹划本次重组事项以来，公司积极与交易对手方进行了沟通和协商，同时，就标的公司的主营业务、经营战略与公司的发展战略协同效应等方面进行了充分的讨论。但因双方未能就本次交易的重要条款达成一致意见。公司从维护全体股东及公司利益的角度出发，经与交易对方充分协商，并经公司管理层充分讨论和审慎研究论证，决定终止筹划本次重大资产重组事项。股票从 11 月 1 日起复牌。复牌首日即告跌停，报 13.28 元。

3. 大股东违约风险是否具有传递性？且看新光圆成频繁遭到深交所的问询忙于应付

30 亿元负债引发了蝴蝶效应。新光集团已经发生多笔债务违约，融资与偿债压力大，虽经多方努力拟处置资产解决违约及违规事项，由于涉及金额较大，且因新光集团债务违约导致部分债权人查封冻结资产，资产处置进展未能达到预期效率。上述违约事项将对控股股东解决资金占用、违规对外担保等产生不利影响。控股股东深陷债务危机的背景下，新光集团对新光圆成资金占用及违规担保事件如何解决，无疑成为摆在公司面前的一大难题。

9 月 27 日，新光圆成收到深交所的关注函，要求新光圆成就债务违约风险、股权质押情况、重组事项进展等情况作出回复。

深交所关注函的内容如下：

问题一：控股股东新光集团针对上述债务违约风险的解决措施，自查是否对上市公司产生不利影响。

问题二：2018 年初，你公司为新光集团提供了累计不超过 300000 万元融资总额的担保，担保方式包括连带责任的保证担保、资产抵押担保等。请结合控股股东新光集团债务违约情况、资金情况等说明上述担保事项的风险及公司拟采取的保障措施，并及时提示风险。

问题三：新光集团持有你公司股权的质押情况，是否存在平仓风险，清偿债务过程中是否可能导致你公司控制权变更。

问题四：你公司正在推进的重组事项的进展情况，并分析说明上述债务违约事项对该重组的具体影响及拟采取的应对措施。

问题五：你公司认为应予说明的其他事项。

10 月 9 日，新光圆成发布《关于对深交所关注函的说明公告》回复公告。

10 月 31 日，新光圆成发布了《关于公司未履行内部审批决策程序对外担保、资金占用等事项的提示性公告》。当日新光圆成收到深交所《关于对新光圆成股份有限公司的关注函——中小板关注函〔2018〕第 376 号》。

11 月 16 日，新光圆成发布了对深圳证券交易所中小板关注函〔2018〕第 376 号

《关于对新光圆成股份有限公司关注函》的回复函。同日也发布了上海丰进立和律师事务所关于公司未履行内部审批决策程序对外担保、资金占用等事项的法律意见书。

新光圆成公告称：新光集团因其控制的公司或关联企业自身资金紧张，为了经营资金周转需要，新光集团在向某银行融资及向其他企业或个人拆借资金的过程中，违规使用公司公章签署担保合同，其中向某银行融资 9 亿元，使用公司旗下义乌世贸中心酒店房产提供第三顺位抵押担保。另外 11.55 亿元担保，新光集团甚至未提供合同。

除了 20.55 亿元违规担保，新光圆成还为新光集团提供了 28.5 亿元担保，其中国民信托 19 亿元，东方资产江苏省分行 9.5 亿元。

此外，新光集团还违规占用上市公司资金 6.75 亿元。新光圆成公告：经公司自查发现的实际控制人占用资金主要是公司控股股东新光集团未履行相应内部审批决策程序，以公司名义对外借款。公司收到借款后，按总裁虞云新的指令，于 2018 年将前述借款本金 66000 万元，利息 1522.78 万元，本息合计共 67522.78 万元汇入新光集团指定账户，新光集团未将该款项归还至原借款人账户。

2018 年初，新光圆成为新光集团提供累计不超过 30 亿元融资总额的担保，担保方式包括连带责任的保证担保、资产抵押担保等。随着债券违约的蔓延，涉及新光集团的股权冻结、资产查封、起诉如期而至，现在这笔 30 亿元的担保也如同资金黑洞。

11 月 27 日，新光圆成发布了《关于对新光圆成股份有限公司的关注函中小板关注函〔2018〕第 404 号》公告。深交所要求公司尽快就相关事项进行核查并作出书面说明，并在 11 月 30 日前将有关说明材料报送并对外披露，同时抄报安徽证监局上市公司监管处。

12 月 1 日，新光圆成发布《关于深圳证券交易所关注函的说明公告》》（中小板关注函〔2018〕第 404 号）的相关事项汇总说明如下：

（1）以列表形式详细说明截至目前控股股东新光集团的债券、短期融资券等违约情况，包括但不限于名称、到期日期、到期应兑付未兑付的本金、利息金额等。

新光圆成说明如下：截至目前控股股东新光集团的债券、短期融资券等违约情况如表 5－31 所示。

表 5－31　控股股东新光集团的债券、短期融资券等违约情况　单位：万元

到期日期	到期应兑付未兑付的本金	到期应兑付未兑付的利息
2018 年 11 月 23 日	159969.70	12957.55
2018 年 9 月 25 日	173963.30	13000.00

续表

到期日期	到期应兑付未兑付的本金	到期应兑付未兑付的利息
2018 年 10 月 22 日	200000.00	13000.00
2018 年 10 月 19 日	50000.00	4575
2018 年 9 月 22 日	36084.00	0
2018 年 10 月 27 日	100000.00	6800.00
2018 年 11 月 21 日	71000.00	1196.3
合计	791017.00	51528.85

（2）新光集团针对上述债务违约情形的解决措施，上述债务违约事项是否对控股股东解决资金占用、违规对外担保等产生不利影响。

新光圆成说明如下：根据新光集团债务违约事项出具的相关公告，针对违约情况的解决措施主要包括：继续筹措资金，保持与债券持有人沟通，延期支付本金及利息，通过多种途径努力筹措债券本息，尽快向投资人支付本金及利息，从根本上保障债权人利益；全力配合主承销商召开持有人会议，以商讨本期债券违约的后续偿债措施；配合主承销商做好债券相关信息的披露工作。

新光集团已经发生多笔债务违约，融资与偿债压力大，虽经多方努力拟处置资产解决违约及违规事项，由于涉及金额较大，且因新光集团债务违约导致部分债权人查封冻结资产，资产处置进展未能达到预期效率。上述违约事项将对控股股东解决资金占用、违规对外担保等产生不利影响。

（3）2018 年初，你公司为新光集团提供了累计不超过 30 亿元融资总额的担保，担保方式包括连带责任的保证担保、资产抵押担保等。请结合控股股东新光集团债务违约情况、资金情况等说明上述担保事项的风险及公司拟采取的保障措施，并及时提示风险。

新光圆成说明如下：2018 年初，公司为新光集团提供了累计不超过 30 亿元融资总额的担保，2018 年 9 月以来，新光集团发生多笔债务违约。当前，新光集团融资与偿债压力大，拟通过资产处置解决债务问题，但进展缓慢。若上述公司为新光集团担保债务到期前，其资产处置未能完成，或资产处置后不能足额偿还债务，公司可能存在该债务项下担保抵押资产被债权人处置的风险。

公司持续关注新光集团解决债务违约的后续举措，针对上述担保事项的风险及时调整保障措施，积极与新光集团商讨可行的反担保措施。鉴于新光集团因债务违约导致资产被债权人查封、冻结，暂时无法以其资产提供反担保，若上述公司为新光集团担保债务到期未能偿还，且债权人要求公司履行担保义务的情形发生时，公司将向新光集团追偿，届时可能需要与债权人协商处置资产或通过司法程序解决。公司将持续督促控股股东继续通过多渠道努力筹措资金，积极与债权人保持密切沟通，通过正常司法途径，力争妥善处理并尽快解除上述违规事项。

（4）你公司认为应予以说明的其他事项。

新光圆成说明如下：公司将持续跟踪控股股东关于违约债券的兑付情况或后续解决措施与进展情况，实时评估对公司产生的不利影响，并适时调整应对措施，减少因控股股东债务违约风险对公司的影响。

12月3日，新光圆成发布《关于公司股票实施其他风险警示的公告》。实行其他风险警示的主要原因是：公司控股股东及其关联人在未履行正常审批决策程序的情况下，在担保函、保证合同等法律文件上加盖了公章；公司控股股东未履行相应内部审批决策程序，以公司名义对外借款并被其占用。

为消除上述违规事项的影响，控股股东积极筹划处置旗下资产，以偿还占用资金及解除担保事项，但由于拟处置资产涉及金额较大，且因新光集团债务违约导致部分债权人查封冻结资产，资产处置进展未能达到预期效率。尽管控股股东仍在积极实施资产处置、研究重整方案等多种形式解决违规事项，但截至2018年11月30日，控股股东没有筹措到能有效解决债务的资金，控股股东上述违规事项未能解决。公司已于2018年11月30日向地方人民法院送达诉讼状，拟采取资产保全措施。

综上所述，根据深圳证券交易所《股票上市规则（2018年修订）》第13.3.1条（四）规定即“公司向控股股东或者其关联人提供资金或者违反规定程序对外提供担保且情形严重的”、第13.3.2条的“向控股股东或者其关联人提供资金或者违反规定程序对外提供担保且情形严重，无可行的解决方案或者虽提出解决方案但预计无法在一个月内解决的。”相关规定，公司股票将被实行其他风险警示。

12月4日，新光圆成（002147.SZ）被戴上了ST的帽子，股票简称变更为“ST新光”。

4. 新光圆成的股价大起大落，公司被带上了ST的帽子

周晓光曾经说过：A股是点石成金、创造奇迹的地方。Wind数据显示，2018年以来，包括凯迪生态、ST中安、印记传媒、乐视网、富贵鸟、神雾环保、*ST华信、亿阳信通、利源精制、永泰能源、金鸿控股等上市公司或大股东已经多次债券违约现象。从涉及违约的上市公司来看，股价均大幅下跌。

11月5—16日间，新光圆成发布了5次《关于股票交易异常波动的公告》，公司经历复牌后的连续8个跌停。跌得撞撞之间投资者和公司利益受到极大损害。12月4日，新光圆成（002147.SZ）被戴上了ST的帽子，股票简称变更为“ST新光”。其股

价走势如图 5－5、图 5－6 所示。

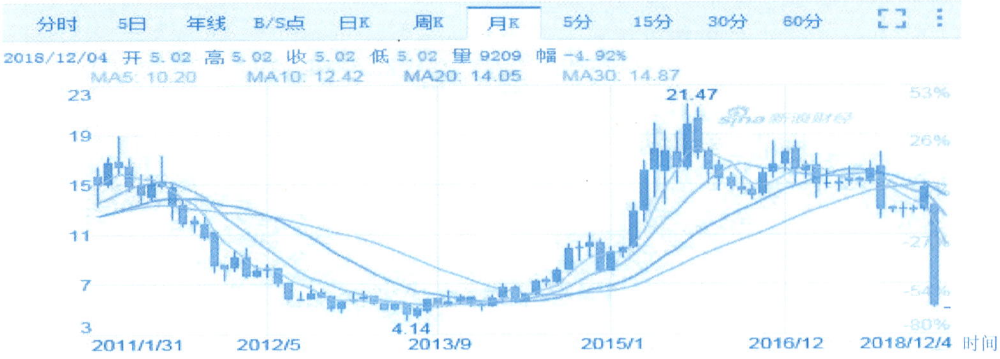

图 5－5　新光圆成股价走势月 K 图

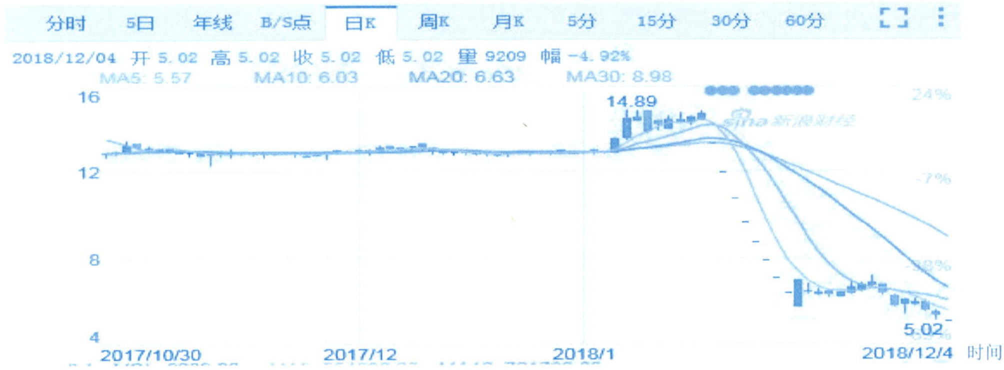

图 5－6　新光圆成股价走势日 K 图

五、新光集团如何破解僵局，走出流动性危机？

债务违约后，如何自救，是摆在新光集团面前的一个难题。

通常解决债务违约的短期措施包括：（1）召开债权持有人会议，最先获得债权人和股东的谅解和支持，延缓近期的压力；（2）通过寻求银团输血获得流动性支持；（3）引进外部战略投资者；（4）获得政府的资金支持；（5）通过甩卖资产或股权转让纾困。其中，第（5）点如果不是公司资产最佳售卖点，将造成资产变现损失，降低公司盈利。解决债务违约的长期措施包括：正确进行公司战略定位，合理安排投融资计划，适度负债、管控财务风险，做好现金流动性和营运资金管理，毕竟创造现金流才是王道。

2018 年以来，多家企业遭遇债务风波，其中山西的民营煤炭巨头永泰能源（600157. SH）通过与债权人达成和解、出售资产等方式逐步拆雷。而同处浙江的盾安集团债务危机则是寻找政府来解围。

是断臂求生，还是等白衣骑士？债务违约发生前的一次访谈节目上，新光控股创始人周晓光曾表示，“我觉得我现在哪怕是什么没有，从头再来，我还是能够重新站起来，我对我自己很有信心。不管怎么样，面临什么样的困难和挑战，我都会去面对它”。

1. 已经和正在寻求政府帮助

债务违约发生后，新光集团已紧急向浙江省、市各级政府部门做了情况汇报，希望获得政府的帮助。对于外界的传闻，新光集团新闻发言人徐军对记者的回答是，“确实与政府有过沟通，不过目前政府尚未回应。但是，沟通还在继续，正在争取政府的支持”。

2. 期待引进战略投资者

9月27日晚间，有媒体公开报道，新光集团正引进外部战略投资者，对新光集团增资约40亿元；新光集团方面还称，公司正与四大资产管理公司之一的公司商洽，计划引入战略投资者增资。

3. 转让股权或通过子公司上市 IPO 解困

新光集团还打算转让所持有的新天集团77.78%股权，预计现金流入约65亿元。实际上，自2017年下半年开始，新光集团就被市场质疑存在流动性压力。为了偿债，新光集团从2017年开始陆续处置和转让了包括酒店、物业、股权在内的各项资产，回笼资金，保证了上半年到期债券的兑付。

新光集团控股子公司新光饰品的IPO申报亦被提上自救纾困的议程。公开资料显示，新光饰品2017年底合并总资产21.19亿元，负债总额13.35亿元，所有者权益7.84亿元；2017年全年主营业务收入12.43亿元，净利润1.04亿元。

除上市公司新光圆成和被赋予上市期待的新光饰品外，目前，新光集团所持股权资产还包括南粤银行和武汉中百集团。2018年半年报显示，新光集团仍是中百集团持股6.23%的第五大股东。

4. 获得银行融资

“新光集团债务解决方案较为复杂，需要整体安排，而且需要强有力的资金注入来恢复信用，而这只有靠商业银行”。

新光集团表示，“公司目前生产经营正常，基本面依然良好。在今后的发展中，我们将深刻汲取教训，着力加强流动性专业化管理，坚决实施资产瘦身计划，积极化解金融风险，继续专注于主业和实体经济，为投资者创造更大价值，为地方经济社会发展持续贡献力量”。

主承销商表示，将采取4条措施维护持有人合法权益。①督导发行人继续通过多种途径努力筹措本期债券本息，尽快向投资人支付本期短期融资券的本金及利息；②督导发行人做好相关后续信息披露工作；③督导发行人积极听取债券持有人相关诉求，及时召开持有人会议，共同商讨后续解决方案，维护持有人权益；④严格按照银行间市场相关规定做好主承销商的信息披露，督导发行人定期披露后续违约处置工作进展。

新光集团何去何从，政府、银行、债权人、投资者、其他利益相关者都拭目以待，在自身偿债无望的情况下，我们能否眼看着一家国内500强企业倒闭？新光集团及其类似企业该如何反省自己、从困境中东山再起，砥砺奋进？站在分析者的角度，你认为当前该集团应采取哪些对策？

六、新光集团债务违约案例的启示

篇首的《浙股》在关于新光集团债务违约一文中提出了如下观点：依靠负债驱动规模，却并未带来经营、现金流的改善，最终走向不可持续，这是10年间经历3次规模扩张，最终债务违约的新光集团留下的启示。

通过对新光集团债务违约案例的分析，你会从中获得哪些启示性信息？以下观点你是否赞同？

1. 应进行正确的企业战略定位，切记过度追求规模增长

多元化经营，对行业发展趋势的判断很重要。新光控股是多元化经营企业，主要业务板块涉及饰品及贸易板块、房地产板块、农业板块等。饰品及贸易板块毛利率逐年下降、高营业额低净利润；房地产板块作为主要的利润增长点，周期性强，主要布局于非一二级城市，市价上升空闲受限；商业项目偏多，虽然可分散风险，但受市场环境影响大。不得不说，多元化下的负债推动，导致过多的投融资，且经营现金流不能满足偿债需要，这是导致债务违约的根本性原因。企业可以多元化经营，但在多元化的路上，要全盘考虑行业的相关性。

2. 应在集团公司与控股上市公司之间建立天然的屏障

集团和上市公司之间是母凭子贵还是母强子弱？或者是因母子连心一荣俱荣，一损俱损？

集团内部的上市公司和控股公司之间，天然地存在着投资与被投资关系，甚或购销关系、借贷关系、担保关系等，这是控制权使然。上市公司的独立性和严监管，注定了即使上市子公司再好，在集团控股股东流动性危机面前也不能随意作为。在集团内部涉及资金运作时，需要明确的是上市公司的透明度明显高于非上市集团公司，如

果集团对控股上市公司了施加过多干预，一旦触碰了信息披露违规的底线，将给上市公司的发展带来致命一击。

集团公司对子公司的影响确实是全方位的，交易所问询、信息披露、违规担保、违规资金占用、股价大幅波动，并购重组方案的失败，上市公司信誉受损，正常的经营活动难以施展，盈利目标泡汤、业绩承诺受压，股权质押风险引发的控制权转移，这些都不是资金补偿到位能弥补的。

3. 应关注集团及其主要公司的资产结构

资产组合决定收入组合、营利结构、资产的流动性以及偿债能力。如果集团内部的投资性房地产占比较大，虽然可以通过会计政策的应用，调整账面资产和评估收益，但这并不会实质上增加企业的现金流入量。依据账面财富构建的资产和营利基础不具有稳健性，更为盲目扩展发债规模带来隐患。因此，在集团层面实施债券融资前，需要对合并报表范围的母子公司进行资产组合分析，应分别从母、子公司报表角度，深入分析资产结构、可抵押资产及其变现能力，否则一旦债务违约，资产的变现能力差，必然影响现金的流动性，从而产生流动性危机。

4. 应优化资金结构，适配各种债务

短期债务虽可以降低融资成本，但会加大流动性压力。按合并报表口径，截至2018年6月末，新光控股短期金融负债达222亿元，其中短期借款71.5亿元、一年内到期的非流动负债130.5亿元及其他流动负债20亿元（主要为短融），而与此同时临时性流动资产仅为38亿元，此注定了短期债务的偿还主要依靠借新债。问题是借新债，最大的不确定性市场一旦变换，无论企业的直接还是间接融资都会受阻，陷入恶性循环。

5. 完善内部控制程序，建立隔离墙

违规事项反映出新光圆成的内控流程形同虚设，尤其是控股股东违规占用资金这一项。“债权的转移要经过债权人的同意。从债权人现在上诉看，未经过债权人同意的可能性很大。如果债权人不同意的情况下向控股股东转移债权和资金，这在会计记账程序上是有缺陷的。转移债权却不确认债务，这在财务层面有做低负债的考虑”。

集团公司与上市公司之间本应有一道隔离墙，新光集团债务违约以及上市公司的冲击，反映了在新光集团与上市公司内部没有建立起隔离墙，内部控制不规范，大股东对上市公司的控制行为太过明显，这些都是需要进一步反思的行为。

除了上述启示，你认为该案例还有哪些值得总结的启示性信息？

参考资料

[1] 集团介绍. 新光集团网 [引用日期 2018-08-01]

[2] 新光控股集团成我市首个主体信用评级 AA+的民营企业. 中国义乌政府门户网站 [引用日期 2018-06-13]

[3] 新光饰品获评 2017 省制造业与互联网融合发展示范企业. 义乌市经济和信息化网 [引用日期 2018-06-14]

[4] 新光集团借壳成功 方圆支承更名新光圆成. 新华网 [引用日期 2018-05-15]

[5] 新光控股集团与宁波太平洋集团强强联手 东阳第一商业广场呼之欲出. 金华新闻网 [引用日期 2018-06-22]

[6] 浙江民企新光集团一日两债违约 百亿存续债何去何从. 财新网 [引用日期 2018-09-26]

案例 6

公立医院平衡计分卡的构建

——以河南省肿瘤医院为例

自 2009 年中共中央、国务院发布关于深化医药卫生体制改革的意见后，作为医疗服务业的主要构成部分——公立医院，成为改革的重点对象。作为事业单位的公立医院，一直以来都按照公共部门管理的方式运营，制度死板，不能有效应对灵活多变的市场环境。在新医改的大背景下，如何有效率地提供高质量的服务，成为公立医院面临的难题。鉴于此，作为公立医院的河南省肿瘤医院为了解决当下的困境，同时为了打造“患者首选，美好家园”的愿景以及达到“建立国家肿瘤区域医疗中心”的目标，决定构建具有公立医院特色的平衡计分卡，并以平衡计分卡为基础进行预算编制。本案例以河南省肿瘤医院为例，详细描述了公立医院构建平衡计分卡的过程，总结分析了构建过程中的经验与问题，为学员理解、掌握非营利组织和事业单位引入平衡计分卡的过程提供了新思路。

案例正文

2017年4月的一个早晨，河南省肿瘤医院的总会计师韩斌斌刚刚接到一个重要通知——国家卫计委等七部门联合印发了《关于全面推开公立医院综合改革工作的通知》。该通知要求7月31日前，所有地市需要出台城市公立医院综合改革实施方案；9月30日前，全面推开公立医院综合改革，所有公立医院全部取消药品加成（中药饮片除外）。韩总皱起了眉头，虽然自她担任总会计师以来经历了多次医疗改革，也带领财务团队多次研究、学习、贯彻医改政策，但是公立医院改革牵一发而动全身，如今国家要求全面取消药品加成，这给药品占比极高的肿瘤医院带来了更加强烈的冲击。与此同时，河南省肿瘤医院还在努力建设国家肿瘤区域医疗中心，面对国内其他肿瘤医院的激烈竞争以及国家政策带来的改革压力，河南省肿瘤医院何去何从呢？韩总陷入了沉思。

一、背景简介

（一）新医改的推进

按照党的十七大精神，为建立中国特色医药卫生体制，逐步实现人人享有基本医疗卫生服务的目标，提升全民健康水平，2009年3月17日，中共中央、国务院向社会公布关于深化医药卫生体制改革的意见，提出了“有效减轻居民就医费用负担，切实缓解‘看病难、看病贵’”的近期目标，以及“建立健全覆盖城乡居民的基本医疗卫生制度，为群众提供安全、有效、方便、价廉的医疗卫生服务”的长远目标。历史沿革下，公立医院集中了最全面、最优质的医疗资源，是国家医疗卫生体系的主导力量，因此也必然应在我国卫生事业发展中树立表率。然而，公立医院作为事业单位，其体制较企业而言更为僵化，管理效率也有待提升，更严重的是基于财政预算体系的公立医院仅着眼于财务收支平衡。自2009年医疗改革明确了医药卫生事业改革的方向，到2015年，国务院办公厅下发多项医改文件，公立医院成为改革的重点对象，原有追求规模和数量的模式，已然无法承担新经济形势下的使命。

新医改向公立医院提出了严峻挑战，尤其是对于部分省市级公立医院来说，一方面医疗服务价格调整，严控医疗费用增长，建立国家基本药物制度，医药分开，破除以药养医机制，取消药品加成。同时医疗保险范围扩大，严格把关封顶费用。另一方面，随着基本医疗全面覆盖城乡居民，分级就诊措施落地，部分普通、慢性疾病的病患将被强制性下放，省市级公立医院将主攻重症难症，患者数量及结构的变动势必会造成公立医院的收入总额和收入成本结构的变动，这对公立医院的日常运营维护及成本控制提出了更高要求。

（二）河南省肿瘤医院基本情况

河南省肿瘤医院筹建于 1977 年，现已成为国内肿瘤防治领域一所知名的大型现代化三级甲等医院，其开放床位、医疗设备、诊疗水平、人才团队等诸多方面，均居河南省专科医院首位，其组织结构具体如图 6－1 所示。

图 6－1　河南省肿瘤医院组织架构

河南省肿瘤医院学科实力雄厚，在医疗器械方面进行大力投入，专门成立医疗装备部对相关器械进行管理。该院倡导“引育结合、以育为主”的人才培养理念，先后与多个国家和地区的诊疗机构开展协作项目，充分利用国外先进的技术和经验。目前河南省肿瘤医院面对着药品加成被废除后的收入来源途径减少的问题，作为医疗体系主导中坚力量提升服务质量的挑战，以“患者首选，美好家园”为愿景，以“建设国家肿瘤区域医疗中心”为目标。鉴于此，医院面对的问题主要是如何一体化实现成本管控、效率强化和品牌效应建立。

二、案例概况

（一）河南省肿瘤医院管理会计体系现状及存在问题

河南省肿瘤医院在韩斌斌总会计师的带领下不断地对管理会计体系进行改革创新，以期能够促进医院良好运营和稳步发展。但新医改的步伐逐步向前，尤其即将执行的“全面取消药品加成”政策，单纯“降成本”的思想已经无法满足医院的管理需求，河南省肿瘤医院即将针对其管理会计体系，尤其是绩效考核体系进行新的探索。

在我国，事业单位可以自行订立绩效考核制度，确立奖惩办法，形成与自身特征相符的绩效评价体系。鉴于此，河南省肿瘤医院开始了对建立独特的绩效评价体系的初步探索。初期，针对员工的绩效仅是单一地运用“收减支”来考核。虽然简易直观，便于理解，在短期内有助于激励员工，但随着人民生活水平的不断提高，医疗需求日益增加，同时政府对公立医院的管理要求大幅提高，由此看来“收减支”已无法满足医院的管理需求。

意识到当前绩效评价体系存在的缺陷后，河南省肿瘤医院开始下一个阶段的探索，在绩效评价体系中增加了“工作量”和“百元收入”的指标。同时，院方提出对质量的重视以及以患者为核心的思想。新的绩效管理模式在多个方面进行了改进，如提高指标设定的针对性，不同的职能部门员工用不同的指标进行评价；成立绩效委员会，加强对绩效评价体系建设的重视；编制十年发展规划，对自身情况及外界环境进行系统的了解与认识，形成肿瘤医院的愿景和战略规划等。

绩效评价体系是管理系统的核心，面对新医改的全面推进，当前河南省肿瘤医院的绩效评价体系无法为医院实现成本管控、效率强化和品牌效应建立。其主要存在如下的问题：

1. 未能将绩效评价与战略紧密联系

院级领导已经意识到患者满意度的重要性，明白降成本的同时还需要保证诊疗服务质量，为患者提供满意的服务，但这一思想目前并未在绩效评价体系中明确体现，存在管理系统与战略决策断层的情况。

2. 未实现绩效评价的系统性管理

医院的管理要求应随着外界环境及自身状况的发展而不断改进，除了完善评价方案，补充设置指标外，更重要的是将该理念转化为医院文化，改变管理者及各层级员工的认知，从根本上保证新系统的实施。在这一过程中，制度固化十分重要，要将思路、决策转换成具体的文字性文件，便于落实。

3. 未明确指标间的内在联系

在绩效评价体系的构建过程中，应注重对员工的普及教育，让他们明确各指标设计的原因、相关联系以及各个时间点需要达到的指标值。这样员工才能将医院的战略、绩效评价体系的设计和自身的日常工作联系起来，有利于工作的落地与实施。这方面的工作正是目前河南省肿瘤医院所严重欠缺的部分。

综合上述分析可以看出，该院现有的绩效评价体系的确在医院的运营中有过积极正面的影响，但无法实现宏观上的统筹和指导全局的管理，也就不利于全面提升医院整体的管理水平，因此仍有较大的改进空间。

（二）河南省肿瘤医院平衡计分卡的构建

平衡计分卡在医疗领域绩效管理方面逐渐受到关注，较为适合指导医院进行转型。河南省肿瘤医院考虑运用平衡计分卡来解决医院绩效管理体系建设所面临的困境。

1. 行动学习方法

“行动学习”一词的概念和应用方法最早出现于 Revans（1971）的书中，行动学习是指一个团体解决现实问题以实现个人和组织共同成长的方法。该方法包括 6 个重要元素：（1）紧急的、需要解决的重要问题或任务；（2）多元化的小组；（3）研讨的流程；（4）制定并执行行动方案；（5）对学习的承诺；（6）行动学习催化师。

河南省肿瘤医院平衡计分卡体系的构建通过行动学习的形式开展，该方法使得各级员工参与体系的设计和调整，能够提高员工的接受度，也有助于平衡计分卡体系的成功落地。在行动学习正式开始前，需进行如下准备工作：（1）向院方参会人员灌输行动学习的方法及平衡计分卡知识；（2）将院方共 72 名参会的中层管理者以多元化为原则分成 6 个小组；（3）采购研讨会相关用品如白板、马克笔、便利贴、A4 纸、无痕胶等，以便于分组讨论的方式布置会场。

整个行动学习的讨论流程如图 6－2 所示，各小组针对战略主题进行讨论，根据战略主题设定战略目标并绘制战略地图，设计用于衡量目标完成程度的战略指标，各部门对指标进行认领并编制指标字典、行动方案。至此医院层级的平衡计分卡体系基本构建完毕，各职能部门需要以此为基础制定部门级平衡计分卡。

2. 构建院级平衡计分卡

（1）确定战略主题并归类。在新医改的影响下，河南省肿瘤医院应如何提升经营业绩，实现其成为国家肿瘤区域医疗中心和患者首选医院这一战略目标和愿景呢？针对这一问题，院方管理者最终确定了两个关注点：成本效率以及品牌影响力。前者影响单位就诊人次的经济效益，后者决定了服务对象总量。行动学习以该问题为导向，制定了一体化实现成本控制、效率强化、品牌影响力提高的战略总目标，并展开了关于医院层面战略主题的讨论（见图6－3）。

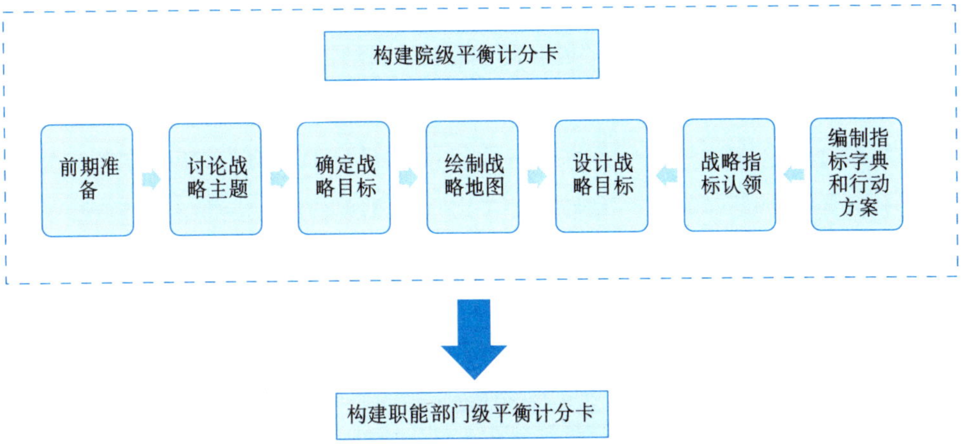

图6－2　行动学习讨论流程

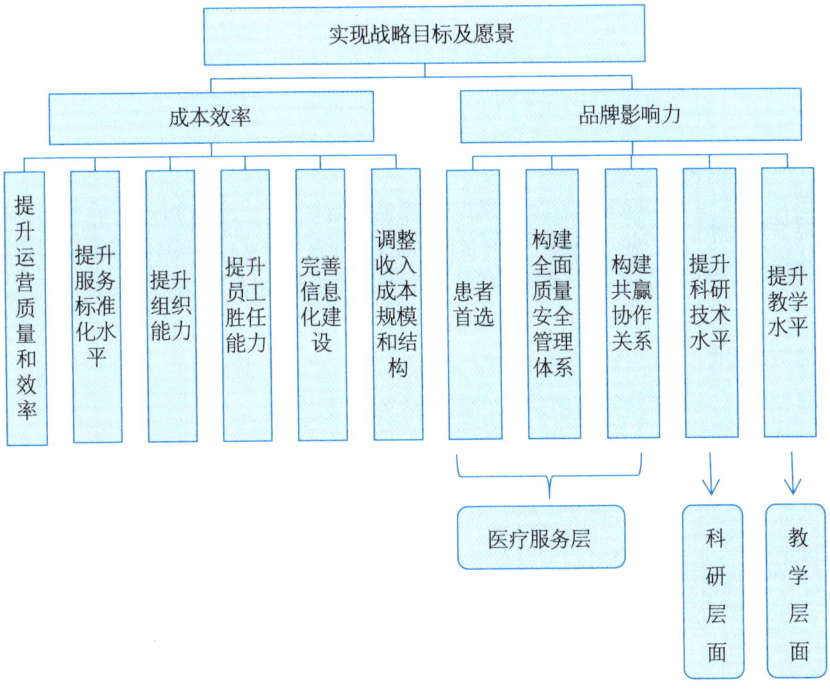

图6－3　问题导向下战略主题设计

按照平衡计分卡的4个维度，6个行动学习小组经过充分的讨论后共提出59项战略主题，删除重复并合并相关条目后共计28项。经院长及总会计师讨论后决定选取其中提及次数较多且具有战略导向意义的11项作为院级平衡计分卡的战略主题（见表6－1），该结果取得参会人员一致同意。并且考虑到公立医院提供服务的特殊性以及河南省肿瘤医院的特点，院方将卡普兰原平衡计分卡模型中4个维度的名称及位置进行了相应调整，考虑将患者及协作方（客户层面）放在首位，强调公立医院以患者为核心的理念，凸显其为社会提供医疗服务的职能。与一般企业追求利益最大化不同，公立医院并不过分追逐盈利，财务方面考虑更多的是如何达到收支平衡略有盈余。因此在设计平衡计分卡时将财务作为基石置于底层，体现出公立医院的公益性。

表6－1　　河南省肿瘤医院院级战略主题

愿景：患者首选，美好家园		
目标：建设国家肿瘤区域医疗中心		
患者及协作方	C1 患者首选	患者是医院工作的重中之重，现如今综合性医院、专科医院、公立医院、私立医院等医院种类众多，患者的选择日趋多样化，吸引更多患者前来就诊是医院品牌与实力的彰显，也是医院运营、技术、服务等综合素质的一种体现
	C2 构建共赢协作关系	我国正在建立全方位多层次的医疗系统，尤其是对“分层诊疗”“建立医联体网络”的要求将会使医院间的分工与合作更加密切，也对医院间构建共赢协作关系提出了更高要求
内部流程	I1 提升运营质量和效率	在医院运营中，质量和效率两者必须兼顾，缺一不可。提高运营效率不仅是医院提升自身实力的需要，医疗市场逐渐加剧的竞争也要求医院以高质高效的医疗和服务去争取患者
	I2 构建全面质量安全管理体系	全面质量安全管理体系要求医院作为一个现代质量管理整体，将全院医疗质量及其可能的影响因素大范围地涵盖在医院管理控制体系中
	I3 提升科研和诊疗技术水平	科研是提升诊疗水平，提高医生素养的基石，要求医院以成为学习研究型医院为目标，培养更多高层次人才，提高科研成果与科研运用之间的转化率。诊疗技术是医院实力最突出的体现，是医院基业长青的基础，要求医院能够打造一支专业的医护队伍，聚集一批技能过硬、同行认可、患者信赖的专家
	I4 提升服务标准化水平	有助于管理，有利于提高患者的满意度，提升医院的品牌和影响力
	I5 提升教学水平	实现医院的教学职能，同时引进人才，加强专业技术人员队伍建设，是医院自身发展的需要

续表

愿景：患者首选，美好家园		
目标：建设国家肿瘤区域医疗中心		
学习成长	L1 提升组织能力	医院组织管理能力不仅影响着医院的长远发展，还时刻影响着医院的运营效率。组织能力是医院内部有效运营的基础
	L2 提升员工胜任能力	医院员工胜任力的提升要有针对性，对于不同职能部门的角色和工作岗位，对胜任力的要求不同。胜任力提升要持续进行，优秀的员工是组织不断前进的动力源泉
	L3 完善信息化建设	计算机在医院医疗、教学、科研、管理的各个方面得到越来越广泛的运用，并已成为现代化医院运营必不可少的基础设施与技术支撑
财务	F1 调整收入成本规模和结构	就医费用增长速度过快是医疗事业在快速发展过程中面临的主要问题。“看病贵”的问题，可以通过调整医院的收益结构得到妥善解决。同时医院也能优化资金配置，将结余资金用于医院的可持续发展。同时医院也能优化资金配置，将结余资金用于医院可持续发展

（2）确定战略目标。基于这11项战略主题，医院开始了关于战略目标的行动学习讨论。首先，由各讨论组针对每项主题，提出战略目标，6个小组共形成了251项战略目标。之后，所有行动学习参与者对这251项战略目标进行筛选提炼，去除表述不明确、重要度低或无法量化的目标，将其中多次出现、表意相近、重要度较高的战略目标提炼出来，共形成32项战略目标。专家组又对这32项目标进行了逐一点评。最后，小组成员根据专家的建议，对目标进行再次讨论，对其内涵、数量、名称等进行了优化，最终在11个战略主题下形成了16项战略目标，每个战略主题均由1—3项战略目标进行阐释。表6－2展示了院级平衡计分卡的16项战略目标。

表6－2　　平衡计分卡战略目标

层面	战略主题（11个）	战略目标（16项）
患者及协作方	C1 患者首选	C11 提升患者就医体验
	C2 构建共赢协作关系	C21 加强渠道建设
内部流程	I1 提升运营质量和效率	I11 优化资源配置和运行效率
	I2 构建全面质量安全管理体系	I21 建立全面质量管理体系
		I22 保障生产安全
	I3 提升科研和诊疗技术水平	I31 加强科研和技术创新
		I32 加强学科建设
	I4 提升服务标准化水平	I41 建立SOP服务体系
	I5 提升教学水平	I51 建成临床医学院
		I52 成为国家规培基地

续表

层面	战略主题（11 个）	战略目标（16 项）
学习成长	L1 提升组织能力	L11 提高组织执行力
	L2 提升员工胜任能力	L21 建立职业化培训体系
		L22 优化人员资源配置
	L3 完善信息化建设	L31 为医院发展提供信息支撑
财务	F1 调整收入成本规模和结构	F11 调整医院收入结构
		F12 做好成本管控

（3）形成战略地图。在平衡计分卡中，卡普兰提出“不能衡量的，就无法管理”。作为平衡计分卡的发展和升华，在战略地图中，他再次创造性地提出了“不能描述的，就无法管理”。平衡计分卡只是一个基本的框架，作为战略实施的指导仍显不足。而战略地图增加了细节层，可以改善战略的清晰性并突出重点。

河南省肿瘤医院的院级战略地图如图 6－4 所示，考虑到公立医院提供服务的特殊性以及河南省肿瘤医院的特点，将卡普兰原平衡计分卡模型中 4 个维度的名称及位置进行了相应调整，如将患者及协作方（客户层面）放在首位，强调公立医院以患者为核心的理念，凸显其为社会提供医疗服务的职能。与一般企业追求利益最大化不同，公立医院并不过分追逐盈利，财务方面考虑更多的是如何达到收支平衡略有盈余。因

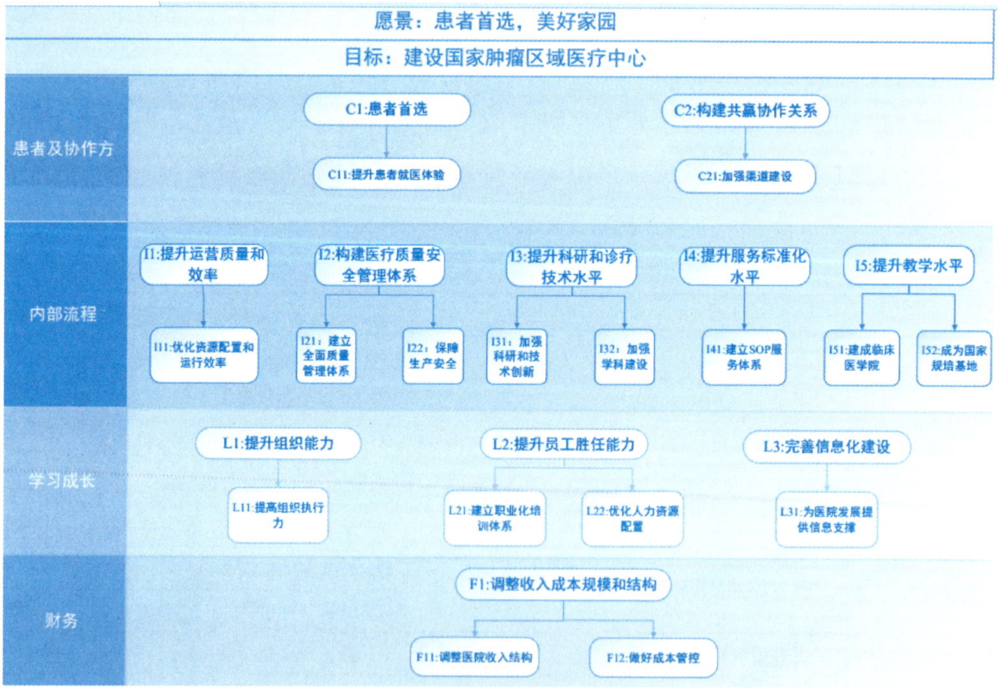

图 6－4　河南省肿瘤医院战略地图

此将财务作为基石置于底层，体现出公立医院的公益性。对于肿瘤医院来说，与患者及协作方构建和谐的关系才是医院发展的根本战略，内部流程能够支持为患者提供更优服务、与协作方更好合作，学习成长是内部流程高效运行的坚实保障，而财务能够平衡医院收入成本，为医院其他战略的实施提供更好的支持。

（4）确定相关指标。根据上一部分中对河南省肿瘤医院平衡计分卡战略主题、战略目标的设计和确立，各小组集思广益并将提出的60项考核指标进行集中分类，本着“考核指标可量化、可操作、易取得”的原则，提炼至44项。最终经院领导讨论确定了覆盖到医院科学管理各个方面的共计32项考核指标，如表6－3所示。

表6－3　　院级平衡计分卡指标体系

层面	战略主题（11个）	战略目标（16项）	战略指标（32项）
患者及协作方	C1 患者首选	C11 提升患者就医体验	患者满意度
			平均住院日
			手术率
			首次住院人数
	C2 构建共赢协作关系	C21 加强渠道建设	双向转诊率
内部流程	I1 提升运营质量和效率	I11 优化资源配置和运行效率	百元医疗设备收入
			大型设备功能利用率
			医技、放疗漏费率
			医保回款率
	I2 构建全面质量安全管理体系	I21 建立全面质量管理体系	门诊医生准时开诊率
			医技检查预约按时完成率
			责任制整体护理合格率
			医院感染患病率
		I22 保障生产安全	安全生产
	I3 提升科研和诊疗技术水平	I31 加强科研和技术创新	国家级课题成果数量
			5分以上SCI论文数量
			新药物临床试验数量
		I32 加强学科建设	省级及以上重点学科（平台）数量
			学科带头人（厅级以上）数量
	I4 提升服务标准化水平	I41 建立SOP服务体系	SOP达标率
	I5 提升教学水平	I51 建成临床医学院	导师数量
		I52 成为国家规培基地	外院规培生数量

续表

层面	战略主题（11 个）	战略目标（16 项）	战略指标（32 项）
学习成长	L1 提升组织能力	L11 提高组织执行力	制度、流程修订及时率
			职工代表大会提案办理满意率
	L2 提升员工胜任能力	L21 建立职业化培训体系	管理岗位人员职业化培训率
		L22 优化人员资源配置	核心岗位胜任度
	L3 完善信息化建设	L31 为医院发展提供信息支撑	内部员工信息系统满意度
			管理指标信息化率
财务	F1 调整收入成本规模和结构	F11 调整医院收入结构	业务收入增长率
			药品占比
			耗材占比
		F12 做好成本管控	百元医疗收入成本

（5）平衡计分卡指标认领。没有量化就没有管理，在完成平衡计分卡战略指标的设计后，河南省肿瘤医院初步搭建起了符合医院独特院情、适应医改政策、具有前瞻性的战略框架，实现了战略目标与医院运营管理的无缝对接。考核指标设计完成后，还需要分配到各个职能部室后才能建立起目标责任机制。各职能部室负责人与相应主管院级领导进行讨论后对各项考核指标进行认领，认领采取举牌打分的形式。5 分表示将由该职能部门对此项考核指标全权负责，即成为该项指标的第一责任人；3 分表示该职能部门将密切配合全权负责职能部门并在之后建立部门级平衡计分卡时进行相应设计以支持指标目标值的实现；1 分表示该职能部门将配合相关工作的开展和实施。每个指标都由举“5”的部门认领，如果有两个以上的部门都举“5”，则经过协商或院长指定确定牵头部门，其他部门为“5.2”“5.3”。在大家的踊跃参与下，每个指标都顺利完成了认领，认领情况具体如表 6－4 所示。

各职能部室完成指标认领后，举牌 5 分和 3 分的职能部门需要建立所认领指标的指标字典并制定对应指标的行动方案和资源配置计划。指标字典及行动方案与资源配置分别如图 6－5、图 6－6 所示。

每个指标被认领后，各个牵头部门经过与其他负责配合的部门协商，确定指标字典。指标字典需阐明该指标的定义、所属的战略主题和相应的层面、所属的目标、所属类别（滞后指标或领先指标）、数据来源、计算公式、标杆值（如历史最优、同行业最优等）、数据质量、指标现状、5 年以后希望达到的目标值，并将其细化分解到2017—2021 年每一年的目标之中，相应地对指标值变化趋势进行解释。为便于将目标落地，各个部门还需确定详细的行动方案。对每一个指标，都有若干套不同优先等级的行动方案与之匹配，优先等级从高到低分为 A、B、C、D、E 5 个等级，分别对应优

表 6－4　　平衡计分卡指标认领

序号	指标	团委	党委办公室	监察室	宣传工作办公室	工会	信息中心	院办公室	疾病预防控制办公室	人力资源部	医务部	医疗保险办公室	科研教学外事办公室	护理部	医院感染管理办公室	规划财务部	审计部	后勤保障部	基建办公室	安全保卫部	医疗装备部	门急诊办公室	医疗发展部	招标办公室	药学部	保健办
1	患者满意度	3	5	3	3		3				3	3		3		3		3		3	3	3	3		3	1
2	平均住院日						3				5				1	3					3	3			1	
3	手术率										5				3						3					
4	首次住院人数										5	3									1		3			
5	双向转诊率						3		3		3	3											5			
6	百元医疗设备收入						3				3					3	1				5			3	3	
7	大型设备功能利用率						3				3					1					5					
8	医技、放疗漏费率			3			3				3					3	1				5					
9	医保回款率			1			3	3			3	5				5.2					3		3	3	3	3
10	门诊医生准时开诊率										3											5				
11	医技检查预约按时完成率						3				3										3	5				
12	责任制整体护理合格率						3	3		3	3			5	3	3		3			3	3		3	3	
13	医院感染患病率						3		3		3			3	5			3	3		3	3		3	3	
14	安全生产	3	3	3	3	3	5	3	3	3	3	3	3	3	3	3	3	5	3	5	3	3	3	3	5.2	3
15	国家级课题成果数量							3		3	3		5			3					3				3	
16	5 分以上 SCI 论文数量									3	3		5			3									3	
17	新药物临床试验数量						3				3		3			3					3				5.1	
18	省级及以上重点学科（平台）数量						3	3		3	3		5	3		3					3		3		3	

续表

序号	指标	团委	党委办公室	监察室	宣传工作办公室	工会	信息中心	院办公室	疾病预防控制办公室	人力资源部	医务部	医疗保险办公室	科研教学外事办公室	护理部	医院感染管理办公室	规划财务部	审计部	后勤保障部	基建办公室	安全保卫部	医疗装备部	门急诊办公室	医疗发展部	招标办公室	药学部	保健办
19	学科带头人（厅级以上）数量							3			3		5	3		3									3	
20	SOP 达标率	3	5.2	3	3		3	5.1	3	3	3	3	3	3	3	5.2	3	5	3	3	5		3	3	3	3
21	导师数量						3			3	3		5	3		3					1				3	
22	外院规培生数量						3				3		5			3							1		3	
23	制度、流程修订及时率	3	3	5.2	3	3	3	5.1	3	3	3	3	3	3	3	3	3	3	3	3	3	3	3	3	3	3
24	职工代表大会提案办理满意率					5	3				3			3							3					
25	管理岗位人员职业化培训率	3	3	3	3	3	3	3	3	5	3	3	3		3	3	3	3	3	3	3	3	3	3	3	3
26	核心岗位胜任度		3	3	3	3	3	3	3	5	3	3	3		3	3	3	3	3	3	3	3	3	3	3	3
27	内部员工信息系统满意度		5.2	3	3	3	5	3	3		3	3	3		3	3	3	3	3	3	3	3	3	3	3	3
28	管理指标信息化率	3	3	3		3	5	3	3	3	3	3	3	3	3	3	3	3	3	3	3	3	3	3	3	3
29	业务收入增长率						3				3	3				5		3			3				3	
30	药品占比			3			3				3	3			1	5.2					3			3	5.1	
31	耗材占比			3			3				3	3		3	1	5.3					5.1			3		
32	百元医疗收入成本		3	3	1	3	3	3	3		3	3	3		3	5.1	3	3	3	3	5.3	3	3	5.5	5.2	3

<table>
<tr><td>维度</td><td></td><td>指标号</td><td></td><td>指标名称</td><td></td><td>责任人</td><td colspan="2"></td></tr>
<tr><td>战略主题</td><td colspan="2"></td><td>目标</td><td colspan="3"></td><td>权重</td><td></td></tr>
<tr><td>描述</td><td colspan="8"></td></tr>
<tr><td>滞后/领先指标</td><td></td><td>报告频率</td><td></td><td>计量单位</td><td></td><td>极性</td><td colspan="2"></td></tr>
<tr><td>公式</td><td colspan="8"></td></tr>
<tr><td>数据来源</td><td colspan="8"></td></tr>
<tr><td>数据质量</td><td colspan="4"></td><td>数据的收集人</td><td colspan="3"></td></tr>
<tr><td rowspan="2">标杆值</td><td rowspan="2"></td><td rowspan="2">指标现状</td><td>2016年</td><td rowspan="2">目标值</td><td>2017年</td><td>2018年</td><td>2019年</td><td>2020年</td><td>2021年</td></tr>
<tr><td></td><td></td><td></td><td></td><td></td><td></td></tr>
<tr><td>目标值解释</td><td colspan="9"></td></tr>
</table>

图6-5 指标字典

<table>
<tr><td rowspan="2">指标名称</td><td rowspan="2">2016年现状</td><td rowspan="2">2021年目标值</td><td rowspan="2">差距分析</td><td colspan="6">2017—2021年度行动方案</td></tr>
<tr><td>行动</td><td>优先等级</td><td>里程碑</td><td>责任人</td><td>资源配置</td><td>汇报关系</td></tr>
<tr><td rowspan="3"></td><td rowspan="3"></td><td rowspan="3"></td><td rowspan="3"></td><td></td><td></td><td></td><td></td><td></td><td></td></tr>
<tr><td></td><td></td><td></td><td></td><td></td><td></td></tr>
<tr><td></td><td></td><td></td><td></td><td></td><td></td></tr>
</table>

图6-6 行动方案与资源配置

先级非常高、高、中、低和非常低。每一套行动方案都设置了相应的里程碑来确定方案实施的起止点，并有专门的责任人来保障方案的完成，还应明确实现各行动方案所需的资源配置，以量化的形式进行反映，并确定回报层级关系。

3. 构建职能部门级平衡计分卡

院级平衡计分卡为医院整体的管理改革指引了明确的方向，但用于各职能部门日常管理则过于宽泛，且大部分指标并不涵盖在所有职能部门工作范围内，因此在院级平衡计分卡的基础上还应根据各职能部门主要工作职责相应制定职能部门级平衡计分卡。其中各战略目标下设指标的牵头部门和主要协作部门即5分和3分部门应在职能部门平衡计分卡中设计相应的战略目标或考核指标与院级平衡计分卡相统一。这一步骤的作用主要有两个：一是明确各职能部门管理的改革方向，使得职能部门人员绩效考核更加有迹可循；二是将院级平衡计分卡各指标下放到各职能部门，通过各职能部门级平衡计分卡的执行保证院级平衡计分卡的落实。河南省肿瘤医院共有25个部门职能部门，以护理部为例展示其职能部门平衡计分卡的构建过程。

（1）承担院级指标综述。根据院级平衡计分卡指标的设定及分类，护理部承担的指标具体如表 6 – 5 所示。其中作为 5 分牵头部门的指标 1 个，为优质护理服务达标率。在院级平衡计分卡 32 项指标中，护理部负责牵头和主要协作的指标共计 12 个，可见护理在医院管理控制系统中起到了重要的作用。护理部也针对每一个牵头的指标按上述模板制定了相应的指标字典和行动方案，作为院级平衡计分卡的支撑性文件。

表 6 – 5　　护理部承担的院级指标汇总表

层面	战略主题	战略目标	衡量指标	承担分值
客户层面	C1 患者首选	C11 提升患者就医体验	患者满意度	3
内部流程	I2 构建全面质量安全管理体系	I21 建立全面质量管理体系	优质护理服务达标率	5
			医院感染患病率	3
		I23 保障生产安全	安全生产	3
	I3 提升科研和诊疗技术水平	I32 加强科研和技术创新	省级及以上重点学科（平台）	3
			学科带头人（厅级以上）数量	
	I4 提升服务标准化水平	I41 建立 SOP 服务体系	SOP 达标率	3
	I5 提升教学水平	I51 建成临床医学院	导师数量	3
学习成长	L1 提升组织能力	L11 提高组织执行力	制度、流程修订及时率	3
	L3 完善信息化建设	L31 为医院发展提供信息支撑	内部员工信息系统满意度	3
			管理指标信息化率	3
财务	F1 调整收入成本规模和结构	F11 全面做好预算执行和落实	耗材占比	3
分值总计	38 分　5 分指标个数	1 个	3 分指标个数	11 个

（2）构建职能部门级平衡计分卡与战略地图，具体如图 6 – 7、图 6 – 8 所示。

	战略主题	战略目标	衡量指标	指标值
客户层面	C1 提升护士职业价值感	C11 提高护士工作满意度	C11-1 护士满意度	≥90%
	C2 改善患者就医体验	C21 提高患者满意度	C21-1 患者满意度	≥90%
内部流程层面	I1 加强护理能力建设	I11 增强护理人员岗位胜任力	I11-1 护士合法执业率	100%
			I11-2 各层级护士培训合格率	≥90%
		I12 提升护理科研创新能力	I12-1 护理创新项目	20项
	I2提升护理服务质量	I21　提高护理服务质量	I21-1 基础护理合格率	≥90%
			I21-2 危重患者护理合格率	≥90%
			I21-3 护理技术操作合格率	≥90%
			I21-4 患者健康教育知晓率	≥90%
		I22 推行全面质量管理工具的应用	I22-1 QCC数量	3—4项
学习与成长层面	L2 提高职工工作能力	L21 提高部室职工岗位胜任力	L21-1 SOP达标率	≥90%
			L21-2 继教培训人次	≥2次
财务层面	F1 预算管理	F11 执行预算管理计划	F11-1 财务预算执行率	95%

图 6 – 7　护理部平衡计分卡

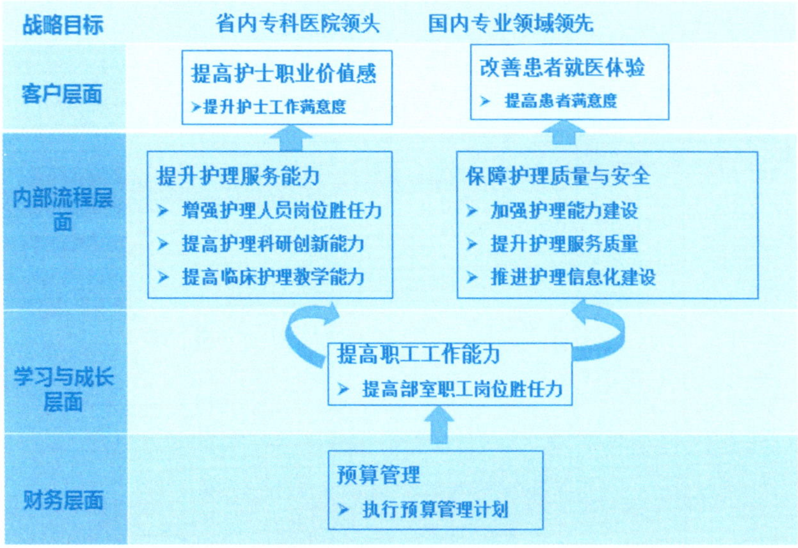

图6－8　护理部战略地图

（3）护理部指标字典和行动方案。护理部针对每一个指标编制了指标字典和行动方案，明确了指标定义、负责人、数据采集方式、目标值，并对现有差距进行分析，制定了详细的行动方案，为职能部门级指标目标值的实现提供解决办法，同时也保证了院级平衡计分卡指标的实现。以指标“患者满意度”为例展示其指标字典与行动方案，具体如图6－9、图6－10所示。

<table>
<tr><td>维度</td><td>客户层面</td><td>指标号</td><td>C11-1</td><td>指标名称</td><td colspan="2">住院患者满意度</td><td colspan="2">责任人</td><td colspan="2">李莉</td></tr>
<tr><td>战略主题</td><td colspan="3">改善患者就医体验</td><td>目标</td><td colspan="4">提升患者就医满意度</td><td>权重</td><td>10%</td></tr>
<tr><td>描述</td><td colspan="10">住院患者对护理服务的满意度，内容包括就医环境，护理服务态度，护理质量等20个条目，满意度问卷调查得分大于95者视为满意。</td></tr>
<tr><td>滞后/领先指标</td><td>滞后</td><td>报告频率</td><td>季度</td><td>计量单位</td><td colspan="3">%</td><td>极性</td><td colspan="2">100%</td></tr>
<tr><td>公式</td><td colspan="10">（满意的调查份数/发放总份数）×100%</td></tr>
<tr><td>数据来源</td><td colspan="10">每季度，由党办、护理部、医后服务中心共同组织第三方人员发放满意度调查问卷一轮，每病区20份，病区覆盖率100%。</td></tr>
<tr><td>数据质量</td><td colspan="4">高</td><td colspan="2">数据的收集人</td><td colspan="4">党办、护理部、医后服务</td></tr>
<tr><td rowspan="2">标杆值</td><td rowspan="2" colspan="2">>90%</td><td rowspan="2">指标现状</td><td>2016年</td><td rowspan="2">目标值</td><td>2017年</td><td>2018年</td><td>2019年</td><td>2020年</td><td>2021年</td></tr>
<tr><td>—</td><td>—</td><td>>90%</td><td>>90%</td><td>>90%</td><td>>90%</td></tr>
<tr><td>目标值解释</td><td colspan="10">1．根据河南省卫计委十大指标检查要求，三级医疗机构患者满意度〉90%；
2．2017年尚没有由党、护理部、医后服务三个部门对护理服务满意度调查进行的第三方综合调查和分析；
3．2018年开始启动本项工作；
4．2018年进行综合分析后，根据调查情况对2019—2021年指标进行修订。</td></tr>
</table>

图6－9　患者满意度指标字典

指标名称	现状	目标值	差距分析	2017—2021年行动方案					
				行动	优先等级	里程碑	责任人	资源配置	汇报关系
患者满意度	目前尚未由党办、护理部、医后服务三个部门对护理服务满意度调查进行综合分析	>90%	患者满意度有待提高，满意度调查方式需改进	1. 修订满意度调查方案，对该项指标进行综合分析	A	2018年	李莉	分析党办、医后服务及护理部问卷调查的客观性，修订调查方案，开展调查活动	刘东英
				2. 减少不良事件的发生（<5‰）	A	2018年	严明珠	1. 加强落实不良事件管理制度 2. 建立应急预案	刘东英
				3. 提高服务意识	A	2018年	严明珠	加强护理服务的规范化培训	刘东英

图6-10　患者满意度行动方案

三、案例后记

2018年4月25—26日，河南省肿瘤医院在张建功院长和韩斌斌总会计师的带领下举行了2018年第一季度战略运营回顾会。在会议中每个职能部门根据实施平衡计分卡实施以来的运营概况进行了详细介绍与回顾，张院长、韩总以及各职能部门分管院长分别对此进行了细致的点评，其他职能部门员工也对此进行了热烈讨论，争先恐后地发表自己的观点。

韩总在听完大家发言后提出了一些改进建议，“各部门的汇报还有很大的提升空间。项目组前期没有准备好，之前的预算会成功是因为前期辅导充分，但是本次回顾会大家大部分在讲我们做了什么，但是我们应该把分析原因作为重点；如果完成得好，介绍亮点；下一次汇报希望大家充分发挥积极性，做好准备。重点汇报职能部门承担的院级指标和职能部门重要的需要协同的、有困难的工作。讲问题，讲困难，讲需要大家商量的地方”。

会议最后由张建功院长进行总结发言，张院长感慨地说道：“准备好、思考好是一个重要的、创新的工作。这次战略运营回顾会，前期的共识需要做准备。这一次管理体系的创新，确实存在‘两张皮’的问题。结合的问题和协同的问题，如何运用到工作中是最重要的。突出问题，大家认为质量管理没有用；先从骨干开始，协助主任做好这件事情。有没有采取措施，有没有改进，有没有通过干预实现改进；总体来说还要进一步熟悉战略地图体系。在推进过程中遇到的问题需要分管院长来解决。总之，需要骨干之间先行动起来。”

听完两位主要领导的发言，大家陷入了思考，虽然院级以及职能部门级平衡计分卡已经构建完成，并已经开始着手修改完善原有的预算编制系统，但是这个方法可以良好地进行下去吗？能否帮助河南省肿瘤医院度过难关，实现最终目标呢？我们拭目以待！

四、参考资料

本案例使用的背景资料主要来源于实地访谈，其他参考资料包括河南省肿瘤医院的部分内部文件，如河南省肿瘤医院十年规划等。本案例资料的局限性在于无法取得河南省肿瘤医院具体的预算、绩效等财务数据。

五、讨论题目

本案例着眼于公立医院平衡计分卡的构建，以往关于平衡计分卡的案例多以企业为背景，很少关注事业单位，尤其是公立医院对于平衡计分卡的应用。河南省肿瘤医院对于管理会计体系的不断探索引发人们重新思考，同时带来了新观点和新启示。结合河南省肿瘤医院平衡计分卡的构建，重点思考以下问题：

1. 河南省肿瘤医院为什么需要平衡计分卡？

2. 河南省肿瘤医院构建的平衡计分卡的 4 个层面有什么关系？结合案例进行分析。

3. 河南省肿瘤医院是如何构建职能部门级平衡计分卡和战略地图的？

4. 平衡计分卡是如何帮助河南省肿瘤医院将绩效考核和战略联系起来的？这样做有什么好处？

5. 结合案例分析哪些因素使得河南省肿瘤医院平衡计分卡的实施能够顺利进行？

6. 请你谈一谈在事业单位或非营利组织中构建平衡计分卡与在企业中构建有什么相同之处和不同之处？

案例使用说明

一、本案例要解决的关键问题

1. 平衡计分卡系统的构成要素有哪些，其包含的4个层次有什么关系？

2. 如何构建基于平衡计分卡的战略执行体系？

3. 作为事业单位（或非营利组织）的公立医院在构建平衡计分卡时与企业有什么不同？

二、案例讨论的准备工作

为了有效实现本案例目标，学员应该具备下列相关知识背景：

1. 理论背景

学员应学习平衡计分卡的基本原理，具体包括：财务、客户、内部流程、学习与成长四个层面的含义，每个层面中的战略主题、战略目标、衡量指标、目标值、行动计划和预算的含义。

具体可以参见平衡计分卡原著中的《平衡计分卡》《战略地图》和《平衡计分卡战略实践》。

2. 行业背景

我国拥有13亿人口，占世界总人口的22%，但医疗卫生费用仅占世界卫生资源费用很少的比例。由于经济和社会主义初级阶段发展的原因，我国约有48.9%的居民患病而不就医，29.6%的患者应住院而不入院（第四次国家卫生服务调查结果）。医疗问题给企业、国家和个人带来了沉重的经济负担，同时还带来了严重的经济和社会后果，医疗卫生事业的严重滞后已经成为中国社会和谐发展的瓶颈。而我国公立医院集中了最全面、最优质的医疗卫生资源，是国家医疗卫生体系的主体，是向广大人民群众提供基本医疗服务的主导力量，公立医院必然在我国卫生事业发展中起到模范带头作用。

3. 制度背景

2009年医疗改革以来，我国已明确医药卫生事业改革的方向、任务、目标，坚持把基本医疗卫生制度作为公共产品向全民提供的核心理念，坚持保基本、强基层、建机制的基本原则，为广大人民群众提供有效、方便、安全的医疗卫生服务。2012 年国务院颁布的《“十二五”期间深化医药卫生体制改革规划暨实施方案》中重点提出了推进公立医院改革，公立医院的绩效管理体系应体现公益性和效率性并举的特点。2015 年，国务院办公厅下发多项医改文件，主要内容是指导公立医院改革、严控医疗费用增长、规范医疗商业保险、推进分级诊疗、引导社会资本进入健康产业等。作为医疗服务业的主要构成部分，公立医院自然首先受到新一轮改革的影响和冲击。公立医院改革的主要政策关注点包括破除以药养医机制，取消药品加成；医保支付方式由后付转向预付；药品分类采购，集中招标；员工薪酬制度改革；建立现代医院管理制度等①。

三、案例分析要点

1. 案例思考题

（1）河南省肿瘤医院为什么需要平衡计分卡？

（2）河南省肿瘤医院构建的平衡计分卡的 4 个层面有什么关系？结合案例进行分析。

（3）河南省肿瘤医院是如何构建职能部门级平衡计分卡和战略地图的？

（4）平衡计分卡是如何帮助河南省肿瘤医院将绩效考核和战略联系起来的？这样做有什么好处？

（5）结合案例分析哪些因素使得河南省肿瘤医院平衡计分卡的实施能够顺利进行？

（6）请你谈一谈在事业单位或非营利组织中构建平衡计分卡与在企业中构建有什么相同之处和不同之处？

2. 问题分析

（1）河南省肿瘤医院为什么需要平衡计分卡？

随着新医改的逐步推进，尤其即将执行的“全面取消药品加成”政策，单纯“降成本”的思想已经无法满足医院的管理需求。并且其当前的绩效评价体系存在如下缺陷：

首先，未能将绩效评价与战略紧密联系。院级领导已经意识到患者满意度的重要性，明白降成本的同时还需要保证诊疗服务质量，为患者提供满意的服务，但这一思

① 资料来源：《国务院办公厅关于城市公立医院综合改革试点的指导意见》。

想目前并未在绩效评价体系中明确体现，存在管理系统与战略决策断层的情况。

其次，未实现绩效评价的系统性管理。医院的管理要求应随着外界环境及自身状况的发展而不断改进，除了完善评价方案、补充设置指标外，更重要的是将该理念转化成为医院文化，改变管理者及各层级员工的认知，从根本上保证新系统的实施。在这一过程中，制度固化十分重要，要将思路、决策转换成具体的文字性文件，便于落实。

最后，未明确指标间的内在联系。在绩效评价体系的构建过程中，应注重对员工的普及教育，让他们明确各指标设计的原因、相关联系以及各个时间点需要达到的指标值。这样员工才能将医院的战略、绩效评价体系的设计和自身的日常工作联系起来，有利于工作的落地与实施。这方面的工作正是目前河南省肿瘤医院所严重欠缺的部分。

绩效评价体系是管理系统的核心，综合上述分析可以看出，面对新医改的全面推进，当前河南省肿瘤医院的绩效评价体系无法为该医院实现成本管控、效率强化和品牌效应建立，无法实现宏观上的统筹和指导全局的管理，不利于全面提升医院整体的管理水平。

而平衡计分卡是根据企业组织的战略要求而精心设计的指标体系。按照卡普兰和诺顿的观点，“平衡计分卡是一种绩效管理的工具。它将企业战略目标逐层分解转化为各种具体的相互平衡的绩效考核指标体系，并对这些指标的实现状况进行不同时段的考核（即计分），从而为企业战略目标的完成建立起可靠的执行基础”。因此河南省肿瘤医院需要借助平衡计分卡来完成未来战略目标。

（2）河南省肿瘤医院构建的平衡计分卡的 4 个层面有什么关系？结合案例进行分析。

河南省肿瘤医院在构建平衡计分卡的过程中重点关注了各个层面之间的关系，寻找到了贯穿整个平衡计分卡的关系链。考虑到公立医院提供服务的特殊性以及河南省肿瘤医院的特点，将卡普兰原平衡计分卡模型中 4 个维度的名称及位置进行了相应调整，考虑如将患者及协作方放在首位，强调公立医院以患者为核心的理念，凸显其为社会提供医疗服务的职能。与一般企业追求利益最大化不同，公立医院并不过分追逐盈利，财务方面考虑更多的是如何达到收支平衡略有盈余。因此在设计平衡计分卡时将财务作为基石置于底层，体现出公立医院的公益性。

平衡计分卡从表面看是 4 个层面各自有目标、衡量指标以及目标值，但实际上在 4 个层面之间是有十分深刻的联系的。对于肿瘤医院来说，与患者及协作方构建和谐的关系才是医院发展的根本战略，内部流程能够支持为患者提供更优服务、与协作方更好合作，学习成长是内部流程高效运行的坚实保障，而财务能够平衡医院收入成本，为医院其他战略的实施提供更好的支持。针对河南省肿瘤医院的战略目标和愿景，院方管理者共同讨论确定了两个关注点：成本效率以及品牌影响力。前者影响单位就诊人次的经济效益，而后者决定了服务对象总量，并基于此讨论平衡计分卡的战略主题。此后将这种关系用图形来表示就是战略地图。如案例企业的战略地图就十分明确地表现出了各个层面之间的支持作用。因此在平衡计分卡设计之时一定要关注到4个层面之间的紧密关系，相应的战略主题、战略目标一定是相互紧密联系的。

（3）河南省肿瘤医院是如何构建职能部门级平衡计分卡和战略地图的？

院级平衡计分卡为医院整体的管理改革指引了明确的方向，但用于各职能部门日常管理过于宽泛，且大部分指标并不涵盖在所有职能部门工作范围内，因此在院级平衡计分卡的基础上还应根据各职能部门主要工作职责相应制定各职能部门级的平衡计分卡。其中各战略目标下设指标的牵头部门和主要协作部门即5分和3分部门应在职能部门平衡计分卡中设计相应的战略目标或考核指标与院级平衡计分卡相统一。这一步骤的作用主要有两个：一是明确各职能部门管理的改革方向，使得职能部门人员绩效考核更加有迹可循；二是将院级平衡计分卡各指标下放到各职能部门，通过各职能部门级平衡计分卡的执行保证院级平衡计分卡的落实。

当构建职能部门级平衡计分卡时，首先应明确其担任的院级平衡计分卡指标。其中包括，作为5分牵头部门的指标有几个，分别为哪些指标；作为3分协作部门的指标有几个；作为1分的指标有几个。在院级平衡计分卡所有指标中，本职能部门负责牵头和主要协作的指标共计多少。

其次，可以采用行动学习的方法，职能部门主管在院级平衡计分卡的基础上与职能部门内部人员协商并向院级领导汇报的方式构建职能部门级平衡计分卡，这样既保证了职能部门级平衡计分卡与院级平衡计分卡的协调统一，又充分体现了民主精神。职能部门级平衡计分卡将涵盖绩效考核系统，作为职能部门人员工作绩效的评判标准，员工参与制定自身考核体系，有助于提高员工工作的积极性，当然院级领导持最终决定权，避免松弛性绩效考核。

最后，经过自上而下和自下而上的沟通协调，最终确定本职能部门的平衡计分卡。并针对每一个牵头的指标按照模板制定相应的指标字典和行动方案，作为院级平衡计分卡的支撑性文件。

（4）平衡计分卡是如何帮助河南省肿瘤医院将绩效考核和战略联系起来的？这样做有什么好处？

平衡计分卡的设计实际上就是将组织整体战略逐层分解下放到各个层级的过程，将院级战略分解成4个层面：患者与协作方、内部流程、学习与成长、财务，分别设置战略目标、指标及行动方案，明确医院发展的大方向，使得每个决策更加具有指向性，有利于日常管理的开展。河南省肿瘤医院通过平衡计分卡的管理工具形成了一套多层级、全面的绩效评价体系，实现了以战略为导向的管理，更加有效地做到随时局环境而改变，可以预见到其管理水平将实现大幅度的提升。

院级平衡计分卡所涉指标较为集中，可以将高层管理者的精力聚集起来，更有效地把控医院发展的大方向而不拘泥于日常琐碎的工作。而职能部门级的指标又在院级平衡计分卡基础上充分联系各职能部门的日常经营工作，更值得该职能部门员工重视。这种分层级的绩效体系、明确的指标设置有利于提高管理集中度，保证管理者及相关员工在短时间内抓住重点，加大管理力度。同时平衡计分卡的设置采用行动学习的方式，员工充分地参与到讨论过程中，他们的意见也得到了重视和采纳，有利于提升员工落实平衡计分卡的积极性，提高员工接受程度，更有助于战略实施，实现战略目标。

（5）结合案例分析哪些因素使得河南省肿瘤医院平衡计分卡的实施能够顺利进行？

首先，河南省肿瘤医院的高级管理人员，即院长与总会计师都参与了平衡计分卡的设计。迄今为止，只有中层管理团队领导平衡计分卡项目是造成平衡计分卡开发和实施失败的最大根源。一个新的业绩评价系统的动力通常来自质量小组或金融部门，他们设法让高级管理人员批准开发一个新的评价体系，但是高级管理人员将其看作一个局部的、操作性的项目，而没有真正懂得改变正在使用的评价系统的需要。最终，由于高级管理团队缺乏理解和责任意识，不能运用新的业绩评价系统来沟通和推动战略，导致对由中层管理人员领导的这类项目的破坏。如果高级管理人员不积极参与进来，新的指标将集中于局部操作改进方面，而无法形成一个高级管理人员能够用来控制战略成功实施的系统。

其次，河南省肿瘤医院将平衡计分卡的任务向下渗透，让所有员工学习战略，让他们也懂得如何为战略的成功实施贡献自己的力量。在一些公司里，高层管理人员觉得只有自己才需要并理解战略，他们不与中层管理人员、生产线和后方的的低级员工分享战略和计分卡。虽然一个计分卡的成功执行需要高层管理者承担责任，但是也需要更多的人员参与。因此，管理层必须将平衡计分卡传达给组织内的每一个人。

再次，在构建平衡计分卡时，医院员工们并没有超标准设计方案，脚踏实地，循序渐进，没有企图“一口吃成个胖子”。因为当项目小组试图开发完美的平衡计分卡时，他们以为只有一次开发平衡计分卡的机会，他们希望这张计分卡尽可能完善。因此他们只有当确信每个项目有了正确的指标和可靠的数据时才着手开发计分卡，很有可能花费数月之后，管理人员仍未将其拿到会议上讨论，也没有用它来支持决策的制定。综上，有一点是值得管理者注意的：管理系统应当是动态的，平衡计分卡的目标、指标和数据收集流程在组织的学习基础上应该能够随时进行修改。河南省肿瘤医院会定期开会让员工讨论平衡计分卡的成果，这种方法有助于员工不断学习，共同完善战略实施。

最后，河南省肿瘤医院并没有把平衡计分卡视为一个系统或是咨询项目。实践证明，当公司把平衡计分卡作为一个系统项目而不是加以应用的时候，将会出现一些极为昂贵的代价。实现现存数据自动化将不能识别组织战略的关键评价指标，有些指标在当前是无法计量的。此外，让管理者更方便地利用组织的数据库与建立结构化的战略地图有很大不同。结构化的战略地图反映了对企业战略表现最有影响的少数指标之间的因果联系。

（6）请你谈一谈在事业单位或非营利组织中构建平衡计分卡与在企业中构建有什么相同之处和不同之处？

相同之处在于：首先，平衡计分卡的 4 个维度相同，都分为财务层面、客户层面、内部流程层面、学习与成长层面；其次，平衡计分卡的 4 个层面都存在因果关系，并不是相互独立的；最后，两者都需要借助平衡计分卡来构建战略和衡量体系来传播并帮助其战略的实施。

不同之处在于：首先，虽然企业与行政事业单位以及非营利组织在构建平衡计分卡时的 4 个维度相同，但是其重要程度和排放次序存在差异，比如，对于行政事业单位或非营利组织而言，不能把其评价建立在财务指标上。虽然它们必须在财务约束下监督费用支出和开展经营，但是它们的成功需要通过有效地向社会群众提供福祉来衡量，而不是根据其筹款能力、有效性等来衡量；其次，行政事业单位或非营利组织相比于企业而言缺乏清晰的战略，有些组织有长达 50 页的战略文件，有些组织有一个包含一长串拟定计划和方案的战略，但是战略中从不提及计划和方案拟取得的成果。所以行政事业单位和非营利组织的思维模式必须由“计划做什么”转向“计划完成什么”，由行动向成果的转变；最后，由于财务成功并不是行政事业单位或者非营利组织的主要目标，所以这些组织不能运用平衡计分卡和战略地图的标准结构，这些机构并不能将财务目标作为拟取得的最终高水平成果的评价标准。

四、教学组织方式

1. 问题清单及提问顺序、资料发放顺序

本案例讨论题目依次为：

（1）河南省肿瘤医院为什么需要平衡计分卡？

（2）河南省肿瘤医院构建的平衡计分卡的 4 个层面有什么关系？结合案例进行分析。

（3）为确保平衡计分卡可以顺利实施有哪些注意事项？

（4）河南省肿瘤医院是如何构建职能部门级平衡计分卡和战略地图的？

（5）平衡计分卡是如何帮助河南省肿瘤医院将绩效考核和战略联系起来的？

（6）请你谈一谈在事业单位或非营利组织中构建平衡计分卡与在企业中构建有什么相同之处和不同之处？

本案例的参考资料及其索引，在讲授有关知识点之后一次性布置给学员。

2. 课时分配

（1）知识点讲解 30 分钟。教师重点讲解：平衡计分卡 4 个层面的因果关系；每个层面的构成要素；平衡计分卡战略执行系统的 6 个步骤。

（2）小组内部讨论 50 分钟。组长分配任务和时间，比如，将问题分配至各位组员；各位组员分头准备 25 分钟；组员分别汇报，其他组员补充完善，共 25 分钟；组长安排好小组记录，并控制好研讨时间。

（3）分组汇报及点评 30 分钟。有两种选择方式：

方法一：选一个小组全面汇报，其他小组补充完善。具体操作：第一个发言小组 10 分钟，第二个发言的小组不得重复前面的观点，只能讲新观点。以此类推；

方法二：将问题分解到每个小组分别汇报，其他小组进行补充完善。

（4）教师总结 10 分钟。

3. 讨论方式

分小组讨论。可使用头脑风暴法和团体列名法。组长控制好时间，可先安排个人独立准备 10 分钟，再进行讨论。同时安排好小组成员记录。

4. 课堂讨论总结

分组汇报讨论结果。可采用团体列名法，即后发言的小组不得重复先发言小组的观点。

5. 其他：信息化教学平台使用（可选）

（1）组建微信群或 QQ 群。课前将案例资料发送到群中，课堂小组讨论结果拍照上传至群中，师生可在群中发言互动。

（2）使用蓝墨云班课 APP。下载注册班课，教师在资源区中提前上传案例资料和平衡计分卡相关知识。在活动区建立分组活动，各小组将讨论结果拍照上传该区域。分组汇报时，其他小组成员可在手机上查看该组研讨成果，小组之间可以互评。

案例 7

闻嗅复核

——H 公司信贷违约风险

本案例旨在引导学员在剖析案例企业信贷违约风险评价中现存问题的基础上，综合应用先进的战略管理框架模型与信贷财务分析技术，创新性地改进银行贷款违约风险中的评价方法和视角，使学员更好地理解相关理论知识，并将其灵活应用于银行信贷风险管理实践。

案例正文

银行通过向企业发放贷款提供融资服务，促进企业壮大和发展，银行贷款的审批是基于对国家宏观经济及相关信息分析，采用一定的技术手段对企业财务信息进行有效分析，作出相应的信贷决策。财务报表是传输会计信息的最重要载体，而财务信息是预测企业信用违约风险和未来偿债能力的基础。然而适用于信贷风险管理目的的企业财务分析，当然不仅仅是计算那些指标的问题，更重要的是如何评价这些指标，怎样分析这些指标，这就涉及分析方法或分析技术的问题。但信贷人员不是注册会计师，要求他们采取详细的审计程序去核实客户的财务报表的公允性，既不现实也无必要。但信贷人员对客户的财务状况又要作出自己的独立判断，那么适合信贷人员的财务分析技术又是什么呢？

本案例通过分析 H 公司的银团贷款程项目，引导学生逐步了解企业信贷违约风险分析的实质，利用财务报表信息对贷款企业进行信用评级，揭示商业银行基于财务信息视角的信用风险分析方法，使学员充分理解信贷违约风险分析的过程就是通过科学的方法把非财务信息和会计信息利用起来的过程，从而产生出可靠的违约风险、未来盈利、偿债能力等的预测。

一、案例背景

H 公司是全球最先推出 3G 服务的营运商之一，以“3”为品牌经营电信业务，并且在 3G 业界的持续革命中节节领先。集团凭借丰富的多媒体流动通信内容，提升大众的生活趣味，在澳洲、奥地利、丹麦、中国香港、爱尔兰、以色列、意大利、挪威、瑞典和英国 10 个市场持有牌照，2012 年顾客总人数接近 1200 万。2013 年 5 月，H 公司由于发展的需要拟向中国银行申请贷款总额为 3 亿元的银团贷款，问题的关键是如何判断这笔贷款的违约风险，银行可否根据该公司提供的财务表报及其他信息给其发放贷款？

H 公司过去 10 年里一直从中国银行获得所需贷款，除了 2007 年由于一个投资项目失败导致偿债危机外，公司在大部分年份里是一个守信的客户。2007 年的事件以后，银行对公司的财务状况跟踪监控十分密切，要求公司按月提供财务报表，而银行则依据 H 公司提供的月报，在每季度末对其进行一次风险评级和压力测试，银行一直觉得该公司存在较大的信贷风险。

由于通信行业的迅速发展，H公司近期申请了一笔银团贷款，中国银行是本次银团贷款的牵头行，为此，银行必须对H公司授信项目的风险进行分析，评估贷款项目的营利能力、财务状况和违约风险，确定H公司的信用等级和贷款利率，说明该笔银团贷款项目的可行性。

针对H公司的贷款申请，中国银行召开了信贷风险评审会。会上首先由信贷部项目负责人介绍了贷款项目的相关情况，在项目负责人介绍后，风险管理部的高级经理及主管信贷业务的行长提出了以下将来面临的问题：(1) 移动通信是一个典型的寡头竞争市场，过多的高预期投入导致过度的竞争，市场竞争环境恶化。(2) 从市场份额来看，3G用户已覆盖全球70%以上，未来发展趋于饱和。(3) 3G业务广泛，涉及运营服务、业务发展、经营管理、运行维护、设备制造等方面，技术依赖性较强，有待于深入研究，如果技术开发或业务规模跟不上，就会对公司的经营业绩产生负面影响。(4) 公司的财务风险、公司债务水平有所上升，反映在Debt/EBITDA比率上，同时，公司的资产负债表中的商誉较高。如果不能对这些问题进行有效的分析，则表明银行的贷款将面临着较大的风险，银行信贷审批委员会就不会同意为该项目发放贷款，为此，项目经理作了如下的分析和审视。

二、案例概况

(一) 贷款申请企业基本情况

H公司的母公司为香港和记黄埔有限公司。随着和记黄埔有限公司的全球网络化，第三代移动电话业务在意大利第三代手机市场开展。公司成立之初的股本份额相当于47430379500欧元，分为94860759只股票，每股面值5.00欧元。H公司以32.50欧元的投标，2000年11月在意大利赢得了UMTS牌照后，公司在2003年3月初推出服务，旨在占据意大利的第三代手机市场的领导地位。为迎合当地市场，H公司开发了一个在引人注目的报价基础上的第三方内容的3G应用特色项目，如第一家提供“支付”移动电视节目、第一个被授予“数字音乐金唱片”，等等。

H公司的首席执行官Vincenzo一直强调：“从第一天开始，H公司是意大利移动通信市场的第四个球员，而不是一个新的市场——手机体。”H公司现在拥有超过680万名用户，作为三网融合且在意大利最大的3G运营商，H公司拥有3个关键市场竞争：(1) 移动通信；(2) 互联网和数据通讯；(3) 移动媒体。H公司认为服务的三部分融合成一个单一的个人移动多媒体终端，是在未来移动通信市场取得成功的关键因素。

（二）信贷财务分析的现存问题

适用于信贷违约风险管理目的的企业财务分析，最重要的是如何评价企业报表中的各项指标，采用什么样的分析方法和分析技术，现行的财务分析指标体系和方法不能满足信贷决策的需要，主要存在三类问题：

1. 信贷财务分析方法不完善，量化方法单一

从目前的授信调查、贷款风险分析报告可以看出，对客户的财务分析普遍较为简单，企业财务分析的信贷风险管理指向不明。目前的信贷财务分析方法体系，大多数仅仅采用传统的财务指标体系，设置一些考核的比率，由信贷（员）经理根据企业的财务报表按照银行的要求进行计算，根据计算结果判定企业风险情况。甚至贷款企业和企业即使存在很大不同，也依然照搬照抄，缺少针对不同贷款企业的信贷违约风险分析方法。

2. 信贷财务分析没有考虑银行信贷人员的知识结构

对贷款企业的信贷风险分析和防控，当然不仅仅是计算财务指标的问题，更重要的是如何评价这些指标，怎样分析这些指标，这就涉及分析方法或分析技术的问题。正如前述，信贷人员不是审计人员，其直接职责不是对企业财务报表进行质量鉴证，核实客户的财务报表的公允性，这样既不现实也无必要。在多数情况下，非会计专业的银行贷款人员的职责是依据经过审计的企业财务报表进行分析并作出授信决策，现行的指标过于单一导致决策结果片面。

3. 财务分析与宏观环境及行业分析相互独立，关联性不强

日前银行的信贷调查报告都有对宏观环境及客户所处行业的分析，但缺乏通过对宏观环境和行业的把握，辨识影响公司财务状况的主要因素和主要风险，了解其对会计报表的影响，两者是制约、互为影响因素的关系。

上述问题在 H 公司的贷款项目的审批过程中，或多或少地都存在着，成为困扰 H 公司银团贷款项目正常审批的“瓶颈”和障碍，影响着该项目审批的速度以及银行服务企业的质量和效率。

三、“闻嗅复核”

针对以上信贷财务分析的现存问题，我们提出“闻嗅复核”这一技术，其在审计实务中被广泛应用，概称从分析财务与非财务数据之间的关系中获得审计证据，并分析评价这些数据，进而形成审计结论的一种活动。在审计实务和专业文献中，该项技

术被称为“分析性复核”“合理性测试”“分析程序”“比较审计”“排除法审计”等。而应用于信贷风险违约分析中时，我们干脆取其要义形象地将其命名为“闻嗅复核”，以表明这一“方向关注性技术”，并强调其“复核”性而非“审计测试”。

具体而言，“闻嗅复核”是指通过研究不同的财务数据以及财务数据与非财务数据之间的内在关系，对申请贷款的企业作出风险评价。在该技术应用过程中，还包括调查识别与其他相关信息不一致或与其数据严重偏离的波动和关系。

（一）“闻嗅复核”技术的运用和步骤

“闻嗅复核”技术的运用包括以下几个步骤：

1. 识别企业报表的重点项目、发展趋势和重要比率。

2. 依据环境、行业及企业战略分析确定上述报表项目、发展趋势和比率的期望值。

3. 依据企业报表资料确定和计算上述项目、趋势、比率的实际值。

4. 比较期望值与实际值的差异，识别需要进一步调查和了解的重大异常。

5. 调查异常数据关系，直到所有数据都得到合理的解释。

如何定义“异常”是我们在应用“闻嗅复核”时应注意的关键点，我们不能将其片面地理解为财务数据存在重大波动，而应理解为银行工作人员的“合理预期”（期望值）与财务数据存在的重大差异，它通常包括三类：一是预期增长而财务数据不增长；二是预期下降而财务数据不下降；三是预期稳定而财务数据不稳定。当然“异常”也不等同于财务造假，因为此时银行对客户的了解还不全面，可能在深入了解后就不认为存在异常了。

科学地应用“闻嗅复核”技术，有两点非常重要：

一是对宏观环境、行业背景和企业战略等的分析，包括与企业管理层讨论获得的信息和认识，这是进行企业财务分析最重要的信息资源，在任何时候都是全面理解企业财务状况并借以评价企业财务风险和偿债能力所必须的。

二是对企业财务分析的结果，应当与从宏观环境、行业背景和企业战略等方面的分析中所得出的观察、分析和结论相一致。如果二者存在显著不符，则必须进行更深入的调研，直到所有不符点或数据都得到合理的解释。

针对本案例，我们可以对 H 公司关键的账户余额、趋势和财务比率关系等方面重点关注，并结合所处行业状况及公司本身所制定的战略发展规划进行分析，判断财务数据表现与非财务数据是否一致，进而确定该笔银团贷款项目的可行性。

（二）“闻嗅复核”技术的应用和改善

“闻嗅复核”技术是一种环境与报表互动的评估技术。一方面，要从环境的变化寻找报表的解释；另一方面，要从报表的异常寻找环境的解释，如果找不到合理的解释便要进一步追查。需要指出的是，“闻嗅复核”作为信贷人员进行财务分析的基本分析技术，它本身其实是一种集合性技术，具体应用中可以使用不同的方法，包括从简单的比较到使用高级统计技术的复杂分析。例如：

1. 趋势分析法

通过对比两期或连续多期的财务或非财务数据，确定其增减变动方向、数额或幅度，以掌握有关数据的变动趋势或发现异常的变动。当客户处于稳定经营环境中时，趋势分析法最适用。当客户业务或经营环境变化较大或会计政策变更较大，趋势分析法就不再适用。趋势分析法中涉及的会计期间的期数，有赖于企业经营环境的稳定性。经营环境越稳定，数据关系的可预测性越强，进行多个会计期间的数据比较越为适用。

2. 比率分析法

比率分析法主要是结合其他有关信息，将同一报表内部或不同报表间的相关项目联系起来，通过计算比率，反映数据之间的关系，用以评价客户的财务信息。当财务报表之间的关系稳定并可以直接预测时，比率分析法最为迅速。

3. 回归分析法

回归分析法是在掌握大量观察数据的基础上，利用统计方法建立因变量与自变量之间回归关系的函数表达式，并利用回归方程式进行分析。回归分析法理论上能考虑所有因素的影响，如相关经营数据、经营情况、经济环境的变化等，其预测精度较高，适用于中、短期预测。

“闻嗅复核”可以帮助信贷人员发现财务报表中的异常变化，从而识别可能存在的重大错报或舞弊，同时还可以帮助信贷人员发现财务状况、营利能力或偿债能力发生变化的信息和征兆，识别那些表明客户持续经营能力存在问题的事项。但想要取得实际效果，关键在于“预期值”的准确性以及“实际值”的真实性。因此，在建立预期值时，信贷人员可根据前期对企业经营环境、行业态势、竞争优势等的了解，以上期或以前期数的可比信息、所在行业或同行业中规模相近的其他单位的可比信息、信贷人员的经验估计数据等为基础进行分析，以建立更为适用的预期值，更好地为信贷审批奠定基础。

（三）H公司所处行业状况

1. 行业基本情况

首先，移动通信是一个发展迅猛、规模急速扩大的行业，竞争激烈、涉及范围广、数据业务功能强大是这一行业的显著特征，在3G业务市场，此特点更为突出。而意大利的移动市场是最赚钱的五个欧洲大国之一的高度渗透市场。它的特点是：（1）平均EBITDA利润率为45%，而欧洲的中位数为39%；（2）普及率为117%，因为拥有多个SIM卡，而欧盟的平均水平是80%左右；（3）后付费客户比例很低，在10%左右；（4）低分段的两大运营商控股，持有70%的市场份额。因此，影响3G业务的因素主要有3个：一是市场份额，二是技术相关性，三是加强3G终端研发。目前，多面性且定位清晰的经营模式成为发展移动通信的主要手段。此外，公司还要考虑产品研发能力、产业链条协作能力、风险承受能力等，这样才可能实现所预期的3G业务效果。

其次，从全球市场来看，3G市场飞速发展，新增用户和累积用户都得到了明显提升，其中累积用户目前预计占全球用户的50%。对于3G业务而言，需要具备单模、双模和多模的形式，终端共存的功能要求也不断提高，智能化、多媒体化更是趋势明显。目前，3G业务市场日臻完善，并且出现了4G业务的新兴技术，因此，创新能力、研发能力以及灵活的经营方式可为消费者提供更多的选择，与此同时，应该凭借准确的市场定位和鲜明的业务特色获得极大的发展空间。

最后，根据联合国统计，2012年年初全球已经有70亿人口，而全球现在已经有59亿移动用户，其中3G已经覆盖了全球70%。调查显示，到2012年，全球3G网络覆盖率将达到85%，而4G网络覆盖率将达到50%。也就是说在整个3G业务市场中，顾客更需要的是高质量高标准的服务。

2. 行业增长情况

自20世纪90年代初以来，意大利的移动电话服务已经经历了自由化。随着1997年国有电信垄断被打破，意大利电信公司逐渐私有化，这已经在为电信市场的强劲增长作出贡献。无线电信收入增长比GDP增长快，比欧盟平均水平要好。意大利的年均复合增长率（CAGR）为8.4%，2008—2012年在西欧地区排名第二，仅次于英国，其年复合增长率为9.7%。其在2012年的收入达187亿美元，占整个欧洲市场的10.4%。

意大利同时拥有欧洲最大的移动用户数量。其认购量仍在增加，2009—2012年的复合年增长率为6.4%，累计达到5990万订阅。不断增长的需求，该国日益增长的手机文化已经导致更多认购，认购（而不是用户）的普及率已经达到 117%，而在 2012 年，欧盟的平均移动普及率为 80% 左右。展望未来，普及率有望达到 137%，到 2013 年，继续采取多个订阅，带动越来越多的意大利人，采取不同的价格优势，为个人和企业使用制定计划。目前的趋势是加剧个体户在意大利的劳动力和数量，家族企业在意大利的比例也相对较高。

意大利的无线通信市场稳步增长，在过去的 5 年中，这一趋势看起来继续随着市场的扩大和新的无线技术进入市场而持续下去。虽然 2G 业务的 ARPU 继续呈下降趋势，传统的语音电话的利润率正在下降，新的服务如移动电视和音乐下载已经撞到了 3G 运营商的 ARPU。

近 3 年来，增值服务的收入每年以保持 30% 的速度增加，其中语音服务收入每年增加 6.5%。事实上，新的增值服务，使无线通信更加迷人，这可能使他们更希望以客户为中心。

对 H 公司而言，意大利市场具有开放性、高穿透力，除利息、税项、折旧及摊销前盈利仍保持很高，而 ARPU 更高，用户获取成本适当降低，牌照费用比其他欧洲国家低。意大利和欧洲移动通信市场增长率如图 7－1 所示。因此，意大利市场是相当有吸引力的。

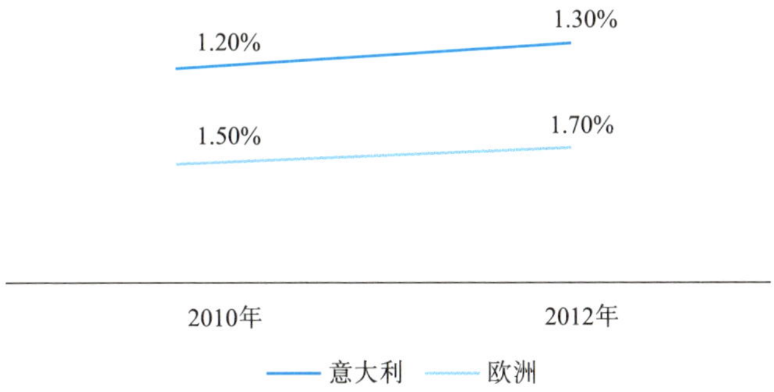

图 7－1　意大利和欧洲移动通信市场增长率

3. 竞争者情况

H 公司的主要竞争者包括：

（1）意大利移动电信 Telecom Italia Mobile（TIM）。TIM，前垄断意大利电信的子公司，是一家领先的无线电信运营商，在欧洲拥有超过 26 万注册用户，1.76 亿欧元的收入和 46.9% 的 EBITDA 利润率。尽管其盈利状况强劲，由于竞争加剧，其市场份额还是稳步下降，从 2010 年的 79% 降到 2012 年的 35%。

2012 年 12 月，TIM 推出其 3G 服务，在圣诞节期间共售出超过 130 万部 TIM 涡轮手机。TIM 预计，在未来 3 年，3G 业务将取得每年 4%—6% 的收入增长，并且经营利润由 7% 提高到 9%。

（2）沃达丰 Omnitel 公司（Omnitel Vodafone）。公司凭借 31% 的市场份额，在竞争激烈的无线运营商经营中，因其拥有 23 万注册用户，处于意大利手机市场第二位，排在竞争对手 TIM 之后。这也许是意大利最知名的和增长最快的移动服务。其收入在 2012 年增长 13.9%，达到 1.05 亿欧元。

（3）风通讯（Wind Telecommunication）。风通讯是意大利排名第三的运营商，是横跨固定、移动和互联网领域的融合电信运营商。1999 年 3 月风通讯推出移动服务，获得 1370 万注册用户，2012 年底比 2011 年增长了 18% 的市场份额，收入取得 3.1% 的升幅，至 4716 亿欧元，而 EBITDA 同比增长 15.3%，至 1623 万欧元。风通讯与日本领先的移动运营商 NTTDo Co Mo 公司的 i－mode 服务，在意大利已经建立了战略合作伙伴关系，在 2012 年 10 月推出风通讯的 UMTS 商用产品。

（4）中国移动通信集团公司。中国移动是一家基于 GSM 和 TD－SCDMA 制式网络的移动通信运营商，于 2000 年 4 月 20 日成立，5 月 16 日正式挂牌。中国移动通信集团公司全资拥有中国移动（香港）集团有限公司，由其控股的中国移动有限公司在国内 31 个省（自治区、直辖市）和香港特别行政区设立全资子公司，并在香港和纽约上市。2001 年 11 月 26 日中国移动第 1 亿个用户在北京产生，这标志着中国移动通信集团公司成为全球用户规模最大的移动通信运营商。

图 7－2 给出的是 3G 业务的集中情况，意大利电信行业占整个欧洲市场 9% 的市场份额，尚处于充分竞争的状态，而实际中，竞争者的集中程度相对更高。

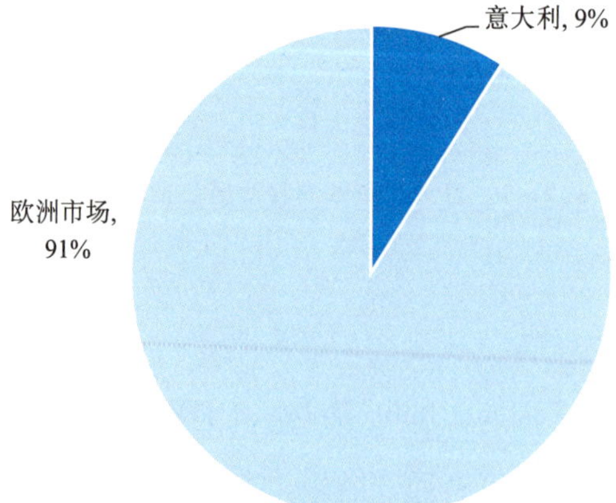

图 7－2　2010 年意大利移动通信市场占整个欧洲市场的比例

（四）H 公司概况

1. 公司经营规划

H 公司的主要业务有规划、实施、安装、维护和管理，通过任何方法、手段或系统的电信和广播或电视，以及环路上的广播设备和网络所拥有的公司或第三方。公司活动的执行和提供服务连接到前面的领域，包括采购、开发、所有权、销售和市场营销的通信、远程信息处理、多媒体和电子产品、服务和系统，或者那些用于连接或连接到不同的网络和分布，通过网络本身的文化、技术或教育信息、广告、娱乐或任何其他类型的信息。以下为 H 公司具体的经营规划。

（1）业务发展规划。在取得意大利政府发出的 3G 经营牌照后，H 公司计划发展一个覆盖意大利全国的 3G 网络，共建的发射站由 2010 年的约 3300 个增加至 2011 年的 10350 个及 2012 年约 13300 个，所覆盖的人口分别为 44%、93% 及 96%。H 公司计划于 2012 年成为意大利首个提供话音及互联网等 3G 服务的经营商。

（2）客户定位。H 公司的业务偏重于高消费市场，以独具创意的服务及简单易用的平台吸引该批用户。为制定市场发展策略，H 公司聘请了国际知名的顾问团（包括 Eurisko、IDC 及 Abacus）进行市场调查以确定意大利消费市场对产品的需求。

（3）服务范围。除语音外，H 公司的主要功能为提供多媒体资讯，因此资讯内容对 H 公司的业务发展极重要。H 公司将通过其网络提供包括体育、新闻及资讯、个人理财、音乐、电影及电视、网上游戏及购物在内的各种服务。另外，所提供服务还包个人定位、天气报告、交通信息、电话及地址目录等。

H 公司拥有一支经验丰富的管理团队，整个团队具备丰富的管理经验以及良好的团队协作精神，并在电信行业有成功记录。H 公司管理结构如表 7－1 所示。

表 7－1　H 公司管理结构

管理层	职位	背景
Vincenzo Novari	董事总经理、联合首席执行官	2000 年 2 月加入 H 公司。1995 年，他加入了 Omnitel 作为营销总监，成为营销 & 销售总监和副主席。1999 年，他被任命为董事总经理
Bob Fuller	联合首席执行官	一位杰出高管，1997—2000 年任商务总监和首席运营官。他加入 Telewest 作为首席执行官之前来到 H 公司
Giorgio Moroni	首席财务官	他之前曾在花旗集团
Georges Perez	首席财务官	在 2001 年加入 H 公司前，他曾是英国电信无线首席技术官。其专业背景包括 Otelo Mannesmann（1995—1999 年）和 IBM，他在那里工作了 10 年

2. 公司所有权结构及主要控股方情况（见表7－2）

表7－2　　H公司主要控股方

名称	占股比例	资力及背景情况
大股东：香港和记黄埔公司	78.254%	香港上市公司，经营地产发展及投资、港口及有关服务、零售制造及其他服务、电信以及能源基建、财务及投资等核心业务。2001年6月底的总资产达3858亿港元
Cirtel International（CIR）	12.927%	主要业务包括传媒、汽车零件、电力及天然气业务等
NHS Investments (San Paolo IMI)	5%	为意大利第二大银行集团，拥有全国最大的分行网络，强大金融产品的推销员工及网上交易的经验
Bernabe Mobile	2%	拥有能源及通信等的丰富经验
HDP	1%	负责出版多份意大利报纸、杂志、书籍及出版音乐光碟，以及在互联网上提供意大利城市的资料等
Genina	0.5%	参与机场、能源、建筑、经济及投资银行业务等
Tiscali Finance（Tiscali）	0.319%	意大利固定网络电话服务商

3. 主要财务数据及公司主要事件

在这一部分，我们将主要给出H公司2010—2012年的主要财务数据（见表7－3、表7－4）以及财务报告附注中的主要事件。

表7－3　　H公司2010—2012年资产负债表

日期	2010/12/31		2011/12/31		2012/12/31	
流动资产						
货币资金	111563192	1.80	97663569	1.60	187831735	3.10
应收账款	601338008	10.00	588539988	9.70	750458882	12.40
存货	28047665	0.50	115868991	1.90	142757726	2.40
预付账款和应计收入	152060271	2.50	153632493	2.50	122308032	2.00
流动资产总计	893009136	14.80	955705041	15.80	1203356375	19.90
非流动资产						
在建工程	132240799	2.20	65248834	1.10	142713993	2.40
工业和商业设备	8092034	0.10	10444266	0.20	7965090	0.10
其他有形资产	374304362	6.20	450759713	7.40	408718862	6.70
生产设备与机器	700117717	11.60	911991887	15.00	869685545	14.40
固定资产合计——净值	1214754912	20.10	1438444700	23.70	1429083490	23.60
长期应收账款	3538481	0.10	4014495	0.10	4231131	0.10
对子公司投资	—	—	—	—	83842549	1.40
无形资产——商誉	1863903	—	1630915	—	1397927	—

续表

日期	2010/12/31		2011/12/31		2012/12/31	
无形资产——其他	3919530567	65.00	3662507889	60.40	3337649681	55.10
无形资产净值合计	3921394470	65.00	3664138804	60.40	3339047608	55.10
非流动资产合计	5139687863	85.20	5106597999	84.20	4856204778	80.10
资产合计	6032696999	100.00	6062303040	100.00	6059561153	100.00
流动负债						
短期银行借款	—	—	—	—	—	—
应付供应商款项	743923359	12.30	795414136	13.10	778780350	12.90
短期应付母公司款项	25828	—	93769	—	6	—
短期应付股东款项	6	—	6	—	—	—
应计费用和递延收益	91464030	1.50	65732060	1.10	49283338	0.80
应付年金	7470392	0.10	7865291	0.10	6810512	0.10
其他应付款	33469189	0.60	102535121	1.70	204459346	3.40
应计负债合计	132403617	2.20	176132478	2.90	260553196	4.30
短期应交税费	1953512	—	8129118	0.10	53313641	0.90
流动负债合计	878306316	14.60	979769501	16.20	1092647193	18.00
非流动负债						
长期借款	2284289373	37.90	3086791907	50.90	3933758254	64.90
长期应付账款	22439060	0.40	62386908	1.00	5942031	0.10
次级债务	—	—	—	—	688336735	11.40
长期应付股东款	847957817	14.10	1512672281	25.00	—	—
负债和费用备用金	7610324	0.10	8482841	0.10	4931151	0.10
员工离职赔偿金	13019468	0.20	19000347	0.30	15955364	0.30
长期应交税费	—		-79366		-124554	
非流动负债合计	3175316042	52.60	4689413650	77.40	4649048089	76.70
负债合计	4053622358	67.20	5669183151	93.50	5741695282	94.80
所有者权益						
所有者权益净值	1979074641	32.80	393119889	6.50	317865871	5.20
负债和所有者权益合计	6032696999	100.00	6062303040	100.00	6059561153	100.00

表7-4　　H公司2010—2012年利润表

日期	2010/12/31		2011/12/31		2012/12/31	
固定资产						
成本资本化收入	92784649	31.90	47735694	3.60	20285257	0.90
其他营业收入	28084638	9.60	460268296	34.80	401723505	18.40
销售收入	170396468	58.50	814116667	61.60	1757935805	80.60

续表

日期	2010/12/31		2011/12/31		2012/12/31	
净收入	291265755	100.00	1322120657	100.00	2179944567	100.00
原材料购买成本	205930984	70.70	969817484	73.40	1095594493	50.30
维修成本	449975940	154.50	789113169	59.70	1287783989	59.10
营业成本合计	655906924	225.20	1758930653	133.00	2383378482	109.30
毛利润	-364641169	-125.20	-436809996	-33.00	-203433915	-9.30
租赁费用	125511293	43.10	160326656	12.10	137886320	6.30
折旧费用	132191714	45.40	231162707	17.50	310671666	14.30
累计摊销	376378969	129.20	423220975	32.00	456383892	20.90
人力成本合计	141043847	48.40	154370165	11.70	136552741	6.30
坏账成本	11073537	3.80	23096000	1.70	31744881	1.50
原材料等存货变动成本	-27866397	-9.60	-87821327	-6.60	-59961955	-2.80
其他营业成本	3662149	1.30	11393067	0.90	21112795	1.00
营业成本合计	761995112	261.60	915748243	69.30	1034390340	47.50
净营业利润	-1126636281	-386.80	-1352558239	-102.30	-1237824255	-56.80
财务费用合计	173674385	59.60	237105328	17.90	273988680	12.60
应计利息	2200653	0.80	670620	0.10	2064677	0.10
利息收入总额	2320142	0.80	4756250	0.40	2137925	0.10
利息收入费用合计	-173554896	-59.60	-233019698	-17.60	-273915432	-12.60
衍生工具收入	—	—	—	—	14224057	0.70
营业外支出合计	—	—	2879865	0.20	33248787	1.50
其他收入合计	-173554896	-59.60	-235899563	-17.80	-292940162	-13.40
所得税费用						
营业外项目	-1300191177	-446.40	-1588457802	-120.10	-1530764417	-70.20
营业外收支合计	4491317	1.50	2503050	0.20	5510399	0.30
净利润	-1295699860	-444.90	-1585954752	-120.00	-1525254018	-70.00

公司的主要事件：

（1）公司 2012 年度财务报表由普华永道会计师事务所无保留意见的审计。

（2）公司 2010 年 3 月推出其商业服务，销售额增长超过 10 倍，从 2010 年的 170 亿欧元至 2012 年 1758 亿欧元。生产总值（预计销售）也增加了 7.5 倍，从 2.91 亿欧元至 2180 亿欧元。

（3）公司的流动资金比率在 2012 年达到历史上的最高水平，流动比率超过 1 的基准，速动比率达到 0.86。

四、讨论题目

1. 结合移动通信行业发展状况，说明H公司贷款审批的依据是什么？

2. 银行授信中存在哪些风险？作为银行的信贷审批委员会成员，你认为是否应该给H公司提供贷款？并给出依据。

3. 根据H公司的经营状况、财务状况等相关信息，试回答风险管理部经理和主管信贷行长提出的问题。

4. 根据案例提供的财务报表等资料，请对H公司的风险等级进行评估。

5. 综合案例背景情况及分析，请以信贷经理的身份提交一份H公司的贷款申请报告。

案例使用说明

一、案例的适用性与教学目标

本案例适用的课程有：财务报表分析、银行信用风险管理、公司战略与风险管理、高级管理会计理论与实践等课程。

本案例适用的授课对象为：会计专业硕士研究生（MPAcc），拓展适用于所有管理类的专业硕士（如审计专业硕士MAud、工商管理专业硕士MBA等）及会计学术型硕士。

本案例的教学目标是：结合H公司贷款项目的实地案例，引导学员思考信贷违约风险评价方法的改进与创新问题。一方面，要求学员掌握科学合理的信贷违约风险分析和财务报表分析的方法，并能够结合企业财务信息特点运用在授信业务中；另一方面，需要学员利用掌握的理论知识，结合行业背景为案例企业的信贷风险管理提出改进方案或创新建议，使银行的信贷风险管理更加合理有效，创造更多的经济价值与社会价值。

二、案例讨论的知识准备

为了有效实现本案例目标，学员应该具备下列相关理论知识及背景知识：

（一）信贷风险管理评价方法及其模式

信用分析是财务报表分析的另一重要运用领域，企业的主要信用提供者都希望通过财务报表分析来了解企业的信用质量以及信用违约风险，以决定是否提供贷款和贷款利率的高低。分析主要根据哈佛财务分析框架，分为战略分析、会计分析、财务分析和前景分析4个部分。

第一，以战略分析为起点，通过战略分析来了解贷款企业所处行业的竞争情况、企业的竞争战略、主要风险来源和关键成功要素等信息。这一步骤对以后的分析有指导意义。

第二，应当分析看待企业的会计信息质量，以确保在此基础上计算出的企业财务比率能够如实反映贷款企业财务状况和经营业绩，同时还应关注会计报表中可能对信贷决策有重大影响的内容，如表外负债、非经常性损益等。

第三，通过财务分析来了解企业的财务健康度，通过计算财务比率、经营比率和杠杆比率等指标及其变动趋势，并将其同竞争对手或行业平均值进行对比，可以对贷款企业的信用质量有较为准确的了解。

第四，当前财务报表只是企业过去的财务健康度和经营情况，只能反映出贷款企业信用质量的部分内容，是否向其提供贷款更大程度上取决于企业未来还本付息的能力。因此，对贷款企业未来财务状况的前景预测是信贷决策财务报表分析不可或缺的内容。

第五，在经过以上分析步骤以后还必须进行综合信用风险评估。信用评级就是典型的综合风险评估方法。一般而言，信用等级取决于违约的可能性、债务条款和破产时贷款企业能够为借款人提供的保护等因素。

（二）波特五力分析

战略分析应当围绕公司的价值创造能力展开，价值创造能力取决于自身营利能力和资本成本之间的差异。资本成本的高低由资本市场决定，而公司的营利能力取决于自身战略的选择，战略分析中一般采用波特五力模型。

1. 购买者的议价能力

购买者的议价能力主要受两方面因素的影响：价格敏感性和交易地位。

价格敏感性决定了买方愿意进行讨价还价的程度。当产品缺乏独特性且转换成本较低，或者产品在买方成本总额中占较大比重时，买方可能愿意花费必要的资源来寻找成本较低的产品。此外，该产品对提高买方产品质量的重要性也会影响卖方的价格敏感性。

交易地位决定了买方能否成功降低价格。交易地位取决于各方不与对方进行交易所需付出的成本。一般而言，买方的交易地位受供应商数量、单一买方的购买数量、买方可选择的产品数量、买方的产品转换成本以及买方向后整合威胁等因素的影响。

首先，H公司虽然是一家新成立的企业，但由于其独特的发展策略优势，具有丰富管理经验的高级管理者的优质管理，以及作为全球第二大3G投资者的和记黄埔有限公司的协同效应，一定可以逐步打开市场，获得较大的3G市场占用率。其次，H公司偏重于高消费市场，其用户大多数是高收入阶层，他们一般不会对价格问题斤斤计较，而是更为注重所享受到的服务的水平和质量。因此，H公司面对的购买者议价能力较弱。

2. 供应商的议价能力

对供应商议价能力的分析与买方议价能力分析相同，当供应商数量很少且客户可选择的替代品很少时，供应商具有强势地位。

3. 现有企业间的竞争

这种竞争力量是企业所面临的最强大的压力。现有竞争者根据自己的一整套规划，运用各种手段力图在市场上占据有利地位和争夺更多的消费者，对同行其他企业构成了极大威胁。行业增长率、竞争者的集中均衡、产品的独特性和转换成本、规模经济、剩余生产能力和退出障碍等因素决定了现有企业间的竞争强度。

从文中可以看出，移动通信行业增长率和竞争者集中度，以及较强的产品独特性，使得移动通信企业间的竞争不是激烈的价格竞争，而是以满足客户需求为目标的差异化竞争。

4. 新进入企业的威胁

潜在的行业新进入者是行业竞争的一种重要力量，新进入者会带来生产能力的扩大，带来对市场占有率的要求，这必然会引起与现有企业的激烈竞争，使产品价格下降；新进入者要获得资源进行生产，从而可能使行业生产成本升高，会导致行业获利能力下降。规模经济、先行优势、分销渠道和关系网的进入以及法律障碍等决定新进入企业威胁的大小。

对于移动通信行业而言，技术开发以及网络的建设需要大量的资金投入，此外，先进的管理技术和服务理念必不可少，品牌的影响力很大，客户的忠诚度较高，因此对于新的进入者而言，进入壁垒较高，潜在进入者威胁不大。

5. 替代品的威胁

某一行业的企业有时常会与另一行业的企业处于相互竞争的状态中，其原因是这些企业的产品具有相互替代的性质。替代产品的价格如果较低，它投入市场就会使本行业产品的价格上限只能处在较低的水平，这就限制了本行业的收益。

（三）会计分析

企业出于某种考虑或是为了达到某种经济利益的目的，往往会利用盈余管理甚至财务舞弊来粉饰报表，债务契约动机是管理层进行粉饰报表的主要动机之一。在进行信贷决策分析时，必须充分意识到财务信息中的“会计地雷”，避免被错误的报表信息所误导而作出错误的信贷决策。

1. 辨认关键会计政策

进行财务报表分析时，应当首先对公司用于衡量成功要素及风险的会计政策及估计进行确认和评估。其中，利息收入确认、贷款分类方法、贷款准备金计提、抵债资产处置等会计政策就是重中之重。

2. 评估会计政策弹性

不同公司有着不同的关键会计政策，不同的会计政策其弹性大小可能存在显著差异。对于主要会计政策和估计存在较大灵活性的公司，在进行分析时应重点关注统一的会计处理方法是否符合公司的实际情况。

3. 评价会计策略

当管理层在重要会计政策和估计的选择方面具有较大弹性时，可能会选择利用这种会计弹性更好地反映公司实际经营情况，也可能选择隐瞒公司真实业绩。在分析时可以通过以下问题来判断管理层的会计策略是否合理：

（1）公司选择的关键会计政策与行业惯例是否一致；

（2）公司管理层是否存在利用会计弹性进行盈余管理的强烈动机；

（3）公司是否变更会计政策和估计；

（4）公司过去所采用的会计政策和估计是否合乎实际情况；

（5）公司是否为了特定会计目的而进行交易设计或从事缺乏商业理由的交易。

4. 评价信息披露质量

当前的财务报告体系不仅包含3张主要报表，还包括董事会报告、监事会报告、附注信息等其他信息披露。披露质量是体现公司会计信息质量的一个重要方面。在分析时需注意公司所披露信息的充分性，在公司会计政策与同行业惯例不同或业绩状况发生重大变化时是否说明，公司是否对好坏消息“一视同仁”，均予以充分披露，还是“报喜不报忧”。

5. 识别危险信号

常见的危险信号包括：

（1）未加解释的会计政策和会计估计变动，经营恶化时出现此类变动尤其应当注意；

（2）未加解释的旨在提升利润的异常交易；

（3）应收账款的非正常增长；

（4）销售收入与经营活动产生的现金流量相互背离；

（5）频繁的关联交易、资产重组和剥离、股权转让、资产评估；

（6）不合乎商业逻辑的资产置换等。

6. 消除会计信息失真

如果通过上述分析发现应计制财务报表存在扭曲公司真实情况的现象，在分析时应利用报表附注、现金流量表以及其他相关信息源，还原真实情况。

（四）财务分析

财务分析方法主要包括共同比分析法、趋势分析法、比率分析法、现金流量分析法、模拟报表法等方法。一般情况下，都是多种财务分析方法同时使用，以对公司的财务状况有较清晰的认识。此案例中，还应结合风险评级工作底稿（见表7－5）的各项内容，对H公司进行财务分析。

1. 偿债能力分析

偿债能力是指企业偿还到期债务（包括本息）的能力。能否及时偿还到期债务是信贷提供方最关心的内容。企业偿债能力包括短期偿债能力和长期偿债能力两个方面。对于偿债能力的分析可以运用以下指标：

（1）流动比率＝流动资产/流动负债

（2）速动比率＝速动资产/流动负债

（3）现金流动负债比率＝年经营现金净流量/年末流动负债×100%

（4）资产负债率＝负债总额/资产总额×100%

（5）产权比率＝负债总额/所有者权益总额×100%

（6）利息保障倍数＝息税前利润/利息费用＝（利润总额＋利息费用）/利息费用

通过计算以上指标，根据指标的变动趋势，可以看出H公司手头资金充裕，流动资产远远超过流动负债，公司流动性较强；负债水平不高，利息保障倍数较高，还款记录较好，拥有较强的偿还能力。

2. 营利能力分析

营利能力是指企业获取利润的能力，也称为企业的资金或资本增值能力，通常表现为一定时期内企业收益数额的多少及其水平的高低。营利能力就是指公司在一定时期内赚取利润的能力，利润率越高，营利能力就越强。对于经营者来讲，通过对营利能力的分析，可以发现经营管理环节出现的问题。对公司营利能力的分析，就是对公司利润率的深层次分析。对于营利能力的分析可以运用以下指标：

（1）销售净利率＝净利润/销售收入×100%

（2）成本费用利润率＝利润总额/成本费用总额×100%

（3）总资产报酬率＝息税前利润总额/平均资产总额×100%

（4）净资产收益率＝净利润/平均资产×100%

（5）销售毛利率＝（销售收入－销售成本）/销售收入×100%

通过计算以上指标，可以看出H公司的营利能力较强，同时H公司的营利能力也表现出了很强的增长性。

3. 营运能力分析

营运能力是指通过企业生产经营资金周转速度的有关指标所反映出来的企业资金利用的效率。它表明企业管理人员经营管理、运用资金的能力，企业生产经营资金周转的速度越快，表明企业资金利用的效果越好，效率越高，企业管理人员的经营能力越强。对于营运能力的分析可以运用以下指标：

（1）应收账款周转率＝主营业务收入净额/平均应收账款余额

（2）存货周转率＝主营业务成本/平均存货

（3）流动资产周转率＝主营业务收入净额/平均流动资产总额

（4）固定资产周转率＝主营业务收入净额/固定资产平均净值

（5）总资产周转率＝主营业务收入净额/平均资产总额

总体而言，H公司的资产周转率较好，并且近3年周转率在逐年提高，说明该企业的营运能力较强，对资金的利用效率较高。

（五）信用评级方法

一般而言，信用评级分析方法可以分为两种，一种是传统法，即通过构建信用评级指标体系作为评估框架进行评级；另一种是评级模型法，即运用现代计量经济模型来进行信用评级。相对而言，传统法能够较为全面地考虑影响信用质量的各种因素，从而得出较为准确的信用评级，因此信用评级机构对客户的初始评级一般采用传统法。这也是本案例中使用的方法。

银行的信用评级系统主要包括：财务指标、行业比较指标、行业风险指标、经营管理指标、银行监管指标以及还款记录指标。具体的指标体系可见表7－5和表7－6。客户经理将根据财务分析的结果，对照表7－5中的各项指标对其进行评分，再根据总得分计算出H公司的信用等级，判断申请贷款的企业发生违约的风险和概率。

表7－5　　　　风险评级工作底稿

贷款方评级			
指标	得分	权重	计分标准
A. 财务状况	19	45	
1. 流动比率/速动比率	4	5	
＊制造业：流动比率 ＊零售/贸易/批发业：速动比率		5	显著提高，并高于行业水平
		4	保持在合理水平
		3	有所下降，但与同行相比仍是安全的
		2	下降，但与同行相比是不安全的
		1	显著下降到无法接受
		0	非常低
2. 财务杠杆—资产状况	3	5	
＊负债总额/所有者权益		5	所有者权益比重很高，资产状况很好
		4	财务杠杆保持在可接受的水平
		3	权益融资不足和过度贸易
		2	权益融资严重不足
		1	资不抵债但资本净值为正
		0	资本净值为负
3. 利息保障倍数	0	5	
＊EBIT/利息总额		5	显著高于3.5倍
		4	保持在3倍左右
		3	下降，但仍保持在2倍左右
		2	不安全，但仍超过1.2倍
		1	能基本偿还利息
		0	小于1，不能偿还利息
4. 营利能力	0	5	
＊制造业：税前利润/总资产 ＊零售/贸易/批发业：经营利润率		5	高增长率
		4	保持一定的增长率
		3	保持不变或适度下降
		2	严重下降
		1	在0附近
		0	连续两个财务年度为负

续表

贷款方评级			
指标	得分	权重	计分标准
5. 经营活动	4	5	
*存货周转率 *如果存货周转率不可得，可用应收账款周转率		5	逐步提高并高于行业平均水平
		4	保持在合理水平
		3	季节性或暂时性地降低
		2	不安全地降低
		1	严重降低
		0	非常低
6. 销售增长率	4	5	
*销售收入或总收入		5	高增长率，例如：10%
		4	适度增长，例如：2%—5%
		3	适度降低
		2	不能接受地降低
		1	严重下降
		0	严重下降，且下降趋势无法扭转
7. 利润增长率	0	5	
*净利润		5	高增长率，例如：5%
		4	适度增长
		3	保持在合理水平
		2	低于合理利润或者亏损，且有下降趋势
		1	亏损严重
		0	连续亏损
8. 经营活动现金流量	2	5	
		5	现金流增加、偿还能力较强
		4	现金流稳定或者轻度下降，但仍能偿还债务
		3	现金流下降，严重影响偿还能力
		2	不能完全偿还债务
		1	经营活动现金流为负
		0	经营性现金流和 EBIT 都为负
9. 外部融资能力	2	5	
		5	随时可在资本市场（私人和公开的）进行融资，其他融资渠道也较多
		4	一定条件下，也能较容易地进入资本市场融资或取得其他融资渠道
		3	有很好的外部融资纪录，能够进行再融资
		2	较难进入资本市场，取得其他渠道的融资也较困难
		1	很难进行外部融资
		0	无法进行外部融资

续表

贷款方评级			
指标	得分	权重	计分标准
B. 行业比较	8	10	
		10	有很强的市场主导力量，是市场的领军企业
		8	大部分的财务指标都大于行业 3/4 分位数
		6	大部分的财务指标都大于行业中位数
		4	大部分的财务指标都大于行业 1/4 分位数
		2	大部分的财务指标都小于等于行业 1/4 分位数
C. 管理状况	12	15	
		15	公司治理良好，管理团队专业水平高，经验丰富，潜力较大且很努力
		12	管理层专业水平较高，经验较丰富，信用度、潜力和廉政水平在行业内都有较好的口碑
		9	管理层的经验可以满足行业要求，管理目标和战略积极，管理方面的变动不大
		6	管理层有一定的经验和较少的潜力，没有明确的管理目标，或者贷款方正处在较大的管理变革中，或者管理层是偏好型的人
		3	管理层管理水平较差，或信用度和廉政度令人质疑
D. 行业风险	6	10	
		10	行业对国家很重要，不必考虑行业风险
		8	行业处于成熟期，拥有稳定的客户需求量和增长率变动性较小，较高的行业进入壁垒，或者贷款方实施了成功的多元化战略分散风险
		6	新兴行业，行业进入壁垒较低，竞争激烈
		4	行业处于衰退阶段，或者周期性或季节性的变化是不确定的
		2	行业处于严重衰退阶段，周期性和季节性变动很大
E. 银行对贷款方的监督	8	10	
		10	贷款方运作正常，不需要监督
		8	需要进行监督，但监督频度不高
		6	早期的危险信号出现，或不合理地推迟财务报告的公布，需要进行严格的监督
		4	贷款方不愿意与银行合作，拒绝提供相关材料
		2	贷款方拒绝合作，银行不能控制局面，或者贷款合约不完整，这将对还款行为产生严重影响
		0	无法监督

续表

贷款方评级			
指标	得分	权重	计分标准
F. 还款记录	8	10	
		10	还款记录优秀
		8	还款记录良好，目前不存在风险
		6	还款记录较好，但有拖欠记录
		4	有时会拖欠，存在潜在还款风险
		2	还款经常拖欠，目前还款存在风险
G. 减项（－）	0		
＊主要事件		5—10	存在法律诉讼，其或有负债水平超过所有者权益的
		1—5	环境治理问题或存在法律诉讼，将影响贷款方的偿还能力
＊财务信息质量		0	出具标准无保留审计报告，财务报告以历史成本为基础，相关性和可靠性较高
		4	需要重新调整、检查
		6	公众可以获得财务报告
		8	财务报告只在内部流通
		10	财务报告质量较差，存在问题或不可靠
		1—5	出具非标准审计报告
总得分	61		
信用等级	4		

表 7－6　　贷款方风险等级划分表

风险等级	分数范围	风险等级的含义
1	91—100	安全
2	81—90	安全
3	71—80	安全
4	61—70	安全
5	51—60	关注
6	41—50	风险较大
7	21—40	贷款无法按期收回
8	0—20	坏账

三、案例分析要点

（一）需要学员识别的关键问题

1. 根据移动通信行业的现实情况，说明H公司审批的依据是什么？

2. 银行授信中存在哪些风险？作为银行的信贷审批委员会成员，你认为是否应该给H公司提供贷款？

3. 根据H公司的经营状况、财务状况及相关信息，试回答风险管理部经理和信贷行长提出的问题。

4. 根据案例提供的财务报表等资料，请对H公司的风险等级进行评估。

5. 综合案例背景情况及分析，请以项目经理的身份提交一份H公司的贷款申请报告。

（二）案例分析的关键要点

1. 会计信息在银行贷款项目决策中的作用，明确运用财务报表数据进行贷款项目分析时应包括的主要步骤和内容。

2. 结合案例中提供的财务报表，通过计算、分析各项财务指标，评价企业偿还贷款的能力。

3. 利用H公司的会计报表，填写信用评级表，并根据计算结果确定H公司的信用等级。

4. 根据信用等级及压力测试，明确贷款项目可能存在的风险，评价和分析这些风险，并确定项目的风险是否在银行可以监督和控制的范围内。

四、教学组织方式

（一）建议的课堂计划

建议的课堂计划有两种方案：

方案1：老师把案例的案情介绍穿插到讲授财务报表分析等课程的课堂上，然后引导学生分组讨论由案例引发的思考题，并推荐代表陈述其讨论内容，老师点评引导案例分析的深化，具体安排如表7-7所示。

表 7-7　　课堂计划（1）

内容	主角	组织与要求	时间
讲授银行风险种类、财务报表分析的相关理论与方法及案例概况	老师	结合信贷风险、财务报表分析理论与方法，介绍案例背景，并提出案例讨论的思考题	15 分钟
列示案例讨论话题，并进行讨论分组	老师	由老师板书案例讨论话题，明确每个讨论小组围绕案例讨论话题要求和讨论分析的案例问题	5 分钟
案例讨论	学生	要求每个案例小组结合所学的理论知识，针对分配的讨论思考题进行讨论	20 分钟
陈述和点评	学生和老师	要求每个案例小组推荐一名学生陈述其讨论的情况及其达成的共识、产生的分歧，主要是在黑板上完善案例讨论话题的相关内容；老师点评案例小组讨论情况并引导其对问题进行正确理解和深入分析	10 分钟

方案 2：课前把案例本身以及案例讨论话题发给学生，让学生分组讨论，课堂上根据讲授的基础理论穿插提问，要求学生把案例讨论的结论陈述出来，以此引导学生把所学的理论和案例讨论的内容融合起来。具体安排如表 7-8 所示。

表 7-8　　课堂计划（2）

内容	主角	组织与要求	时间
各组搜集和补充相关资料，分组预讨论 H 公司银团贷款项目审批案例	学生	要求学生分组讨论案例，并完善案例讨论话题的相关内容	课前，不限时
讲授财务报表分析的理论、方法和实践	老师	结合财务报表分析具体理论，概述案例背景，并提出案例讨论的思考题	20 分钟
结合老师讲授的理论和学生预先讨论的初步结论，进一步修改案例讨论话题的相关内容	老师和学生	在老师的引导下，要求每个小组的学生根据老师教授内容以及其他小组陈述的案例讨论情况，进一步修改案例讨论话题的相关内容	20 分钟
学生提问，老师作答	学生和老师	每个案例小组推荐一名学生把讨论案例中产生的分歧以及听取其他小组观点后产生的疑问提出来，老师针对分歧和疑问进行引导、解释和回答	10 分钟

（二）讨论方式及教学手段

本案例可以采用头脑风暴法、行动学习法、六顶思考帽等方法分小组讨论，并灵活应用 MOCK、蓝墨云班课等新型教学工具与辅助手段组织案例讨论。

（三）案例讨论总结

课堂讨论总结的关键是：归纳发言者的主要观点；重申其重点难点；建议大家对素材进行扩展和深入分析，并总结启示与推广价值。

案例 8

锚定可变现收入目标，让资产“烧”一会儿！

通过案例分析使得学员能够深刻理解互联网企业经营营利模式，深刻理解必不可少的“烧钱”行为与翘首以望的“敛财”行为之间的辩证关系，对互联网企业“烧钱”与“敛财”之间的关系进行详细的分析，为互联网企业经营决策提供更具针对性的思路。

案例正文

本案例通过对互联网经营企业的“烧钱”与“敛财”的辩证关系进行分析，着重分析了互联网企业“烧钱”与“敛财”行为的时机问题，加深了对互联网企业经营特征的理解，指出互联网企业经营都必须走过“烧钱”积累人气与人气产生财富的过程，进一步提出“烧钱”成本的付出是互联网企业经营必不可少的过程，旨在积累市场人气空间的“烧钱”成本的付出持续整个企业经营全过程，提出“敛财”产品的开发必须充分挖掘现有市场人气空间，并且符合消费者心理承受能力与接受门槛，从而对互联网企业经营中的“烧钱”—市场人气—“敛财”之间的关系进行了阐述，为互联网企业经营提出了可供借鉴的经营模式。

一、案例背景

（一）互联网企业经营的“其兴也勃矣，其亡也忽矣”

在我国互联网行业发展进程中，尽管近年来百强互联网企业相对稳定，但是一个不争的事实就是互联网行业竞争日益加剧，前期培育成本巨大，相应的获利空间巨大，形成风险与收益共存的经营格局态势。在互联网企业经营过程中，企业提供免费邮箱、免费社交、免费 APP 等服务成为企业培育市场竞争优势的抓手，如此必然会出现投入巨大争取网络人气流的同时却不能够及时兑现为真金白银，如果稍有不慎则可能导致企业人财两空的境地，最终的结果就是被市场完全抛弃而前期海量投入打水漂。令人吊诡的是，如果在争取巨大的人气空间之后，继续提供免费服务以巩固市场人气基本盘，并且通过不断推出具有竞争力的产品，那么持续的人气两旺最终将换来巨大的获利空间。我国互联网发展史上很多公司开始经营时人气旺盛，然而由于对市场把握的误解导致最终一败涂地，典型的案例就是首都在线 263 的发展兴衰以及近期日现颓势的共享单车等“互联网 +”企业。首都在线 263 在 20 世纪 90 年代晚期几乎是如日中天，其在我国互联网兴起之时迅速崛起为天下第一门户网站，然而由于经营者的短视与自大，最终模糊了决策层的双眼，263 邮箱收费成为压垮公司的最后一根稻草，现在几乎成为无人问津的末流网站了，真是验证了“其兴也勃矣，其亡也忽矣”的经营铁律。进一步地，在互联网行业中很多企业都是来势汹汹，高开低走，最终都落得惨然离场的悲惨境地，可见想要冲破市场竞争的藩篱铸造“其兴也勃矣”的辉煌，都必须付出巨大的人气成本，并且配以敏锐的经营战略眼光。

（二）互联网企业经营收益测度空间的拓展

互联网企业的经营方式与传统企业的经营方式存在本质的不同，传统企业大多走的是培育市场的途径，鲜有如此大规模免费提供产品服务的过程，即使存在免费提供也是阶段性的经营策略，鲜有长期免费无偿大规模无差别提供免费产品的。但是互联网企业却必须在培育市场过程中长期提供免费互联网产品服务，并且以此作为维系企业市场人气的重要手段，否则忠诚度再高的顾客也会瞬间“蒸发”，千辛万苦聚集起来的市场人气也会在一夕之间全部崩溃，这就意味着传统企业可以仅用真金白银来度量企业的经营收益与成本，但是互联网企业的经营收益已经不能够仅仅用真金白银来度量，而必须更多地借助于市场人气空间来度量，例如网络上常见的围观、点赞、转发、浏览量、评论等都应该作为企业收入，因为正是这些累积网络人气才可以给企业带来变现收入，这样才能够准确地把握投入的市场人气培育成本，只有如此才能够对互联网企业的经营活动进行科学的计量与经营决策。如果仅仅把目光局限在真金白银的收入成本核算上，那么在人气收入累积特别高但是变现收入低的状态下放弃该项目，结局将是不可逆的毁灭性。互联网企业的经营决策必须用互联网思维来考量，用传统的本—量—利分析方法来进行互联网企业的决策最终会带来企业的厄运。

（三）互联网企业“敛财”产品开发定价的经营思路

尽管美国著名管理学家波特认为企业获取竞争优势主要在产品集中化、产品差异化与成本领先三个方面，但是收费产品定价却必须基于市场心理预期，否则超越市场心理预期的产品再好也不会变现为现金。例如，在我国目前互联网门户网站竞争中，新浪 Sina、网易 163、21 世纪以及腾讯 QQ 等，所有这些门户网站所提供的内容基本模块雷同，难以独家内容垄断，这就说明互联网企业要想获得竞争优势就必须通过持续不断地免费产品来积累人气，同时通过推出收费产品来获取企业真金白银收入，这种完全颠覆传统产品的竞争模式必然给互联网企业注入全新的概念，任何不适合竞争模式的互联网企业必然迅速地被淘汰，于是通过对传统收入成本概念进行全新的诠释以正确理解互联网企业经营营利模式，从而得以保持产品差别化优势和保持成本领先，这也是对互联网企业经营的巨大挑战与巨大机会，进一步来说，如何推出符合市场预期价位与需求的收费产品则是互联网企业面对的挑战，然而也唯有合理准确地锚定可变现收入，才能够使得“烧钱”经营活动变得有价值。

二、案例介绍

（一）腾讯公司发展历程回顾

深圳市腾讯计算机系统有限公司成立于1998年11月，由马化腾、张志东、许晨晔、陈一丹、曾李青五位创始人共同创立，是中国最大的互联网综合服务提供商之一，也是中国服务用户最多的互联网企业之一，这段摘录于360百科的文字言简意赅地概括了腾讯公司的20年风雨历程。然而这段文字是远远不能描述这不平凡的20年的，这段时光见证了腾讯公司的点滴成长，见证了中国向市场经济转型的波澜起伏，也见证了中国互联网经济的飞速发展。

1998年11月11日被定为腾讯的创办日，五位“身怀绝技”的创始人就像在武林中结盟的高手，决定发挥专业优势，干一番大事业。1999年，他们把目光投向以色列的一款即时通讯工具ICQ[①]，并很快模仿制作了OICQ，于2000年根据公交车上两名小学生对OICQ的昵称将其改名为QQ，同时推出移动及电信增值服务。由于市场反响热烈，2001年QQ注册的账户数已达到惊人的1亿，而日益增长的服务器费用却成为令人头疼的问题。马化腾一度想要卖掉QQ，但一直都因价格问题谈不拢。2002年，看到聊天室的火爆及存在的问题，QQ推出群聊功能。2003年，QQ秀上线，能够让用户在虚拟空间穿戴各类服饰，QQ的第一个钻石会员体系“红钻”也由此诞生。2006年，结合移动网络的发展，推出超级QQ和手机QQ。2014年QQ最高同时在线账户数突破2亿。截至2016年，QQ月活跃账户数达8.77亿，并不断增长。

在媒体发展方面，腾讯于2004年基于QQ推出迷你首页，用户每次登录QQ都能自动收到系统推送的迷你首页弹窗。2005年，腾讯网力图摆脱用户低幼化的形象，宣布转型。2008年，推出社交网站QQ校友网，提出了MIND模式[②]，重新定义互联网广告。2011年，伴随网络视频媒体的发展，腾讯相应地推出腾讯视频。2015年，天天快报上线。

在公益发展方面，腾讯于2007年成立腾讯公益慈善基金会，为成为一家有社会责任感的企业而努力。2008年“5·12”汶川大地震，腾讯利用其用户基础进行爱心接力，共筹得网络捐款2000万元用于灾区重建。2010年，平台捐赠总额突破1亿元。

---

① 谐音“I seek you”，即“我找到你了”。

② 可衡量的效果（Measurability），互动式的体验（Interactive Experience），精确化的导航（Navigate）以及差异化的定位（Differentiate）。

2015 年，提出“互联网 + 公益”的概念；“益行家运动捐步”上线，倡导人们为健康生活而增加徒步机会，同时关爱弱势群体；发起首个“99 公益日”，将每年的 9 月 9 日定为活动日，为贫困人口募捐。截至 2016 年，网络平台历史捐款总额达 15.46 亿元。

在互动娱乐方面，2003 年腾讯推出以棋盘休闲小游戏为主的 QQ 游戏平台。2005 年推出 QQ 宠物、QQ 堂及 QQ 幻想，受到用户的热烈欢迎。2008 年，“穿越火线”和“地下城与勇士”中国版上线。2013 年，开启手机游戏时代。2014 年，腾讯推出“泛娱乐战略”的“2.0 版本”。2015 年，腾讯进军影视、图书，成立企鹅影业、腾讯影业和阅文集团。

2010 年，成立腾讯产业共赢基金，发布“开放平台”战略。2011 年投资 Riot Games 大多数股权。2012 年，战略投资 Epic Games 和 Kakao。2014 年，与京东、大众点评、58 同城建立战略合作伙伴关系。2016 年收购 Supercell。

2011 年，微信发布，腾讯“获得了一张移动互联网时代的站台票”，当年微信加入语音对讲功能。2012 年，推出朋友圈、微信公众平台，微信和 WeChat 总注册账户数突破 2 亿。2013 年，推出划时代的微信支付，扫二维码逐渐成为人们生活密不可分的一部分；推出微信游戏中心，以“天天爱消除”为代表的“三消”类游戏受到追捧，各类虚拟道具为腾讯“吸金无数”。2014 年，微信红包诞生，将过年发红包这一传统电子化的腾讯刺激百万级用户绑定银行卡，并将微信作为主要支付工具，被媒体戏称为“阿里十年磨一剑，却不如腾讯一夜爆发”。截至 2016 年，微信和 WeChat 合并月活跃账户数达 8.46 亿。

从 2000 年成为中国首家盈利互联网公司起，腾讯不断快速发展，其战略眼光也越来越长远，经历了几轮投资，在香港上市，又艰难地度过 2010 年“3Q 大战”的风波，腾讯未来的脚步也越发笃定。2016 年，腾讯市值突破 2000 亿港元，登顶成为亚洲市值最高的公司。而腾讯提出未来专注的两件事“连接与内容”，其大幕才缓缓拉开，又有无数场精彩的好戏有待上演。

（二）腾讯公司股权结构与业务经营结构

1. 股权结构

2004 年腾讯在香港主板上市前夕，马化腾向每位员工收取 1 港元作为原始股。当年的 1 港元已涨至 451.80 元，翻了 450 多倍。这充分表明了腾讯强势的成长劲头与蓬勃的生命力，也体现了它的营利模式符合中国国情，具有高度的代表性。截至 2017 年 6 月 30 日，腾讯的主要股东如表 8－1 所示。

表8-1　　腾讯股权结构表

股东名称	最终控制人	持股数（万股）	占总股本比（%）	股票类型
MIH TC Holdings Limited	Naspers Limited	315120.19	33.24	普通股
Advance Data Services Limited	马化腾	72950.75	7.70	普通股
马化腾环球基金会	马化腾	9800.00	1.03	普通股

资料来源：同花顺财经网。

由此可以看出，腾讯CEO马化腾直接控制的股份只占总股本比的8.73%，而外商独资企业Naspers Limited下设的全资子公司MIH TC Holdings Limited持有腾讯33.24%的股份，即腾讯第一大股东是南非MIH，MIH是Naspers全资子公司，Naspers由南非标准银行控股，南非标准银行大股东是工商银行和中信银行，因此得出了名为私企的腾讯实际上拥有“国企”身份的结论。

2. 腾讯公司的业务组织结构

腾讯经过多轮调整不断地寻找适合自己发展的组织结构，目前采取“事业群式”组织结构（见表8-2），相对扁平化结构提高了信息上传下达的效率，清晰地勾勒出腾讯未来发展的方向。

表8-2　　腾讯业务组织结构表

业务部门	功能介绍
CDG 企业发展事业部	作为公司新业务孵化和专业支撑平台，负责包括金融、支付、广告等重要领域的拓展，同时为公司各大业务提供战略、投资与公关市场等专业支持
IEG 互动娱乐事业部	负责公司互动娱乐业务的运营与发展，打造游戏、文学、动漫、影视等在内的多元化、高品质的娱乐互动产品，助力公司在娱乐产业处于领先地位
MIG 移动互联网事业部	负责公司移动互联网、安全与工具类平台业务的运营与发展，打造多种移动端平台产品，如应用宝、QQ浏览器、腾讯手机管家、腾讯电脑管家等，助力公司在移动互联网领域处于领先位置
OMG 网络媒体事业部	负责公司网络媒体运营与发展，依托腾讯网、腾讯视频、腾讯新闻客户端等核心产品，营造公司更优质的内容生产新生态
SNG 社交网络事业部	负责以QQ和QQ空间为基础打造大社交平台，为用户提供即时通信与社交网络的综合性服务，拓展创新增值服务，推动云平台业务，为用户和合作伙伴创造更多价值
TEG 技术工程事业部	负责为公司与各事业群提供技术及运营平台支持，为用户提供全线产品的客户服务，并且负责研发管理和数据中心的建设与运营
WXG 微信事业部	负责微信基础平台、微信开发平台、微信支付拓展，O2O等微信延伸业务的拓展，包括邮箱、企业微信等平台的开发与运营

资料来源：腾讯网。

三、腾讯企业的营利模式

腾讯的经营理念为“一切以用户价值为依归”，价值观为“正直+进取+合作+创新”，怀着通过互联网服务提升人类生活品质的使命，希望成为最受尊敬的互联网企业。腾讯的营利模式可分为四大类：互联网增值服务（QQ游戏、QQ飞车、穿越火线、QQ空间）、移动及电信增值服务（手机腾讯网、手机QQ、手机游戏）、网络广告业务（QQ客户端、qq.com）和电子商务交易业务（拍拍网、易迅）。时隔3年，中国的互联网经济又有了翻天覆地的变化，以腾讯公司为代表的互联网公司的营利模式也经历着大换血与变革，现在以腾讯不同时期推出的代表性产品为结点回顾其从创立至今近20年的发展历程。

（一）初创时代：OICQ（1998—2000年）

腾讯成立于1998年11月11日，并于1999年模仿以色列即时通讯软件ICQ推出国内版聊天软件OICQ，因为其简单易用、操作符合国人习惯而很快红遍大江南北。在家用互联网尚未普及的年代，网吧是人们网上冲浪必去之处。当几乎所有网吧桌面上都闪烁着一个小企鹅的图标时，马化腾下的这盘大棋才初见端倪，不过局势尚不明朗，没有人知道呈指数级增加的用户能为腾讯带来什么，况且用户剧增还带来了高昂的服务器开销，让腾讯几乎“倾家荡产”，甚至无法支付员工的工资。2000年，OICQ正式改名为QQ。马化腾也动过卖掉QQ的想法，但几次谈判都因价格问题未能达成一致。为了“喂饱”这只小企鹅，公司的创始人甚至从外面接一些如网页制作的活儿来赚钱购买服务器。

由此可见，初创时期的腾讯是“混沌”的，管理者不知道与日俱增的用户量能为公司带来什么，也没有明晰的营利模式，只是有着“用户多了路好走”的潜意识，殊不知这一原始的战略为腾讯后来的发展走下了长达20年的“先手棋”。

（二）桌面互联网时代：QQ、QQ游戏、腾讯网、QQ空间（2000—2011年）

随着个人桌面电脑的普及，互联网也逐渐揭开其神秘的面纱，而不仅仅作为躺在大洋彼岸的美国研究所里的玩具。人们在感慨信息高速公路为生活带来的便利同时，也渴望着一种全新的交流模式。网络聊天室鱼龙混杂，且因为无法添加好友而缺乏用户黏性；BBS上披上马甲可以畅所欲言，但苦于回复不及时，等待时间过长。QQ生逢其时，推出了好友列表功能，能够保存用户的聊天记录，恰到好处地满足了人们的需求；又推出QQ群功能，使得志同道合的朋友能够在一个相对封闭的“房间”内愉快沟通，也方便了各单位部门发布通知。

在这段发展历程中，虽然QQ也走过弯路，比如对注册QQ号收费，但马化腾“及时止损”，当年忠实的用户们又回来了。这时摆在桌面上的问题就是如何变现。腾讯起初试图代理一款在韩国大受欢迎的游戏，却因为国内网吧电脑配置低、网络卡顿等原因折戟沉沙。于是，腾讯选择了一条较为保守的思路——打造桌面棋牌休闲类游戏。当时国内已经有公司在试水，但腾讯依靠庞大的用户量后来者居上，让相当一部分用户都养成了每天登录QQ玩QQ游戏的习惯，而其营利模式也就从虚拟道具的应用正式拉开帷幕。

提到虚拟道具，不得不提的是腾讯的QQ秀。这一向好友展示自己时尚而独特的虚拟装扮的灵感源于韩国某社区网站的“阿凡达”功能。腾讯巧妙地将这一功能同QQ整合起来，并在后期推出了红钻系统，每月支付10元便可无限更换装扮。这一富有创意的模式很快抓住了用户的心，开启了腾讯星光璀璨的钻石系统。目前有主要针对QQ秀的红钻贵族、针对QQ空间的黄钻贵族、针对QQ音乐的绿钻贵族、针对QQ游戏的蓝钻贵族、针对QQ宠物的粉钻贵族等。用户每购买一个钻石贵族，就会在获得相应权限的同时在自己的QQ面板上点亮一颗钻石，这样也同时满足了用户向好友“炫耀”的心理。

用户不喜欢烦琐的支付方式，因为那样只能让他们面对众多尊享待遇而却步。为了让充值的过程更加顺畅，腾讯先后开通汇款支付、声讯支付、卡密支付、Q币系统、财付通以及今天为我们所熟知的微信支付。其中，Q币系统值得一提。形象地说，Q币是在QQ帝国大厦内通行的虚拟货币，用Q币可以在听歌、游戏、空间、交友中获得诸多特权，极大方便了对腾讯虚拟物品与权限的购买。面对有专家质疑Q币冲击中国的货币体系的疑问，腾讯公司称Q币不是真正意义上的货币。道理很简单，Q币并非无限发行，因为它总是对应着一定数量的服务或商品。腾讯也在不断打击Q币的地下交易与黑市交易，防止其成为滋生违法犯罪的温床。

起初腾讯只有客户端QQ，并没有自己的门户网站。2003年，用户登录QQ后便会收到系统推送的弹窗——腾讯迷你首页，这是腾讯在新媒体方面的试水。做媒体与做软件不同，不仅需要搭好平台，还需要组织内容。而只有内容的质量高、受众广，才能吸引优质的广告商。因为腾讯的注册用户多为中小学生和20岁左右的年轻人，没有独立的收入，可用资金有限，消费能力也不高，起初愿意向腾讯网投放广告的商家并不多。腾讯适时调整战略，在地铁、商场等显著地段发布提升影响力的转型广告，并积极参与各项重大赛事和公益活动，逐渐让其品牌形象为大众所接受。

QQ 空间则相当于微信朋友圈的鼻祖，属于国内外很多网站都尝试过的网络社区。如同博客一般，用户可以发布文章、更新照片，回复评论与查看留言板。然而与博客不同的是，以 QQ 为载体打造的 QQ 空间社区将用户们“连接”在一起，有着社交需要的人们不会满足于陌生人的访问与评论，他们更在意的是好友对他们想法的看法与回应。2008—2012 年，笔者曾是 QQ 空间的拥趸，将其视为宣泄情感和记录灵感的私密空间，并在与好友们互动的过程中感到无比快乐。直到后来生活节奏逐渐加快，没有时间长篇幅的记述想法，才将这些内容转移到了微信朋友圈中。

涉及 QQ 空间的营利模式，主要是上文中提到的黄钻贵族。在 QQ 空间的应用中心，有一款应用叫作花藤，自带阳光、雨露、爱心、营养四个指数，分别对应访客、留言、发布与消费。这一独特的养成类思路提高了 QQ 空间的趣味性，好友之间互相访问、浇水也能促进花藤茁壮成长，这一创意比支付宝的公益应用蚂蚁森林早了十多年。由此可见，桌面互联网时代的腾讯已初步做到打开思路，以独创的钻石贵族体系和内容页广告营销为切入点，拥有了自己的营利模式，成为中国最早营利的互联网公司。

（三）移动互联网时代：微信开放平台（2011—2015 年）

2011 年，当年流行一时的桌面电子邮件系统 Foxmail 的编写者张小龙为腾讯带来了微信，进入画面是一个小人的背影，他独自面对蔚蓝的地球，这是阿波罗太空船于 1972 年 12 月 7 日拍摄下的著名“蓝色弹珠”。2017 年 9 月 25 日，背景中的地球图片已经由非洲大陆上空视角，换成了我国新一代静止轨道气象卫星“风云四号”A 星从太空拍摄的祖国全景[①]。这张象征着“人类沟通”的图片，形象地说明了地球上的每个人都是孤独的个体，我们需要连接、需要交流。

腾讯在《2016 年企业社会责任报告》中强调的关键词“连接”，正是其明星产品微信和朋友圈起到的作用。朋友圈的运行机制可以被简述为：不考虑屏蔽或其他限制访问的情况下，如果 A 和 B 互为好友，那么 A 和 B 可以看到彼此朋友圈发布的图文甚至语音视频信息，假如 C 分别和 A 与 B 为好友，那么 A、B 和 C 的朋友圈就互相可见……如此循环往复，层层扩大，如同心圆般一圈圈叠加，构成微信用户整体的关系网络。而其营利模式的根源来自马斯洛需求层次理论[②]金字塔的第三层——情感和归属的需要。截至 2016 年 12 月，微信及 WeChat 合并月活跃用户数达 8.89 亿。根据中

① 中国气象网．微信启动画面首用“风云四号”A 星拍摄图像黑科技让世界离中国更近［EB/OL］．http：//www.cma.gov.cn/2011xwzx/2011xqxxw/2011xtpxw/201709/t20170925_450331.html.

② 360 百科．马斯洛需求层次理论［EB/OL］．https：//baike.so.com/doc/2102592－2224471.html.

国信息通信研究院统计，微信近一年来直接带动信息消费1742.5亿元，同比增长26.2%，相当于2016年中国信息消费总规模的4.54%。微信朋友圈中有一个很重要的功能就是点赞，它能让你耗费最短的时间表达自己的支持意见，并且广泛应用于本地商业广告中。关于谁发明点赞这件事众说纷纭，无从考据。从送快递的小哥到楼管大妈，当越来越多的陌生人从“点头之交”变为“点赞之交”，每个人的社交圈也急速拓展。夜阑人静，低头玩手机的人如果陶醉于微信上成百上千的好友，认定自己有着成功的社交圈，那么他就大错特错了，“邓巴数字①”告诉我们，人类智力将允许一个人拥有稳定的社交网络人数为148，四舍五入大约为150人。从“熟人社交”到“泛关系社交”，微信看似打破了这一定律，但现实社会中静静躺在通讯录里甚至对不上号的好友还是远远多于经常联系的好友。

在办公通信方面，微信已经成为用户在工作中的主要沟通工具。2017年，微信推出小程序，开发出“跳一跳”“头脑王者”等小游戏，一时圈粉无数。能够处理公文、联络感情、沟通琐事、了解资讯、购买商品、休闲娱乐……微信旨在连接一切，打造一站式移动在线平台。而将这一切连接为闭环的则是微信支付，从8岁孩童到80岁老翁都懂得出门不用带现金，用微信“扫一扫”商家的二维码即可付款。微信支付的发明让微信成为世界上最大的网络银行，将数以亿计的用户银行卡绑定到系统中，并负责支付全流程的安全。微店则是将手机淘宝的模式搬到了微信个人用户页面上。微信支付带给用户日常生活方方面面的便利，那么微信支付对腾讯有什么好处呢？通过微信支付，腾讯如何营利呢？通过查阅大量资料，总结如下：

直接营利方面，提供消除好友数上限、群人数上限、群发信息条数等增值服务；微信公众平台订阅号、服务号、企业号开通微官网、微社区、微会员、微推送、微支付、微活动、微报名、微分享、微名片等功能收费，对入驻广告收费；微信朋友圈企业广告位收费；打通O2O支付环节，向线下商家收取广告费、销售收入分成；“天天爱消除”等游戏虚拟道具、特权收入；微店装修、管理收费等。

间接营利方面，通过积累大量用户，复制QQ模式，把好移动终端的流量入口，进而带动腾讯或腾讯控股的其他产品和应用的发展；通过企鹅智酷等调研平台对用户进行大数据分析，挖掘可用信息，预测行业发展方向，推出人工智能等超前意识产品；不把鸡蛋放在一个篮子里，通过用户丰富的性别、年龄、职业区别来抵御大变革，提高抵御风险的能力。

---

① 百度百科．邓巴数字［EB/OL］．https：//baike.baidu.com/item/150%E5%AE%9A%E5%BE%8B?fromtitle=%E9%82%93%E5%B7%B4%E6%95%B0%E5%AD%97&fromid=2854929.

2011—2015年腾讯开放平台精心孵化中小企业。据腾讯COO任宇昕表示，5年来腾讯开放平台上合伙伙伴收益分成超过100亿元，相当于“创造了50位亿万富翁”。加入腾讯开放平台，可以获得QQ、QQ空间、微信等海量用户平台的支持；获得用户信息、好友关系链、推广、支付、安全等功能丰富的OpenAPI等完善的开发接口；获得以腾讯云计算平台为支撑的各种配置的服务器和存储解决方案、带宽等完善的硬件支持；获得以腾讯云计算平台为支撑的自动化监控、强大的运营数据分析、自助式资源申请，以及腾讯支付体系、客服平台等完善的运营体系；获得自助式的广告位购买、活动联合推广，APP Store等优质推广资源；获得道具定价、产品优化经验等丰富的SNS应用运营经验①。

是开放还是封闭？这一困扰马化腾的问题渐渐由时间给出答案。腾讯的用户是一座动态增长的富矿，虽然不可以杀鸡取卵式直接卖给别人，但可以围绕富矿发展建设一批附属设施（应用）来推动矿山源源不断地开采。目前，腾讯开放平台分为应用接入（接入应用宝、QQ物联等平台海量共享用户）、双百计划（投入100亿元资源扶持100家创业企业市值过亿）、众创空间（入驻全国25个核心城市优质办公场地）和创业服务（为企业提供工商注册、法律服务、软件开发、企业管理等一条龙服务）。在通过服务企业获得收益分成同时，腾讯改变了以往“模仿一切，碾压一切”的姿态，转型为传道授业解惑的老师，用自身强大的资源和丰富的经验带领中小企业跋山涉水，作为行业老大哥充分履行了其社会责任，在平息了外界的质疑和怒火后真正成长为一家受人尊敬的互联网企业。

（四）生态互联网时代：“互联网+”（2015年至今）

2015年3月，马化腾提出的“互联网+”被写入政府工作报告成为国家战略。腾讯推出微信公众号“企鹅调研”，通过不定期向用户推送问卷、在用户答题结束后发放现金红包的形式构建全民数据库，以此作为“这个急速变化时代的重要记录”。

在“互联网+”“大数据”等专有名词泛滥的年代，在大批怀着淘金梦的企业低头忙于琐事的时候，腾讯却已经在依靠其多年来积累的雄厚资本和强大实力来“胸怀天下，指点江山”。腾讯的理念做到了互联网意义上的平等，因为它尊重每个人产生的数据、每个人发出的声音和每个人流露出的想法（尽管世界上还有许多人因买不起手机而无法参与到企鹅调研中来，但这是客观存在的原因）。我们可以期待什么呢？

---

① 百度百科．腾讯开放平台［EB/OL］．https：//baike.baidu.com/item/%E8%85%BE%E8%AE%AF%E5%BC%80%E6%94%BE%E5%B9%B3%E5%8F%B0/5266738？fr=aladdin.

在海量的数据“训练”下，会诞生一个真正意义上的人工智能，服务人类一切需求？还是会将小问题滴水成海，呈现给政治家和经济学家们当前人类亟待解决的问题？

对于一座金山，并非直接去开采就会获利最多，如果能发散思维，向采矿人售卖铁锹和牛仔裤反而能够出奇制胜。发展壮大成为世界一流公司，对于腾讯来说，也是这个道理。众所周知，腾讯最大的“金山”为其8.6亿QQ用户和9.38亿微信用户①，如果直截了当地想将用户转化为人民币，那么后果定然是大量老用户的流失。想要获得持续的收益只有围绕用户创造价值，让用户在使用腾讯产品的时候体验到物质与精神的富足，方乃制胜之道。此外，如果这座金山是一座死气沉沉的“死火山”，也是无法带来收益的，真正能创造利润的是腾讯的活跃用户。2018年1月17日21时51分58秒，腾讯QQ的当前在线人数为257983683，相当于人口大国印度尼西亚的全部人口数。从图8－1中可以看出，中国经济发达的东南沿海和较发达的华北华中的QQ在线人数较为密集，而相对欠发达的西南西北地区的QQ在线人数则较为稀疏。用户决定一切，相应的，围绕QQ开发的各类产品的用户群也主要集中在东南、华北与华中。这不禁让笔者联想到了创业阶段的马化腾，当时他在办公室墙上贴了一张中国地图，

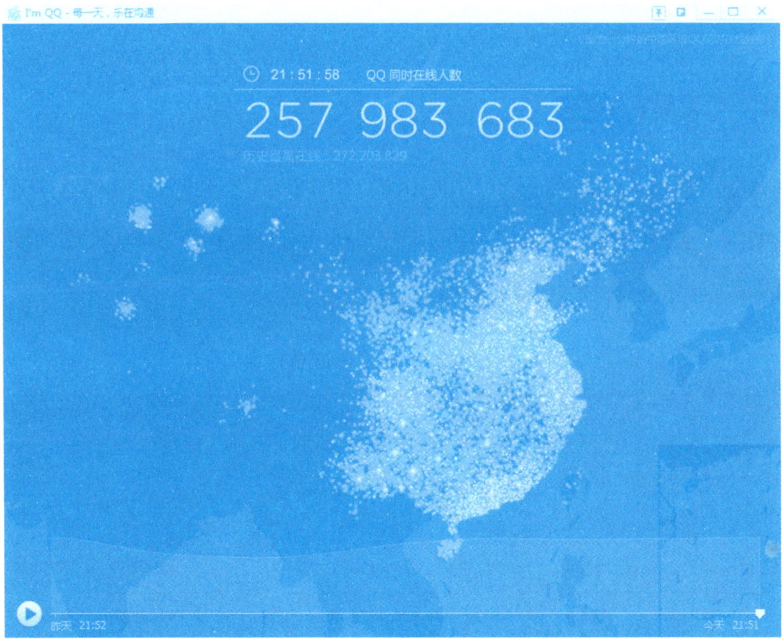

图8－1　腾讯QQ同时在线人数（2018年1月17日21时51分58秒）

资料来源：http：//www. im. qq. com。

① 数据来源：腾讯2017年第1季度财报。

销售团队每“攻陷”一个地区就在图上插一面小红旗，最后红旗越来越多……就如同眼前这张星光璀璨的在线用户分布图，生动而形象地动态展现了腾讯 QQ 的运营状态——哪里比较亮，哪里比较暗，哪里突然变亮了，哪里又突然暗下去了。2008 年 5 月 12 日，青藏高原东部边缘、四川省西北部的大批 QQ 在线用户忽然离线，图中一大片光亮瞬间熄灭，一切都因为汶川县发生了 8.0 级大地震。敏感的腾讯在第一时间获知这一消息，立刻组织员工进行爱心捐款，并通过 QQ 号召人们为汶川祈福，伸出援手捐款捐物，网络捐赠超过 2000 万元，这也是腾讯基金会成立以来在重大自然灾害方面迈出的第一步。

目前，腾讯开发的桌面端应用都基于 Windows 系统或 Macintosh 系统，开发的移动端应用也都基于 Android 系统或 ios 系统。我们不妨大胆的猜测一下，走多元化路线、构筑应用生态系统的腾讯，下一步会不会进军操作系统呢？按照价值链的原理，如果腾讯真能做到“软硬通吃”，将其业务触角再向下、向底层延伸，那么其构筑的庞大互联网帝国不仅会将国内外互联网行业重新洗牌，还会彻底改变世界。

四、腾讯企业财务报告与用户评价

（一）腾讯公司财务报告

表 8-3 至表 8-6 分别为腾讯公司 2001—2016 年简明资产负债表和简明损益表，2001—2012 年报表数据单位为千元，2013—2016 年报表单位为百万元，所有数据来源于腾讯财务报告。

表 8-3　　　　腾讯公司简明年度资产负债表

年度	2001	2002	2003	2004	2005	2006	2007	2008
非流动资产	16868	38851	91139	309454	763495	916138	2090312	3359696
流动资产	48674	174815	484577	2553867	2663627	3734434	4835132	6495861
总资产	65542	213666	575716	2863321	3427122	4650572	6925444	9855557
总权益	48324	97950	471957	2652238	2928413	3717756	5235057	7119332
非流动负债	—	3058	988	—	810	64969	40770	644628
流动负债	17218	12658	102771	211083	497899	867847	1649617	2091597
总负债	17218	15716	103759	211083	498709	932816	1690387	2736225

表 8－4　　腾讯公司简明年度资产负债表

年度	2009	2010	2011	2012	2013	2014	2015	2016
非流动资产	4348823	10456373	21300877	38746663	53549	95845	151440	246745
流动资产	13156942	25373741	35503488	36509148	53686	75321	155378	149154
总资产	17505765	35830114	56804365	75255811	107235	171166	306818	395899
总权益	12298653	21840858	29088344	42148266	58463	82124	122100	186247
非流动负债	644033	967211	6532673	12442549	15505	39007	60312	108455
流动负债	4563079	13022045	21183348	20664996	33267	50035	124406	101197
总负债	5207112	13989256	27716021	33107545	48772	89042	184718	209652

表 8－5　　腾讯公司简明年度损益表

年度	2001	2002	2003	2004	2005	2006	2007	2008
收入	49076	263107	734957	1143533	1426395	2800441	3820923	7154544
毛利	31032	191433	505409	725408	956526	1983379	2703366	4984123
除税前盈利	10216	143765	338209	463653	437055	1116771	1534503	3104895
年度盈利	10216	140707	322196	441119	485362	1063800	1568008	2815650

表 8－6　　腾讯公司简明年度损益表

年度	2008	2009	2010	2011	2012	2013	2014	2015	2016
收入	7154544	12439960	19646031	28496072	43893711	60437	78932	102863	151938
毛利	4984123	8550492	13325831	18567764	25686351	32659	48059	61232	84499
除税前盈利	3104895	6040731	9913133	12099069	15051015	19281	29013	36216	51640
年度盈利	2815650	5221611	8115209	10224831	12784852	15563	23888	29108	41447

（二）腾讯公司用户评价

腾讯公司成立于 1998 年 11 月 11 日，在国内互联网产业发展尚为一片蓝海的情形下扬帆起航，专注于推出 QQ、QQ 空间、QQ 游戏、腾讯网等为网民所熟知的产品，其社会责任意识尚处于萌芽阶段，应对公众评价的能力也明显欠缺。2010 年，“3Q 大战”爆发，奇虎 360 与腾讯 QQ 势不两立，战火几乎烧到了每一位中国用户的电脑桌面。因为根本利益被触动，腾讯公开表示，将在装有 360 软件的电脑上停止运行 QQ 软件，逼迫用户进行“二选一”，这一举动引起互联网界“大地震”，后因政府部门介入方偃旗息鼓。“3Q 大战”这一事件之后，网民对腾讯的做法褒贬不一，但可以肯定的是，腾讯“模仿＋捆绑”的营利模式确实值得反思。作为行业的老大哥，腾讯的做法宛如一只狼，看到有肉就扑上去，也不考虑是否适合自己。QQ模仿ICQ，QQ游戏模仿联众大厅，QQ对战平台模仿浩方对战平台，QQ团队语音模仿UC Talk，QQ堂模仿泡泡堂，QQ三国模仿冒险岛，QQ飞车模仿跑跑卡丁车，腾讯拍拍模仿淘宝，穿越火线模仿CS，财付通模仿支付宝，超级旋风模仿迅雷，搜搜问问模仿百度知道……这一来自网友的长长名单还可以继续列下去，我们在肯定腾讯的产品开发能力同时，也应对其垄断的营利模式产生质疑。马化腾曾表示腾讯采取的是“小步快跑”的战略，即发现机会，快速跟进，他认为这也属于创新。然而笔者认为，中小企业百花齐放的生命力，终究比腾讯一家独大要“万紫千红总是春”。包括互联网公司在内的所有企业在选择营利模式时，不应仅仅关注其财务评价，还要关注其公众评价，承担更多的社会责任。

早在2006年，腾讯提出了企业社会责任的3个维度：一是用户维度的社会责任；二是企业维度的社会责任；三是社会维度的社会责任。2008年11月11日，腾讯选择以发布《腾讯企业公民暨社会责任报告》的形式度过自己的“10周岁”生日。这份报告系统地阐述了腾讯由中国最大的互联网企业成长为优秀“企业公民”所历经的实践和思考。作为中国互联网第一份真正意义上的企业社会责任报告，该报告的发布也标志着，在我国尚属年轻的互联网产业正式步入了积极践行社会责任的“成熟期”。报告共分为社会价值篇、公益篇、用户篇、员工篇和股东及合作伙伴篇5个部分。

在社会价值方面，腾讯仅用10年便完成了从仅有数人的微型公司到中国最大互联网企业的飞跃，获得并奉行了一个非常宝贵的可持续发展秘诀——绝不追求单向经济效益最大化，而是以用户价值与社会价值最大化协调统一发展为方向，从而实现和谐发展，求得一个企业所应该产生的经济效益和社会效益。通过技术创新、产品应用创新和商业模式创新，进而创造公司所追求的商业价值，有效地利用腾讯研究院、内部创新中心、各产品事业部、社会创新资源和国外创新资源拓展实力，不断发展。

在社会公益方面，腾讯公司在不断发展壮大的同时一直致力于回报社会，积极参与公益事业，在社会实践中回报各界的关心和支持。腾讯公益慈善基金会从事公益事业的策略为“一个平台（腾讯公益网），两个互动（公益慈善组织与网民），三大方向（帮助、参与和辐射）”，基于互联网释放爱心的力量。教育发展项目包括教育基础设施建设、奖学助学、西部教师培训等项目，腾讯公益慈善基金会2007年共捐赠400余万元，2008年增加投入1000万元。

在用户体验方面，腾讯坚持“一切以用户价值为依归，发展安全健康活跃平台”的经营理念，这个理念渗透和体现在腾讯公司为用户提供的所有产品中，也体现在腾讯为用户提供的所有服务里。为保证给海量用户提供优质、高效的服务，腾讯于 2001 年正式成立了客户服务中心，为用户提供业务咨询、疑难解答、投诉建议受理等全方位专业服务。

在员工方面，腾讯视员工为企业的第一财富。重视员工的兴趣和专长，促进员工个人职业发展；重视企业文化管理，使员工保持与企业同步成长的快乐；激发员工潜能，使员工甘于为团队奉献智慧和勤奋，以优秀的团队成就个人的优秀。2007 年 8 月，腾讯学院正式成立，标志着腾讯为打造员工终身学习的目标更上一层楼。

在股东及合作伙伴方面，腾讯建立了完善的企业管治体系，构筑公开透明的信息公布机制，为股东及合作伙伴提供持续、稳健、快速增长的回报。自 2004 年上市以来，腾讯公司市值已经从不到 70 亿港元增长到现在的近 4.5 万亿港元，增长了 640 余倍。腾讯明星产品 QQ 与微信在线用户数量一览表如表 8－7 所示。

表 8－7　　腾讯产品 QQ 与微信用户数量一览表

年份	季度	QQ 月活跃账户数	微信月活跃账户数	QQ 空间月活跃账户数	年份	季度	QQ 月活跃账户数	微信月活跃账户数	QQ 空间月活跃账户数
2004	一	公司上市			2011	一	6.743 亿		5.048 亿
	二	1.101 亿				二	7.019 亿		5.307 亿
	三	1.19 亿				三	7.117 亿		5.369 亿
	四	1.35 亿				四	7.210 亿		5.521 亿
2005	一	1.492 亿			2012	一	7.519 亿		5.767 亿
	二	1.731 亿				二	7.836 亿		5.976 亿
	三	1.848 亿				三	7.839 亿		5.928 亿
	四	2.019 亿				四	7.982 亿	开始公布	6.027 亿
2006	一	2.205 亿			2013	一	8.254 亿	1.944 亿	6.110 亿
	二	2.242 亿				二	8.185 亿	2.358 亿	6.264 亿
	三	2.214 亿				三	8.156 亿	2.719 亿	6.233 亿
	四	2.326 亿				四	8.08 亿	3.55 亿	6.25 亿
2007	一	2.537 亿			2014	一	8.48 亿	3.96 亿	6.44 亿
	二	2.732 亿				二	8.29 亿	4.38 亿	6.45 亿
	三	2.887 亿				三	8.2 亿	4.68 亿	6.29 亿
	四	3.002 亿				四	8.15 亿	5.00 亿	6.54 亿
2008	一	3.179 亿			2015	一	8.32 亿	5.49 亿	6.68 亿
	二	3.419 亿				二	8.43 亿	6.00 亿	6.59 亿
	三	3.551 亿				三	8.60 亿	6.50 亿	6.53 亿
	四	3.766 亿				四	8.53 亿	6.97 亿	6.40 亿

续表

年份	季度	QQ月活跃账户数	微信月活跃账户数	QQ空间月活跃账户数	年份	季度	QQ月活跃账户数	微信月活跃账户数	QQ空间月活跃账户数
2009	一	4.108 亿			2016	一	8.77 亿	7.62 亿	6.48 亿
	二	4.480 亿				二	8.99 亿	8.06 亿	6.52 亿
	三	4.849 亿		开始公布数据		三	8.77 亿	8.46 亿	6.32 亿
	四	5.229 亿		3.878 亿		四	8.68 亿	8.89 亿	6.38 亿
2010	一	5.686 亿		4.280 亿	2017	一	8.61 亿	9.38 亿	6.32 亿
	二	6.125 亿		4.585 亿		二	8.50 亿	9.63 亿	6.06 亿
	三	6.366 亿		4.812 亿		三	8.43 亿	9.8 亿	5.68 亿
	四	6.476 亿		4.920 亿		四	7.83 亿	9.89 亿	5.63 亿
					2018	一	8.05 亿	10.40 亿	5.62 亿
						二	8.03 亿	10.58 亿	5.48 亿

五、案例讨论题目

1. 为何互联网企业经常出现“傻白甜”的“烧钱”现象？

2. 腾讯公司如何在保持市场人气基础上产生真金白银的“敛财”收入？

3. 腾讯公司在培育企鹅QQ困难之际都没有采取注册收费策略，但是为何能够在财源滚滚之际对微信转账收费？

4. 究竟如何才能够权衡互联网企业的“烧钱”与“敛财”经营策略？

5. 分析互联网企业经营中的“烧钱”与“敛财”之间的辩证关系。

案例使用说明

一、本案例要解决的关键问题

1. 如何看待互联网企业经营过程中的“烧钱”现象？

在互联网企业经营过程中，尽管成就了腾讯这样的互联网巨头，但是也有很多互联网企业不堪“烧钱”重负而倒下，例如近来的共享单车大战中落单逃亡的企业不在少数，那么互联网企业经营决策究竟如何考虑“烧钱”决策呢？

2. 如何看待互联网经营“烧钱”所产生的“市场人气”？

在互联网企业“烧钱”已经成为普遍接受的模式之后，相应的市场目标却不仅仅在于“烧钱”本身，而应该基于“烧钱”行为所产生的“市场人气”，更应该在于“市场人气”所产生的“可变现收入”，如何能够对“市场人气”概念进行准确分析？如何才能够使得“市场人气”更有目的性？

3. 如何权衡“烧钱”与“敛财”之间的关系？

互联网企业的经营目标依然是利润的获取与企业价值的提升，而唯有通过推出“收费产品”才能够使得经营目标得以实现，那么究竟如何在“烧钱”与“敛财”之间进行权衡，从而使得互联网企业得以可持续经营发展呢？

二、案例讨论前的准备工作

（一）概念辨析：营利模式、经营评价、公众评价

1. 营利模式含义辨析

国内外学者对营利模式有过诸多研究，例如 Adrian Slywotzky（1999）认为，营利模式可以概括为“一个中心”（以企业价值创造活动为中心）和“四个基本要素”（营利模式的利润点、营利的对象、营利模式的措施和营利模式的屏障）。Michael Porter（2005）提出了营利模式的价值链理论，将企业的价值活动分为基本活动和辅助活动，每项价值活动相互链接，环环相扣进而构成“价值链”，且企业相关活动链接得越好，交易成本就越低，效率就越高，利润也就越高。刘立、曲晓飞（2010）认为，营利模式是企业连接战略和运营的模式，是在战略框架下通过运营实现的价值创造的模式。本案例中的营利模式是指企业经营过程中获得收益的方式，经反复实践后有效固化形成的具有代表性的经营模式。

2. 经营评价含义辨析

企业利用财务报告等信息，采用适当的方法对企业在一定经营期间的资产运营与经济效益等经营成果，对照相应的评价标准进行定量及定性对比分析，作出真实、客观、公正的综合评判。

3. 公众评价含义辨析

简单来说，就是公众对企业的评价，主要表现在 4 个方面：企业形象、企业传播媒介及活动、社会环境和公众自身。其中，企业形象是企业通过产品和市场行为塑造的为公众普遍认同的外在表现，企业传播媒介及活动则是企业通过报纸、杂志、广播、

电视、网络等媒体进行的广告和宣传活动以及企业除经营活动以外参与的社会活动，社会环境则是包括文化、法律、道德、经济、科学和教育等方面综合形成的评价基础，公众则是由具有不同年龄、性别、种族、职业、学历等要素的社会人构成的群体。

由以上分析可知，企业经营的公众评价是基于目标客户的评价，从而在公众评价中获取企业经营评价，不断稳定企业营利模式，形成可持续发展经营态势，具体关系如图 8－2 所示。

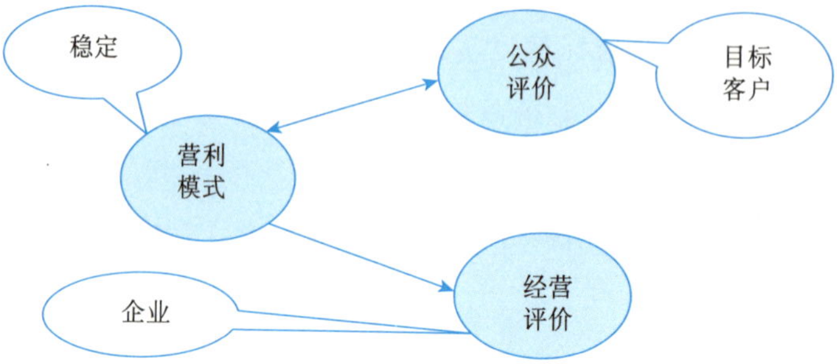

图 8－2　企业经营评价与营利模式关系

（二）互联网企业经营损益概念范畴的拓展

传统企业经营决策中首先考虑收入成本之间的关系，虽然也存在以让利换取市场的竞争策略，但是基本上难以见到长时间无偿赔本买卖的情景，否则企业是难以负担如此庞大的资产耗费的。但是，在互联网企业竞争中却经常会出现“烧钱”情况，无疑这种持续的“烧钱”的目的在于吸引网络流量的持续保持与增长，并且存在大量的互联网企业难以把握“烧钱”与“敛财”之间的辩证关系，但是最终却由于经营决策不当导致破产，例如共享单车大战中的小鸣单车的退场、摩拜单车与 OFO 单车的经营困境都说明了这一点，那么互联网企业究竟如何才能够把握好“烧钱”与“敛财”之间的辩证关系呢？传统的经营决策分析方法究竟如何改进才能够发挥实践经营指导作用呢？

虽然我国已有学者（焦微玲和裴雷，2017；夏清华和娄汇阳，2018；王含笑和刘蓓，2018）论述了互联网企业提供免费产品的必要性，然而并没有深入地揭示免费产品所带来的潜在虚拟收入确认问题。但是，在互联网企业决策中依然存在收入成本问题，在这里成本概念依然与传统企业中的成本概念完全一样，即是企业生产经营中所耗费的现金流出。但是这里的收入概念必须加以拓展，只有嵌入互联网思维特征的收入概念才能够真正体现互联网企业特征，也才能够真正地对企业经营决策产生指导性作用。由于互联网企业经营目标不仅是真金白银的收入，而且还包括用户网络流量所带来的潜在收入，因此用户网络流量应该作为企业经营收入来进行考虑，只不过这种收入是一种新颖形式的虚拟收入，必须在以后的经营中得以实现，否则虚拟收入就会像泡沫一样瞬间蒸发。因此，根据上述分析可以知道，企业收入不仅包括实际收入，而且还包括用户关注所产生的虚拟流量收入，于是我们有下列收入表达式：

互联网企业经营收入 = 实际经营收入 + 虚拟流量收入

值得指出的是，这里虚拟流量收入是互联网企业提供免费或者收费产品所引起的公众关注，这种公众关注所产生的网络浏览量经进一步经营就会转化为实际经营收入，具体度量则可以运用市场评估公允价值确定，而上市公司市场价值则可以从股票市场价值中得到充分的体现。显然，虚拟流量收入的变现取决于企业经营策略的实施以及各种不确定经营环境，由此可知这种基于用户流量关注的虚拟流量收入具备不确定性，是一种内嵌期权性质的市场价值，可以进一步细分为流量基础收入与虚拟流量应计收入，其中前者是指用户流量的产生所付出的用户成本的耗费支出，包括流量耗费成本、浏览时间成本以及机会成本等流量基础成本耗费，尽管这些成本耗费没有给企业产生实际经营收入，但是确实用户浏览互联网企业所必须的付出，当然要求得到互联网企业的补偿，并且从互联网企业所产生的虚拟收入中“扣除”，后者则指的是网络流量引发的市场关注量的现时市场价值，也是互联网企业经营网络流量所产生的可实现应计收入。于是，根据上述分析，我们有如下虚拟流量收入表达式：

虚拟流量收入 = 流量基础收入 + 虚拟流量应计收入

当然，这里的虚拟流量应计收入是一种由于企业经营流量所阐述的网络关注付出代价的补偿，相应的计量金额应该等于企业网络流量的市场公允价值扣除流量基础收入之后的金额。但是，虚拟流量应计收入不同于普遍经营业务中的应收账款，不仅无法在会计核算上得到确认，而且没有可能基于会计准则提取坏账准备金，也没有办法核销坏账损失，是否能够变现为现金回款在于进一步的经营管理，取决于企业主客观经营环境的演化，于是我们可以把虚拟流量收入进行进一步的细化为可变现应计收入与不可变现应计收入，具体表达式如下所示：

虚拟流量应计收入 = 可变现应计流量收入 + 不可变现应计流量收入

在上述收入分析基础上进行企业经营的本量利分析，任何一个环节的断裂都可能导致企业经营的失败，只有及时监测企业经营状况以不断调整经营策略，特别在资金特别紧缺情况下能够得到源源不断的支持，才能够坚守到虚拟流量应计收入变现的日子。但是，究竟如何度量虚拟流量应计收入呢？究竟如何分析判定虚拟流量应计收入是否可以转化为可变现应计流量收入呢？一般地说，即使传统会计核算中的应收账款过多，巨大的坏账损失也会使得企业进入经营难以为继的地步，更何况对于互利网企业网络流量所产生的虚拟应计收入了。

总之，互联网企业经营过程中的收入可以分为“虚收入”与“实收入”，而要把“虚收入”转化为“实收入”就需要在把握两者关系基础上，制定强有力的竞争战略以取得竞争优势，两者之间关系如图 8-3 所示。

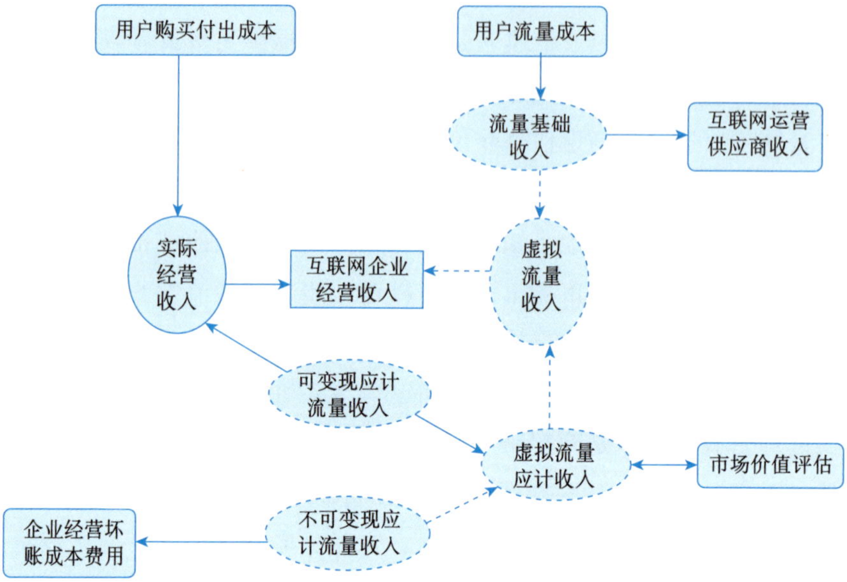

图 8-3　互联网企业经营流量收入的“虚”“实”关系示意图

（三）互联网企业经营的 SWOT 分析

所谓 SWOT 分析，即基于内外部竞争经营环境下的态势分析，就是将与研究对象密切相关的各种主要内部优势 S（Strengths）、劣势 W（Weaknesses）和外部的机会 O（Opportunities）和威胁 T（Threats）等，通过调查分析列举出来并依照矩阵形式排列，然后用系统分析的思想把各种因素相互匹配起来加以分析，从中得出一系列相应的结论并且结合具体情况作出决策。

尽管互联网企业经营竞争也是通过推出有竞争力的产品进行竞争，但是互联网企业的商业模式却颠覆了传统企业商业经营模式，不仅要依靠提供价廉物美的产品来获取市场认可，而且要通过提供免费的人性化产品来积累市场人气。由此可见，互联网企业经营目标包括市场人气的积累与收费产品的市场认可，当然在进行 SWOT 分析时也必须围绕免费产品与收费产品来进行分析，不仅要考虑收费产品的现金损益，还要考虑免费产品的流量损益，只有很好地权衡免费产品与收费产品之间的关系，才能够制定正确的竞争战略以获取竞争优势。

三、案例分析要点

（一）腾讯企业经营发展过程回顾

1. 创业之初的“烧钱之术”

腾讯公司在创办之初的1998—2000年的经营状况不容乐观，尽管注册用户同时在线数已经达到10万，但是由于没有及时推出更多的产品组合，从而使得尽管“虚拟流量收入”可观，但是却难以创造条件产生“可变现流量收入”，腾讯公司已经难以喂养这只企鹅QQ了，只得“悲惨”地通过做网页找零活等发放员工工资，购买服务器以应对用户剧增所带来的服务器负担开销。显然，此时如果按照传统本量利分析标准来进行决策的话，毫无疑问利润<0，但是如果按照包括虚拟流量收入来计算的话，此时一定利润>0，这也可以从企鹅团队准备出售产品，最终没有交易成功的关键就在于价格没有谈妥，即虚拟流量收入的市场价值难以确定，而当时企业经营的关键就在于把虚拟流量未来收入尽快地转换为可变现流量收入，否则就会陷入“叫好不叫座”的窘境，即尽快使得企业从“烧钱”状态转换为“敛财”状态是企业经营当务之急。

2. 发展上升时期的“烧钱”与“敛财”并存

进入2000年之后，QQ同时在线注册用户数达到100万，但是腾讯公司在快速获取人气之时，要使得“虚拟未来流量收入”尽快转换为真金白银收入现金流的“可变现流量收入”，就需要通过不断地推出市场欢迎的“叫好又叫座”的产品来实现，与此同时不能因为一味地追求“可变现流量收入”而丧失了人气的“虚拟未来流量收入”，由此只有审时度势通过必要的“烧钱”来获得“敛财”的结果。

不幸的是，腾讯公司在面临“烧钱”压力而“敛财”难以实现之时，却想出了企鹅QQ注册收费的“敛财之道”，可惜的是最终结局是“敛财”不多却带来了巨大人气损失，即“虚拟未来流量收入”大为减少，从而直接动摇了“可变现未来流量收入”的基础，这也可以从当时QQ注册用户大为减少的事实中得到验证。QQ注册收费实施之后不仅阻止了新用户的加入，而且使得老用户出现大规模的流失，其时正好使竞争对手163推出了免费注册的网易POPO，POPO所累积的人气直逼企鹅QQ，使得当时的企鹅QQ的点击率下降40%左右，这也意味着“虚拟流量收入”的减少，可以预测的是如果企鹅QQ继续实施注册收费的话，那么流量归零不是没有可能，更谈不到未来能够产生可变现流量收入了。

幸运的是，腾讯公司创始人马化腾能够根据互联网企业经营特点，毅然在可变现收入不容乐观的情境下及时止损，回归企鹅QQ用户免费注册的正确轨道上来，从而积累了虚拟流量收入，为将来实现可变现流量收入奠定基础。值得指出的是，当时的主要竞争对手网易POPO由于没有及时推出更加吸引人的社交功能，随着QQ继续免费并且推出更加吸引人的免费功能，网易POPO终于没有能够把“虚拟流量收入”转换为“可变现流量收入”，最后不得不黯然退场，而腾讯公司则通过源源不断地推出新功能以及组合新产品，从而达到了聚集人气保证“虚拟流量收入”的稳定性，与此同时能够使得“虚拟收入”转化为“可变现收入”，最终达到了“烧钱”与“敛财”的齐头并进。

3. 腾讯公司“敛财”大发展阶段

进入到2010年之后，腾讯QQ的注册用户同时在线数突破1亿，注册用户更是突破10亿，其所产生的“虚拟流量收入”更是天价计算，并且明星产品微信Wechat更是得到了超高的稳定流量，在2013年活跃用户数达到3亿，这也意味着企业的“虚拟流量收入”更是天量计算，于是由社交工具QQ和Wechat驱动的“虚拟流量收入”足以秒杀一切运作成本，相应的组合产品例如移动增值、微信支付、商业广告、QQ游戏、视频等产品，使得企业的“虚拟流量收入”得到了变现，企业在2013年之后的度量单位已经不能仅仅用“万”来度量了，而是必须用“百万”来度量了，当年实际收入已经达到60437百万元，每股市场价值更是达到了300港元之多，充分说明了市场的乐观情绪。

综上所述，我们可以用图8－4资产负债趋势图说明企业经营发展状况，充分展示了企业在不同阶段的发展进程。

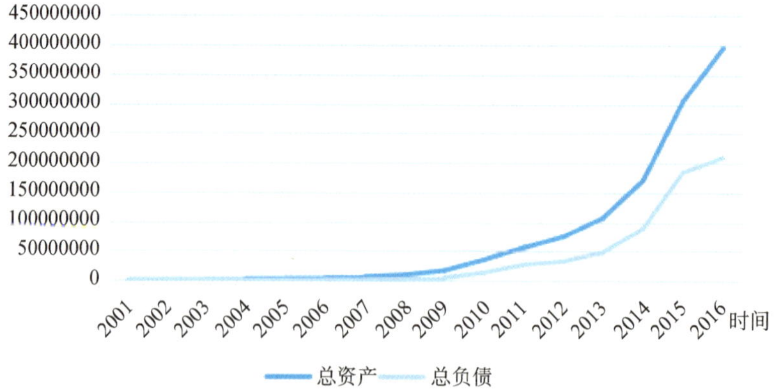

图8－4　腾讯公司2001—2016年资产负债趋势图

（二）腾讯公司“烧钱”与“敛财”的权衡

1. 没有“烧钱”的“敛财”是幻想的经营

由于互联网企业的经营首先必须挣够人气，从而做大“虚拟流量收入”，只有这样才能够使得用户对企业产生心理认可与产品黏性，否则人气一散就根本没有可能实现“可变现收入”。腾讯公司也不例外，在企鹅 QQ 刚推出来之时不仅不挣钱，还必须不断投入资金来维持人气，至于将来是否可以把“虚拟流量收入”转换为“可变现流量收入”也是很不确定的，然而除此之外并没有什么更加有效的办法，因为一旦市场人气耗尽必然导致财断。换句话说，任何幻想不经过“烧钱”阶段的“敛财”是不现实的经营策略，而企业能够做到的就是尽快缩短“烧钱”与“敛财”之间的时间，以便能够更好地为企业经营注入活水资金。值得指出的是，任何急功近利的短视行为都是注定要失败的，腾讯企业在企鹅 QQ 注册用户达到 10 万之时也曾经想进行收费运营，最终的结果是用户的迅速蒸发。

另外一个鲜明的案例就是曾经如日中天的首都在线 263 企业的发展历程，这家创办于 1999 年的互联网企业以其免费邮箱服务得到了全国用户的认可，超高的人气当时国内无人敢于争锋，天价估量的“虚拟流量收入”只要得到适当策略的推进必然可以迅速转换为“可变现流量收入”，然而令人遗憾的是，企业不仅没有尽力维护人气，还采用一种极为短视的经营策略以图尽快实现“可变现流量收入”，这就是众所周知的 263 收费邮箱的推出与免费邮箱的退场，本来以为区区 5 元年费不足为用户所“计较”，但是却可以为企业带来丰厚的收入。可是没有想到此时竞争对手已经虎视眈眈，国外免费邮箱 Hotmail 以及国内的 163 与 Sina 等都已经蓄势待发，最终终于将 263 邮箱挤下人气王位置，再多的服务许诺也没有能够挽救用户的人气，“可变现收入”更是水中月镜中花一样难以实现，现在的 263 只有在服务器寄存、企业收费邮箱、视频服务等小众领域苦苦挣扎了。

2. 没有“敛财”的“烧钱”是失败的经营

众所周知，腾讯 QQ 在人气旺盛之时的 2000 年也曾经遭遇资金危机，自有资金已近枯竭，外部资金又难以融通，民营企业的先天弱势难以得到银行资金的青睐，加上当时已有国外 MSN 免费聊天工具的竞争，所有这些都说明如果不能够把“虚拟流量收入”转换为“可变现收入”，那么前期所有努力终归是南柯一梦。

腾讯公司在企鹅 QQ 在注册用户达到惊人的 1 亿，并且同时在线人数达到 10 万 + 的状况下依然为生计奔波，那么“可变现收入”实现的路究竟在何方？在注册用户收费等于自杀的互联网经营铁律下，只有走不断推出新产品的道路才能够实现“虚拟流量收入变现”的目的。事实上，2002 年，腾讯公司看到聊天室的火爆及存在的问题，QQ 推出群聊功能。2003 年，QQ 秀上线，能够让用户在虚拟空间穿戴各类服饰，QQ 的第一个钻石会员体系“红钻”也由此诞生。2006 年，结合移动网络的发展，推出超级 QQ 和手机 QQ。2014 年 QQ 最高同时在线账户数突破 2 亿。截至 2016 年，QQ 月活跃账户数达 8.77 亿，并不断增长，随着产品的不断推陈出新，“可变现收入”不断实现，腾讯公司营利能力趋势如图 8-5 所示。

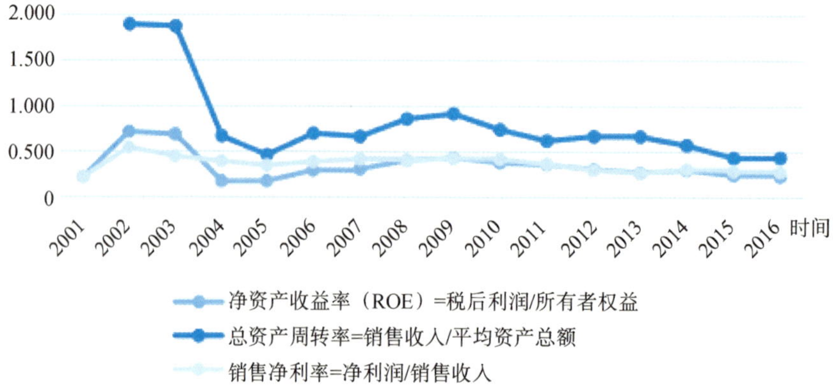

图 8-5　腾讯公司 2001—2016 年营利能力分析指标趋势图

3. 准确把握“烧钱”和“敛财”的脉搏是成功之道

腾讯公司的经营走过了“烧钱”到“敛财”的过程，顺利跨过了两者之间的成本收益“壕沟”，公司在 2000 年时由于“烧钱”成本过大难以喂养企鹅 QQ，一度想找到合适的买家，在难以谈妥价格之时又曾经想过走 263 曾经的败招注册收费来“敛财”，然而在遭遇市场急剧冷漠之后快速意识到长期下去，不仅“可变现收入”难以获取，连支持企业希望的“虚拟流量收入”也将曲终人散了。在此生死存亡之际，马化腾能够及时停止注册收费止损，并且大力推出其他类似 QQ 游戏、QQ 空间、QQ 点赞以及创办网页等收取使用费与广告费用，从而一招扭转企业经营逆境，成功地跨越了“烧钱”与“敛财”之间壕沟，由此走上了企业轻资产多元化经营道路，图 8-6 列示了组合产品业务收入比重，揭示了腾讯公司利润之谜，图 8-7 揭示了企业利润转型在 2005 年之后得到超常发展。

由图 8-7 可知，总体而言，2001—2016 年，腾讯公司的税后利润呈开口向上的抛物线形增长，且增长速度不断加大。2006 年，税后利润为 1063800 千元，是 2005 年的 2.2 倍，而腾讯网恰从 2005 年起开始转型，摆脱用户低幼化的形象。

相应的，很多互联网企业虽然曾经风光无二，然而却由于经营策略不当，难以搞清楚“虚拟流量收入”与“可变现流量收入”之间辩证关系，导致人气散尽直接降低

“虚拟流量收入”，最终导致“可变现流量收入”成为无源之水无本之木，首都在线263的案例堪称为吸取教训教科书。

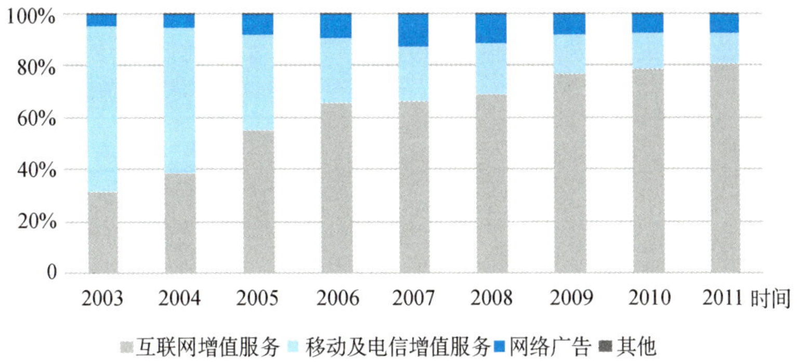

图8-6　腾讯公司2003—2011年各主营业务收入占比图

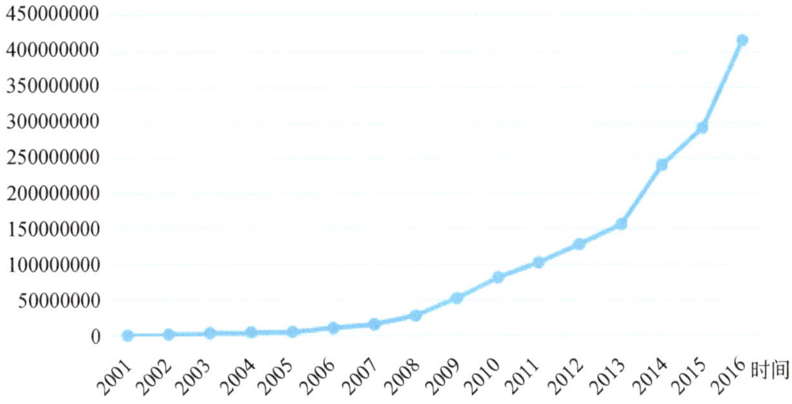

图8-7　腾讯公司2001—2016年税后利润趋势图

（三）锚定“可变现收入”的“敛财”产品特性分析

1. 产品的竞争性

根据上述分析可知，互联网企业必须同时拥有“烧钱”产品与“敛财”产品，简单地说，“烧钱”产品要大胆地烧钱，持续不断地烧钱，并且还要在一定程度上加大烧钱力度，只有这样才能够夯实“虚拟流量收入”的根基，然后在一定的环境下审时度势进行进一步发展的决策，例如腾讯公司的企鹅产品QQ与微信产品Wechat作为企业保持人气的产品是始终不能进行收费服务的，因为一旦进入收费产品频道就相当于自掘坟墓，已有QQ收费的历史已经证明了这一点。由于QQ产品面临着巨大的市场竞争，并且由于产品本身承担着企业“虚拟流量收入”夯实基础的重要任务，因此QQ不仅不能够收费“敛财”，而且还要不断地增加用户功能，否则就会导致企业基本盘的流失，通过其他产品获取“可变现收入”也将成为泡影。其实，这也可以从MSN

的命运中得到验证，本来 MSN 一直没有注册收费，也曾经在我国社交聊天工具中获得过超人气的喜爱，但是由于不能够推陈出新还墨守成规，最终被 QQ 赶下社交聊天第一把交椅的位置，所有这些事实都说明了产品的竞争性是决定产品“烧钱”与“敛财”的影响因素之一，可以说，没有竞争性的产品怎么“烧钱”也没有用。

2. 产品收费定价的用户心理

决定产品收费与否的影响因素不仅取决于产品的竞争力，还有一个重要的因素在于产品收费的用户心理，即使产品所耗费的成本特别巨大，但是一旦用户普遍认定就该免费使用，如果产品逆向选择强行收费“敛财”的话，那么必然等到灭亡的结局。虽然按照经济学原理，付出劳动就应该得到回报，使用产品就应该付出代价，然而遗憾的是普世的经济学原理在互联网企业中却以独特的方式展开。263 免费邮箱转换为收费邮箱似乎是“天经地义”却遭遇了企业发展中的滑铁卢，MSN 与 POPO 的无奈退场都雄辩地说明了用户心理特征至关重要。只有在顺应用户心理特征基础上不断丰富现有产品，才能够稳稳地占据用户心理，为进一步转换“可变现收入”奠定坚实的基础。鉴于这一分析，可以预料的是，一旦微信产品开始收费的话，那么分分钟就会有很多竞争性产品取而代之，微信产品的用户下降为零都不是没有可能，因此用户心理是绝对不接受收费服务的，竞争对手的虎视眈眈仅仅是顺势而为。

3. 产品的竞争黏性

显然，腾讯公司的企鹅 QQ 以及手机微信 Wechat 已经影响了数以亿计的人的日常生活，2016 年注册用户已经达到了难以置信的 8.93 亿，因此可以毫不夸张地说它们已经成为我国生活中的一部分，产品的黏性绝对不是其他产品所能够比拟的。那么，在这种高黏性产品情境下是否可以进行收费“敛财”呢？显然，回答这个问题就必须明白产品的黏性取决于产品的功能和免费提供的服务，贸然收费绝对存在用户数量归零的可能，“敛财”只有通过推出其他有竞争力的组合产品来获取，例如腾讯公司在 QQ 和微信不断“烧钱”的同时，相继推出了动漫、游戏、影视、新闻、广告媒体等收费项目，从而形成了产品“烧钱”与“敛财”并存的格局。特别值得指出的是，为何微信提取现金转账到银行卡收费决策并没有导致客户的流失呢？主要原因在于银行转账本身也收费，由此在用户心理上产生思维定势，即微信转账本来就应该收费的，加上微信支付方便所带来的产品黏性，使得用户并没有存在流失的风险，否则再有黏性的产品也经不住市场的冲击。

进一步地，我们也可以从图 8－8 所表示的腾讯拳头产品 QQ 与微信 Wechat 活跃用户数趋势中，可以看出企业产品黏性使得其他产品难以替代。

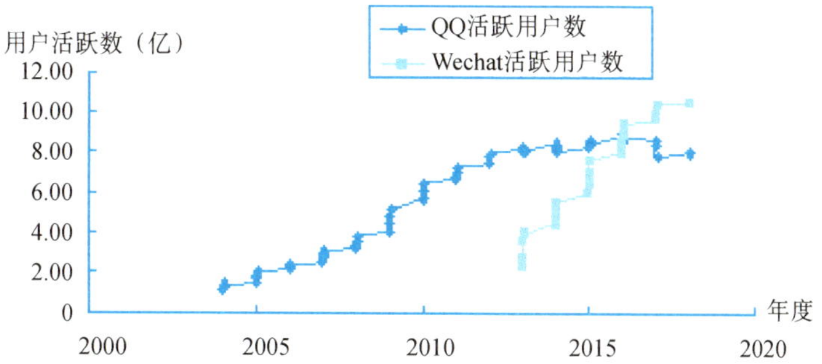

图 8－8 腾讯公司产品 QQ 与微信用户数趋势图

（四）腾讯产品“烧钱”与“敛财”时机把握分析

1. 腾讯公司经营的“烧钱”所获得的“虚拟流量收入”到位了吗？

腾讯公司从 1998 年创立以来的流量一直呈现“井喷”状态，那么腾讯能够源源不断地保持流量稳定增长的奥秘何在呢？从公开资料可以知道，腾讯公司的基础产品早期是聊天工具 QQ 独打天下，此时由于腾讯 QQ 产品的稳定性以及附加产品的多样性和功能的便捷性等原因，使得 QQ 产品击败众多竞争对手而获得市场的普遍青睐。QQ 聊天工具在发展过程中遇到的竞争对手不仅包括老牌聊天工具 MSN 与 YAHOO，还包括几乎同期上线的网易 POPO 聊天工具，以及众多的不同网络聊天产品，那么为何 QQ 能够逆袭上位呢？显然，由于腾讯公司本身就是从不起眼的民营企业起家，因此根本不可能存在国有垄断扶持的因素在内，完全按照市场力量的青睐获得竞争优势。在经历 1998—2001 年的初创期之后，腾讯 QQ 不断免费推出产品，包括 QQ 聊天工具、QQ 群聊功能、QQ 空间、QQ 秀等产品，通过如此不断地推陈出新而使得腾讯 QQ 一直处于市场青睐的中心。在 2001—2011 年公司发展阶段，腾讯公司依然不断推出相关的免费产品，如 QQ 游戏、QQ 校友网、腾讯视频等，在 2011 年发布了微信聊天工具，以及微信支付增值工具等，这都对腾讯公司产品获取市场流量做出了巨大的贡献，市场流量在 2016 年达到 9 亿用户的惊人数目，现在微信支付已经成为人们生活的一部分，微信聊天更是人们交往必不可少的工具，所有这些都说明腾讯公司的“烧钱”目标早已经达到了，这中间 2001 年 QQ 短暂的收费注册是一个分水岭，说明市场习惯性心理免费产品就必须免费得极致，如此才能够获得市场流量的稳定增长，即使存在增值服务也丝毫没有影响用户的增长。

2. 腾讯公司经营的“可变现流量收入”获取模式被市场接受了吗？

腾讯公司创业之初也是“叫好不叫座”，尽管腾讯 QQ 经过短短 3 年的经营就获得了惊人的 1 亿多用户，但是由于没有找到更适合的营利模式导致企业经营维艰，究竟是走入263网站邮箱收费的“死”胡同模式？还是巩固流量基础上寻找更加被市场接受的“可变现流量收入”呢？事实说明腾讯公司在如何实现“可变现流量收入”问题上也曾经走过弯路，2001年左右试水的QQ注册收费策略不仅没有获得“可变现流量收入”，还遭遇了市场的抛弃，使得很多用户选择其他聊天工具，幸亏很快就被阻止而换来了市场用户的“原谅”，否则将会造成更大的市场灾难，丧失实现“可变现流量收入”的基础。究其原因在于市场不认可腾讯QQ聊天工具应该收费，心理上认为聊天工具本来就是免费使用的工具，挑战这一定律就意味着聊天工具的死亡，263网站邮箱收费的死亡以及MSN竞争力的衰落为此提供了最好的经验数据。

由此可知，在获得市场认可的时候要实现“可变现流量收入”就必须走增值服务的道路，在基础服务免费基础上及时研究用户心理和消费倾向，从而获得企业利益的最大化。腾讯公司也正是在这一基础上研究用户心理，无论是传统的广告收入，还是通过免费收费交叉的QQ秀、QQ支付、QQ空间、QQ视频服务、QQ游戏等实现“可变现流量收入”，这种获利模式也得到了市场的广泛认可。在2011年顺势推出的微信聊天工具更是把这种模式做到了极致，用户数达到了9亿，几乎所有中国人都成为微信支付用户，而微信聊天免费支付收费的经营模式并没有遭到市场的拒绝，在此基础上广泛的第三方接入服务以及小程序服务等都获取了可观的利润，所有这些都说明公司经营模式得到了市场认可。

3. 腾讯公司经营的“敛财”目标实现了吗？

根据以上分析可知，无论在企业用户流量上面还是在企业获得的利润上面，腾讯公司都取得了傲人的成绩，这直接说明了经过“烧钱”之后所形成的“虚拟流量收入”已经成功地转化为“可变现流量收入”，并且这种趋势还在进一步扩大中。总体来说，腾讯公司“烧钱”的对象就是免费提供QQ和微信两大聊天工具，以及附带开发的空间、论坛、免费游戏、免费秀、免费视频等，而获取增值服务的也正是基于巨大的用户数量，否则再精致的开发失去了用户就成了“无源之水”。

四、案例研究启示

显然，尽管互联网企业的生产经营是基于网络流量进行运作的，并且积累起一定网络流量的企业大多得到市场投资者的青睐，风险资金也会基于互联网企业网络流量人气表现决定是否投入，市场中风险评估公司与价值评估公司都会对产权交易所里的企业进行价值风险评估，所有这些都说明互联网企业的市场价值是得到市场认可的，而任何市场价值的认可必然存在与之相关的收入款项来支撑，否则难以想象零收入亏损公司竟然能够不断得到市场的青睐，那些没有能够在市场中取得竞争优势的互联网企业的收入不是零，而是基于互联网企业流量的应计收入全部成了坏账而已。

毫无疑问，互联网企业经营盈利的基础就是市场网络流量人气，于是社会公众的关注、点赞、发帖、聊天、转发、转载以及在线用户数与在线时长等都是企业经营虚拟流量应计收入产生的基础，也正因为如此很多著名的互联网公司总是提供免费聊天工具、免费视频、免费论坛、免费邮箱、免费地图等工具，根本原因不在于互联网公司多么具有奉献精神，而是其深切地知道只有通过创新花招百出的凝聚人气工具，从而为进一步营利铺平道路，这种营利模式本质上就是围绕“一个中心”（以企业价值创造活动为中心）和“四个基本要素”（营利模式的利润点、营利的对象、营利模式的措施和营利模式的屏障）进行展开的（Adrian Slywotzky，1999），也就是 Michael Porter（2005）提出的营利模式价值链理论，他将企业的价值活动分为基本活动和辅助活动，每项价值活动相互链接，环环相扣进而构成“价值链”，且企业相关活动链接得越好，交易成本就越低，效率就越高，利润也就越高。我国学者刘立和曲晓飞（2010）同样认为营利模式是企业联接战略和运营的模式，是在战略框架下通过运营实现的价值创造的模式。由于互联网企业经营时首先必须人为地设定一个社区空间，通过投入花样不断翻新的产品来保持人气，进而在不经意间通过收费产品来回收款项，可以说所有互联网企业的经营发展基本上都走过免费 + 收费的历程，任何秉持“一分钱一分货”的传统经营观点势必在实践中粉身碎骨无赖退场，最典型的案例便是曾经在互联网兴起之际风光无限的 263 北京首都在线，本来已经占据我国免费邮箱市场大半壁江山的 263 公司，门户网站经营也可圈可点，然而却以为社会离不开 263 邮箱而贸然收费，区区 5 元收费却成为压垮 263 企业经营的最后一根稻草，不仅仅 263 邮箱用户从 2000 年的 2000 万迅速蒸发，历经 20 多年的辛勤耕耘，迄今企业邮箱用户数也不过 13 万左右，263 企业门户网站更是消失得无踪无影。反过来，腾讯公司尽管在经营中也走了弯路，在 2000 年也试水 QQ 聊天工具注册收费，可是不仅 QQ 原有用户数迅猛减少，而且连带 QQ 空间论坛等用户数也随之萎缩，幸亏创立者能够立即掉头继续免费，从而遏制住了用户数的减少。这些生动的案例表面上说明“天下没有免费的午餐”定律的失效，实际上用户数的增长已经给企业进一步发展奠定了用户基础，而互联网企业经营的重要资源就是用户的忠诚。于是，综上所述，我们可以得到以下命题 1：

命题 1：互联网企业经营虚拟流量应计收入的变现有赖于市场人气的持续累积，而市场人气持续累积的必要条件就是提供满足用户需求的免费产品。

那么，如何能够尽快地把虚拟流量应计收入转化为现金变现呢？或者说不至于因为企业经营资金难以为继沦为坏账呢？一个不争的事实，互联网企业自创办之初就不断地进行资金融通，使得企业拥有足够的“烧钱”资金以应对免费午餐的需要，只有在公众对企业产品产生黏性之后才能够进行收费，并且这种收费还必须符合公众的消费习惯，即公众认为该产品可以收费时才能够收费，反之公众不认可的产品收费必然会遇到经营滑铁卢，正如刘静和孙向红（2011）所指出的产品用户体验的重要性。例如，淘宝网能够给买卖双方提供商品交易的平台受到公众的欢迎，但是起初支付宝也是从免费走向收费的，支付宝与余额宝的双子星座产品对公众产生了极大的心理黏性，快捷方便免费理财等多功能自然成为公众的宠爱，在用户产生黏性之后进行收费便顺理成章了，用户之所以没有极大的反对原因不仅在于用户的产品黏性，还在于用户产品收费的心理接受度。由于银联转账都是收费的，于是支付宝免费支付的午餐转化为收费自然容易得到公众的理解，况且收费金额远远不高于银联收费的事实，更使得用户感到免费午餐继续存在，这也就是微信支付为什么并没有引致用户的极大反感，但是QQ注册收费却导致用户数量的猛然下降，可以想象的是假如微信聊天工具也收费的话，那么大概率将是微信迅速被公众抛弃。因此，我们可以得到如下命题2：

命题2：企业收费产品的推出不仅取决于产品的用户黏性，还取决于收费项目的用户心理感受。

尽管互联网公司创业之初的“烧钱”已经是行业的潜规则，但是如果长时期内不能够变现虚拟流量应计收入，投资人终归会丧失继续投资的信心，继天使融资之后的A轮B轮C轮等遭遇市场冷对是迟早的事情，那么究竟互联网企业提供的产品究竟如何才能够获得市场青睐呢？我们先来考察一下互联网企业经营产品的类型，这里典型的互联网企业产品无非是网络内容产品、游戏产品、聊天工具产品、邮箱产品、交易平台产品、支付产品等，这些产品的共同特征便是“虚”，没有实体形态，即具备“看不着摸不着”的特性，但却是真正地存在的，产品本身是可以复制但是却难以进行实体破坏，给顾客提供的体验更多的是支付便捷、交际方便、精神愉悦等，企业也尽可能地在“虚”的角度下功夫，例如，淘宝网的交易平台服务、支付宝的支付服务、QQ与微信的聊天和支付服务、百度的搜索服务等都是在“虚”的方面下功夫，随着产品黏性的增加进行适当收费而获得了成功。与此同时，现在存在一些互联网企业没有在“虚”的方面做功课，反而在“实”的方面下功夫，例如几年前正在全国上演的共享单车大战，迄今为止真正能够营利的公司不多，但是亏损退出的公司却不少，原因就在于互联网公司的长项在于“虚”，但是共享单车做的产品却是“实”，“虚”成为“实”的工具，这就直接导致共享单车经营不善难以汇款，相反，类似于京东超市、天猫超市、滴滴打车等企业，虽然实质上也是以“虚”做“实”，但是这里的

"实"基本不属于互联网公司经营，即使属于互联网公司主业也是按照实体化经营模式进行经营，即秉持传统的"一分钱一分货"的经营理念，这就从根本上回避了实体产品虚拟化的困境。于是，我们对互联网企业经营产品属性提出如下命题3：

命题3：互联网企业应该尽量在虚拟产品方面进行经营维护，而对于实体产品的经营还是应该回归到实体产品经营的"一分钱一分货"的经营规则上去。

互联网企业的"烧钱"与"敛财"是企业可持续发展进程中亟待处理的焦点问题，稍有不慎势必带来灾难性的结果，但是值得注意的是关于免费产品与收费产品的企业地位问题，绝对不能因为产品的免费属性而轻视，也不能因为产品的收费属性而过分重视，要知道互联网企业经营中免费产品与收费产品都是不可缺乏的组成部分，免费产品是企业经营的基石，而收费产品是企业经营的发展助力器。无论是腾讯的QQ与微信、百度公司的贴吧还是163免费邮箱服务等，这些免费产品都能够以友好的交互体验给用户更好的服务，从而在持续免费体验中发生对收费产品的兴趣，最终达到虚拟流量应计收入的变现。相反，一些互联网公司以提供免费内容网站以培育虚拟用户人气，但是却疏于网站内容编辑造成人气涣散，最终连带收费产品的萎缩，最为典型的门户网站便是首都在线263与21CN门户网站的内容编辑，导致现在这两个门户网站基本上出现"门庭冷落车马稀"的境况。换句话说，互联网企业免费产品要做得足够精致，收费产品要做得更有品味，从而使得市场感到物有所值，而不能把免费产品经营到低保化程度，最终带动整个企业的可持续发展，这也是互联网产品的"以免费产品换取收费产品市场"的经营思路。于是，我们得到如下命题4：

命题4：互联网企业应该正确对待权衡免费产品与收费产品的地位，使得免费产品更加精致化，收费产品品味足够高端化。

五、教学组织方式以及课时安排

（一）教学安排

1. 课前要求学生对腾讯公司发展历程进行梳理，特别对公司在发展的各个关键时期的决策进行分析。

2. 组织学生对腾讯公司的组合产品线进行梳理，理清免费产品与收费产品的特征。

3. 组织学生讨论企鹅QQ产品与微信Wechat产品在企业所有产品中的特殊角色，并且总结出"烧钱"产品与"敛财"产品的特征。

4. 组织学生分析对腾讯产品的成功和首都在线263产品的失败进行分析，说明蕴含其中的机会危险特征。

5. 组织学生讨论“虚拟流量收入”的内在含义，并且说明“可变现收入”实现的主客观条件，着重结合腾讯公司与263公司进行详细的分析。

6. 组织学生总结互联网企业经营中“烧钱”与“敛财”之间的关系，并且进行详细的分析。

（二）课时安排

1. 课后自行阅读资料：约3小时。
2. 小组讨论并提交分析报告提纲：约3小时。
3. 课堂小组代表发言、进一步讨论：约3小时。
4. 课堂讨论总结：约0.5小时。

（三）讨论方式

本案例可以采用小组式进行讲座。

（四）课堂讨论总结

课堂讨论总结的关键是：归纳发言者的主要观点：重申其重点及亮点；提醒大家对集点问题或有争议观点进行进一步思考；建议大家对案例素材进行扩展研究和深入分析。

参考文献

[1] 陈振烨，金山．被迫走向互联网［J］．经理人，2008（11）：126－127.

[2] 曾勇，吴令飞．意力撬动大收益［J］．通信企业管理，2012（11）：20－22.

[3] 王艺．于价值链理论的互联网企业盈利模式研究［D］．河北大学，2015.

[4] 韵江．争战略新突破：来自低成本与差异化的融合［J］．中国工业经济，2003（2）：90－96.

[5] 张昕竹，占佳，马源．免费产品的需求替代分析——以奇虎360/腾讯案为例［J］．财贸经济，2016，37（8）．

[6] 付晓璐．于产品黏性的互联网盈利模式创新［D］．北京邮电大学，2011.

[7] 李歆．网络经济下互联网企业竞争战略研究［D］．北京交通大学，2011.

[8] 刘立，晓飞．价值创新的企业商业模式研究［J］．技术经济，2010，29（11）：37－40.

[9] 刘静，孙向红．什么决定着用户对产品的完整体验？［J］．心理科学进展，2011，19（1）：94－106.

[10] 夏清华，娄汇阳．商业模式刚性的商业模式创新仿真——传统企业与互联网企业比较［J］．系统工程理论与实践，2018，38（11）：2776－2792.

[11] 焦微玲，裴雷．字产品“免费”的原因、模式及盈利对策研究［J］．现代情报，2017，37（8）：26－32.

[12] 王含笑，刘蓓．互联网初创企业的机遇、挑战与对策［J］．江西师范大学学报（哲社版），2018，51（6）：78－83.

[13] Slywotzky A. Exploring the strategic risk frontier［J］. Strategy & Leadership，2004，32（6）：11－19.

[14] Porter M. Competitive Advantage of Nations［M］. // The competitive advantage of nations：1999.

案例 9

汽车制造业国有企业资本管理会计评价

本案例旨在引导学员进一步关注国有企业资本管理会计评价体系，加深对财务报表的理解及相关评价指标的选择和计算。根据本案例资料，一方面，学员可以进一步思考在目前国有企业深化改革的背景下，会计评价应该从哪些角度进行分析；另一方面，学员可以在重点掌握了衡量企业营利能力、偿债能力、营运能力等指标的基础上，进一步关注非财务信息所反映的企业能力以及加深对资本保值增值率的理解，拓宽对财务报表分析的思路和角度。

案例正文

基于设计好的评价考核方案，对东风汽车集团股份有限公司资本管理情况作出了较为深入的分析和评价，结合上汽集团、广汽集团的对比分析指出企业在资本管理上存在的一些风险点，在如何提高企业资本管理的安全性、流动性、效益性的基础上，针对企业资本管理在创新性、社会性和自律性方面给出了改善建议。这套评价方案结合了原有的企业资本管理评价考核框架，新增了对国有资本创新性的考量，紧扣国有资本投资、运营公司改革试点等热点内容。

一、背景简介

（一）国企改革的大势所趋

国企改革始于1978年，历经40余年，取得了一定的成绩。通过兼并、收购、剥离等多种形式的重组，国有经济布局和结构调整取得了积极进展，涌现出一批具有竞争力的公司。为了确保国有控股公司的资产能够发挥最大效用，资本管理会计在国有控股公司中开始逐渐发挥重要作用。在国有资本管理中，国有资本的安全性、流动性和效益性一直是广大学者关心的重要话题，而创新性、社会性、自律性等指标近来也受到越来越多的关注。

（二）国有资本管理评价考核指标概述

目前我国国有资本管理评价考核体系正在向“资本保值增值率为主、经济增加值为辅”的模式逐步发展。

国有资本保值增值率是指企业考核期末扣除客观因素（由国资委核定）后的国有资本及权益同考核期初国有资本及权益的比率。企业年度国有资本保值增值率以国资委确认的结果为准。经济增加值是指企业税后净营业利润减去资本成本后的余额。计算公式为：经济增加值 = 税后净营业利润 − 资本成本 = 税后净营业利润 − 调整后资本 × 平均资本成本率。

经济增加值主要是衡量企业的经济价值，而资本保值增值率才是衡量企业会计价值的重要指标。我们应当进一步深化资本保值增值率在国企资本管理业绩评价中的应用。

（三）资本管理会计评价概述

资本管理会计是指以企业资本为主要管理对象，以资本保值增值为管理目标的价值管理活动。随着我国改革开放的不断发展与全面深化，会计管理日益表现为一种以资本为主的价值管理。企业作为商品生产者，同时也是其自身资本经营管理的责任主体。资本经营管理是企业财务与会计的共同本质。资本管理会计，则是从会计管理对象和职责的角度，对企业等经济主体的会计管理活动的经济实质的定义。

传统财务会计主要是以利润作为企业生产经营活动主要目标，人们也许会将利润计算公式作为会计计量的统一目标公式。然而，随着现代经济的发展，企业资本的保值增值或者企业价值的最大化，也已成为一般企业章程的明文规定或目标要求。在这样新的历史条件下，利润计算公式也不适于作为现代企业财务会计的计量目标公式，而以企业资本作为主要管理对象，以资本保值增值作为管理目标的企业资本管理会计应运而生。其实，单以利润作为主要核算目标，在一定程度上仍然反映了国营企业在以往社会主义计划经济中只重视资金和资产而忽视实有资本的倾向。同时，利润计算公式仅仅计量资本增值，缺乏保值方面的信息，难以成为科学、全面和整体的资本计量目标公式。这也是传统财务会计和资本管理会计的最大区别。

在资本管理会计中，可根据3个核心会计恒等式：

1. 理论性的实有资本会计要素控制公式（简称资本要素控制公式）：

资本 = 资产 - 负债 - 收益 + 费用

2. 实用性的实有资本会计要素控制公式：

不含本期损益的期末资本 = 期末累计资产 - 期末累计负债 - 本期累计收益 + 本期累计费用

3. 实有资本计量目标公式：

含本期损益的期末资本 = 期末累计资产 - 期末累计负债

推导出相应的资本管理会计恒等式，即：

不含本期损益的期末资本 = 期末累计资产 - 期末累计负债 - 本期累计收益 + 本期累计费用

含本期损益的期末资本 = 期末累计资产 - 期末累计负债

这两个恒等式一个是实有资本要素控制公式，控制和反映了资本保值成果，一个是实有资本计量目标公式，控制和反映了资本保值增值的综合成果，即增值后资本。这就构成了企业会计的一对核心控制公式。

二、案例概况

（一）3家对比企业概况

东风汽车集团股份有限公司、上海汽车集团股份有限公司和广州汽车集团股份有限公司是本案例中进行对比的3家企业，其基本资料如表9-1所示。

表9-1　3家企业基本资料

公司	东风汽车	上汽集团	广汽集团
成立时间	1969年	1955年	2005年
经营业务	全系列乘用车与商用车、新能源汽车、关键总成、汽车零部件、汽车装备及汽车水平事业等	整车的研发、生产和销售；零部件（含动力驱动系统、底盘系统、内外饰系统，以及电池、电驱、电力电子等新能源汽车核心零部件和智能产品系统）的研发、生产、销售；物流、汽车电商、出行服务、节能和充电服务等汽车服务贸易业务	整车（汽车、摩托车）及零部件研发、制造、汽车商贸服务、汽车金融等
2017年总资产	177.88亿元	7235.33亿元	1196.02亿元
2017年营业额	183.01亿元	8706.39亿元	715.75亿元
2017年净利润	-0.86亿元	471.16亿元	108.22亿元
2017年研发人员数量	708人	24858人	4278人
2017年研发支出	6.11亿元	110.62亿元	3.00亿元
国内排名	中国制造业500强第三位，行业地位连续5年位居国内第二	中国制造业500强第二位，继续保持国内汽车市场领先优势	中国制造业500强第14位，行业地位连续保持第三名
国际排名	世界500强第68位	第14次入选《财富》杂志世界500强，排名第36位	连续6年入围《财富》世界500强，排名第202位
旗下汽车品牌	东风风神、东风风行、东风风光、东风风度、东风天龙、东风天锦、东风凯普特、东风猛士等	上汽大通、上汽大众、上汽通用、上汽通用五菱、南京依维柯、上汽依维柯红岩、上海申沃等	广汽本田、广汽丰田、广汽乘用车、广汽新能源、广汽研究院、广汽菲亚特克莱斯勒、广汽三菱等
上市情况	2005年12月7日在香港联交所上市	1997年11月25日在上交所主板上市	2010年8月30日在香港联交所上市，2012年3月29日在上交所主板上市

通过表 9－1 可以看出，东风汽车、上汽集团和广汽集团 3 家公司在国内汽车制造业中排名前三，资产规模及盈利水平均具有较大优势，通过对比 3 家企业的各项指标，可以代表该行业的最好水平。

（二）原始三维度考核指标概况

原始三维度考核指标体系，即根据资本的价值构成要素和运营质量特征，对照企业将本求利和资本保值增值的目标，以资本的安全性、流动性和效益性作为资本运营质量检验和资本管理会计评价的 3 个基本维度，分别分析评价企业资本的风险、活力与效益。如表 9－2 所示。

表 9－2　　原始三维度考核指标体系

维度	指标
安全性指标	资产负债率
	流动资产率，是否有单一资产项目规模超过总资产规模的 30%
	流动负债率，是否有单一负债项目规模超过总负债规模的 30%
	资本市场评级机构评定的主体信用等级
	对外投资报酬率
	或有负债率、资产受限率
流动性指标	流动比率/速动比率
	净资产周转率/流动资产周转率/存货周转率/应收账款周转率
	经营活动现金流增长率/经营活动现金流比率
效益性指标	ROE/ROA/成本费用应营业利润率
	收益质量分析/收益结构分析/收益增速分析
	成本费用结构分析/成本费用增速分析
	资本保值增值率

1. 安全性维度

在安全性维度评价上，本案例抓住资产和负债这两个资本会计要素，主要从企业经营管理的风险角度出发，通过以下 7 个方面进行定量及定性分析：资本风险、资产风险结构、负债风险结构、外部融资风险、对外投资风险、或有负债风险和资产受限风险。其中，资本风险总体评价主要分析企业资本的表内负债风险；资产风险结构评价主要看流动资产占总资产的比例；负债风险结构评价主要看流动负债占比；外部融资风险评价主要分析企业的资本市场信用风险；对外投资风险评价主要分析表内的境外资本风险；或有负债风险评价主要分析企业资本的表外风险；资产受限风险评价则直接关系到企业表外业务的净资产风险。

2. 流动性维度

在流动性维度评价上，本案例抓住资产作为资本会计第一要素的价值流动性和现金流动性，通过以下3个方面进行定量及定性分析：资产流动性评价、资产周转评价和经营现金流量评价。其中，资产流动性评价包括流动比率和速动比率；资产周转评价包括净资产周转率、流动资产周转率、存货周转率和应收账款周转率；经营现金流量评价包括经营活动现金净流量增长率和经营活动现金流量比率。相比之下，安全性维度评价兼顾了企业资本价值的表内外风险，流动性维度评价则是侧重于企业资本流动性的表内风险。

3. 效益性维度

在效益性维度评价上，本案例着重抓住收益和费用这两个关系到资本营利与资本增值的资本会计要素，以能力评价与风险评价结合的方式，对以下4个方面进行定性与定量的分析评价：营利能力评价、收益风险评价、费用风险评价和资本保值增值评价。其中，营利能力评价包括加权平均净资产收益率、总资产收益率、成本费用营业利润率、政府财政支持率；收益风险评价包括收益质量与结构分析和收益增速分析；费用风险评价包括成本费用结构分析和成本费用增速分析；资本保值增值评价的指标是资本保值增值率。

（三）新设三维度考核指标概况

在对原始三维度考核指标体系的深入研究中，发现这一体系仅能反映出企业的财务指标信息，而对企业非财务指标信息反映不足。随着改革开放的深入和社会主义市场经济的形成，我国经济环境发生着重大而深刻的变革，评价一家企业时已不能像以前那样只考虑财务指标信息，非财务指标信息也扮演着极为重要的角色。因此应在原有的安全性、流动性、效益性3个维度基础上新增加社会性、自律性、创新性3个维度（见表9-3），以补充对非财务指标信息的监测和考核，形成了新的六维度考核体系。

表9-3　　新设三维度考核指标体系

维度	指标
社会性指标	公益捐赠，当年社会捐赠情况
	社会就业，解决就业人数
	节能环保，减排二氧化碳/有害气体
	纳税责任，当年纳税税额
	安全生产，安全生产支出

续表

维度	指标
自律性指标	收到行政处罚情况
	公司治理，“三会”开展情况
	收到自律组织监管、问询函
	诉讼索赔
创新性指标	新增专利数量
	研发支出水平
	投资活动现金流
	研发人员数量
	在建工程水平

1. 社会性维度

社会性指目标公司在生产经营和自身发展过程中在社会中所扮演的角色，以及对相关社会责任的承担情况。在社会性方面，本案例主要从以下 5 个角度进行量化和分析：社会公益支出情况、解决社会就业情况、纳税责任履行情况、社会安全投入情况以及生态环境保护情况。具体指标分别为公益捐赠支出在营业总额中占比情况、新增员工数比率、当年缴纳税额占营业收入情况、安全性支出占营业收入比率以及万元产值能耗。

2. 自律性维度

自律性指目标公司在生产经营过程中的自我要求程度以及对相关法律法规和道德准则的遵守情况。在自律性方面，本案例主要从以下 4 个角度进行分析：受到有关政府部门行政处罚情况；董事会、监事会和股东大会次数；收到证监会、上交所监管和问询函数量；涉及诉讼金额。我们认为这 4 个方面内容可以初步反映一家公司的自律情况。

3. 创新性维度

创新性指目标公司对科研创新的重视程度以及资金投入情况。在创新性方面，本案例从以下 5 个角度进行分析：专利水平、研发支出水平、投资活动水平、研发人员水平、在建工程情况。具体指标分别为新增专利数、研发支出占营业收入比例、投资活动现金流出占总资产比例、研发人员数量占公司总人数比例、新建在建工程占公司总资产比例。

三、参考资料

本案例的关注重点在3家对比企业的六维考核指标情况及资本保值增值情况，与此相关的参考资料除了前面案例正文中提供的背景资料以外，还包括有关企业会计准则、有关公司法等法规、3家公司近7年的年度财务报告以及相关行业资料。

如果需要进行该案例的扩展研究，可资参考的其他有关主要资料目录如表9－4所示。

表9－4　　主要参考资料目录

资料序号	资料名称
1	潘晓江．会计科学若干问题思考——实体资本管理会计辨析［J］．财务与会计，2015（19）：70－73
2	潘晓江．企业会计的资本管理论——要素控制公式与计量目标公式［J］．财务与会计，2016（23）：73－76
3	潘晓江，杨安东，杨罗成，王佳艺，施意捷，苏婧．基于新资本会计论的资本管理会计评价研究［J］．财务研究，2018（2）：38－52
4	杨纪琬，阎达五．会计管理是一种价值运动的管理——为纪念中华人民共和国成立三十五周年而作［J］．财贸经济，1984（10）：13－17
5	国务院国资委．中央企业负责人经营业绩考核暂行办法
6	潘晓江．资本会计论与要素复合观［J］．会计研究，2004（9）：57－61

四、讨论题目

从3家公司的基本情况，到六维指标的建立和评价，东风汽车、上汽集团和广汽集团带给人们太多的启示，引发人们太多的思考。本案例的侧重点仅在于：结合3家公司的对比情况，重点思考如下问题：

1. 如何判断国有企业的资本保值增值情况？
2. 原始三维指标考核体系的优势和不足？
3. 如何看待财务信息与非财务信息之间的关系？

案例使用说明

一、本案例要解决的关键问题

本案例旨在引导学员进一步关注国有企业资本管理会计评价体系，加深对财务报表的理解及相关评价指标的选择和计算。根据本案例资料，一方面，学员可以进一步思考在目前国有企业深化改革的背景下，会计评价应该从哪些角度进行分析；另一方面，学员可以在重点掌握了衡量企业的营利能力、偿债能力、营运能力等指标的基础上，进一步关注非财务信息所反映的企业能力以及加深对资本保值增值率的理解，拓宽对财务报表分析的思路和角度。

二、案例讨论的准备工作

为了有效实现本案例目标，学员应该具备下列相关知识背景：

（一）理论背景

各项财务指标的含义与计算；资本管理会计评价体系的内涵；保值增值率及经济增加值的含义；资本管理会计恒等式的理解及应用。

（二）行业背景

汽车制造行业是重要的中游制造行业，是一个资本密集型和技术密集型行业，行业集中度相对较高，在各个细分的整车制造行业里面均呈现垄断竞争格局。东风汽车集团股份有限公司、上海汽车集团股份有限公司和广州汽车集团股份有限公司这 3 家公司在国内汽车制造业中排名前三，资产规模及盈利水平均具有较大优势，并分别位列世界 500 强企业第 68 位、第 36 位以及第 202 位。

（三）制度背景

国资委关于认真做好 2014 年度中央企业负责人经营业绩考核工作的通知；国务院关于推进国有资本投资、运营公司改革试点的实施意见；公司法等有关法规。

三、案例分析要点

（一）需要学员识别的关键问题

本案例需要学员识别的主要知识点包括：六维考核评价体系指标的计算、财务报告中财务信息与非财务信息的选择、保值增值率的内涵，资本管理会计评价体系的内容。

（二）推荐解决问题的方案

1. 安全性维度指标

（1）资本总体风险评价：资产负债率 = 负债总额/总资产

我们的样本公司为东风汽车，同时选取了同行业的上汽集团和广汽集团这两家大型央企汽车制造公司作为对比，通过对以上3家公司2011—2017年财务报告分析，来判断东风汽车公司的资产负债率在行业中的情况，见表9－5和图9－1。

表9－5　资产负债率（%）

	2011年	2012年	2013年	2014年	2015年	2016年	2017年
东风汽车	61.49	59.61	61.59	59.30	59.68	65.54	60.51
上汽集团	58.22	54.29	56.71	55.41	58.78	60.20	62.39
广汽集团	32.03	35.18	41.06	42.05	41.28	45.38	41.13

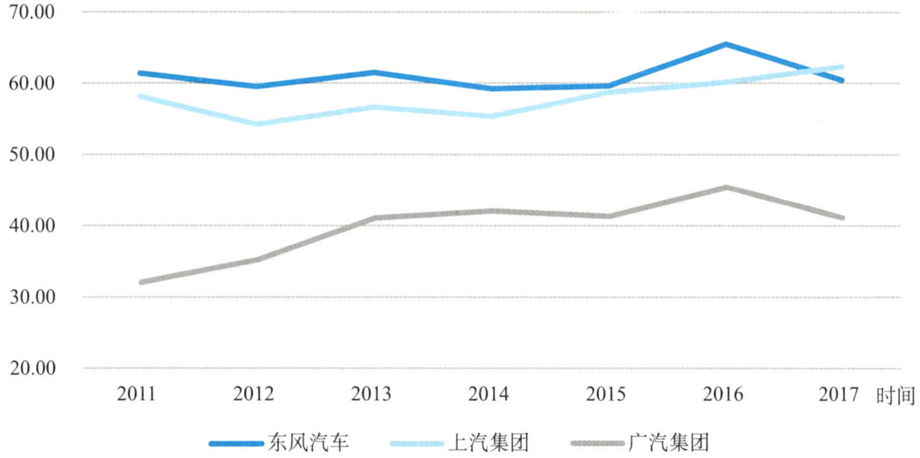

图9－1　资产负债率对比图

从图9－1可以看出，东风汽车的资产负债率一直处于较高水平，始终保持在60%左右，在2017年之前一直为3家公司的最高者。而光广汽集团在2011—2016年资产负债率逐渐上升，但依旧处于50%以下的比较安全的比例。上汽集团从2014年开始逐渐增加了负债的比率，到2017年已超过东风汽车。总体而言，东风汽车的负债水平较高，资本总体风险较大。

（2）资产风险评价：流动资产率 = 流动资产/总资产

3家公司2011—2017年流动资产率如表9－6所示。

表9－6　　　　流动资产率（%）

	2011年	2012年	2013年	2014年	2015年	2016年	2017年
东风汽车	65.94	61.52	67.32	66.81	65.73	65.84	77.74
上汽集团	60.02	59.63	62.14	57.14	52.76	56.03	53.90
广汽集团	49.38	41.06	45.88	43.28	41.70	42.60	53.92

从图9－2可以看出，东风汽车的流动资产率持续高于上汽集团和广汽集团，在2013—2016年基本保持稳定，而在2017年由于其发展新能源汽车产业的战略，流动资产率有所上升。总体而言，东风汽车流动资产含量较大，因而其资产风险较小。

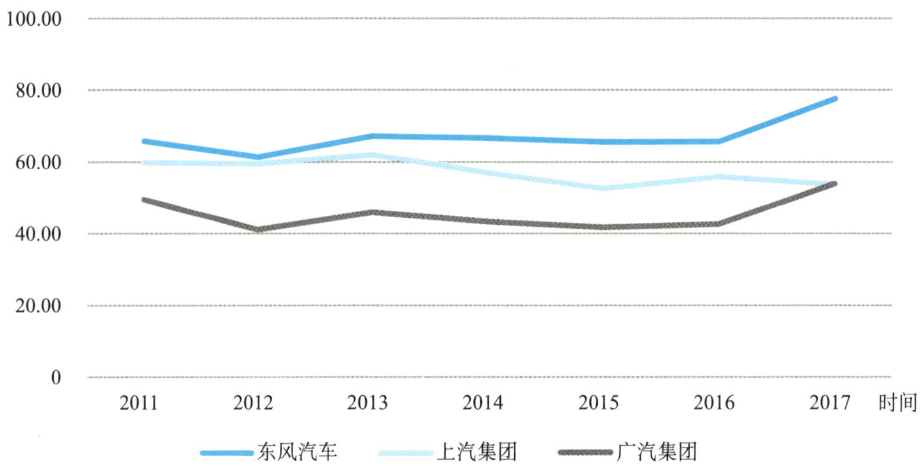

图9－2　流动资产率对比图

（3）负债风险评价：流动负债率 = 流动负债/负债总额

3家公司2011—2017年流动负债率如表9－7所示。

表9－7　　　　流动负债率（%）

	2011年	2012年	2013年	2014年	2015年	2016年	2017年
东风汽车	96.77	86.62	87.37	95.12	89.58	88.90	95.82
上汽集团	87.60	90.80	87.93	86.98	85.69	83.67	86.61
广汽集团	42.05	51.05	76.21	77.26	67.32	65.29	74.69

从图 9－3 可以看出，东风汽车在 2014 年以后其流动负债率均高于其他两家公司，且数值均为 90% 左右，占比较高，上汽集团略低于东风汽车，流动负债水平也处于较高位置，广汽集团的流动负债率总体而言为上升趋势，有向剩余两家公司靠拢的可能。综上，东风汽车的负债中流动负债占比较高，负债风险较大。

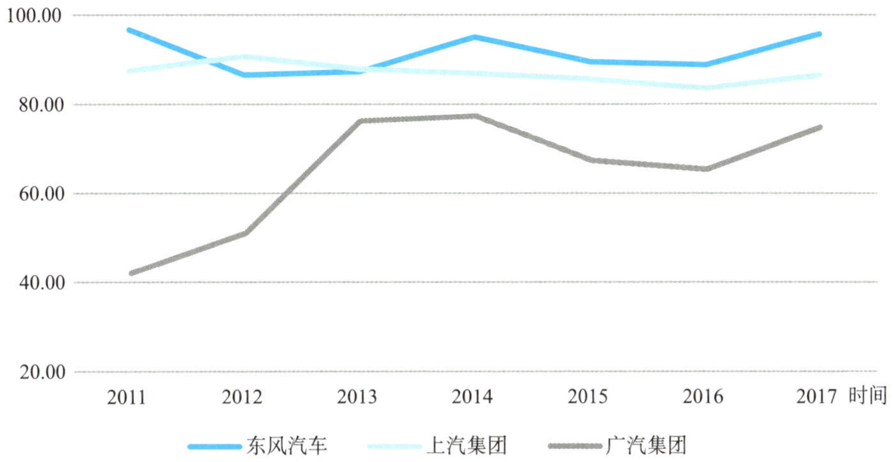

图 9－3　流动负债率对比图

（4）外部融资评价：主体信用等级

样本公司东风汽车的外部直接融资方式除了增发股票外，主要是在国内资本市场发行债券。评级公司给予的主体信用等级均为 AA＋，认为其具有良好的信用及债务偿还能力。评级公司给予上汽集团和广汽集团的主体信用等级均为 AAA，说明其信用及债务偿还能力很强。总体而言，东风汽车在外部融资方面的信用及偿债能力略逊与上汽集团和广汽集团。

（5）对外投资评价：对外投资平均报酬率＝平均年现金流量/初始投资额

3 家公司 2011—2017 年对外投资平均报酬率如表 9－8 所示。

表 9－8　对外投资平均报酬率（%）

	2011 年	2012 年	2013 年	2014 年	2015 年	2016 年	2017 年
东风汽车	96.77	86.62	87.37	95.12	89.58	88.90	95.82
上汽集团	87.60	90.80	87.93	86.98	85.69	83.67	86.61
广汽集团	42.05	51.05	76.21	77.26	67.32	65.29	74.69

从图 9－4 可以看出，东风汽车相比于行业的平均水平，其对外投资平均报酬率较低，证明其投资的项目收益性较差。上汽集团的平均报酬率有逐渐降低的趋势，说明其投资项目正逐渐失去市场地位，而广汽集团则有逐渐上升的趋势，说明其投资项目

正处于蓬勃发展阶段。

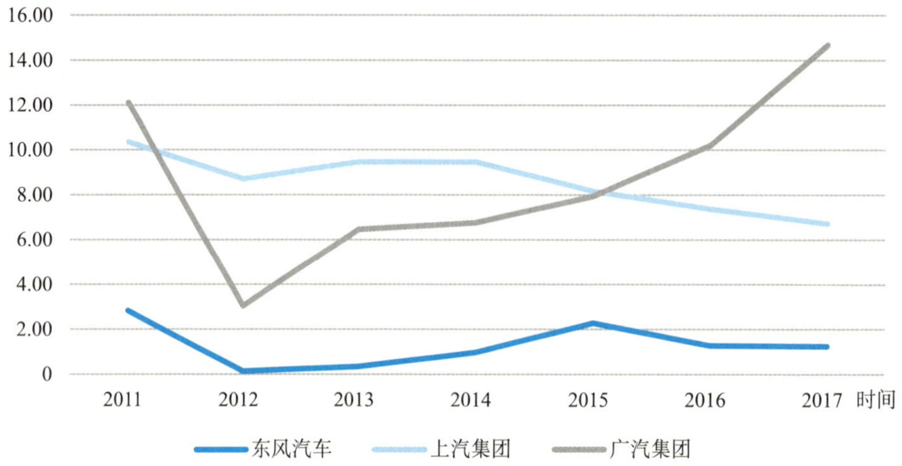

图 9－4　对外投资平均报酬率对比图

（6）对外担保评价：对外担保率＝对外担保/总资产

3 家公司 2011—2017 年对外担保率如表 9－9 所示。

表 9－9　　对外担保率（%）

	2011 年	2012 年	2013 年	2014 年	2015 年	2016 年	2017 年
东风汽车	96.77	86.62	87.37	95.12	89.58	88.90	95.82
上汽集团	87.60	90.80	87.93	86.98	85.69	83.67	86.61
广汽集团	42.05	51.05	76.21	77.26	67.32	65.29	74.69

从图 9－5 可以看出，东风汽车在 2011—2017 年并未存在对外担保，因而其对外担保率为 0，上汽集团在 2011—2013 年保持较高的对外担保率，之后几年改善明显，而广汽集团在 2016—2017 年具有较高对外担保率，但具有下降的趋势，预期未来也将

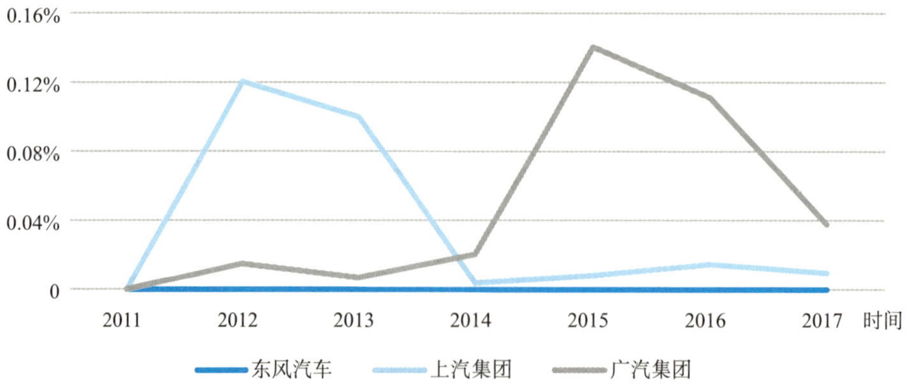

图 9－5　对外担保率对比图

回归低水平。总体而言，东风汽车的对外担保风险很低。

（7）资产受限评价：资产受限率 = 受限资产/总资产

3家公司2011—2017年对外担保率如表9－10所示。

表9－10　　　　　　　　　　　资产受限率（%）

	2011年	2012年	2013年	2014年	2015年	2016年	2017年
东风汽车	4.69	3.18	2.75	5.58	12.20	6.37	0.93
上汽集团	3.96	4.43	3.97	4.59	2.43	2.61	2.57
广汽集团	0.67	1.35	0.50	2.69	2.48	2.51	2.94

从图9－6可以看出，东风汽车在2015年具有较大的资产受限率，这与其当年的诉讼事件有关，近两年，其资产受限率已经降为较低水平了，目前低于剩下两家公司。上汽集团与广汽集团资产受限率基本保持较低水平，2015年之后基本趋于同一水平。总体而言，东风汽车虽然在2015年存在较大额的受限资产，但是目前情况已改善，资产受限较小。

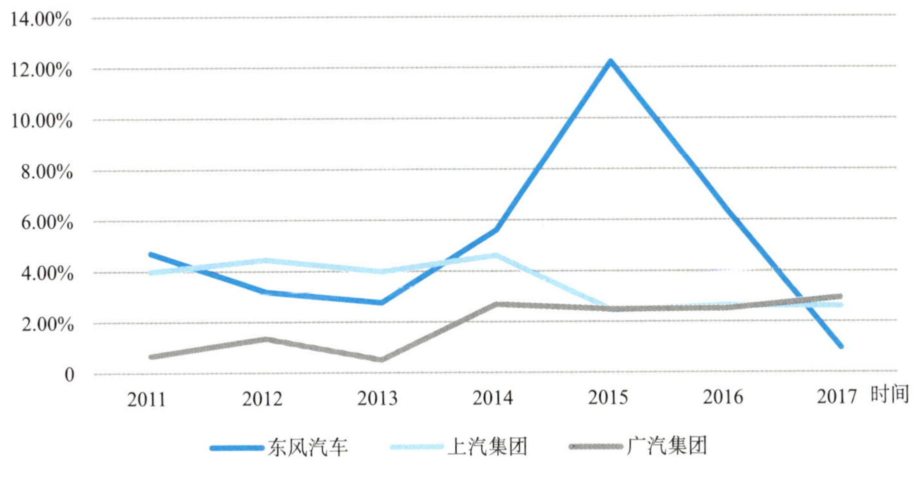

图9－6　资产受限率对比图

2. 流动性维度指标

（1）流动比率：流动比率 = 流动资产/流动负债

我们选取了同行业的上汽集团和广汽集团这两家大型央企汽车制造公司，通过对以上3家公司2011—2017年财务报告分析，来判断东风汽车公司的资产流动性在行业中的情况，如表9－11所示。

表 9-11　　流动比率

	2011 年	2012 年	2013 年	2014 年	2015 年	2016 年	2017 年
东风汽车	1.11	1.19	1.25	1.18	1.23	1.13	1.34
上汽集团	1.18	1.21	1.25	1.19	1.05	1.11	1.00
广汽集团	3.67	2.29	1.47	1.33	1.50	1.44	1.76

从图 9-7 可以看出，东风汽车的流动比率大致介于上汽集团和广汽集团之间，具体数值介于 1.1—1.4，流动资产始终能够覆盖流动负债，说明东风汽车公司在流动性管理方面在行业处于一个良好的水平。从行业角度分析，汽车制造业属于传统重资产行业，前期资金以及重型设备机床的投入都比较大，这些因素都造成汽车行业整体非流动资产占比较大，整体流动比率在全行业中处于相对靠后的位置。东风汽车公司也是较早提向新能源汽车领域等轻资产战略转型，所以其流动性较行业平均水平较高。

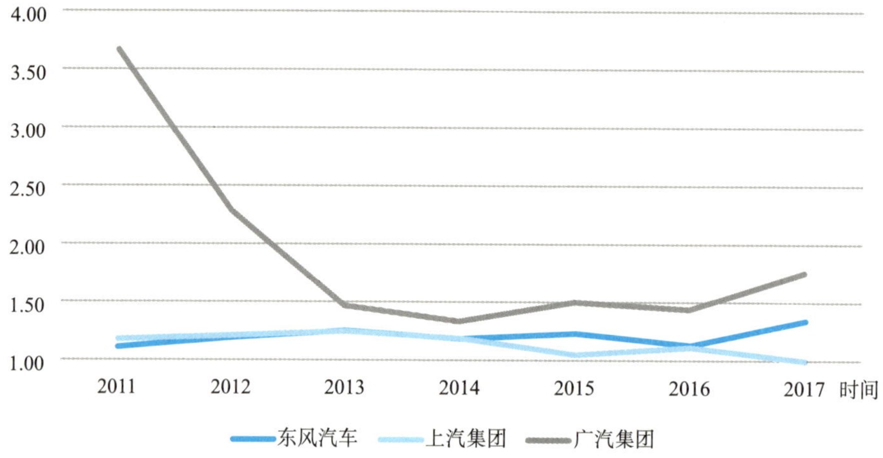

图 9-7　流动比率对比图

（2）速动比率（见表 9-12）

表 9-12　　速动比率

	2011 年	2012 年	2013 年	2014 年	2015 年	2016 年	2017 年
东风汽车	0.89	0.94	1.09	1.03	1.09	0.99	1.18
上汽集团	1.00	1.05	1.08	0.99	0.90	0.99	0.87
广汽集团	3.41	2.13	1.35	1.20	1.40	1.34	1.66

从图 9-8 可以看出，东风汽车从 2013—2017 年的速动比率大致处在上汽集团和广汽集团之间，数值上居于 0.9—1.2，可以看出 3 家公司速动比率走势与流动比率大

致相似，说明存货管理在以上3家公司中均处于相对重要的管理地位，在汽车行业同行业越来越重视存货周转速度来跟上市场消费偏好的变化。

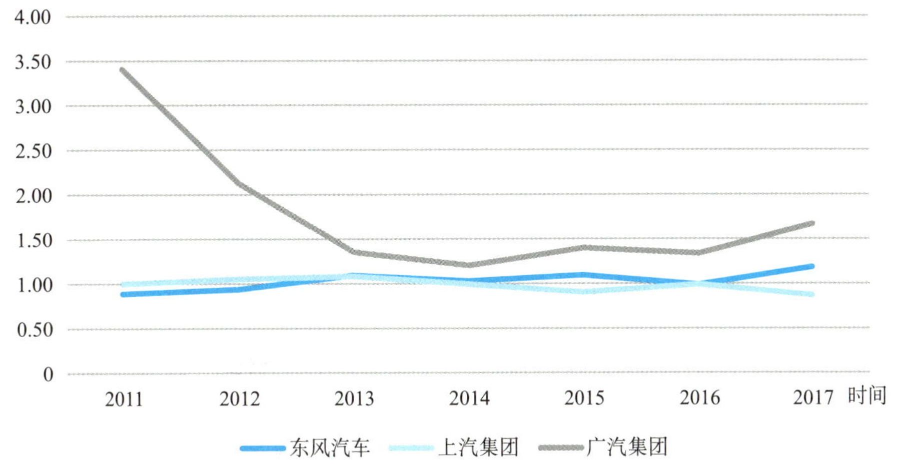

图9-8　速动比率对比图

从东风汽车速动比率可以看出，该公司资产流动性管理居于行业平均水平之上，有较强的流动性管理意识和存货管理意识。

（3）总资产周转率（见表9-13）：总资产周转率=营业收入/公司平均总资产

表9-13　总资产周转率

	2011年	2012年	2013年	2014年	2015年	2016年	2017年
东风汽车	1.12	0.93	1.00	0.88	0.85	0.77	0.93
上汽集团	1.59	1.51	1.64	1.60	1.45	1.37	1.33
广汽集团	0.27	0.28	0.35	0.37	0.45	0.66	0.71

从图9-9可以看出，2011—2017年这7年时间，东风汽车的总资产周转率始终处于上汽集团和广汽集团之间。这3家公司在这7年时间中的总资产周转率表现是：上汽集团总资产周转率数值在1.3—1.6之间，处于一个整体下行的通道区间；东风汽车总资产周转率数值在0.85—1.65之间变化，2011—2016年总资产周转率逐渐下降，2016年之后有上升趋势；广汽集团该数据保持稳定增长，从2011年的0.27增加到2017年的0.71，达到同其他公司相近的水平。

可以看出，东风汽车的总资产周转率在2011—2016年经过了缓慢下行之后，开始有所好转，并且其资产流动性水平在整个汽车行业处在一个中等偏上的位置。

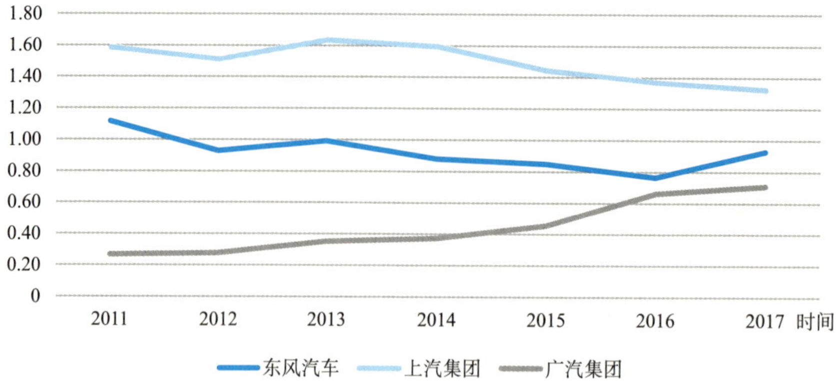

图 9－9　总资产周转率对比图

（4）流动资产周转率（见表 9－14）：流动资产周转率＝营业收入/平均流动资产

表 9－14　　流动资产周转率

	2011 年	2012 年	2013 年	2014 年	2015 年	2016 年	2017 年
东风汽车	1.67	1.46	1.54	1.31	1.28	1.17	1.31
上汽集团	2.58	2.53	2.69	2.69	2.64	2.52	2.42
广汽集团	0.53	0.61	0.80	0.84	1.07	1.57	1.44

通过图 9－10 中 3 家同行业公司流动资产周转率横向对比，上汽集团的流动资产周转率始终保持在 2.5 以上，远高于同行业的东风汽车和广汽集团，说明管理层对于流动性的管理做得最好。目标公司东风汽车的流动资产周转率在过去的 7 年间大致处在一个下行通道，从 2011 年的 1.67 逐渐下降到 2016 年的 1.17，2017 年的指标数据显示有所好转，略有提升。

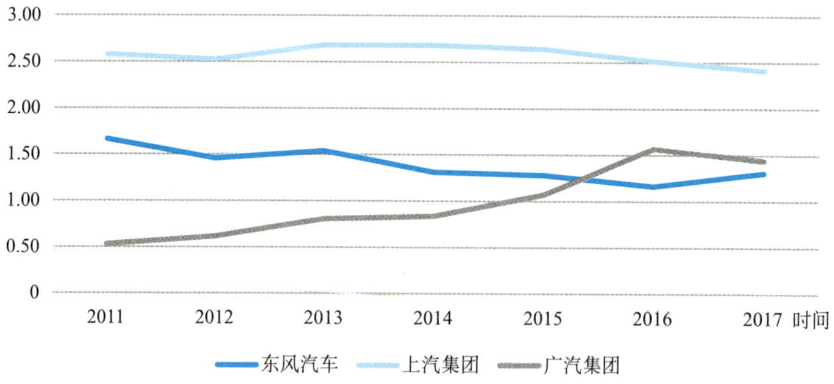

图 9－10　流动资产周转率对比图

通过与总资产周转率数据对比分析，可以看出东风汽车在非流动资产的流动性管理水平在观测期间是提升明显，而流动资产的周转水平则表现地低于行业平均水平。

（5）现金流规模增加比率（见表9－15）

表9－15 现金流规模增加比率

	2011年	2012年	2013年	2014年	2015年	2016年	2017年
东风汽车	2.21	0.69	0.75	25.29	1.35	0.10	N/A
上汽集团	11.33	3.16	1.08	3.52	4.21	0.60	N/A
广汽集团	2.23	2.97	1.27	0.95	3.01	5.66	N/A

从图9－11可以看出，若是剔除东风汽车2014年现金流变化情况，以上3家汽车制造商在现金流量变化这一指标上保持了大体稳定的特征，波动幅度大致在5%以内，现金流的稳定保证了公司日常生产经营活动的进行。从时间周期上来看，以上3家公司现金流净值的波动幅度持续收窄，说明生产经营、投资活动逐步趋于稳定发展。

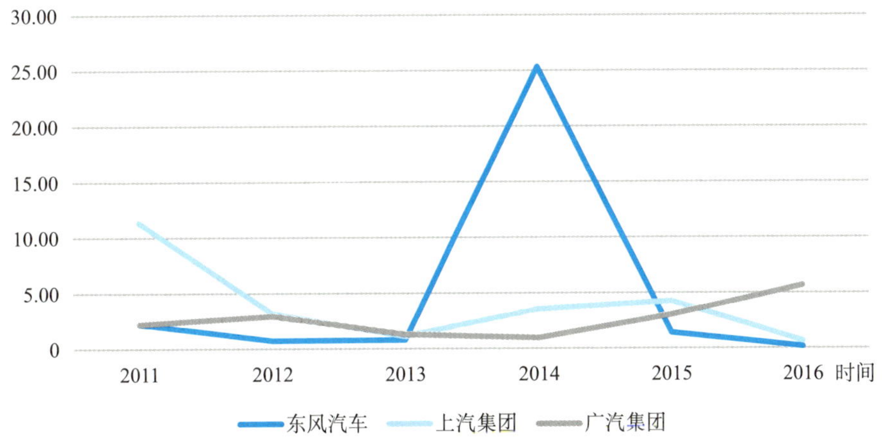

图9－11 现金流规模变化率对比图

3. 效益性维度指标

（1）资本收益率（见表9－16）：资本收益率＝净利润/平均资本×100%

其中：平均资本＝［（实收资本年初数＋资本公积年初数）＋（实收资本年末数＋资本公积年末数）］÷2

表9－16 资本收益率

	2013年	2014年	2015年	2016年	2017年
东风汽车	0.55	0.78	0.70	0.72	0.66
上汽集团	0.65	0.75	0.81	0.87	0.80
广汽集团	0.17	0.19	0.26	0.41	0.46

从图 9－12 可以看出，东风汽车和上汽集团资本收益率较高，3 家公司在 2012—2016 年后有了明显的上升态势。2017 年，由于国内汽车市场总体偏冷，东风汽车和上汽集团出现明显下滑但广汽集团逆势而上，仍然保持上升趋势。

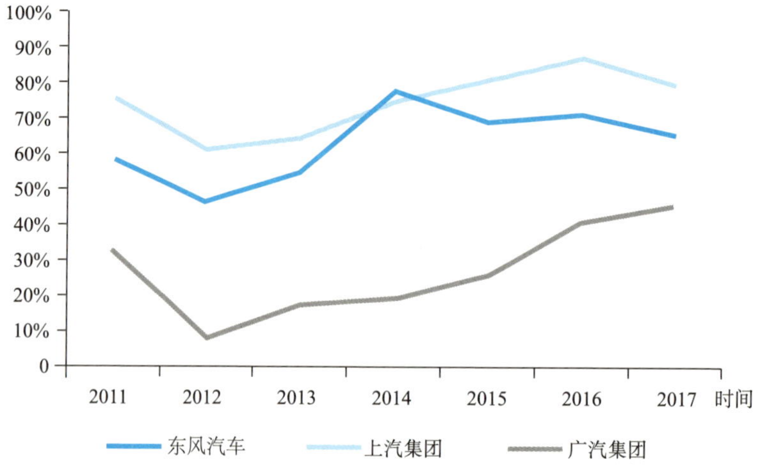

图 9－12　资本收益率对比图

（2）净资产收益率（见表 9－17 和图 9－13）：净资产收益率 ＝净利润/净资产

表 9－17　净资产收益率

	2013 年	2014 年	2015 年	2016 年	2017 年
东风汽车	16.56%	17.65%	13.90%	13.97%	12.73%
上汽集团	22.00%	20.68%	19.00%	18.70%	17.32%
广汽集团	7.47%	8.11%	10.16%	14.04%	15.37%

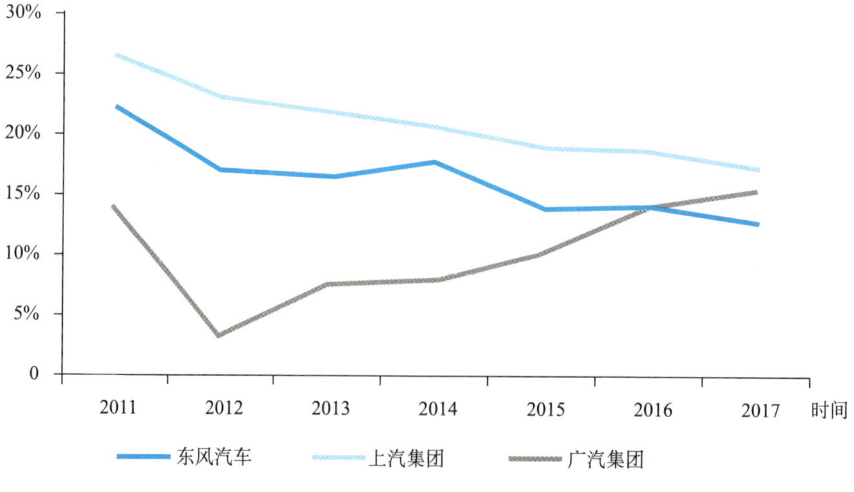

图 9－13　净资产收益率对比图

通过对净资产收益率对比来看，东风汽车和上汽集团持续走低，广汽集团 2012 年后保持稳定增长态势。在 2017 年，东风汽车净资产收益率最低。

通过杜邦分析（见表 9－18 和图 9－14），东风汽车在 2017 年销售净利率落后于广汽集团，总资产周转率落后于上汽集团和广汽集团，权益乘数落后于上汽集团。综合相比后，权益净利率最低。

表 9－18　　杜邦分析

东风汽车					
	2013 年	2014 年	2015 年	2016 年	2017 年
销售净利（%）	28.20	16.39	10.01	11.75	11.64
总资产周转率	0.33	0.62	0.83	0.71	0.63
权益乘数	1.81	1.93	1.76	1.79	1.85
归属母公司股东的净利润/净利润	92.97%	99.29%	96.45%	90.86%	92.33%
上汽集团					
	2013 年	2014 年	2015 年	2016 年	2017 年
销售净利（%）	6.32	6.10	6.06	5.89	5.49
总资产周转率	1.64	1.60	1.45	1.37	1.32
权益乘数	2.31	2.24	2.43	2.51	2.66
归属母公司股东的净利润/净利润	69.70%	73.13%	74.35%	72.81%	73.03%
广汽集团					
	2013 年	2014 年	2015 年	2016 年	2017 年
销售净利（%）	13.52	13.08	13.62	12.74	15.21
总资产周转率	0.35	0.37	0.45	0.66	0.71
权益乘数	1.70	1.73	1.70	1.83	1.70
归属母公司股东的净利润/净利润	104.87%	108.83%	105.63%	99.87%	99.67%

（3）成本费用营业利润率（见表 9－19）：成本费用利润率＝利润总额/成本费用总额×100%

由于东风汽车净利润的波动，造成该指标相比于其他企业表现较差。东风汽车在其他成本费用上比例较高，如图 9－15、表 9－20、图 9－16 所示。

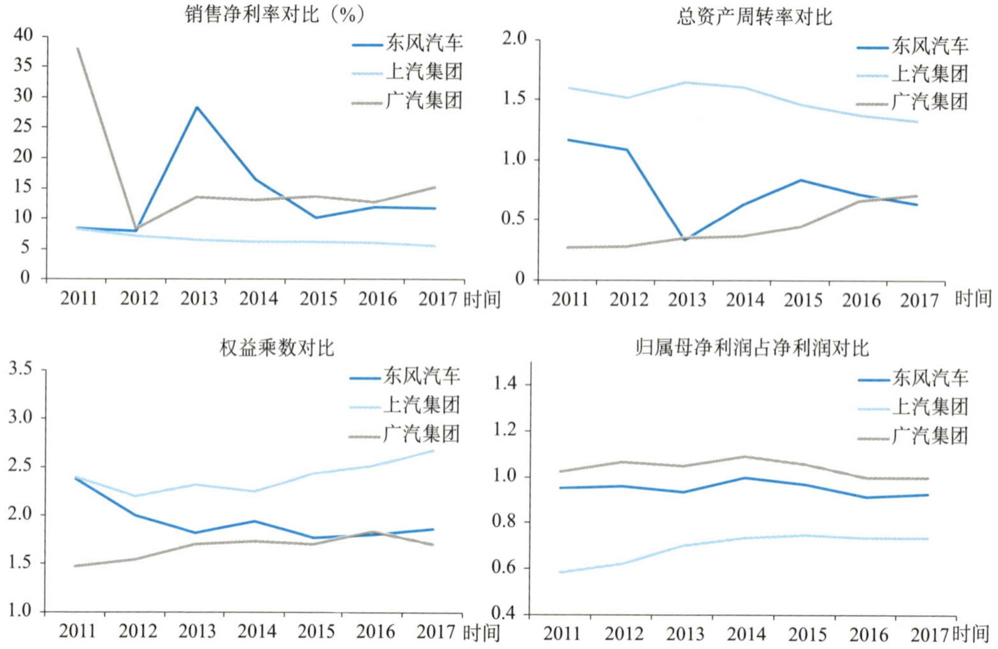

图 9－14　杜邦分析对比图

表 9－19　　　　成本费用利润率

	2013 年	2014 年	2015 年	2016 年	2017 年
东风汽车	－4. 12%	0. 28%	0. 79%	0. 83%	－0. 91%
上汽集团	7. 38%	6. 62%	6. 73%	6. 65%	6. 46%
广汽集团	15. 73%	11. 73%	14. 02%	14. 86%	18. 36%

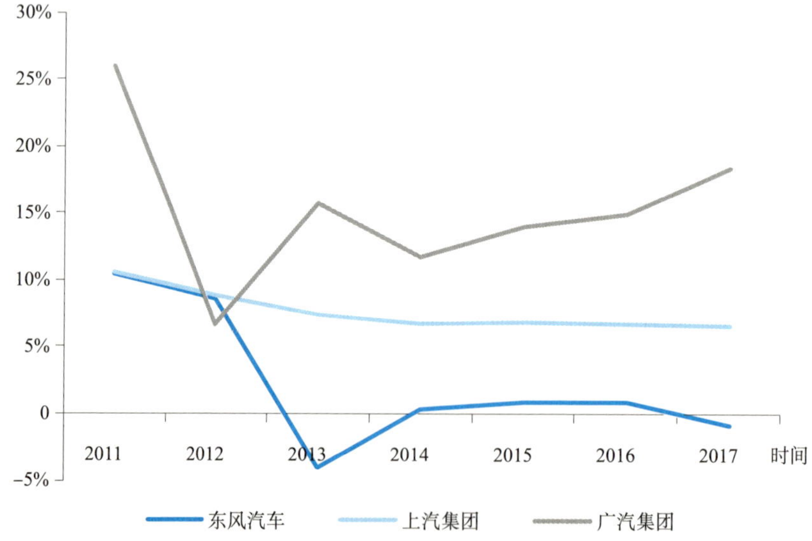

图 9－15　成本费用利润率对比图

表 9－20　　成本费用组成

东风汽车					
	2013 年	2014 年	2015 年	2016 年	2017 年
营业成本	82.99%	87.19%	86.80%	86.00%	85.22%
期间费用	10.04%	9.20%	8.58%	9.82%	9.29%
其他费用	6.97%	3.60%	4.62%	4.19%	5.49%
上汽集团					
	2013 年	2014 年	2015 年	2016 年	2017 年
营业成本	90.17%	90.13%	90.43%	89.34%	88.61%
期间费用	9.70%	9.72%	9.20%	10.36%	11.05%
其他费用	0.13%	0.15%	0.37%	0.30%	0.34%
广汽集团					
	2013 年	2014 年	2015 年	2016 年	2017 年
营业成本	84.49%	82.47%	85.57%	86.03%	85.17%
期间费用	15.51%	17.53%	14.43%	13.97%	14.81%
其他费用	0.00%	0.00%	0.00%	0.00%	0.02%

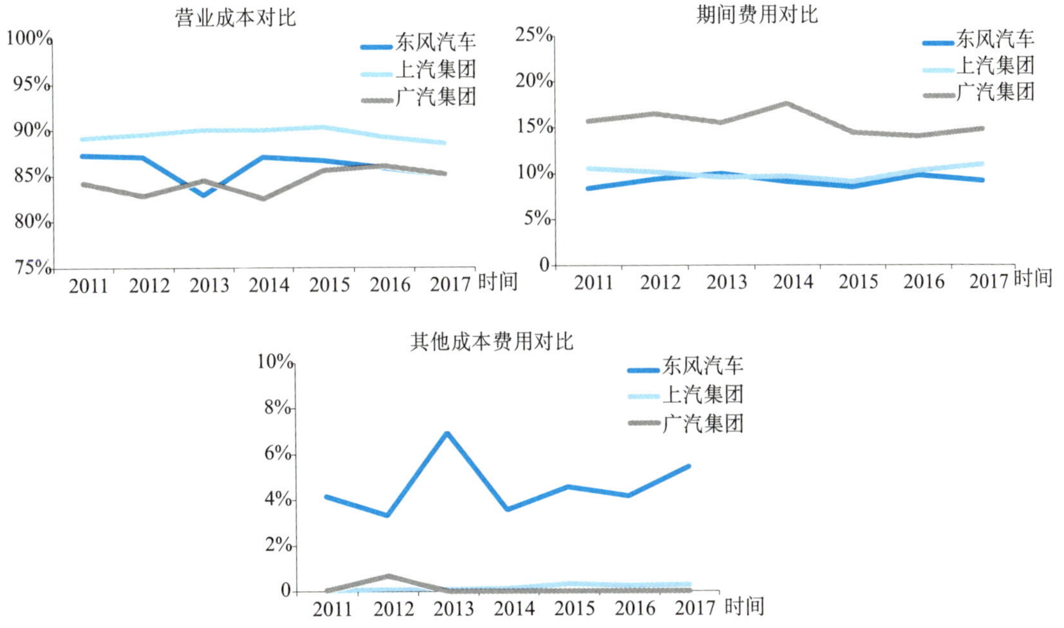

图 9－16　成本费用对比图

（4）资本保值增值率（见表 9－21）：资本保值增值率＝期末资本净值÷期末资本原值

表 9 - 21　　2013—2017 年 3 家公司资本保值增值率对比数据表

	2013 年	2014 年	2015 年	2016 年	2017 年
东风汽车	103.23%	102.01%	103.02%	90.90%	94.80%
上汽集团	111.53%	114.39%	114.01%	111.46%	115.74%
广汽集团	106.41%	106.03%	109.20%	113.70%	157.04%

由图 9 - 17 可见，东风汽车 2013—2015 年资本保值增值率保持在 100% 以上，但 2016—2017 年出现下滑，分别为 90.90% 和 94.80%。主要原因是东风集团内部相关政策重心从汽车部门转移到其他部门，加之相关生产成本和期间费用上升，造成了资本保值增值率的明显下降。

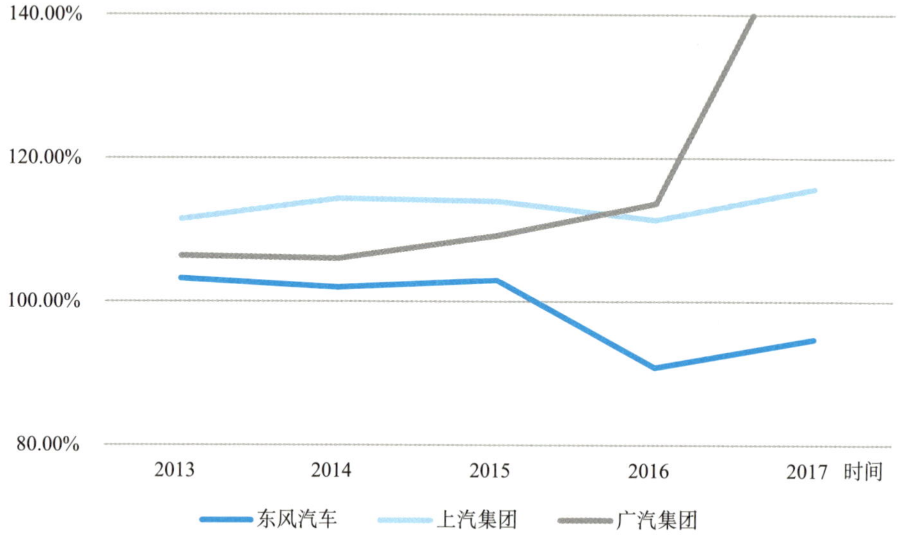

图 9 - 17　2013—2017 年 3 家公司资本保值增值率对比数据图

2017 年 3 家公司资本保值增值率都有明显上升（见表 9 - 22），主要是因为国家政策对新能源汽车的重视，加大了对新能源汽车领域的政策补贴，使汽车行业普遍受益。

表 9 - 22　　2013—2017 年 3 家公司累计资本保值增值率对比数据表

	2013 年期末资本原值	5 年净损益	2017 年期末资本净值	累计资本保值增值率
东风汽车	7514194255	-490013436	7024180820	93.48%
上汽集团	145006356551	127099460248	272105816798	187.65%
广汽集团	32011613624	38402354654	70413968278	219.96%

4. 社会性维度指标

（1）社会公益支出评价（见表 9 - 23）：公益捐赠支出比率 = 捐赠支出/营业收入

表 9-23　　公益捐赠（‰）

	2011 年	2012 年	2013 年	2014 年	2015 年	2016 年	2017 年
东风汽车	2.68	6.79	4.84	4.02	4.06	1.86	1.68
上汽集团	0.17	0.23	0.38	0.15	0.13	0.44	0.13
广汽集团	127.86	62.48	25.69	7.73	4.69	6.40	4.02

通过图 9-18 中 3 家公司当年公益性捐赠支出占营业收入的比率可以看出，广汽集团的捐赠支出明显高于东风汽车和上汽集团，说明在社会公益层面，广汽集团将几乎 0.5%—1% 的营业收入用于国家公益事业，推动我国社会的和谐发展。东风汽车虽然投入公益的捐赠支出比例低于广汽集团，但是也略高于汽车行业的平均水平，在上汽集团之上。上汽集团每年仅将 0.5‰不到的营业收入投入到公益捐赠中，所以对于社会公益捐赠支出的评价是最低的。

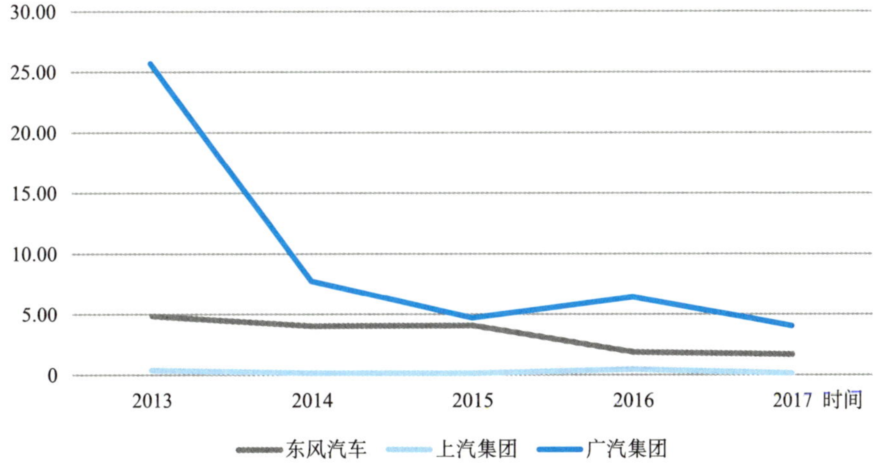

图 9-18　公益捐赠对比图

（2）解决社会就业评价：新增员工比率 = 新增就业人数/员工数

根据表 9-24 的数据，由于广汽集团自 2012 年从港交所退市回归 A 股市场，从公开披露的员工数量数据存在统计口径不一致的情况，所以不予考虑 2011—2012 年的员工数，同样上汽集团在 2013 年对于上市平台进行业务整合，员工数出现大规模增加，是 2012 年的 20 倍，也作为异常数据剔除，不予以考虑。我们可以看到，东风汽车员工数量在 2015 年之后有一个明显的下降，在未来可能进一步裁员的情况出现，而广汽集团和上汽集团这一指标变化稳定，对于社会就业解决较东风汽车较为理想（见图 9-19）。

表 9－24　　新增员工比率

	2011 年	2012 年	2013 年	2014 年	2015 年	2016 年	2017 年
东风汽车	N/A	7.25%	1.75%	2.62%	－0.17%	－2.17%	－35.77%
上汽集团	N/A	14.26%	2258.53%	4.74%	7.90%	4.63%	5.46%
广汽集团	N/A	N/A	10.87%	19.01%	46.67%	12.60%	11.39%

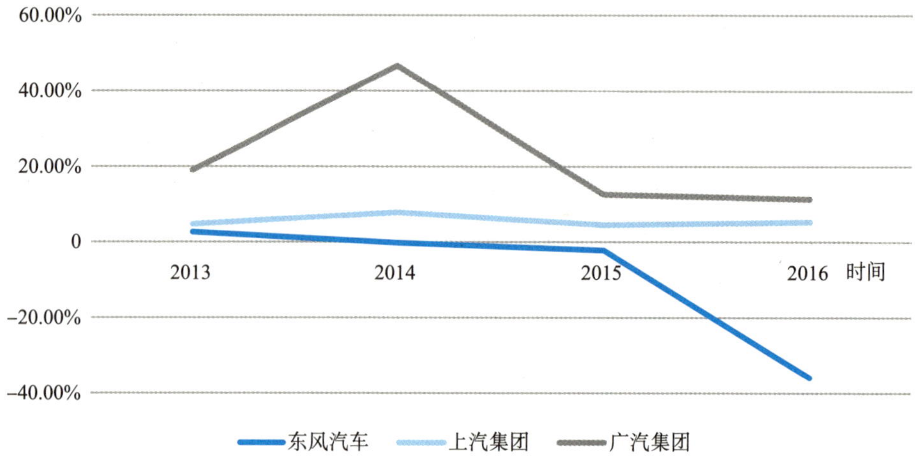

图 9－19　新增员工对比图

（3）环境责任评价：万元产值能耗＝能源消耗/总产值

选取万元产值能耗作为对环境责任的衡量指标，其中分母是公司年总产能，分子是能耗转换成标准煤（吨），这一指标有普遍参考价值（见表 9－25）。从图 9－20 可以看出，上汽集团保持一个稳定速率下降，说明公司节能水平已经到了一个相对高的水平，东风汽车以明显高于行业平均水平的增速降低万元产值能耗，说明节能水平还有很大提升空间，管理层团队对于环保节能水平也比较重视，这一指标持续向好。

表 9－25　　万元产值能耗下降率（%）

	2013 年	2014 年	2015 年	2016 年
东风汽车	19.87	6.98	11.52	19.65
上汽集团	0.01	0.04	0.03	0.05
广汽集团	8.50	－3.40	5.60	2.40

（4）纳税责任评价：纳税支出比率＝（税金及附加＋增值税＋所得税）/营业收入

税收作为国家财政收入的稳定来源与有力保证，将企业税收作为考核企业社会责任的一个维度十分具有研究意义与参考价值。由于 2018 年完成“营改增”，营业税已经不复存在，所以选取税金及附加这一科目，加上会计年度上缴的增值税、所得税作为企业纳税总额。从表9－26、图9－21可以看出，2013—2017年，目标公司东风汽车纳税占营业税收入比例处在广汽集团和上汽集团之间，从数值角度来看，大致处在1%附近。

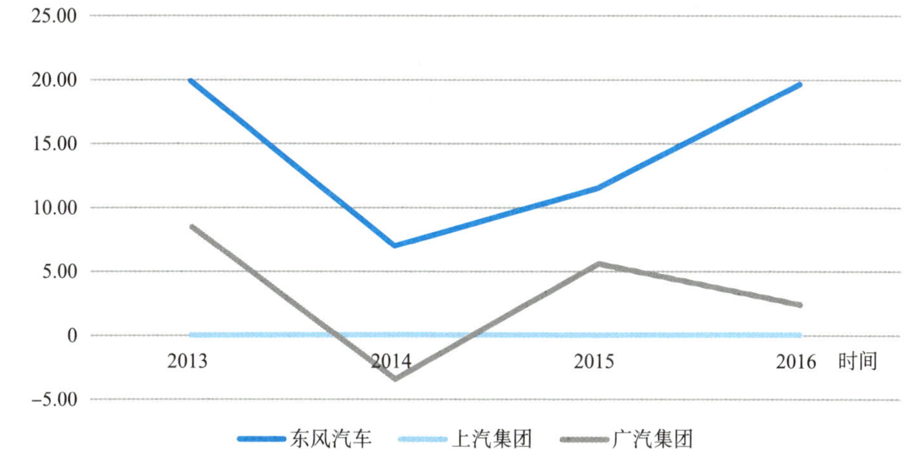

图9－20　万元产值能耗下降率对比图

表9－26　　**纳税总额占收入比**

	2013年	2014年	2015年	2016年	2017年
东风汽车	－0.58%	0.20%	0.00%	2.59%	1.03%
上汽集团	0.80%	0.61%	1.23%	2.74%	2.76%
广汽集团	1.53%	0.88%	2.07%	5.64%	6.29%

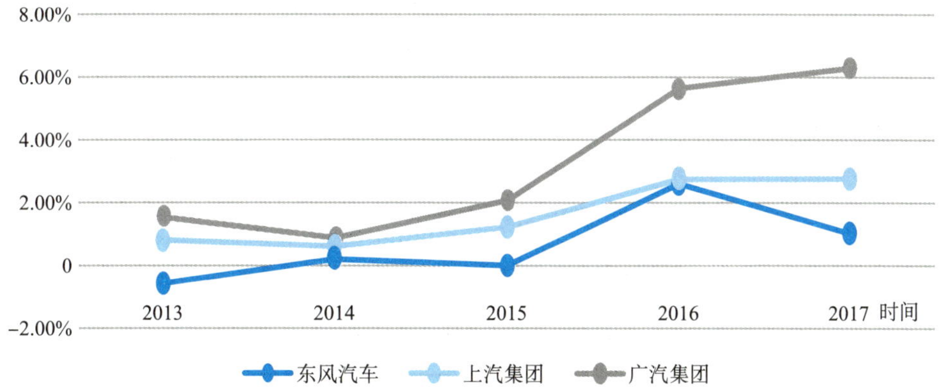

图9－21　纳税总额占收入比对比图

（5）社会安全评价：安全生产资金投入比率＝安全支出/营业收入

对于企业社会安全的评价，我们选取了企业全年对于安全事业的投入（包括员工安全培训费、教育费、安全生产宣传开支等费用）情况作为考核指标。由于广汽集团社会责任报告中仅仅将安全教育费用纳入安全开支口径，因此与其他两家存在较大差距，因此主要对比东风汽车和上汽集团这两家公司。从表9-27、图9-22可以看出上汽集团对于安全支出的投入略高于东风汽车，并且上汽集团的安全支出投入相较于东风汽车要更为稳定，东风汽车这一指标波动较大。

表9-27　　安全生产投入绝对额（亿元）

	2012年	2013年	2014年	2015年	2016年
东风汽车	3.3	3.6	4.3	7	5.2
上汽集团	7.2	7.9	8	7	7.1
广汽集团	0.09	0.2	0.07	0.18	0.13

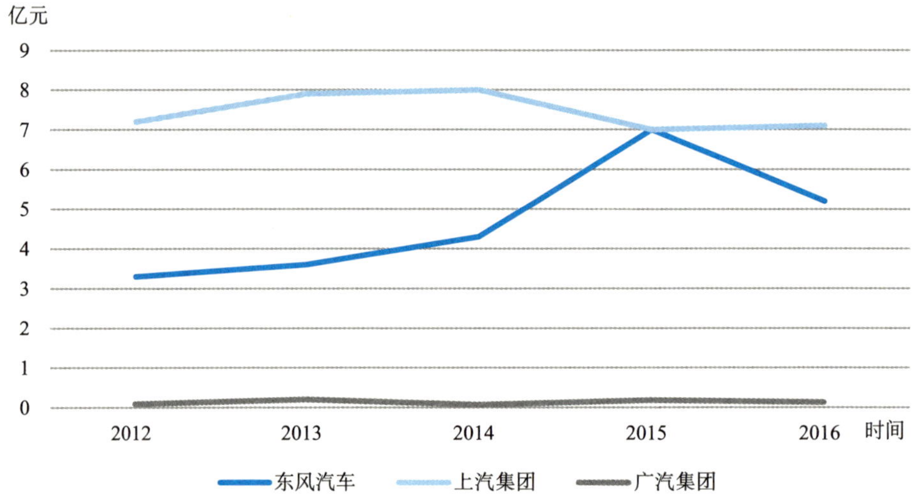

图9-22　安全生产投入对比图

通过占比情况可以看出（见表9-28、图9-23），东风汽车对于安全生产投入占营业收入比率远高于上汽集团和广汽集团，从2012—2015年该比例逐渐提高，到2015年达到营业收入的3.93%，可以看出目标公司东风汽车管理层十分重视对于安全生产的投入与对员工安全生产意识的培养。

表9-28　　安全生产投入占营业收入比率

	2012年	2013年	2014年	2015年	2016年
东风汽车	1.54%	1.87%	2.36%	3.93%	3.25%
上汽集团	0.20%	0.16%	0.15%	0.11%	0.11%
广汽集团	0.08%	0.17%	0.04%	0.08%	0.05%

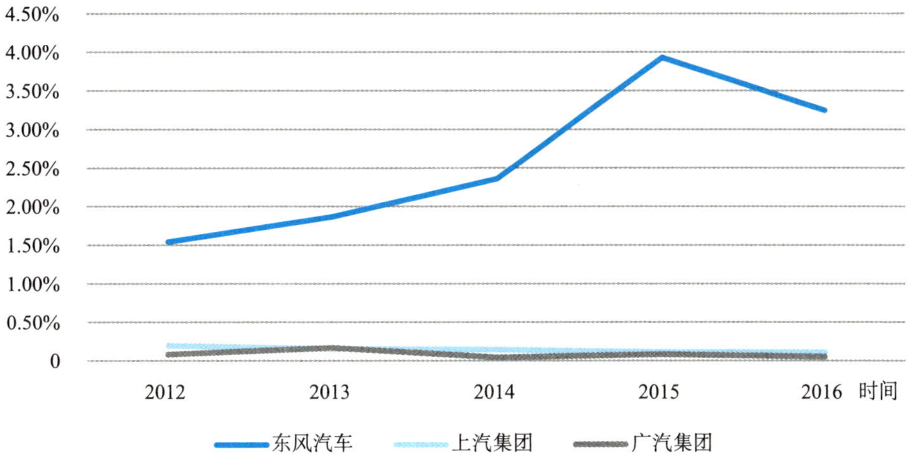

图9－23　安全生产投入占比对比图

5. 自律性维度指标

（1）行政处罚。对企业收到有关政府部门行政处罚情况进行统计：2013—2017年，仅东风汽车于2017年因为2015年申报中央财政补助资金的新能源汽车中存在部分车型生产企业与相关生产企业公告目录不一致受到工信部行政处罚，相关车型停止生产。

（2）董事会、监事会和股东大会次数（见表9－29）：

表9－29　　董事会、监事会和股东大会次数

东风汽车						
	2013年	2014年	2015年	2016年	2017年	平均
董事会	9	5	9	9	12	8.8
监事会	6	4	4	4	9	5.4
股东大会	2	3	1	2	5	2.6
上汽集团						
	2013年	2014年	2015年	2016年	2017年	平均
董事会	8	6	7	9	5	7
监事会	4	7	6	6	4	5.4
股东大会	1	2	2	3	2	2
广汽集团						
	2013年	2014年	2015年	2016年	2017年	平均
董事会	19	23	22	24	28	23.2
监事会	4	7	6	9	11	7.4
股东大会	3	2	3	2	3	2.6

对比来看，东风汽车与上汽集团“三会”召开次数大致相符，广汽集团在董事会和监事会召开次数上明显高于其他两家。

（3）收到证监会、上交所监管和问询函数量（见表 9－30）。2013—2017 年，3 家公司未收到证监会相关问询和监管，东风汽车和广汽集团收到上交所相关问询函和监管函。

表 9－30　　3 家公司受询情况

	2013 年	2014 年	2015 年	2016 年	2017 年
东风汽车	1			1	1
上汽集团					
广汽集团			2	2	

东风汽车 2013 年由于子公司郑州日产汽车有限公司收到郑州经济技术开发区管理委员会下发的《关于落实郑州日产汽车有限公司发展资金的函》，并于 2012 年 12 月 31 日收到 1. 2 亿元财政扶持资金后未及时予以披露，公司受到批评，相关财务负责人员受到纪律处分。2016 年收到上交所监管工作函，要求东风汽车公司加强停复牌管理和信息披露义务。2017 年因未及时披露日常关联交易，公司和董事会秘书受到监管关注。

广汽集团 2015 年收到上交所监管工作函，要求其提高信息披露业务水平；收到上交所《关于对广州汽车集团股份有限公司与中国优步战略合作相关事项的问询函》。2016 年收到上交所《关于对广州汽车集团股份有限公司有关媒体报道事项的问询函》；《关于对广州汽车集团股份有限公司媒体报道有关事项的问询函》。

综合来看，东风汽车在上市公司信息披露方面的工作多次受到上交所监管，公司应该提高对此类问题的关注程度。

（4）诉讼（见表 9－31）。2017 年，东风汽车（原）股东徐微诉讼本公司，要求公司赔偿相关投资损失，2017 年 11 月 22 日，武汉中级人民法院一审判决本公司应向徐微赔偿投资差额损失 213. 2829 万元以及相关期间的利息，其他支出 4256. 66 元。

表 9－31　　涉及诉讼金额

	2013 年	2014 年	2015 年	2016 年	2017 年
东风汽车					217. 71 万元
上汽集团					
广汽集团					

6. 创新性维度指标

（1）专利水平：新增专利数（见表9－32）。

表9－32　　3家公司2013—2017年专利情况

	2013年	2014年	2015年	2016年	2017年
东风汽车	142	193	176	192	137
上汽集团	1313	1662	1738	1722	2014
广汽集团	270	297	634	490	516

从图9－24可以看出，东风汽车2013—2017年的新增专利数低于剩余两家公司，且每年基本保持稳定的水平。上汽集团的新增专利数远高于剩余两个公司，且一直处于稳步增长的态势，广汽集团位于中间位置，新增专利数略多于东风汽车。总体而言，在专利情况上，东风汽车较差。

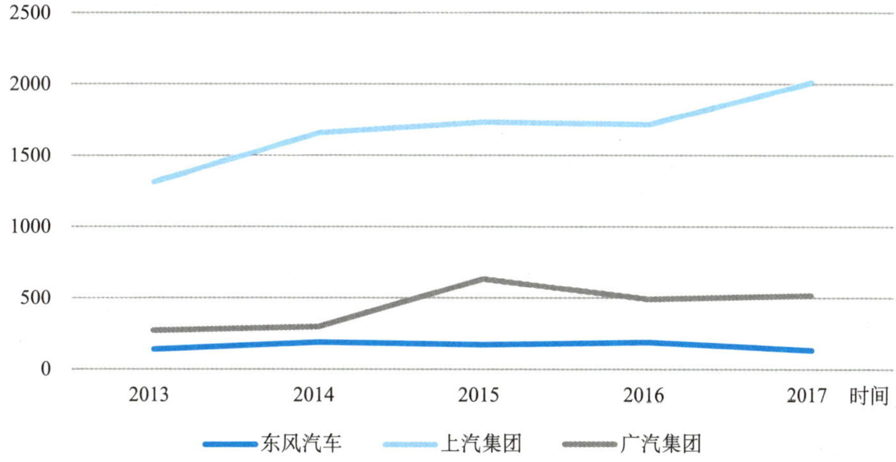

图9－24　新增专利数对比图

（2）研发支出水平：研发支出比率＝研发支出/营业收入（见表9－33）。

表9－33　　3家公司2011—2017年研发支出率

	2011年	2012年	2013年	2014年	2015年	2016年	2017年
东风汽车	4.69	3.18	2.75	5.58	12.20	6.37	0.93
上汽集团	3.96	4.43	3.97	4.59	2.43	2.61	2.57
广汽集团	0.67	1.35	0.50	2.69	2.48	2.51	2.94

从图9－25可以看出，东风汽车的研发支出率位于上汽集团和广汽集团的中间，其研发能力处于行业平均水平，同时2011—2017年，数值总体而言保持上升趋势，证明其研发投入逐渐增多，公司较重视研发活动。而广汽集团的研发支出率高于剩余两

家公司，说明其研发能力较强。

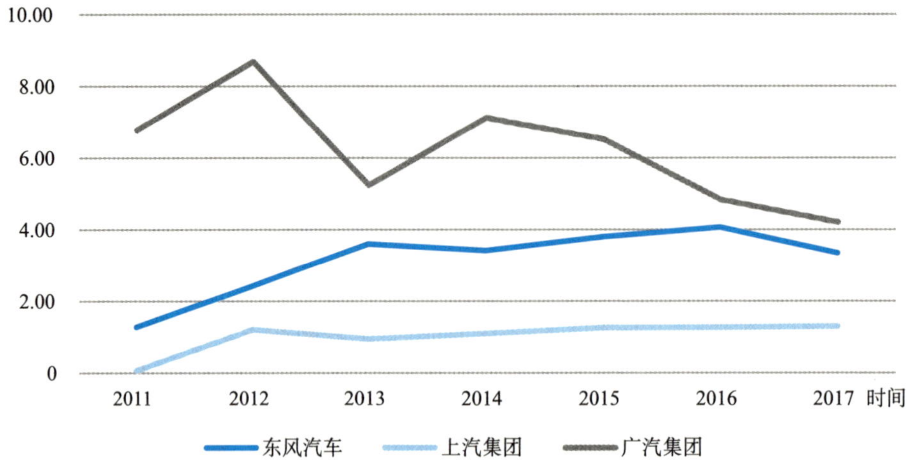

图 9－25　研发支出比率对比图

（3）投资活动水平：投资活动现金流出比率 = 投资活动现金流出/总资产（见表 9－34）。

表 9－34　　3 家公司 2011—2017 年投资活动现金流出比率

	2011 年	2012 年	2013 年	2014 年	2015 年	2016 年	2017 年
东风汽车	6.79%	4.24%	3.47%	14.44%	15.51%	12.05%	27.37%
上汽集团	12.57%	14.75%	9.55%	10.37%	13.51%	52.62%	34.59%
广汽集团	9.72%	11.31%	7.57%	11.89%	36.50%	44.49%	15.99%

从图 9－26 可以看出，在 2015 年之前，3 家公司的投资活动现金流出比率基本持平且都保持稳定，在 2015 年之后，东风汽车经历了一个小低谷之后，在 2017 年有了

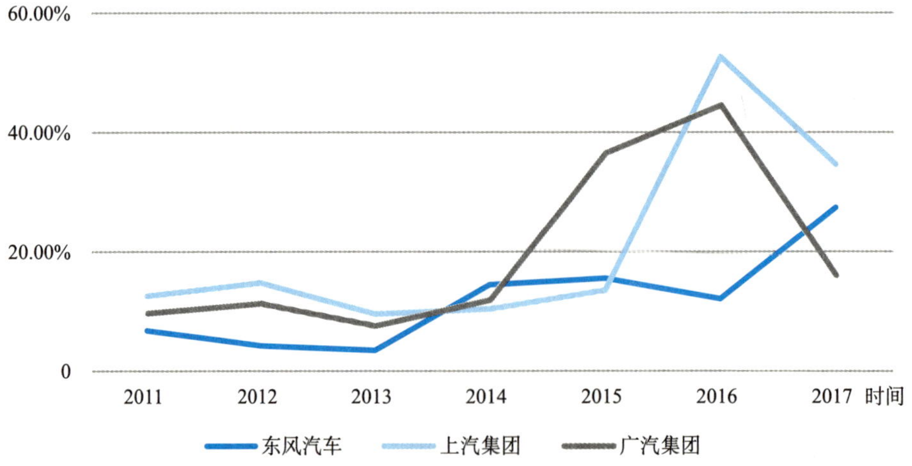

图 9－26　投资活动现金流出比率对比图

大幅增长，证明其存在良好的对外投资项目。而上汽集团和广汽集团在 2015 年均加大了对外投资的投入，在 2016 年达至顶峰，2017 年均有大幅下降。总体而言，未来东风汽车发展前景更好，有更大对外投资空间。

（4）研发人员水平：研发人员数量比 = 研发人员数量/公司总人数（见表 9－35）

表 9－35　　3 家公司 2011—2017 年研发人员数量比

	2011 年	2012 年	2013 年	2014 年	2015 年	2016 年	2017 年
东风汽车	6.79%	4.24%	3.47%	14.44%	15.51%	12.05%	27.37%
上汽集团	12.57%	14.75%	9.55%	10.37%	13.51%	52.62%	34.59%
广汽集团	9.72%	11.31%	7.57%	11.89%	36.50%	44.49%	15.99%

从图 9－27 可以看出，东风汽车的研发人员数量比最低，上汽集团适中，广汽集团最高。2011—2017 年，东风汽车研发人员数量比保持稳步增长，在 2017 年已达到行业平均水平，未来预计其发展空间较大。

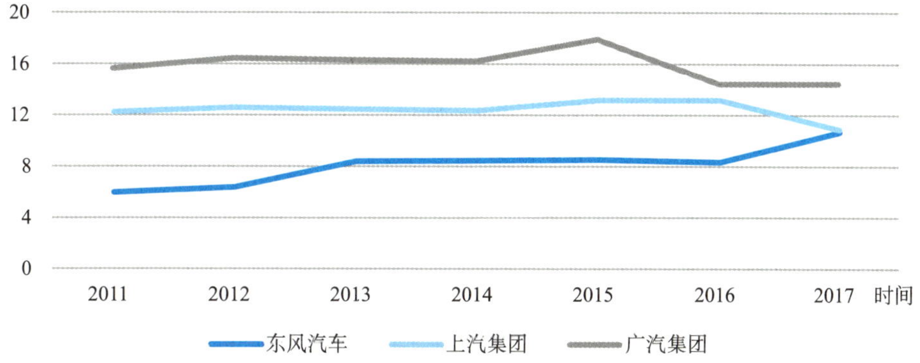

图 9－27　研发人数数量对比图

（5）在建工程情况：新增在建工程比率 = 新增在建工程/总资产（见表 9－36）。

表 9－36　　3 家公司 2011—2017 年新增在建工程比率

	2011 年	2012 年	2013 年	2014 年	2015 年	2016 年	2017 年
东风汽车	6.79%	4.24%	3.47%	14.44%	15.51%	12.05%	27.37%
上汽集团	12.57%	14.75%	9.55%	10.37%	13.51%	52.62%	34.59%
广汽集团	9.72%	11.31%	7.57%	11.89%	36.50%	44.49%	15.99%

从图 9－28 可以看出，东风汽车的新增在建工程比率较高，说明其近年来发展就快，营业范围扩张较快。而剩余两家公司由于本身已发展的较为全面，所以近年来新增在建工程比率相对较低。在 2013 年和 2014 年由于行业环境的影响，3 家公司均有收缩在建工程投资的行为，在 2015—2016 年有所改善，到了 2017 年，3 家公司业务都已

发展较为全面，因而新增在建工程比率趋于同一水平。

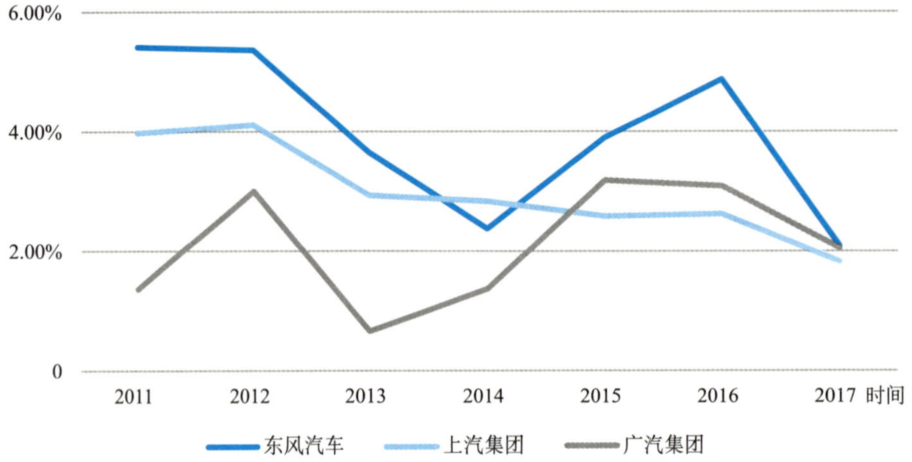

图 9－28　新增在建工程比率对比图

（三）案例研究结论

从安全性指标看，东风汽车整体较差，资产负债率偏高，虽可获取财务杠杆效用但长期财务风险较高；流动资产和流动负债比率均处于高位，说明东风汽车经营战略偏激进，生产销售处于高速发展状态；主体信用评级未达到 AAA 级，并不受到大部分投资者的偏好；经 2015 年诉讼事件之后，东风汽车的受限资产大幅改善，同时由于不存在对外担保，也适当改善了公司的偿债能力。总体而言，东风汽车的安全性指标并不容乐观。

从流动性指标看，东风汽车的流动比率和速动比率均处于低位，但 2017 年较过去有了较大改善；资产周转率自 2013 年逐年下降，但 2017 年出现大幅回升；现金流规模上，由于 2015 年债务集中到期，对现金流产生了巨大的压力，2015 年现金流净额为负，流动性恶化，相比而言，广汽集团和上汽集团的现金流变化一直比较稳定，东风汽车的经营策略存在一定的偏差。

从效益性指标看，东风汽车成本费用较高，营业利率常年徘徊在 1% 以内，净利润增速逐年下降，造成 ROA、ROE 水平自 2014 年起缓慢下滑；同时东风汽车的项目收益率较差，没有找到好的投资机会，投后管理不到位，造成整体收益率水平下滑。资本保值增值率方面，东风汽车 2013—2015 年资本保值增值率大于 100%，实现了公司资本增长，而 2016—2017 年资本保值增值率均小于 100%，公司资本出现负增长。东风汽车应从降低成本费用，调整集团政策入手，提高公司资本保值增值率。

从原始三维度指标分析，东风汽车流动性和效益性依旧表现不佳，但由于激进的营销策略使得东风汽车在短期偿债能力和短期资本安全性上存在较大优势，同时由于战略调整，资产周转率存在上升趋势，资本管理逐步改善。

从社会性指标看，东风汽车的社会责任感较好。公益捐赠处于中位，相较上汽集团不足5‰的捐赠率，东风汽车的公益捐赠提升了社会性指标评级；由于2015年东风汽车出现了大规模裁员，因此解决就业方面东风汽车自2015年后一直下降，这也与集团利润走低、收益下滑有关；从环保角度看，万元产值能耗率东风汽车最高，并自2014年以来逐年上涨，且远超过另外两家可比公司，说明管理团队十分重视节能环保这一社会性指标；从纳税角度分析，东风汽车处于低位，纳税与公司收入和利润密切相关，在利润不及可比公司的情况下，税收水平也处于低位；从安全生产数值与占比角度看，东风汽车远远高于可比公司，说明管理层十分重视生产安全、员工安全。

在自律管理方面，东风汽车表现差强人意。可比期间，东风汽车收到了1次行政处罚，3次上交所的问询函，并于2017年因败诉赔偿217.7余万元。相比较而言，上汽集团一直表现良好，而广汽集团于2015年、2016年收到了上交所的问询函。从公司治理来看，3家公司差别不大，股东大会、董事会、监事会各司其职，严格按照公司法、证监会规章、上交所要求执行自律管理与信息披露。

从创新性角度看，东风汽车表现一般。投资活动现金流在2016年以前一直处于低位，2017年公司加大研发力度，研发人员人数、投资现金流均出现大幅上升。但是东风汽车研发能力较弱，新增专利数量一直处于3家公司的低位且即使2017年加大投入研发支出，专利数不升反降，研发支出水平也出现下滑，新增在建工程比例也同比下滑，说明公司虽然注重研发，但并未触碰核心问题。

再结合新三指标总体看，东风汽车可以达到中位水平，尽管创新性较差，但东风汽车的社会责任感极高，公司自律管理也比较严格，整体非财务指标东风汽车表现不俗。由上可见，六维度指标更全面综合的评价了一家公司的整体资本管理水平，东风汽车尽管盈利不佳、流动性较差，但是其公司战略以高速周转为主，同时承担了大量的社会责任，在群众中口碑较好。

四、教学组织方式

1. 问题清单及提问顺序、资料发放顺序

本案例讨论题目依次为：

（1）如何判断国有企业的绩效？

(2) 如何理解资本管理会计?

(3) 本案例中3家公司所处行业有什么特点?

(4) 如何设计安全性、流动性、效益性指标?

(5) 原始三维度有何优点和缺陷?

(6) 如何评价本案例中新采用的三维度考核体系?

(7) 如何设计社会性、自律性、创新性指标?

本案例的参考资料及其索引,在讲授有关知识点之后一次性布置给学员。

2. 课时分配

(1) 课后自行阅读资料:约3小时;

(2) 小组讨论并提交分析报告提纲:约2小时;

(3) 课堂小组代表发言、进一步讨论:约2小时;

(4) 课堂讨论总结:约0.5小时。

3. 讨论方式

本案例可以采用小组式进行讨论。

4. 课堂讨论总结

课堂讨论总结的关键是:归纳发言者的主要观点;重申其重点及亮点;提醒大家对焦点问题或有争议观点进行进一步思考;建议大家对案例素材进行扩展研究和深入分析。

案例 10

际会青“云”：大华财务共享模式的选择

财务共享是企业财务信息化的新阶段，本案例帮助学生理解财务共享的基本知识，了解两种主流财务共享模式的基本思路及优缺点，明确云生态财务共享是大智移云环境下对传统财务共享的升级和创新，引导学生思考大华财务共享建设之路背后的企业财务信息化决策思路。

案例正文

财务共享建设是当前大型企业推进财务信息化进程的主要方式。什么是财务共享？财务共享有哪些构建模式？面对内外部挑战企业应如何确定财务信息化战略和财务共享的模式？这些现实而迫切的问题都值得企业财务决策者思考和探讨。本案例以浙江大华股份有限公司的云生态财务共享建设为例，帮助学生厘清概念，洞悉不同财务共享模式的底层逻辑，把握财务信息化的未来趋势，提炼出企业财务信息化方案决策的原则。

一、困境

2014 年的早春二月，江南的夜晚清冷逼人，似乎只有亲人的欢声笑语才能逼走这寒气。然而，却没有人能够离开办公室。一年一度的决算时节，每个财务人都知道早回家是一种奢望。没有回家的不只是财务人。大华的研发部、采购部、销售部都在加班。有管理专家曾说过“发展可以解决企业的一切问题”，加班中的魏总心里可不认同这句话。

一个多月以来连续加班，魏总胃病又犯了。先是公司编制报表，接着是迎接事务所审计，所有下边人搞不定的事情，都会送到他这里，由他来负责搞定。尽管他是公司副总兼财务总监，但他看着这些事情也头疼，不，是胃疼。

公司这几年的发展太快了。2004 年魏总刚进公司的时候，公司收入才 1.2 亿元；而到 2013 年决算，这个数字已经超过 50 亿元，复合增长率远超行业平均水平，达到了惊人的 40% 多（见图 10－1）。

为公司发展欣喜的同时，魏总深深感受到公司内部财务管理能力不足，难以适应发展的需求。

首先，分支机构设立频繁，财务人员严重不足。大华涉足的是安防视频行业，用户分布在各行各业，遍布全国各地。为了提供更好的后续服务，公司倾力打造立体化的营销服务体系来满足客户的需求。伴随着业务的开疆扩土，不同类型的分支机构纷纷设立起来：国内一级办事处 32 个、二级办事处 122 个，国内外子公司数量近 80 家。要管好这么多的分支机构，财务上的压力非常大，每个外派机构都来向魏总要会计和出纳，招新和培训的速度远远赶不上机构网点开设的速度，大量人员派出导致总部财务部人员捉襟见肘，大家不得不加班加点工作。

图 10－1　2005—2013 年大华营业收入变化图

其次，供应商和产品繁多，产供销管理难。由于安防行业特殊性，很多摄像头应用环境恶劣，产品使用寿命周期短。同时，数字化、网络化、高清化的技术发展不断加速，产品不断升级换代，这导致公司产品生命周期短的超出想象，一般平均半年就会对产品进行优化更新改版，一年就会对产品更新换代。另外，随着公司的发展，产品线也不断丰富，从最初的嵌入式 DVR 发展到如今前端、存储、人脸识别、云计算等全系列产品覆盖，公司的产供销管理的工作量呈爆炸式增长。供货商上千家，客户更不止上千家，从采购、生产、库存再到交付，任何一个环节都不能出现差错，业务人员往往需要花费大量的精力和时间，通过邮件、电话来和供应商、客户进行沟通协调。

这些还不是魏总最头痛的地方，魏总最头疼的是费用报销，不仅流程烦琐，管控效果也不好。随着公司业务的扩张，员工数量也不断增加，大量的差旅费用报销加上越来越完善的内部控制流程搞得天怒人怨。研发部的姜总有一次代表部门员工来找财务部说理，说财务部的各种规定把事情搞得越来越复杂。研发部的员工本来就工作量大、任务急、加班多，为了报销还要连夜贴发票，还要经过漫长的审核，中间有可能还要被退回来重新处理，层层审批完钱却迟迟批不下来，姜总说："你们财务不是为业务服务的，而是专门来'卡业务脖子'的。"姜总越说越激动，魏总只能息事宁人地说我们尽快解决问题，可姜总不知道魏总自己也很委屈，大量的报销业务对于财务人员来说也是个吃力的工作。魏总估算，费用报销金额虽然只占企业费用金额的 20%，但是消耗的财务部人员的工作时间却占到 70% 以上。财务人员不仅需要解决发票连号、来源真伪难辨、重复报销等问题，装订、存储杂乱无章的纸质发票的工作量也很大；还有，随着员工和业务量的增加，费用开支不断上升，对公司盈利的影响越来越大，员工因公消费是公司费用管控的重点，审核不严格行吗？可是，这些都是老生常谈，一次两次诉苦，让对方谅解似乎可以，长此以往肯定不行。想到这里，魏总的胃又开始隐隐作痛了。

还有，跨区跨行的业务繁多，资金风险加大，魏总也要操心。商业银行是大华安防视频的一大类主要客户，因为跨地区经营、也因为获取银行客户的竞争需要，大华需要与多家银行建立业务往来，多的时候大华的银行户头有几百个。由于各商业银行提供的现金管理产品及网上银行等服务系统相互独立，给公司的资金管理也提出了尖锐的问题：怎么对分散在各家银行账户的资金进行集中监控与管理？如何及时获取各银行账户的资金余额及交易信息？如何快速高效办理各银行账户的日常收付款结算业务？

大大小小问题在魏总脑海里一直萦绕着：核算还只是他迫切需要解决的问题的一部分，其他财务管理工作，如对财务数据深入分析、用数据支持一线业务部门决策等，很多他设想很久的工作由于人员不足都没有开展……他一直思索着如何解决这些问题，直觉上，信息化是主要的解决思路，通过信息化大量节约财务人员的日常核算工作量，让财务人员腾出时间去做更有价值的管理工作，可是到底如何进行信息化呢？

二、求索

大华是一家民营企业，2008 年上市。从最初的做监控视频起家到成为全球领先的视频监控解决方案提供商，大华一直非常注重技术创新。自 2002 年公司推出业内首台自主研发 8 路嵌入式 DVR 以来，持续加大研发投入和不断致力于技术创新是公司的核心竞争力。公司每年的研发投入占到销售收入的 10% 左右，研发人员也从几百人增长到 3000 多人。大华的产品广泛应用于公安、金融、交通、能源、通信等关键领域，并相继问鼎国家的大型国际会议和国际体育比赛盛事，产品和企业的美誉度不断提高。

魏总 2004 年加入大华后正好赶上了大华的高速发展时期。为了适应企业的快速发展，魏总主导了多项财务管理变革，为大华的高速发展提供了有力的保证。企业越发展，对财务管理能力的要求越高，魏总对这一点感触颇深。

魏总刚到大华时，大华规模还比较小，仅有 4 家法人主体和 6 个事业部，组织、产品、业务相对单一，财务管理的基础相当薄弱。说来好笑，魏总上任后的第一件事居然是统一库管部和财务部的存货编码，对存货进行账实核对。完成了基础工作建设后，魏总推动公司实现了初步的会计电算化。受限于当时的财务系统，公司的会计电算化处于半手工操作核算阶段，不仅手工处理的工作量大，而且核算质量难以保证，更谈不上对业务的支持和业财一体化。当时公司财务管理的核心目标很朴素："客户货款不要少收、供应商货款不能多付，税不要交错”。尽管如此，有着国际跨国企业工作经历的魏总却将眼光放得非常长远，他梦想着有一天能将大华的会计核算变成“集中化、信息化、自动化的财务工厂”，把大量的财务资源用于财务管理，提升财务管理效果。

2006 年，大华筹备上市，魏总开始实施以金蝶 K3 为基础的信息系统项目，2008 年 1 月 2 日，金蝶 K3ERP 彻底替换了原有的信息系统。ERP 系统搭建规范的采购、销售、仓库、计划、生产管理体系，能够严格控制物流的每一个环节；在会计核算领域，按魏总的要求，单组织架构的金蝶 K3ERP 系统被改造为支持多组织应用的系统，实现事业部虚拟公司核算，公司成本核算和合并报表编制效率大幅提高。在这次变革中，大量的企业内部的领发料业务和产品出入库业务的会计处理实现了业务驱动的自动化处理，大大提高了会计核算效率；在 ERP 数据库基础上，财务部门除了基础的财务分析，还可以延伸至部分业务分析，为预算管理的可行性提供了保证；此外，魏总还按照自己的“会计工厂”的理念，着重优化了业务流程和财务流程，对财务团队重新进行分工，改变过去的会计核算分工方式，将原先按法人分工进行记账的模式改变为按专业模块分工记账，各个模块标准化处理所有法人的同类业务（见图 10－2）。

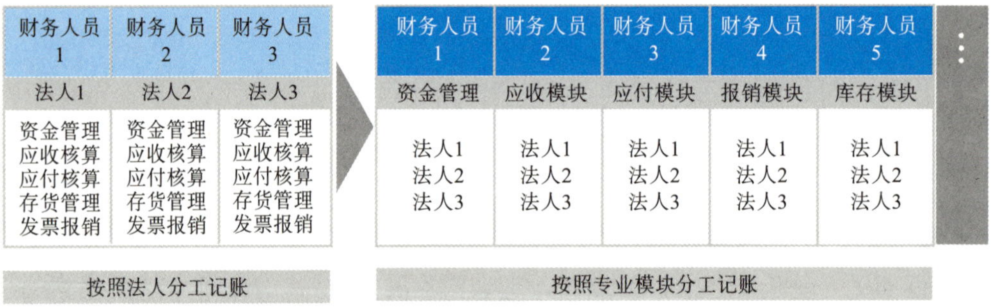

图 10－2　记账分工改变前后示意图

经过日日夜夜的奋斗，金蝶 K3ERP 终于正式上线运行，这套以 ERP 为核心系统的工厂化财务处理平台大大提升了大华会计工作的效率和管控能力，不仅作为财务总监兼任 IT 总监的魏总十分满意，也受到其他业务部门的好评。然而，没几年，现实的问题又摆在魏总面前，看来好的财务管理没有止境，只有不断的改进。

三、权衡

在加盟大华之前，魏总曾在名叫 SND 的外资企业工作多年，外企的信息化程度和财务共享实践给魏总留下了深刻的印象。在魏总看来，大华目前面临的问题，是会计问题，更是公司的信息化建设问题，解决的方法唯有从信息化和自动化入手。然而，魏总并不认为应该照搬外国公司的财务共享，因为他在外企 SND 的财务共享工作实践和观察告诉他，简单地移植国外的财务共享并不能解决所有的问题。

SND 公司是一家全球化经营的公司，在全球拥有上百家子公司，公司全球的财务工作都在位于中国杭州的财务共享中心完成。2000 年年初，SND 为财务共享中心选址时，考察过很多国家，中国人力成本的优势和充沛的人力资源使总部下定决心，将全球财务共享中心设在中国杭州。杭州的全球财务共享中心办公室里集中了近千名会计人员，分为采购组、销售组、费用组、资金组和总账组等，他们审核世界各地推送来的各类业务原始凭证的扫描件，然后分门别类记入不同公司的账簿中。而在公司全球的其他分支机构中，SND 基本上取消了财务人员，各地只设一个财务支持的岗位，主要工作是扫描各种纸质的业务凭证，然后上传给中国杭州的财务共享中心。

搭建一个财务共享中心并不是一个简单的事情，SND 为此统一了全球会计政策、会计科目、核算流程、数据标准，对信息系统进行了大规模的改造，搭建了以 PTP（Purchase to Payment，采购至付款）、OTC（Order to Cash，订单至收款）、ATR（Accounting to Report，记账至报告）三大流程为核心的财务核算体系。影像管理系统、网络报销系统、财务核算系统、电子档案系统、资金管理系统的打造无疑是财务共享的基础（见图 10－3）。

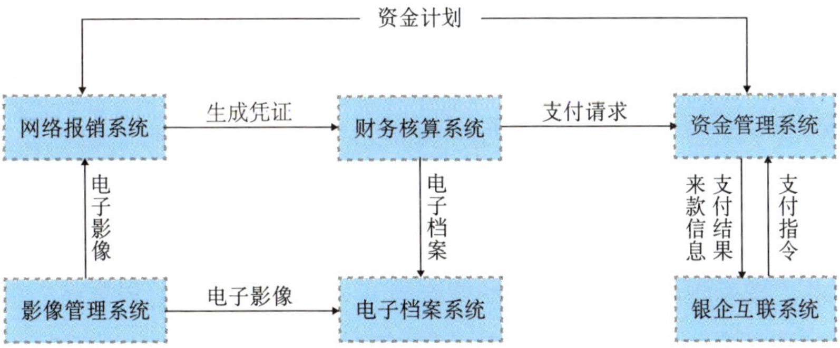

图 10－3　传统财务共享模式示意图

影像管理系统是核心模块，主要功能是解决异地业务凭证的传递问题，包括票据实物流转、原始凭证调阅、离岸处理、业务处理分工和效率等。影像系统一般包括影像采集模块、影像传输模块、业务处理模块和信息调用模块 4 个主要模块。当业务发生取得纸质发票后，业务发生地的财务人员直接在所在地扫描原始凭证，然后将电子影像文件上传至影像管理系统，杭州财务共享中心的人员可即时调阅影像文件，进行下一步处理。

和所有的大型企业一样，SND 公司的报销业务面对大量的员工，工作量大而且烦琐。财务共享服务的网络报销系统主要包括单据制作、单据审批、账务处理、报表查询、个人工作台、基础数据等模块。网络报销系统设定不同的报销模板，满足不同类型报账信息的需求。员工根据支出明细在报销系统中填写电子单据，员工的姓名、部门、账户等基本信息直接由系统生成。报销系统支持在线审批，业务领导可直接在系统中进行审批，无须进行纸面签批。审批完成后，电子单据被传输到共享中心，电子单据审核任务随机分配给财务人员，财务人员根据电子影像信息，对员工的电子报销单据进行审核。审核无误后，批量导入 ERP 系统，自动生成记账凭证。

财务核算系统是共享服务的核心。通常企业的 ERP 系统主要包括总账管理模块、应付管理模块、应收管理模块、资产管理模块和现金管理模块等。其中，应付账款、应收账款和资产管理均是由业务活动驱动产生会计分录，总账模块和传统会计系统则更为相似。对于业务驱动的系统来说，有些业务凭证是系统自动生成，而有些业务的凭证是外部获得的纸质凭证，必须人工录入到系统中。

杭州财务共享中心运营后，SND 公司的会计工作效率明显提升。同时，共享服务中心的业务处理时间大幅度缩短，业务部门普遍认为财务共享中心的服务质量有所提高。谁用谁知道，当时负责资金管理的魏总深刻体会到了 SND 公司的全球集中资金管理的效果：公司内部建立了资金池，共享中心的资金组负责管理全球收支以及资金监控和对账工作，资金组将来自各子公司或业务单元的各种付款请求汇总，规划出最优付款方案，在完成内部审批流程后，统一进行支付。这些举措带来了明显的资金成本下降，直接为企业创造了效益。

尽管财务共享中心有这么多的好处，但是它的弊端魏总也看在眼里，这些问题长久积累下去，会影响财务共享的效果：（1）成本高，效果难以令人满意。构建财务共享中心必须要上系统，套装财务软件就像是毛坯期房，软件公司说得很好，用户也提了无数的需求，最后收到的成品却与期望有出入，而且通常是期望越高，失望就越大。另外，搭建系统的成本投入也很高，不仅要在初期交大笔的软件购买费用，在后续的使用期间里，每年还需要交固定的服务费；（2）流程再造。为了建设财务共享中心，企业的各类业务都要尽可能标准化，流程再造是建设财务共享中心的第一步。专设财务共享中心模式下，企业首先要划分财务管理部门和财务共享中心的工作内容，财务共享中心负责财务核算工作，分析管控等相关职能放在财务管理部门。然后在此基础上分解、重构、标准化所有的业务流程，这个工作量可以想象是巨大的。然而，实现共享必须要进行流程再造吗？有没有可能保留了原有主干的财务处理流程，通过信息化将原有大量的人工操作转为系统的自动化处理，达到和财务共享一样的效果？这一直是萦绕在魏总心中的一个疑问。

人是财务共享中心最重要的资源，然而财务共享中心的人员流失率较高一直是个问题。魏总当时作为资金管理部的负责人体会最深。集中到 SND 公司财务共享中心的工作大多是简单化的、片段化的、流程化的、重复化的业务操作，内容枯燥不说，对人员素质的要求也不高，日复一日重复这样的简单劳作容易使员工丧失工作热情和积极性，正规院校毕业的财务人员难以接受这样的工作；另外，由于财务共享中心和财务管理是两个部门，员工发展通道狭窄，晋升机制不足，简单的工作难以让员工在日常工作中学到新知识和新技能，难以成长转型。

所以，尽管很多人都向魏总提议建设财务共享中心，周围一些企业也纷纷开始按照这种传统模式建设财务共享，可大华这边，魏总一直都没有点头。他总觉得新技术不断涌现，一定会有比这种诞生于 30 年前的传统财务共享模式更好的解决方案。

四、突破

2014 年仲夏的一天，一阵电话铃声惊醒了午间小憩的魏总，电话是魏总的大学同学陈强打来的。陈强大学毕业后去了美国留学和就业，难得回国，要和老同学好好聊聊。同学见面分外亲热，席间，陈强告诉魏总，自己一直在国外的软件公司工作，因为看好国内的发展，想回国创业。他的目标是建设一个类似 Concur 的云平台软件。Concur 是一家主攻企业员工报销处理的国外的云平台软件，在 2014 年被 SAP 以 83 亿美金收购。由于地处有着阿里这样的科技公司的杭州，云和云平台魏总并不陌生，然而魏总确实不了解什么是 Concur，微醉的两位老同学相约第二天见面再细聊。

第二天，陈强带了一沓资料来到魏总的办公室，详细说明了什么是云报销平台，以及它丰富的运用场景。魏总终于明白，Concur 是一个主攻企业差旅费报销的云端软件，它的创新在于把各种涉及员工对公消费的外部平台接进报销云平台，企业通过租用 Concur 软件和上游对公消费平台上的消费数据对接并进行自动的会计处理，解决企业的报销难报销慢的问题。陈强计划自己的这个产品叫作 Maycur，中文名字是每刻云报销，对标美国的 Concur。

似乎是一线光明穿破夜空，魏总无比激动。模糊地，他觉得找到了解决大华财务管理问题的新思路。按照陈强所说，每刻云报销的系统一边对接第三方服务平台，如高铁管家、滴滴、携程、连锁酒店、阳光公采等，一边和信用刷卡系统对接、和银行支付系统对接、和发票电子数据系统对接，同时每刻云报销还要对接大华的人力资源系统、预算系统、费用审批系统。在每刻云平台上，通过对接企业的人力资源系统和财务预算系统，将企业复杂的差旅及费控规则内化于系统中；通过对接第三方服务平台，员工可以在手机 APP 上订购机票、酒店和消费；每刻云平台通过发票电子数据云平台打通国家税务总局的底账库，能够对电子发票进行查重和验真；每刻的辅助核算模块能灵活支持企业各种费用核算要求；而报表模块，可以让企业管理者轻松获取全面的分析数据。通过对接每刻云平台，大华可以全链条打通差旅审批、消费、报销、财务审核、出纳支付、入账以及费用分析和管理环节。按照陈强的说法，打破企业间信息的壁垒是每刻云报销的核心。在一次差旅中，打车、坐飞机、坐高铁、住宿、吃饭的记录一目了然，点击即可直接生成报销单。这样既保证了消费的真实、有效、透明，也节省了员工手工填写费用整理票据的工作量，财务审核工作量也大大减少（见图 10－4）。

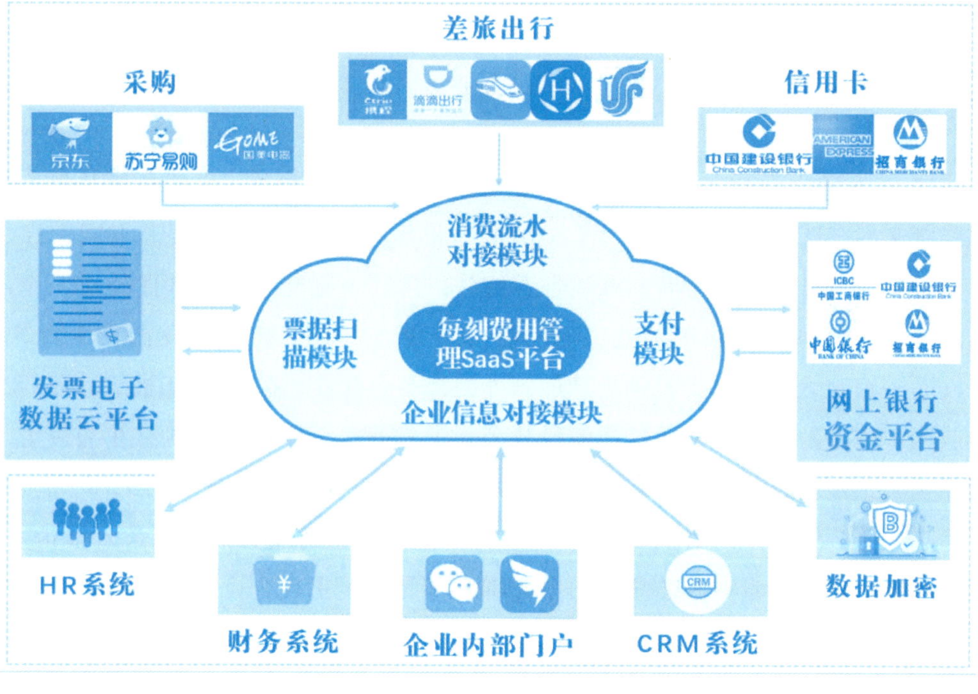

图 10－4　每刻云报销平台示意图

魏总一边听一边点头，敏锐地意识到，每刻的会计处理不需要依据纸质凭证，而是直接依据电子数据进行账务处理，效率自然会大大提高；用每刻也不用单独设置财务共享中心，组织结构不用调整，只是直接把报销业务从手工处理转化为自动处理。这样会计处理不仅能够保证真实性，而且高效，同时 SND 共享服务中心的大部分弊端通过这种方式都可以解决了。作为一个对成本特别敏感的财务人，魏总迅速比较了使用云平台和自建财务共享中心两种不同模式下的成本投入：云平台（SaaS）的第一个优点是“所见即所得”，它直接就是“精装现房”，用户可以获得满意的效果；用 SaaS 云平台实施起来非常简单，不用额外购买软硬件；还有，用 SaaS 云平台每年只需要交租金，企业固定投资大幅度下降。低成本、快速、彻底地实现费用报销管理全程的自动化，困扰自己已久的问题岂不都解决了吗？魏总似乎看到了姜总满意的笑脸。不过，报销模块的问题有了解决思路，其余的问题怎么办呢？

五、落地

时间对于努力的人来说总是过得那么快，一年半的时间过去了，陈强的每刻云平台顺利开发出来了，而且大华第一个租用了每刻云平台，效果和想象的一样。不，不是一样，是更好！由于这几年各种移动平台的搭建，每刻云平台的运用场景更多，覆盖的业务范围更广，超预期地实现了之前的设想。以客户招待为例，以前没有每刻云的消费平台，餐费报销就必须使用纸质凭证，而现在有了每刻云平台，每刻云报销通过每刻云消费平台加商务卡模式，使员工在餐饮商家的消费数据不用手动就实现录入，消费的金额、消费商家、消费的时间等数据直接上传，实现消费电子数据与银行卡消费数据的双单合一，加上餐饮菜单数据，真正实现电子化的三单合一。消费平台和银行每天将大华员工的消费数据和商务卡信息推送给报销系统，员工报销审批完成当日，出纳会直接将报销款打回到员工的银行工资卡中，资金流和信息流的循环就此结束。同样的处理也可以以滴滴出行为例，员工在滴滴出行上因公用车无须发票，只需凭电子数据报销，报销之后财务中心通过每刻系统接口要求滴滴开具汇总发票，不仅打车成本降低 20%，每月的打车票下降了 2/3，费用会计审核报销单的效率也大幅提升。类似地，2015 年携程差旅机票实际统计数据显示，大华减少差旅借款 4500 多万元，节约利息 270 万元；机票折扣率下降 18%、酒店折扣率下降 15%，节约差旅成本 730 万元；费用处理效率提升 2 倍多，节省了大量人工成本。

每刻云的上线使大华深刻体验了云平台的优势，激发大华采用了更多的云平台。大华逐步建立起更多的基于生态链的云财务共享，包括产供销生态共享、资金生态共享、费用生态共享、电子印鉴共享、资产管理生态共享、总账及税务生态共享等。想到这里，魏总有点兴奋，忍不住想展示一下什么是基于生态链的云财务共享。

产供销生态共享系统包括供应商协同云平台、发票电子数据云平台、客户协同云平台，几个平台共同发挥作用，形成业务处理链条。产供销链的覆盖范围从采购原材料开始，包括制成中间产品以及最终产品、由销售网络把产品送到消费者手中等环节，将供应商、品牌商、加工商、物流商、分销商，直到最终用户连成一个整体的网络链结构。以供应商协同云平台为例，大华2016年采购金额逾50亿元，有近千家供应商。这个平台要求买卖双方在一个平台上进行交易处理，双方共享数据并自动处理订单与收货单、发票的三单匹配，进而自动记账，除了具有耗时少、差错小、效率高的优点外，还能够：（1）协同快速对账。买方在云平台下单采购，卖方发货后在云平台记录，买方收到货物验收入库后将数据即刻同步至云平台，采购全过程操作均在云平台上进行。由于买卖双方依赖云平台的同一套数据记账，保证了随时对账；（2）发票快速验证记账。买方收到货物验收入库后将数据即刻同步至协同平台，系统根据开票规则及入库单数据，自动关联入库单与发票，生成标准的增值税专票开票数据；开票数据自动传输到供应商开票系统，供应商完成开票后，协同平台自动将开票数据传递到买方ERP系统应付模块；应付会计收到纸质的增值税专票后，可通过发票上的二维码快速扫码上传，系统结合定单、收货单和发票信息，按预设逻辑进行判断后进行账务处理并自动过账；（3）发票差异快速协查。发票电子数据云平台从国税底帐库采集和大华有关的发票电子数据传输到买方ERP系统，与买方ERP系统发票电子数据自动比对差异，生成差异表，帮助应付会计快速查清差异原因，减少被动等待税务协查通知的困境；（4）进项税自动批量勾选认证。每月结帐后，买方ERP系统自动将已到发票数据传输到发票电子数据云平台，实现自动批量勾选认证（见图10－5）。

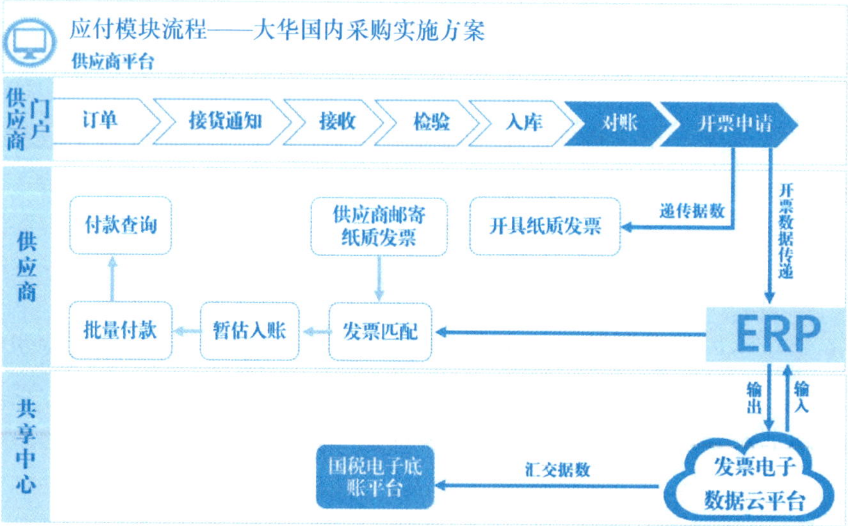

图10－5　大华供应商协同平台示意图

供应商协同云平台简化了大华与供应商的交互并使其自动化，大华采购业务会计处理时间缩短并降低了采购部门和结算付款部门的管理成本，还可以更好地评估供应商绩效，优化采购工作。

每刻云报销，产供销协同平台，等等。由于这些平台能够帮助大华和上下游企业很好地协同，魏总给它起了一个名字，叫“云生态共享”。更为可贵的是，大华这种模式，较之传统的扫描单据入帐模式效率高出 5—10 倍。在未来，如果增值税专用发票电子化了，系统效率会进一步提高。

六、尾声

又到年初结账时，大华的财务人员依然忙碌，不过此时他们忙的工作不再是财务核算，而是更有价值的管理会计工作。魏总重新设计了财务部门职能定位（见图 10－6）：为全集团成员单位提供核算服务是财务部的基本职能，在此基础上，还应为管理者提供管控支持、决策和业务支持。初级职能是核算，第二级职能包括信用管控、内部控制和流程优化等模块，对企业运营中的风险进行事前防范、事中监控和事后跟进等全方位控制服务；第三级职能包括预算分析与考核、投资管理等决策支持服务，第四级职能是供应链财务、产品线财务和销售线财务，为集团各成员企业、业务单元（区域维度、产品线维度、行业线维度）提供全方位立体式的财务服务，也为管理者的运营决策提供真实可信的数据依据（见图 10－6）。

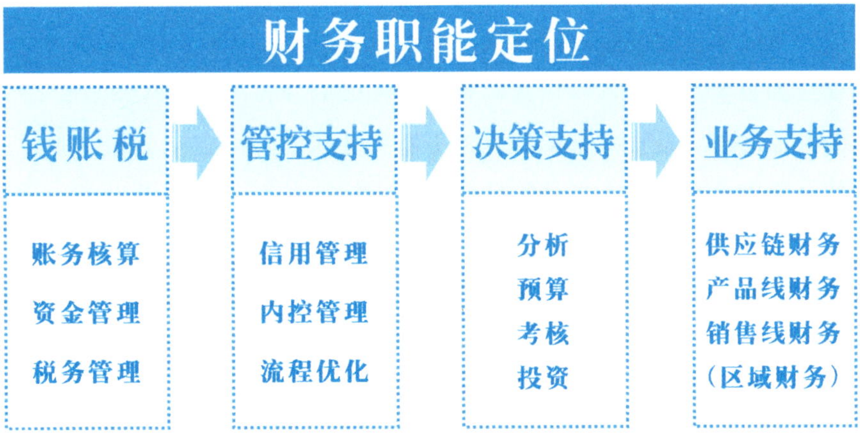

图 10－6　大华财务部四级功能定位

大华派给各个分支机构的第一批财务参谋长已经全部到位，他们在产品定价、营销方案设计等领域突出的信息分析和助力决策的能力受到了基层管理者的欢迎；而在财务部门内部，人员定期轮岗，从费用报销到核算，从核算到业务支持，从业务支持到集团管理，大华的财务人员在有效的激励下不断改善工作，提高工作效率。想到大华的财务人员常年保持在全部员工的1%左右，魏总不禁有点小得意，要知道，世界优秀企业这个指标也大约在2%。

案例使用说明

一、本案例要解决的关键问题

近年来，我国企业集团规模日益扩大，对财务管理的要求也越来越高。与此同时，大数据、移动互联网、人工智能、云计算、物联网等信息技术的进步，给财务管理创新带来了前所未有的机遇。

财务共享是企业财务信息化的一种方式，帮助企业将规则性强、重复度高、附加值低的会计核算业务自动化，促使财务人员目光和精力转向参与战略规划、服务业务决策等助力公司价值提升的、更重要的工作。我国企业财务共享的建设方兴未艾，ACCA与中兴财务云、通用电气（GE）全球运营在2017年初联合展开的“中国共享服务领域”调研报告显示：“半数以上中国企业在最近的3年内建立了共享服务中心”。因此，MPAcc学生有必要掌握财务共享相关知识。

本案例要实现的教学目标为：（1）通过案例了解大华的发展壮大对财务管理能力提出的挑战，帮助学生理解企业财务共享建设的背景和目标；（2）帮助学生理解传统财务共享模式和云生态财务共享模式两种不同模式的建设思路和优缺点；（3）帮助学生理解财务共享的本质是将财务核算业务不断专业化、标准化、流程化和自动化的过程，是促使企业财务工作重心由核算转向管理支持的过程；（4）帮助学生理解业务信息化才能带动财务信息化，提高企业整体信息化程度；理解打破企业壁垒，提升基础业务的自动化程度是方向；理解加强数据集成和使用，价值创造是企业财务管理终极目标。财务人员需要不断学习，了解最新的先进技术，本着高效率、低成本、面向未来的思路进行财务信息化决策。

二、案例讨论的准备工作

为了有效实现本案例目标，学生应该具备下列相关知识背景：

（一）理论背景

财务信息化是通过应用计算机技术来提高财务工作的效率。财务工作包括会计核算（信息生产）工作和财务管理（信息使用）工作；相应地，企业财务管理能力包括信息生产能力和信息使用能力。会计核算是其他财务管理工作的基础，工作量巨大，财务信息化的需求最为迫切。我国企业财务信息化经历了手工核算阶段—会计电算化阶段—ERP 系统阶段—财务共享阶段，这几个阶段的核心都是通过利用计算机技术，将标准化、重复化的工作自动化，从而提高会计信息生产的能力，将节省的人力物力用于信息使用能力的建设上。

（二）行业背景

大华股份于 2001 年成立，属于视频监控行业，是安防产业的一个分支。我国安防行业兴起于 20 世纪 80 年代，历经起步、发展、壮大三个阶段，进入成熟阶段。安防行业需求范围很广，包括政府“平安城市”建设需求、企事业单位安防需求、商用民用安防需求。据中国安防网统计，2017 年我国安防行业总产值达到 6200 亿元，预计 2020 年安防企业总收入将达到 8000 亿元左右。大华主营安防视频监控，为客户提供安防解决方案，近年来不断加强在机器人、机器视觉、大数据等新兴领域的布局。大华连续 12 年荣获中国安防十大品牌；连续 9 年入选《A&S》“全球安防 50 强”；2016 年起全球安防视频监控市场占有率位列第二。大华多年深耕海外市场，营销和服务网络覆盖全球，截至 2017 年 12 月 31 日，大华设立 42 了个境外分支机构、24 个服务网点。

（三）制度背景

共享是当今时代的大势所趋，其最重要的理念是通过资源的共享来解决资源短缺、降低资源使用成本，实现资源利用的最大化。2013 年，财政部下发的《企业会计信息化工作规范》文件中明确要求“分公司、子公司数量多、分布广的大型企业、企业集团应当探索利用信息技术促进会计工作的集中，逐步建立财务共享服务中心”。同年，“一带一路”国家倡议的提出，激发了中国企业的海外扩张和全球布局的热情，也对企业财务管理提出挑战，中国企业开始思考建立共享服务中心，服务于全球化经营和风险控制。

三、案例分析要点

本案例需要学员识别的主要知识点包括：财务共享建设的背景，财务共享建设的基础（企业财务信息化经历的主要阶段及各阶段财务管理能力的演变）、财务共享的含义及其目标、传统财务共享模式的思路和优缺点，云生态财务共享模式的思路和优缺点、企业财务信息化建设的决策原则。下面分别就这几个问题进行分析。

（一）大华财务共享建设的背景

大华是典型的制造型企业，研发、采购、生产、销售环节齐备；大华也是典型的大型集团化企业，规模大、人员多、经营地域广、分支机构多、管理层级多。上述特点给大华财务管理带来巨大挑战，案例中描述了以下急需解决的问题：（1）分支机构设立频繁，财务人员严重不足；（2）供应商和产品繁多，产供销管理难；（3）费用报销流程烦琐，管控效果不佳；（4）跨区跨行的业务多，资金风险大。魏总以问题为导向，寻找解决问题的方案。

（二）大华财务共享建设基础

我国企业财务信息化经历了会计电算化、ERP 系统、财务共享三个阶段。大华也不例外。

1. 会计电算化阶段

我国的会计电算化开始于 20 世纪 80 年代。1981 年，在财政部、原第一机械工业部和会计学会的支持下人民大学和长春第一汽车制造厂联合召开了“关于财务会计成本应用电子计算机的专题研讨会”，提出了“电子计算机在会计业务处理工作中的应用”，开始了会计电算化软件的开发和推广。这个阶段财务管理能力的提升体现在记账和编制报表效率的提升，具体操作流程为：人工审核原始凭证；在计算机界面编制记账凭证；记账凭证经过人工审核后自动登记账簿和编制报表（见图 10－7）。这个阶段的实质变化是利用计算机替代过去的手工记账、过账和报表编制工作，大大提高了财务会计处理效率。案例中，2004 年魏总初到大华所作的会计信息化工作就是这一阶段的内容。

图 10－7　会计电算化下企业会计处理自动化程度

2. ERP 系统阶段

案例中，2008 年大华采用了金蝶 K3 ERP。ERP（Enterprise Resource Planning，企业资源计划）是一个企业管理软件，在其不断发展演变中所管理的资源范围和管理能力得到不断的提升。20 世纪 60 年代，IBM 的约瑟夫·奥利弗博士提出闭环生产资源计划思想，在此基础上形成了物料需求计划（Material Requirement Planning，简称 MRPⅠ），这个阶段管理的资源集中在物料资源领域，包括生产资源，如生产能力、车间作业和作业计划、物料需求等。20 世纪 70 年代，美国著名的生产管理专家奥利弗·怀特提出了制造资源计划（Manufacturing Resources Planning，简称 MRPⅡ）新概念，这阶段的资源范围扩大到包含资金流在内的企业内部制造资源领域，在此基础上系统能够对企业的各种资源进行统一的计划和控制，获得企业的物流、信息流、资金流的动态反馈。

美国 Gartner Group 公司于 1990 年提出企业资源计划，即 ERP。除了 MRPⅡ已有的生产资源计划、制造、财务、销售、采购等功能外，还有质量管理，实验室管理，业务流程管理，产品数据管理，存货、分销与运输管理，人力资源管理和定期报告系统。它跳出了传统企业边界，从供应链范围去优化企业的资源。同时。ERP 系统有完整的组织框架，支持企业内部各个组织单元之间、企业与外部的业务单元之间的协调，支持企业跨国跨地区的经营。

ERP 的模块中，财务管理模块是不可或缺的一部分。ERP 中的财务模块与一般的财务软件不同，作为 ERP 系统中的一部分，它和系统的其他模块有相应的接口，能够相互集成，比如它可将由企业内部生产活动、采购活动输入的信息自动记入财务模块生成总账、会计报表，取消了会计信息化阶段人工输入凭证的烦琐过程，几乎完全替代以往传统的手工操作。在财务管理模块，ERP 具有的功能主要是基于会计核算的数据，再加以分析，从而进行相应的预测、管理和控制活动，功能侧重于财务计划、控制、分析和预测等方面。

ERP 对会计工作最大的影响在于企业通过使用 ERP 软件，将由生产活动、采购活动输入的信息自动计入财务模块生成总账、会计报表，提高了会计自动化程度（见图

10－8)，并且建立了会计信息和非会计信息的数据仓库，财务分析的范围和精确度不断提升，更好地发挥财务管理的作用。但是ERP是企业内部系统，无法实现企业对外的业务处理实现自动化。

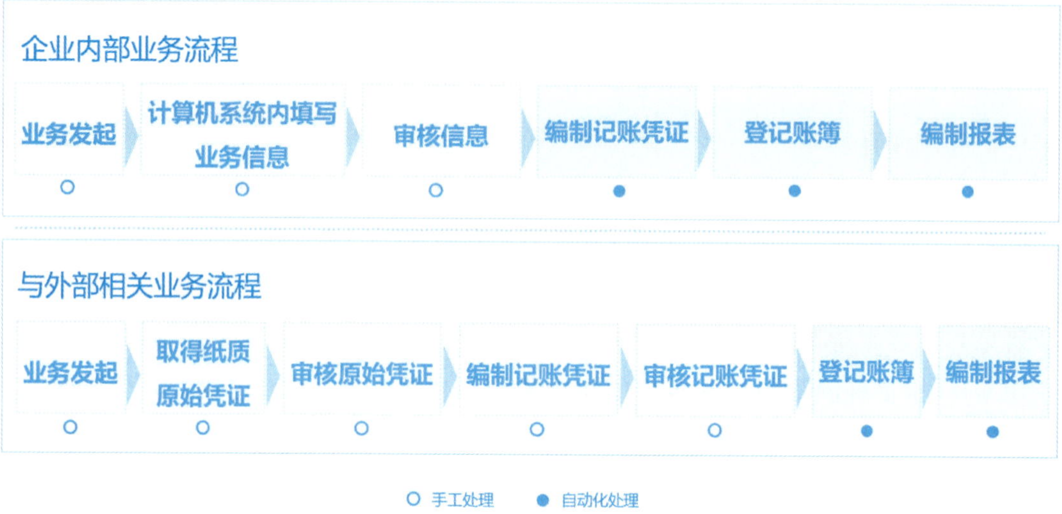

图10－8 ERP下企业会计处理自动化程度

(三) 财务共享的含义和我国企业建设情况

1. 财务共享含义

财务共享又称财务共享服务，其概念和实践起源于20世纪80年代，背景是随着大型企业全球化的发展，企业在世界各地设立了众多的分支机构，为了提高财务工作效率，降低财务处理成本，企业选择在人工成本低的国家和地区设立财务共享中心，将全球的财务核算工作集中在一起，通过专业分工，提高业务的处理速度。这种做法就是案例中所说的传统财务共享模式。至今我国众多企业在建设财务共享时依然采用这一模式。

Bergeron (2003) 在论述财务共享概念时，总结共享服务的目的是提高效率、创造价值、节约成本以及提高对母公司内部客户的服务质量。今天，大家对共享服务目标的认识仍然集中在节约成本、提高效率、提高满意度、加强控制等几个方面。根据ACCA与中兴财务云、通用电气(GE)全球运营在2017年初联合展开的“中国共享服务领域”调研报告，我国企业财务共享建设的目标主要是加强对数量庞大的分支机构管控，降低整体业务处理成本。

为了更好地理解财务共享的含义，这里将财务共享与相关概念进行辨析：

(1) 财务共享与财务集中不同。我国企业集团财务管理实践中非常强调财务集中。财务共享和财务集中是不同的理念。财务集中的主要目的是集团公司对下属单位实行集中监控，整合财务内部资源，提高资源使用效率，防范决策风险等。实现财务集中控制的手段主要有：实行资金的集中管理；实行全面预算管理；统一主要的财务管理制度和会计核算政策；实行财务人员委派制度，贯彻集团公司的整体战略方针；强化集团内部审计，等等。虽然财务共享不是财务集中，但是财务共享确实起到了财务集中的效果，企业将全集团的业务集中在财务共享中心处理，必然要统一会计制度和财务管理制度，采用统一的处理标准。财务集中的主要目标是管控，采用的方法手段比较多样，它的内容包含了一整套会计管理内容。而财务共享主要针对会计核算工作，强调将财务人员物理地集中在一起，完成会计核算工作，为下属机构服务。

（2）财务共享与财务外包。财务外包是众多国外企业集团的选择。外包是公司与另一个公司的合约。财务外包通常是将财务核算进行外包。财务共享和财务外包的区别则是，财务共享建立于企业集团内部，责任更为透明和清晰，而财务外包则存在于外部，存在信息不对称的风险。当然，随着财务共享中心建设的成熟，企业可以将财务共享中心设计为一个利润部门，通过为下属机构提供优良服务来收取服务费用，形成企业集团内部的委托—受托关系。

（3）财务共享与 ERP。ERP 在前面已经有过介绍，这里主要讨论财务共享与 ERP 的关系。ERP 重在打通企业内部不同部门的信息壁垒，实现从业务端到财务端的自动处理，在 ERP 的基本模式下，无法打通企业集团不同地域之间的纸质信息传递壁垒；财务共享的主要意图是打通企业集团不同分支机构地域之间的纸质信息传递壁垒，实现财务信息在集团的统一处理，提高信息共享度和业务处理的效率。

2. 我国企业采用传统财务共享模式的情况

ACCA 与中兴财务云、通用电气（GE）全球运营在 2017 年初联合展开的“中国共享服务领域”调研报告显示，规模百亿以上的企业有更强的动力建立共享服务中心；半数以上中国企业的共享服务中心都是最近 3 年内建立的；业务范围集中于交易频繁且易标准化的财务核算类业务流程（见图 10－9）。

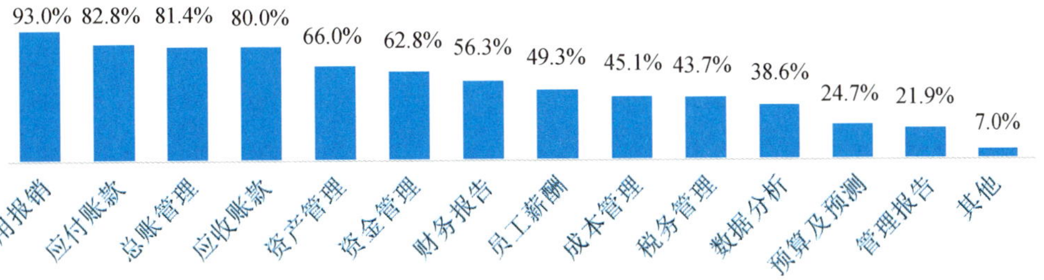

图 10－9　共享服务中心的业务范围

（四）传统财务共享模式建设的思路和优缺点

1. 传统财务共享的建设思路

（1）建设单独的财务共享中心。Will Seal 和 Ian Herbert（2013）对传统共享服务的组织结构作了精确总结：在常见的 M 型企业的组织结构中，每个业务单元下都有财务部门（如图 10－10 左图所示）；而财务共享服务将企业中各个业务单元的财务部门及相应的职能从原组织中剥离（disembedding）；然后财务共享中心将从各业务单元剥离的财务职能（和人员）集中（aggregation）到一个单独的部门，这个部门由总公司直接领导（如图 10－10 右图所示）。

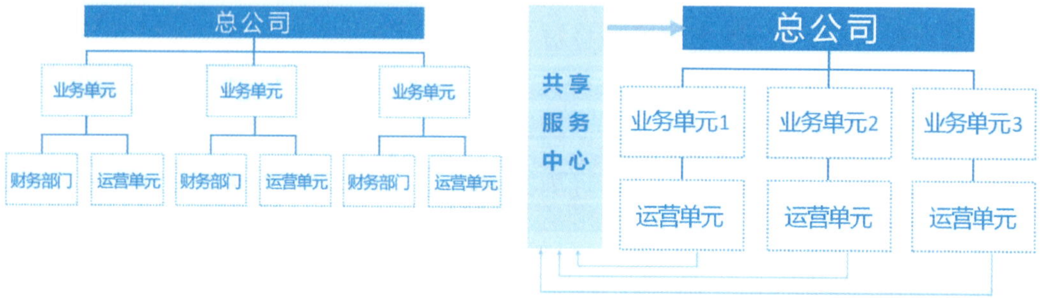

传统M型组织结构图　　财务共享组织结构图

图 10－10　财务共享中心的组织改变示意图

（2）流程再造。业务从发起到凭证流转到财务部门需要诸多环节，组织结构的改变意味着业务处理流程的改变。在传统财务共享模式下，被改变的不仅是普通业务的处理流程，还有财务部门内部的业务流程。大部分企业把财务共享中心当作是账务处理部门，而把财务管理和支持决策的职能划分到另一个部门，财务部门内部信息生产和信息使用工作也截然分开，这意味着实施财务共享需要进行大量的业务流程再造。

（3）用“扫描＋影像传输系统”解决凭证传递的物理距离。将不同物理区域的财务工作集中到财务共享中心，需要实现跨地域的信息传递。“抽离”这个动作致使原始业务发生地和业务处理地分离，传统的财务共享不会改变会计数据的特征，会计处理的数据来源仍然是纸质凭证，所以需要利用“扫描＋影像传输系统”来跨越组织的物理距离。这一过程虽然利于凭证的集中，但是却增加了整个组织的工作量（见图 10－11）。

（4）用专业化分工提高财务处理效率。所有需要处理的信息集中在财务共享中心，然后按照业务标准化和专业化的思想进行分工。财务共享中心的人员通过长期处理同类业务提高工作效率，贯彻落实统一的业务处理标准，实现员工高饱和度的工作。

图 10-11 传统财务共享下企业会计处理自动化程度

2. 传统财务共享模式的优缺点

传统财务共享模式的优点是可以实现降低成本和加强管控的目标，另外这种模式已经有了 30 多年的实践，被众多企业采用，容易模仿和实现。但是这种模式的缺点也非常明显，不光是信息系统构建成本高，单设财务共享中心需要流程再造，就是一项巨大的工程；另外，长期的单调工作让员工缺乏成就感，人员流失率高，不利于财务工作的开展。这些问题在案例正文中都有体现。

（五）云生态财务共享模式的建设思路、优缺点及效果

1. 云生态财务共享模式的建设思路

（1）租用云财务平台，建立生态共享。租用外部的 SaaS 云财务平台是云生态财务共享模式的核心。SaaS 是 Software - as - a - Service（软件即服务）的简称，是随着互联网技术的发展和应用软件的成熟，在 21 世纪开始兴起的一种完全创新的软件应用模式。在这种模式下，厂商将应用软件统一部署在自己的服务器上，通过互联网提供软件给客户，客户可以根据自己实际需求，通过互联网向厂商定购所需的应用软件服务，按定购的服务多少和时间长短向厂商支付费用，并通过互联网获得厂商提供的服务。每刻云报销就是一个典型的财务云平台。大华及其他企业付费购买每刻云平台的软件使用权，获得每刻云平台的差旅业务处理服务和会计处理服务。

通过云平台企业可以实现与上下游企业及政府的生态共享。生态共享是指位于产

业链中的各个企业通过共享资源的方式合作，打破资源垄断，通过共享提高效益。企业可以共享的资源可以包括有形资源，也可以包括无形资源。本案例中企业通过产供销云平台与上下游的供应商、客户在同一平台上共享业务数据，通过每刻云平台实现与差旅供应商共享业务数据，都带来会计处理效率和管理效益的提高。

（2）以高质量的电子数据作为记账依据。传统的会计处理依据纸质凭证进行，凭证的流转时间很大程度上决定了传统会计处理的效率。在传统的财务共享模式下，依然是以纸质票证为核算依据，凭证的获取地和凭证处理地空间的不同导致需要扫描加影像传输系统辅助解决问题。大华跳出传统会计处理程序的思维，通过与外部云系统对接，如与员工公务消费系统对接、与外部供销商信息共享、与国税底账系统对接等，采集快捷、准确的电子数据进行自动化财务处理，实现发票的自动核对等，大大提高了会计处理自动化的程度（见图 10－12），丰富了业务数据库的内容，支持更多的财务分析和管控。

图 10－12　云生态财务共享下企业会计处理自动化程度

（3）财务部内部流程优化实现专业化分工。大华财务共享的构建另辟蹊径，采用的“流程优化”的模式而非“流程再造”的模式。大华模式下财务核算工作集中在总部的财务部门完成，没有单设财务共享中心。大华通过在财务部内部专业化分工解决人员效率问题，不单设财务共享中心还有利于人员的稳定，轮岗和晋升等措施提升了财务人员的自我认同感和创造性。

2. 优缺点

大华的云生态财务共享采用了先进的技术，大量的涉外业务变成了自动化处理，大大提高了工作效率，大华的财务人员占公司员工总数不足 1%，效率远远高于实施传统财务共享的企业（经验数字为 2%）。另外，这种模式下不用流程再造，避免对企业内部业务处理流程进行大的改变，降低变革的阻力；科学的分工和轮岗机制使员工积极性更高，转变为企业积极的管理者，充分发挥了人员的主动性和创造力；低成本也是一个重要的优势，对于许多企业来说，云平台是采用先进技术的最好途径，它消除了企业购买、构建和维护基础设施和应用程序的需要，“所见即所得”，能够保证获得服务的质量。SaaS 应用软件的价格通常为“全包”费用，囊括了应用软件许可证费、软件维护费以及技术支持费，将其统一为每个用户的月度租用费。SaaS 云平台可以帮助企业低成本采用先进技术实施信息化。

云生态模式会带来云平台和企业系统对接问题。在云平台系统与公司内部系统对接上，需要云平台系统有针对性地设计衔接方案。很多人担忧云平台信息安全问题，实际上云平台的安全性远远好于一般企业信息系统的安全性。

3. 大华云生态财务共享模式应用效果

（1）对外业务处理实现自动化。大华的信息系统通过云平台和外部单位对接，实现了对外业务的会计处理自动化。报销业务、采购业务原有的问题得到解决，大量分支机构的会计处理都通过自动化流程得以解决。有效解决了发展给大华带来的问题。

（2）业务处理效率提高和成本大幅降低。案例中给出了一些数据，如 2015 年企业打车成本降低 20%，每月的打车票数量下降了 2/3，费用会计审核报销单的效率也大幅提升；类似地，2015 年携程差旅机票实际统计数据显示，大华减少差旅借款 4500 多万元，节约利息 270 万元；机票折扣率下降 18%、酒店折扣率下降 15%，节约差旅成本 730 万元；费用处理效率提升 2 倍多，节省了大量人工成本，等等。

（3）财务人员关注财务管理，财务管理能力显著提升。大华应用云平台简化了大华财务核算工作，大量由手工处理转为自动化处理，大华的财务人员转型为管控支持、决策支持和业务支持，为企业经营带来显著的财务管理效益。一个有代表性的例子是大华的差旅费用会计在每刻云数据的支持下，详细进行数据分析，建立了差旅数据模型，帮助企业识别高风险的人员和业务。

4. 云生态财务共享模式与传统财务共享模式的异同

两种财务共享模式的对比如表 10－1 所示。

表 10－1　　　　**两种财务共享模式对比**

关键点和实现路径		传统模式	云生态模式
抽离	实现路径	扫描加影像传输系统	电子数据共享
	底层思维	局域网思维，依据纸质票证进行会计处理	互联网思维，依据电子数据进行会计处理

续表

关键点和实现路径		传统模式	云生态模式
集中	实现路径	单设财务共享中心	不单设财务共享中心
	底层思维	依赖专业化分工提高效率	依赖激发员工自我认同和创造性提高效率

（六）大华财务共享建设的最新发展和企业财务信息化决策的原则

1. 大华财务共享建设的最新进展

2019 年 3 月，案例作者再次对大华进行了调研。魏总介绍了大华财务共享建设的最新进展。

（1）研发高精度的高拍仪，提高纸质凭证的录入速度。无论大华如何利用云平台，总有一些业务会涉及用到纸质发票。为了解决纸质发票的录入问题，大华研发了高精度的高拍仪，并且植入到员工的手机 APP 中，员工一次可以对 8—10 张纸质发票拍照，并准确提取出主要信息。员工终端与财务系统链接，可以自动编制会计凭证，进入后续处理流程。

（2）与开户银行合作，实现银行回单的电子化。银行为企业提供的回单都是纸质凭证。大华通过努力，与多家商业银行进行协作，通过银企直连直接获取电子回单数据。大华一年的银行回单数据 200 多万张，这样的一个创新，使财务的自动化程度进一步提高。

（3）建立数据总仓，利用商务智能（BI）进行数据分析。在魏总进行数据分析时，他发现企业原有的业务系统呈现烟囱状地各自独立，系统之间的数据不能打通。魏总着手构建统一的数据仓库，统一数据标准，利用商务智能的思路，打造自动数据分析，并推送数据使用者。

2. 企业财务信息化决策的原则

技术的发展带来各行各业的技术革新和商业模式的变革，财务云、财务机器人、财务中台等概念层出不穷。站在变革的十字路口，明晰财务信息化的未来，才能有定力不被他人和概念裹挟，有效进行未来信息化战略的选择。

（1）业务信息化带动财务信息化，提高企业整体信息化程度。从 ERP 时代起，财务信息化已经与企业信息化紧密联系在一起。在信息化最初的阶段，由于业务标准化难度较大，很多企业将信息化的重点放在财务信息化上。但是先有业务发生，然后才有会计处理。随着技术的进步，业务处理的信息化程度越来越高，财务信息化逐步融入了企业信息化背景中，财务信息化不再是一个单独的决策内容，而是要与企业整体的信息化进程匹配，与企业信息化深度融合。大华的云生态共享本质上就是从业务端开始信息化，进而推动了财务信息化。

（2）打破企业壁垒，提升基础业务的自动化程度是方向。财务信息化是财务的工业化革命，是将财务基础业务不断专业化、标准化、流程化和自动化的过程。在 ERP 时代，企业内部业务的会计处理已经实现了自动化，对外业务会计处理的自动化是难题。大华式云生态财务共享通过上下游企业共同使用统一的云平台系统，打破企业的边界，提高企业间基础业务信息共享度，提高对外业务的会计处理自动化程度。云平台不仅能大大降低信息系统建设成本，同时还能获得更好的自动化效果。未来，随着区块链等技术的发展，在保证信息质量的前提下，企业间信息的交流和共享更加快捷和低成本，交易处理的自动化将会进一步提高。

（3）加强数据集成和使用，价值创造是企业财务管理终极目标。企业财务管理能力提升的方向是提高会计核算工作的自动化程度，解放财务人员，使财务人员更好地利用信息去加强财务管控，支持各种决策，从而服务于企业价值提升的目标。数据的集成和使用是重点。数据成为企业的重要资产，企业应应用新兴技术，更快更好地采集数据、加工数据和分析数据，实现财务数字化转型才能真正助力企业经营。大华的魏总深谙这一点，在建设财务共享的同时帮助财务人员转型，加强财务管控和业务支持，取得了良好的效果。企业信息化道艰且长，需要领导者有坚持目标的战略定力，也需要领导者不断学习勇于创新。

四、教学组织方式

（一）问题清单、分析思路及板书建议

1. 问题清单

（1）大华的发展壮大对企业的财务管理能力提出了哪些挑战？

（2）大华财务共享建设的基础是什么？（或大华的财务信息化经历了哪几个阶段？每个阶段都实现了哪些会计处理环节的自动化？）

（3）什么是财务共享？企业建设财务共享的目标是什么？

（4）传统财务共享模式是怎么实现的？有哪些优缺点？

（5）大华的财务共享是怎么实现的？有哪些优缺点？

（6）企业应遵循什么样的原则进行财务信息化决策？

2. 分析思路及板书建议

分析思路见图 10－13。

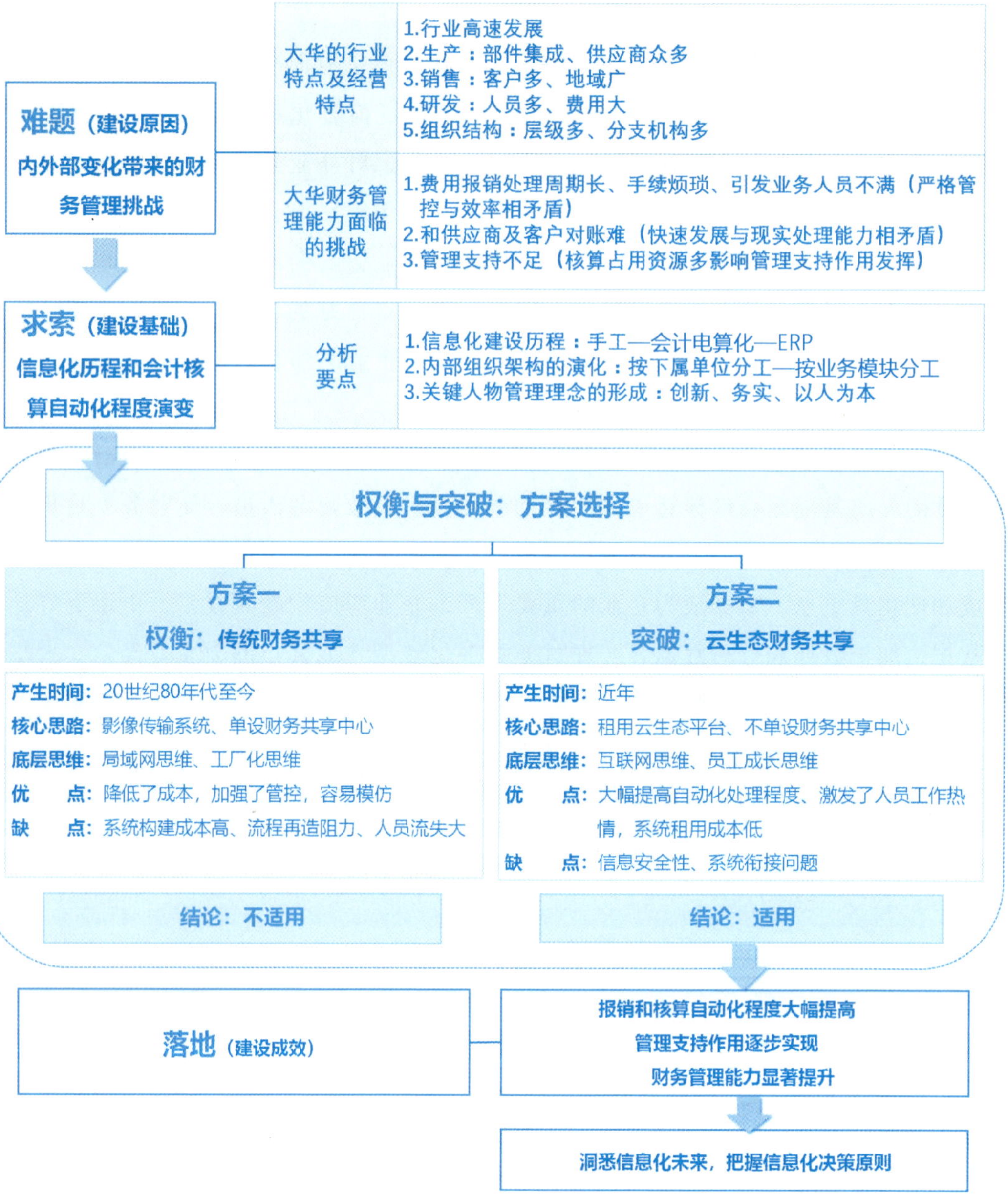

图 10-13　案例分析思路

（二）课程设计

1. 资料发放及课前要求

通过教学平台课前发放案例正文和启发思考题，要求学生收集相关知识、思考和回答问题。

2. 课堂讨论形式

（1）问题 1、2、3 在教师的引导下学生个人发言讨论；

（2）问题 4、5 安排小组讨论，对两种财务共享模式进行对比分析，然后由小组代表发言，在发言中教师注意后续发言的小组不得重复前面发言小组已有的观点，提高课堂效率；

（3）在开始第 6 个问题讨论前，教师讲述大华财务共享最新进展，然后提出第 6 个问题，引导学生得出结论。

课程全程 90 分钟，教师可以根据学生是否有实际工作经验、是否了解企业信息系统等来设计案例讨论的带入和结束环节。

3. 课后要求

要求学生总结课上讨论的案例，补充查阅相关材料，归纳所学知识，最后以学习总结或反思的形式总结本次课程学习成果。

参考资料

[1] Philipp Clemens Richter, Rolf Bruhl Shared service center research: and future 2017 European Management Journal, 35: 26 – 38.

[2] Will Seal, Ian Herbert, 2013. Shared service centres and the role of the finance function . Journal of Accounting & Organizational Change, 2: 188 – 205.

[3] ACCA. 2017. 2017 中国共享服务领域调研报告 .

[4] 张瑞君，陈虎，张永冀 . 企业集团财务共享服务的流程再造关键因素研究——基于中兴通讯集团管理实践 . 会计研究，2010，7：57 – 64.

[5] 何瑛 . 2013. 基于云计算的企业集团财务流程再造的路径与方向 [J]. 管理世界，4：182 – 183.

[6] 魏美钟等 . 2018. 打造云生态财务共享把握云时代腾飞机遇 . 见：盛继明《工业和信息通信业管理会计案例集》. 北京：电子工业出版社，540 – 555.

[7] 张瑞君，陈虎，胡耀光，常艳 . 2008. 财务共享服务模式研究及实践 [J]. 管理案例研究与评论，3：19 – 27.

[8] 熊胜绪 . 动态能力理论的战略管理思想及其理论基础探析 [J]. 企业经济 2011，6：5 – 9.

[9] 赵雪媛，魏美钟 . 大华财务共享模式的实现路径和底层思维研究 [J]. 财务与会计，2019，3：29 – 33.